Ullstein

ÜBER DAS BUCH UND DIE AUTORIN:

Tracy Marks ist eine der bekanntesten Astrologieautorinnen der USA. Sie arbeitet als Beraterin mit den Schwerpunkten Astrologie, Therapie, Traumdeutung und Frauenselbsthilfe.
»Dein verborgenes Selbst« beschreibt, wie wir die in unserem 12. Haus verborgenen Stärken und Schwächen enthüllen können und wie wir lernen, mit diesen Erkenntnissen umzugehen. Das Buch appelliert an eigene emotionale Erfahrungen und richtet sich an Menschen, die die Astrologie als eine Hilfe auf dem Weg der Selbstverwirklichung entdecken möchten oder schon entdeckt haben.

Tracy Marks

Dein verborgenes Selbst

Das Mysterium des 12. Hauses

Ullstein

Ullstein Buchverlage GmbH,
Berlin
Taschenbuchnummer: 35749
Die Originalausgabe erschien 1989 bei
CRCS Publications, P.O.Box 1460 Sebastopol,
CA 955473, U.S.A., unter dem Titel *Your Secret Self*
Aus dem Amerikanischen von Renate Vincenz

Ungekürzte Ausgabe
(auf der Grundlage der 4. Auflage 1995)
Oktober 1997

Umschlagentwurf:
Vera Bauer
Unter Verwendung einer Abbildung von
G + J Photonica/Masao Mukai

Die deutsche Ausgabe erschien im Verlag
Hier & Jetzt, Hamburg

Printed in Germany 1997
Gesamtherstellung:
Ebner Ulm
ISBN 3 548 35749 0

Gedruckt auf alterungs-
beständigem Papier mit
chlorfrei gebleichtem Zellstoff

Die Deutsche Bibliothek –
CIP-Einheitsaufnahme

Marks, Tracy:
Dein verborgenes Selbst: das Mysterium des
12. Hauses / Tracy Marks. [Aus dem
Amerikan. von Renate Vincenz]. –
Ungekürzte Ausg., (auf der Grundlage der
4. Aufl. 1995). – Berlin: Ullstein, 1997
(Ullstein-Buch; Nr. 35749)
ISBN 3-548-35749-0

Inhalt

Dieses Buch ist Ellen Wilson gewidmet, die mir half, mein verborgenes Selbst wiederzugewinnen und meine Träume zu entschlüsseln.

Einleitung

Der Zweck des Buches *»Dein verborgenes Selbst«* ist, dir zu helfen, mit deinen unbewußten Seiten in Kontakt zu kommen und sie zu verstehen. Jene Seiten, die deine Ziele untergraben – die jedoch zu deinem Wohlbefinden beitragen könnten, wenn sie bewußt in dein Leben integriert würden. Diese verborgenen und unterdrückten Teile von dir stehen wahrscheinlich mit den Planeten und Zeichen in Verbindung, die sich im 12. Haus deines Horoskops befinden oder die es regieren.

Obwohl dieses Buch für Astrologie-Studenten geschrieben wurde, die ihr Geburtshoroskop kennen und Grundwissen über Planeten, Zeichen und Häuser besitzen, mußt du nicht Astrologie studieren, um von der Theorie, den Interpretationen und Anleitungen, die hier geboten werden, zu profitieren. Du mußt lediglich bereit sein, in dein Inneres zu schauen und deine Aufmerksamkeit jenen Themen des Buches zuzuwenden, die eine Resonanz in dir hervorrufen. (Dies gilt natürlich auch für diejenigen, die die Astrologie eingehend studieren wollen.) Der Wert der Astrologie liegt darin, daß sie dich deine eigene Weisheit entdecken läßt, und nicht darin, daß du deine intuitiven Eingebungen zugunsten von Konzepten blockierst, die für dich nicht relevant sind.

»Dein verborgenes Selbst« ist in vier Abschnitte mit insgesamt 7 Kapiteln unterteilt. Im Kapitel *»Das 12. Haus: Deine verborgene Weisheit«* lernst du die meisten Bedeutungen dieses Hauses kennen. Es werden spezielle Beispiele gegeben, wie verschiedene Funktionen des 12. Hauses zu den Stellungen von Planeten und Zeichen in Beziehung stehen. Im zweiten Kapitel *»Die Planeten und Zeichen des 12. Hauses«* wirst du Gelegenheit haben, die Bedeutung der Planeten im 12. Haus zu studieren, die für dich wichtig sind – Planeten, die in deinem 12. Haus

stehen oder die das Zeichen deines 12. Hauses regieren. Inspirierende Kurztexte und Zitate werden dir helfen, zu deiner mit der Intuition in Verbindung stehenden rechten Gehirnhälfte Zugang zu finden, die für die Einstimmung auf die Energien des 12. Hauses viel wichtiger ist als die linke Gehirnhälfte.

Der dritte Abschnitt mit Kapitel 3 und 4 wurde für jene unter euch geschrieben, die den Wunsch haben, über das rein intellektuelle Verstehen hinauszugehen, und mit einer tieferen psychologischen Erforschung der Konflikte beginnen möchten, die auftauchen können, wenn die Energien des 12. Hauses sich in selbstzerstörerischer Weise manifestieren. Ich habe viele Studenten, die nicht nur ihre inneren Muster erkennen und verstehen, sondern auch ihr Leben erfüllter gestalten wollen, durch eine Psychotherapie geführt. Dabei fand ich heraus, daß es für viele meiner Klienten von Vorteil war, ein tieferes theoretisches Verständnis ihrer psychischen Prozesse sowie deren Veränderung zu gewinnen. Die entsprechenden beiden Kapitel dieses Abschnittes sind für jene Leser gedacht, die sich ihrer persönlichen Entwicklung widmen wollen und die sich in Psychotherapie befinden oder sich mit Eigentherapie beschäftigen. In *»Die Psychodynamik der Konflikte des 12. Hauses«* betrachten wir einige der negativen Erscheinungen, die mit diesem Haus in Verbindung gebracht werden, insbesondere Scham, Angst, Schuld und Isolation. In *»Der Integrationsprozeß: Die Befreiung des 12. Hauses«* wirst du entdecken, wie psychische Veränderungen eintreten und wie du geschickter darin wirst, deinen eigenen Wachstumsprozeß zu fördern.

Da ich mich während der letzten Jahre auf Traumarbeit spezialisiert habe – welche eine der wirksamsten Möglichkeiten darstellt, um zu den versteckten Bedeutungen des 12. Hauses Zugang zu finden, behandelt der letzte Abschnitt des Buches deine Träume: Wie du sie erinnern, interpretieren, verstehen und konstruktiv anwenden kannst. In *»Selbst-Transformation durch Traumarbeit«* wirst du etwas über den Wert der Traumarbeit erfahren, über den Prozeß des Erinnerns von Träumen, über Traumsymbolik und Anleitungen zur Interpretation. In *»Die*

Traum-Erfahrung – Fallstudien zum 12. Haus« wirst du mit den Horoskopen, Träumen und Lebensumständen von sechs Menschen bekannt gemacht, die Planeten im 12. Haus haben und während der letzten Jahre an meiner Arbeitsgruppe über Träume teilnahmen. In *»Eine Traumreise durch das 12. Haus«* schließlich beschreibe ich einige Jahre meiner eigenen Entwicklung durch Traumarbeit, wie sie die Zeichen und Planeten meines 12. Hauses widerspiegeln, und zwar sowohl bezogen auf das Geburtshoroskop als auch auf Transite.

Deine Reise in das 12. Haus – durch astrologische und psychologische Einsicht, durch Traumarbeit und durch direkte emotionale Erfahrung – ist wahrscheinlich sowohl ein schmerzlicher als auch ein freudvoller Prozeß. Wenn du dich den Energien deines 12. Hauses stellst, dich mit ihnen verbindest und sie verwandelst, begegnest du vielleicht deinen dunkelsten, zerstörerischsten oder verletzten Seiten. Aber genauso wahrscheinlich ist es, daß du verborgene Talente und Quellen der Erfüllung findest, die unter diesen Schatten deines Selbst verborgen sind. Vielleicht erkennst du auch in bezug auf Weisheit, Liebe und Spiritualität neue Dimensionen, zu denen du vorher keinen Zugang hattest.

Wenn du dich von alten Mustern, die deine Ziele stören und dir ein Gefühl von Leere und Machtlosigkeit geben, befreien willst und du den Wunsch hast, in dir Seiten zu fördern, die dich stärken und dir mehr Ganzheit, Befriedigung und Lebenssinn geben, dann bist du bereit, die Tür zu deinem 12. Haus zu öffnen und die kostbaren und verschiedenartigen Räume deines verborgenen Selbst zu erforschen.

Inspirationen zum 12. Haus

Wenn wir durch das Getriebe der Welt zu lange von unserem besseren Selbst getrennt waren und ermattet innehalten, ihrer Geschäfte überdrüssig und ihrer Vergnügungen müde – welche Wohltat, welch eine Gnade ist dann die Einsamkeit.

William Wordsworth

Wenn ein Mensch kein Innenleben hat, ist er der Sklave seiner Umgebung.

Henri Frederic Amiel

Ein Mensch mit wenig Selbsterkenntnis sieht all das, dessen er sich innerlich nicht bewußt ist, von außen auf sich zukommen, weil er es auf seinen Nachbarn projiziert.

C. G. Jung

Durch Fehler, sagt man,
sind die besten Menschen gebildet;
sie werden meist um so viel besser,
weil sie vorher ein wenig schlimm.

Shakespeare: *»Maß für Maß«*

Das Gute wird durch Übertreibung nicht besser, sondern schlechter, und ein kleines Übel wird groß, wenn man es ignoriert und unterdrückt.

C. G. Jung

So trägt ein jeder Sklav' in eigener Hand Gewalt, zu brechen die Gefangenschaft.

Shakespeare: *»Julius Cäsar«*

I. Das 12. Haus: Deine verborgene Weisheit

Ist dir klar, daß die Sonne nach ihrem Aufgang als erstes das 12. Haus durchläuft? Wenn sie zu Beginn ihres Zyklus durch Raum und Zeit den Horizont kreuzt und auf ihrer kreisförmigen Bahn auf das MC zuläuft, wirst du aufgefordert, dich zuerst nach »unten« in die Vergangenheit zu bewegen. Das 12. Haus ist das Sammelbecken der Vergangenheit und all dessen, was sich unter der Bewußtseinsebene befindet – Gefühle, Gedanken, Eindrücke aus der frühen Kindheit und, noch weiter zurückliegend, aus vergangenen Leben. Es ist das, was wir vor uns und anderen verstecken und was in der Einsamkeit auftaucht, drohend, aber auch bereichernd.

Das 12. Haus ist jene Fundgrube in uns, in der sowohl unsere Engel als auch unsere Dämonen hausen. Um aufzusteigen und mit den Engeln in Verbindung zu treten – dem Ursprung unserer kreativen Ideen, unserer Spiritualität und des höchsten Ausdrucks von Liebe und Dienst an der Menschheit –, müssen wir erst hinabsteigen. Wir müssen den Geistern der Vergangenheit ins Gesicht sehen, den Fehlern, Demütigungen und schmerzlichen Erfahrungen, die uns verfolgen. Wir müssen unseren ungelösten Problemen entgegentreten und all dem, was wir an uns verabscheuen – Wut, Gier, Grausamkeit, Zügellosigkeit, Eitelkeit – und daneben noch all jenen Eigenschaften in uns, die wir schätzen und trotzdem nur widerstrebend anerkennen.

Später werden wir gemeinsam den Prozeß erkunden, der uns mit den Energien unseres 12. Hauses konfrontiert – ein schwieriger und gefahrvoller, letztlich aber befreiender und befriedigender Vorgang. Doch zuerst müssen wir die zahlreichen Bedeutungen verstehen, die sich auf das 12. Haus beziehen. Ob du als Neuling im Astrologie-Studium noch an der grundlegenden Bedeutung von Planeten, Zeichen und Häusern arbeitest oder ob du ein fortgeschrittener Student bist, der seine Kenntnisse vertiefen will – du wirst von diesem Buch am meisten profitieren, wenn du den gebotenen Stoff mit den Planeten und Zeichen deines eigenen 12. Hauses in Beziehung setzt.

Halte nun ein paar Augenblicke inne und vergegenwärtige dir dein 12. Haus. Welches Zeichen erscheint an dessen Spitze? Ist es das Zeichen deines 11. Hauses oder das deines Aszendenten und 1. Hauses? Weist dein 12. Haus auch noch andere Zeichen auf, und wenn ja, welche? Welche Planeten regieren die Zeichen deines 12. Hauses und wo befinden sich diese Planeten in deinem Geburtshoroskop? Hast du im 12. Haus keine Planeten, kann es sein, daß du dich nicht so intensiv mit deinem Innenleben beschäftigen mußt wie Menschen mit 12.-Haus-Planeten. Doch die Herrscher des oder der Zeichen deines 12. Hauses haben für dein Leben eine besondere Bedeutung, denn sie geben einen Hinweis, wie und wo du die subtile und oft unbewußte Energie deines 12. Hauses kanalisierst.

Schau nochmals auf dein 12. Haus. Welche Planeten stehen hier? In welchem (welchen) Zeichen? Welche Häuser regieren diese Planeten in deinem Horoskop? Die Bedeutung der Planeten im 12. Haus wird auch jene Häuser beeinflussen, deren Herrscher sie sind. Hast du im 12. Haus mehrere Planeten, können die Energien deines 12. Hauses sich auf viele Bereiche deines Lebens erstrecken.

Weist dein 12. Haus mehrere Planeten auf (sind Sonne, Mond oder Neptun beteiligt, trifft das folgende auch bei nur zwei Planeten zu), ist ein großer Teil deines Bewußtseins bereits in diesem Haus tätig und arbeitet sich dort durch dessen »Abfall« oder gräbt nach dessen Schätzen. Falls du dort einen oder mehrere Planeten hast, ist es besonders wichtig für dich, mit den Energien des 12. Hauses zurechtzukommen. Diese Planeten können die Impulse, die von anderen Planeten deines Horoskops ausgehen, sowohl unterstützen als auch behindern.

Betrachte nun alle Beziehungen, die zwischen den Planeten oder Herrschern des 12. Hauses zu anderen Planeten, Zeichen und Häusern bestehen. Wie viele Planeten, Zeichen und Häuser sind mit den Energien deines 12. Hauses verknüpft? Diese Beziehungen zu anderen Häusern sind Energiewege, durch die die Planeten deines 12. Hauses zum Ausdruck kommen (vielleicht auch in kompensierter Form) oder vor Konflikten fliehen. Im Idealfall dienen diese Energiewege dem freien Ausdruck innerer Begabungen.

Dominieren Konjunktionen? Besteht in deinem 12. Haus eine Planeten-Konjunktion und gibt es kaum Aspekte zu anderen Bereichen deines Horoskops, mußt du dich vielleicht tief in dich selbst zurückziehen. Möglicherweise fühlst du dich von der Energie deines 12. Hauses abgeschnitten und erfährst eine Spaltung zwischen deinem inneren und äußeren Selbst.

Herrschen Quadrate vor? Dann wirst du aus deinen tieferen Energien schöpfen – aber auch mit ihnen zu kämpfen haben; du kannst wiederholt gezwungen sein, dein Verhalten in Frage zu stellen.

Dominieren die Oppositionen? Dann gewinnst du wahrscheinlich Verständnis für dich selbst, indem du deine verborgensten Muster auf andere projizierst und dich selbst im Spiegel deiner persönlichen Beziehungen betrachtest.

Herrschen Trigone oder Sextile vor? Sie werden dir helfen, für die Energien deines 12. Hauses ein konstruktives Betätigungsfeld zu finden. Doch kann fehlende Motivation ein grundlegendes Problem für dich sein; du fühlst dich vielleicht nicht genügend herausgefordert, um deine psychischen Reichtümer zu entwickeln. Möglicherweise fällt es dir zu leicht, mit dir selbst in Frieden zu leben.

Zusätzlich zu den Planeten deines Geburtshoroskops solltest du auch die Transite und Progressionen betrachten, welche gegenwärtig dein 12. Haus durchlaufen. Transite äußerer Planeten und Progressionen können dein 12. Haus für viele Jahre beeinflussen und in der Tiefe deiner Psyche so wirken, als wären sie Radix-Planeten deines 12. Hauses. Auch diese Planeten regieren Häuser deines Horoskops und bilden Aspekte zu anderen Planeten.

Wenn du nun über die Planeten, die Herrscher und die jeweiligen Transite im 12. Haus deines Horoskops nachdenkst, dann ziehe sowohl ihre Positionen als auch ihre negativen Erscheinungsformen in Betracht. Zum Beispiel kann Saturn auf Verdrängung, Unterdrückung, Begrenzungen und Einschränkungen, Angst, Zurückgezogenheit und Entbehrung hinweisen. Aber Saturn im 12. Haus kann dir durch seine nach innen gerichtete Erscheinungsform auch dabei helfen, dich deiner inneren Entwicklung oder einem Pfad des Dienstes zu widmen; er kann jene Selbstdisziplin mobilisieren, die für einsame Arbeit erforderlich ist.

Du hast die Möglichkeit, deine Planeten des 12. Hauses positiv oder negativ zum Ausdruck zu bringen, doch es ist unwahrscheinlich, daß du ihre konstruktive Ausdrucksform finden kannst, bevor du nicht wenigstens damit begonnen hast, dich mit deinen negativen und zerstörerischen Neigungen auseinanderzusetzen.

Das innere Leben

Was sind denn nun die kräftezehrenden und lebensbereichernden Bedeutungen des 12. Hauses? Was repräsentiert dieses Haus? Zunächst ist es das Haus der Einsamkeit. Wenn du hier Planeten hast, sehnst du dich vermutlich danach, Zeit für dich alleine zu verbringen; wahrscheinlich genießt du es, dich an abgelegenen Orten in deine innere Welt zurückzuziehen. (Das ist besonders dann der Fall, wenn es sich bei den Planeten um Sonne, Mond, Venus, Jupiter oder Neptun handelt.) Was steigt aus deinem Inneren empor, wenn du alleine bist?

Die *Sonne* gibt uns hier einen Hinweis auf innere Wärme, Vitalität und Vertrauen auf deine inneren Reichtümer.

Der *Mond* deutet emotionale Bedürfnisse und Empfindsamkeiten an, welche deine Aufmerksamkeit erfordern.

Merkur weist auf einen wilden Ansturm von Gedanken und Sorgen hin, auf eine nervöse mentale Energie, welche dich auch zum Lesen oder Schreiben anregen kann.

Venus steht für Gefühle des Friedens und der Liebe und weist auf ein Verständnis für Schönheit hin, das du in künstlerische Tätigkeiten einfließen lassen kannst.

Mars zeigt sexuelles Verlangen an, einen im Unbewußten wirkenden Groll und eine innere Unruhe, die dich zu rastloser Tätigkeit antreibt.

Jupiter deutet auf einen tiefen und umfassenden Glauben und ein Streben nach Weisheit hin, gewonnen durch die Erforschung und Erweiterung deiner inneren Horizonte.

Saturn zeigt tiefsitzende Einsamkeit, Angst oder Schuldgefühle, Verzweiflung oder Negativität an, womit schwer umzugehen ist. Aber er weist auch auf die Fähigkeit hin, sich mit Entschlossenheit und Konzentration einer einsamen Aufgabe zu widmen – vielleicht einer Arbeit, welche dir hilft, Ordnung in dein inneres Chaos zu bringen.

Uranus gibt dir die Neigung, dich auf originelle, oft unkonventionelle Weise auszudrücken, wenn du alleine bist, wobei du nach Tätigkeiten suchst, die dir ständige Abwechslung und geistige Anregung bieten.

Neptun läßt auf schöpferische Eingebungen, transzendentale Erfahrungen oder Träume und Phantasien schließen, welche dich innerlich fesseln.

Pluto im 12. Haus schließlich weist auf eine ungemein große Intensität hin, die unter einer ruhigen Oberfläche schlummert und die dich dazu treiben kann, mit deinem ganzen Wesen die Tiefen deiner Psyche zu erforschen. Vielleicht ist aber auch das Gegenteil der Fall, und du fühlst den Drang, dich nach außen zu wenden, weg von den drohenden vulkanischen Ausbrüchen deines Inneren, um dich zielstrebig auf eine Tätigkeit zu konzentrieren, welche den Einsatz all deiner Energien erfordert.

Das 12. Haus ist das Haus der Beschränkungen und der Einsamkeit; es kann in manchen Lebensabschnitten auf freiwillige oder unfreiwillige Gebundenheit hinweisen. Viele Menschen mit einem starken 12. Haus haben ein Leben im Aschram oder an einem einsamen Ort gewählt. Andere sind in Gefängnissen, Spitälern oder Nervenheilanstalten eingeschlossen. Oftmals mißbrauchten diese Menschen ihre Energien, sie wurden in eine gewisse Abgeschiedenheit gebracht, nachdem sie die Verbindung zu ihrem Denken, ihrem Körper oder ihren Gefühlen verloren hatten, um den Kontakt mit sich selbst wiedergewinnen zu können. Viele Menschen mit einem stark besetzten 12. Haus, die der Menschheit dienen möchten, fühlen sich dazu berufen, in Anstalten zu arbeiten und dadurch an den Problemen der Insassen teilzunehmen. Eine solche Beschränkung wählt die Seele vielleicht, um Seiten in sich kennenzulernen und zu integrieren, die ansonsten unerreichbar wären. Neben Einsamkeit und Beschränkung können Planeten im 12. Haus auch auf eine übergroße Empfindlichkeit gegenüber öffentlicher Aufmerksamkeit schließen lassen: Vielleicht hast du den Wunsch, hinter den Kulissen zu wirken, wo du dich ohne allgemeine Anerkennung auf stille Weise ausdrücken und deine Kräfte erhalten kannst. Wenn du Mars oder Saturn im 12. Haus hast, fühlst du dich möglicherweise durch Konkurrenz besonders bedroht und ziehst es vor, allein für dich in einer Umgebung zu arbeiten, die frei von äußerem Druck ist. Das Bedürfnis des 12. Hauses, im Hintergrund zu bleiben, führt oft zu indirekten oder ausweichenden Handlungen. Merkur im 12. Haus kann die Neigung in dir fördern, einfach drauflloszureden oder vom Thema abzuschweifen, statt deine Gedanken direkt auszudrücken. Mars in dieser Stellung kann dich veranlassen, dich auf eine gerissene, indirekte Weise zu behaupten, deinen Ärger durch sarkastische Bemerkungen auszudrücken, oder indem du dich in die erste Reihe drängelst, statt dich offen durchzusetzen. Pluto motiviert dich vielleicht unbewußt dazu, Macht über Beziehungen zu gewinnen, indem du dein durchdringendes psychologisches Verständnis als Mittel zur Manipulation von anderen einsetzt.

Welcher Art auch die planetarischen Energien sein mögen, die sich in deinem 12. Haus befinden oder es regieren, du wirst sie im allgemeinen ziemlich abschirmen. Viele Planeten hier lassen den Schluß zu, daß du ein einsamer, zurückgezogener Mensch bist; ein oder zwei Planeten im 12. Haus weisen darauf hin, daß du bestimmte verletzliche Erfahrungsbereiche (je nach dem Wesen des betreffenden Planeten) für dich behältst. Obwohl du vielleicht über dein persönliches Leben sprichst, zeigst du die Energien deines 12. Hauses nur den wenigen Menschen ganz offen, denen du tief vertraust. Weil diese Teile deines Wesens deine Achillesferse, deine verletzlichsten Stellen, aufzeigen, bist du leicht verwundbar, wenn andere Menschen gefühllos darauf reagieren.

Mit dem Mond im 12. Haus bist du nicht gewillt, dich mitzuteilen, wenn du verletzt bist oder Trost und Mitleid brauchst – du läßt es nicht zu, daß die Menschen deine eigentlichen Gefühle sehen – vielleicht weil du fürchtest, als schwach oder kindisch eingeschätzt zu werden. Mit Merkur oder Jupiter im 12. Haus fühlst du dich vielleicht von den geistigen Fähigkeiten, Überzeugungen oder Kommunikationsmethoden anderer Menschen bedroht und zögerst deshalb, deine wahren Ansichten mitzuteilen. Venus im 12. Haus kann darauf hindeuten, daß du nicht bereit bist, die herzlichen und liebevollen Gefühle deines Inneren offen zu zeigen. Mars weist darauf hin, daß du deinen Ärger in dich hineinfrißt, um andere Menschen nicht zu verletzen oder zu vertreiben; Uranus läßt darauf schließen, daß du deine persönliche Eigenart oder unkonventionelle Gewohnheiten, Interessen oder Tätigkeiten vor den Augen der Öffentlichkeit verbirgst, um nicht für abnormal oder sonderbar gehalten zu werden; Pluto deutet darauf hin, daß du deine tiefsten Wünsche und Leidenschaften für dich behältst und sehr zurückhaltend bist, wenn es darum geht, deinen wirklichen Problemen in bezug auf Geld, Sex oder den Tod gegenüberzutreten und ihnen Ausdruck zu verleihen.

Die Planeten des 12. Hauses sind, wie rückläufige Planeten, ein Hinweis darauf, daß Energien eher nach innen als nach außen gerichtet werden. Mit dem Mond im 12. Haus hegst und pflegst du eher dein inneres Kind, als daß du nach außen hin eine erzieherische Rolle übernimmst. Wenn du Merkur im 12. Haus hast, sprichst du eher mit dir selbst oder schreibst für dich, statt mit vielen Menschen in Verbindung zu treten und Austausch zu pflegen. Jupiter gibt dir die Neigung, dich nach innen zu wenden, um zu verstehen, statt offen nach außen zu gehen, und Saturn veranlaßt dich zur Selbstkontrolle und zur Aufrechterhaltung der inneren Stabilität, statt nach äußerem Ausdruck von Macht, Beherrschung oder Sicherheit zu streben.

Deine Neigung, die Energien des 12. Hauses eher nach innen als nach außen zu lenken, ist sowohl vorteilhaft als auch schädlich. Einerseits kannst du deine inneren Reichtümer pflegen und entwickeln, andererseits richtest du diese Energien vielleicht gegen dich selbst und wirst narzißtisch und vertiefst dich zu sehr in dich selbst. Wenn du Venus im 12. Haus hast und unfähig bist, eine intime Beziehung einzugehen, welche deine unrealistischen Vorstellungen über die Liebe erfüllt, kann es sein, daß du den menschlichen Kontakt meidest und mehr Energie in deine Eigenliebe investierst als in die Liebe zu anderen. Steht Mars im 12. Haus und hast du es nicht gelernt, deinen Ärger wirksam auszudrücken, können sich deine Aggressionen gegen dich selbst richten und dir schmerzvolle Erfahrungen mit Anfällen von Selbsthaß und Depressionen bringen. Die Planeten und Herrscher deines 12. Hauses sind sowohl verborgene Helfer als auch innere Saboteure, die dich daran hindern können, deine Fähigkeiten zu entwickeln und dich in der Außenwelt erfolgreich zu behaupten.

Karmische Erfahrung

Ein anderer Weg zum Verständnis der Planeten deines 12. Hauses ist, sie vom karmischen Standpunkt aus, als Repräsentanten ungelöster Probleme und Aufgaben, zu betrachten, die du aus vergangenen Leben mitbringst. Nicht nur der Mondknoten, auch das Zeichen an der Spitze des 12. Hauses spiegelt gemäß der Esoterischen Astrologie wider, was du aus vergangenen Leben in diese Verkörperung mitbringst. Es weist auf deinen Aszendenten im letzten Leben hin, und die Planeten deines 12. Hauses sowie dessen Herrscher bringen zum Ausdruck, was in jenem Leben von zentraler Bedeutung war. Aspekte zu diesen Planeten kennzeichnen, wie du diese Energien gebraucht hast, und zeigen die Konflikte auf, die du erfahren haben könntest. Quadrate und Oppositionen zum 12. Haus (sowie schwierige Konjunktionen wie zum Beispiel Saturn/Pluto) lassen auf karmische Schuld schließen, die bezahlt werden muß – Verletzungen, die du anderen zugefügt hast und für die du jetzt Sühne leisten mußt. Eine Fülle von Trigonen und Sextilen zum 12. Haus oder die Plazierung wohltätiger Planeten und Konjunktionen (wie etwa Venus/Jupiter) sind ein Hinweis auf ein früheres Leben, das von Liebe, Großzügigkeit oder innerer Entwicklung gekennzeichnet ist. Während dieser Inkarnation kannst du für all das belohnt werden, was du in der Vergangenheit gegeben hast.

Weist die Häuserspitze des 12. Hauses dasselbe Zeichen auf wie der Aszendent, beschäftigst du dich höchstwahrscheinlich mit denselben Angelegenheiten und Problemen wie in einem früheren Leben. Vielleicht hast du es versäumt, die Lektion jenes Lebens zu lernen; vielleicht mußt du auch mehr über den Ausdruck dieses besonderen Zeichens lernen, bevor du zu einer neuen Lektion oder Aufgabe weitergehen kannst. Da sich die Energien des 12. Hauses auch auf den Aszendenten (und über diesen hinaus) auswirken, gibt es diesmal kein Entkommen für dich. Du bist gezwungen, diese Energien anzuwenden. Du selbst bist dir dein bester Freund und dein schlimmster Feind; du nimmst im 12. Haus dieselben Energien auf, die du am Aszendenten abgibst. Obwohl du dir der Vorstellungen, die du auf andere projizierst, im allgemeinen nicht bewußt bist (weil die Dynamik des 12. Hauses deinem Aszendenten zugrunde liegt), wirst du den Konsequenzen deines Verhaltens gegenüberstehen und dadurch dein Bewußtsein erweitern.

Wenn die Spitzen des 11. und 12. Hauses dasselbe Zeichen aufweisen, wirst du dein vergangenes Karma wahrscheinlich durch Freundschaft, Gruppenleben und gesellschaftliche Angelegenheiten sowie durch die Verfolgung deiner Ziele erfahren.

Ist ein Zeichen in deinem 12. Haus eingeschlossen, so hast du in diesem Leben eine doppelte Aufgabe. Zum einen mußt du dich den Problemen stellen, die mit dem Zeichen an der Häuserspitze und den darin befindlichen Planeten in Beziehung stehen; des weiteren mußt du noch tiefer hinabtauchen, um den Energien des eingeschlossenen Zeichens zu begegnen. Letzteres kann dich zu sehr alten, ungelösten Problemen aus vielen vergangenen Leben führen.

Viele Menschen, die das Horoskop von einem karmischen Standpunkt aus betrachten, konzentrieren sich auf das persönliche Karma, das wir von Inkarnation zu Inkarnation mit uns tragen. Doch ist dieses oft ein Teil größerer karmischer Abläufe – jener unserer Familie, unserer Gesellschaft, unseres Planeten als ganzem. Berühmte griechische Mythen, wie die Geschichten vom Haus des Atreus, drücken aus, wie Kinder häufig die Verbrechen ihrer Vorfahren wiederholen oder für diese büßen müssen. Familiendramen mögen anhand eines Geburtshoroskops nicht klar erkennbar sein, doch ein Horoskopvergleich von Familienmitgliedern kann signifikante karmische Verflechtungen enthüllen.

Nehmen wir an, in einer Familie haben nicht nur beide Elternteile Planeten am absteigenden Mondknoten ihrer Tochter, sondern beide verfügen auch über ein plutonisches Temperament. Die Mutter ist ein Skorpion, und der Vater hat ein T-Quadrat zu Pluto. Die Tochter hat nicht nur Pluto im 12. Haus (wie ihr einziger Bruder), sondern ihr Pluto bildet eine gradgenaue Konjunktion mit dem Mond der Mutter und dem Jupiter des Vaters. Solche Beziehungen innerhalb des 12. Hauses lassen auf tiefe psychische Bindungen zwischen den Familienmitgliedern schließen, deren Ursprung in vergangenen Leben liegen kann. Tatsächlich erlebte sich diese Frau in einer Reinkarnations-Rückführung als politischer Führer im alten Rom, der seine beiden Eltern zum Tode verurteilt hatte. Als Reaktion auf den machtvollen Energie-Ausdruck ihrer Eltern in diesem Leben hat sie ihre Macht und Aggression in sich verschlossen und kämpfte mit einer lebensgefährlichen Krankheit, welche sie als eine Art Sühne für ihre destruktiven Impulse ansieht.

Höchstwahrscheinlich läßt das 12. Haus nicht nur auf persönliches und familiäres Karma Schlüsse zu, sondern auch auf das Karma einer Gemeinschaft oder eines Kollektivs. Jene unter euch, deren Uranus, Neptun oder Pluto im 12. Haus steht, tragen vielleicht etwas von der Last des größeren Kollektivs; eure inneren Kämpfe mit diesen Energien können manchmal als aussichtslos erscheinen, weil ihr dem verleugneten Schatten der Menschheit gegenübersteht – den anarchistischen, chaotischen und gewalttätigen Energien, die diesen Planeten oft zu beherrschen scheinen. Vielleicht haben deine eigenen Erfahrungen, wie man mit diesen Energien umgeht, sie nutzbar macht oder umwandelt, einen Einfluß auf die planetarische Evolution; vielleicht kannst du deinen Schmerz leichter ertragen, wenn du daran glaubst, daß deine inneren Kämpfe eine Bedeutung haben, die über dich selbst hinausgeht.

Die Kindheit und der elterliche Einfluß

Außer den Problemen im Zusammenhang mit vergangenen Leben stellen die mit dem 12. Haus verwandten Energien wahrscheinlich in der Kindheit einen bedeutsamen Schwerpunkt dar. Sie kennzeichnen emotional belastete Überbleibsel, welche du aus der Vergangenheit mitbringst und die auf tiefsitzende seelische Belastungen der frühen Kindheit hinweisen, welche dich auch heute noch unterschwellig beeinflussen.

Howard Sasportas[1] ist der Meinung, daß die Planeten und Zeichen des 12. Hauses nicht nur Probleme der frühen Kindheit widerspiegeln, sondern auch das Leben im Mutterleib. Das Wesen deiner 12.-Haus-Energie weist jene Erfahrungsdimensionen deiner Mutter auf, welche du im vorgeburtlichen Zustand absorbiert hast und die deine frühesten Wahrnehmungen in diesem Erdenleben gefärbt haben. Steht zum Beispiel Saturn in deinem 12. Haus, hast du dich im Mutterleib möglicherweise besonders eingesperrt und beengt gefühlt, was zum Teil daraus resultieren mag, daß du die Erfahrungen von Angst, Beschränkung und Depression deiner Mutter während ihrer Schwangerschaft mitempfandest. Während dein 12. Haus deine Erlebnisse als Fötus widerspiegelt, läßt dein Aszendent (und Planeten, die in Konjunktion zu diesem stehen) auf deine Geburtserfahrung schließen – wie du in die äußere Welt eingetreten bist und auf sie reagiert hast.

Mindestens so bedeutsam wie vergangene Leben und vorgeburtliche Einflüsse waren deine Erfahrungen in der frühen Kindheit – insbesondere, wenn dein Horoskop Verbindungen zwischen dem 4. und dem 12. Haus aufweist (beispielsweise, wenn ein Planet deines 12. Hauses dein 4. Haus regiert, wenn der Herrscher des 12. Hauses im 4. Haus steht oder wenn es zwischen dem 4. und 12. Haus Aspekte gibt). Während der ersten Jahre deines Lebens entwickelte sich deine Persönlichkeitsstruktur; niemals in deinem Leben wirst du wieder so formbar sein wie in dieser Zeit. Deine Wahrnehmung der Welt, am Anfang neu und fließend, verhärtete allmählich; schließlich nimmst du die Welt und dich selbst nur noch wie durch einen Filter wahr. Der Mond, der absteigende Mondknoten und die Planeten und Zeichen, welche dein 12. Haus beeinflussen, waren die ersten Filter zwischen dir und der Begegnung mit der Außenwelt. Welche Gedanken, Gefühle und Verhaltensweisen auch auf dich gerichtet sein mochten, sie haben alle das Gespinst deiner Erwartungen durchlaufen, wie sie von diesen astrologischen Variablen angedeutet werden.

Vielleicht brachte ein Elternteil die Energie deines 12.-Haus-Planeten oder -Zeichens sehr stark zum Ausdruck, ohne einem anderen Familienmitglied (besonders dir) für dessen Ausdruck Raum zu lassen; das führte in dir zu einer Überstimulierung in bezug auf diese Energie, während du gleichzeitig lerntest, sie zurückzuhalten. Vielleicht haben dir deine Eltern den Ausdruck dieser Energie auf direkte oder indirekte Weise verboten und unter Strafandrohung gestellt.

Wenn du dich fragst, welche »Tu nicht ...«- oder »Sei nicht ...«-Verbote – offen ausgesprochen oder unterschwellig erzwungen – während deiner Kindheit vorherrschten, entdeckst du vielleicht, daß viele von ihnen mit den Energien deines 12. Hauses in Beziehung stehen. »Jetzt weine doch nicht, sei kein Baby«, sagt eine Mutter wiederholt zu ihrem Kind, dessen Mond im 12. Haus steht. Ein Mädchen mit Mars im 12. Haus erfährt von ihren Eltern, daß ihre Selbstbehauptung, Aggression, Sexualität und ihr spontaner Ausdruck physischer Energie unweiblich und unangenehm wirken. »Lächle doch!« sagen sie, und: »Sei doch nicht wütend!« Weil du als Kind machtlos und im Hinblick auf dein emotionales und physisches Überleben von deinen Eltern abhängig bist, hat ihr »Sei nicht so ...« eine lebensbedrohliche Wirkung auf dich. Ohne ihre Fürsorge, Hilfe und Unterstützung würdest du dich dem unergründlichen Schrecken von Verlust und Vernichtung gegenübersehen. Wenn du jetzt elterliche Verbote hinterfragst, wirst du vielleicht denselben Schrecken erleben.

Die *Sonne* im 12. Haus läßt auf Eltern schließen, die die Entwicklung deines Ego nicht gefördert haben und dir beim Aufbau deines Selbstvertrauens keine Hilfe waren.

Der *Mond* zeigt an, daß die Eltern auf deine emotionalen Bedürfnisse nicht reagiert haben oder daß du nicht richtig versorgt wurdest. Häufig ist der Mond im 12. Haus auch ein Hinweis auf einen frühen Verlust der Mutter oder auf tiefe seelische Bindungen, die nie offen zugegeben und anerkannt wurden.

Merkur im 12. Haus kann bedeuten, daß du mit deiner Familie nie frei kommunizieren konntest oder von ihr als geistig minderbemittelt angesehen wurdest.

Venus läßt hier auf einen gehemmten Ausdruck von Zuneigung und Liebe schließen oder auf eine Zurückhaltung in der Verfolgung kultureller Interessen.

Wenn du *Mars* im 12. Haus hast, war es dir vielleicht nicht erlaubt, deinen Ärger auszudrücken oder körperlich aktiv zu sein. Mars verkörpert das Gefühl des »Ich bin«; deine Persönlichkeit wurde möglicherweise nicht als eigenständig, sondern mit den Eltern verbunden angesehen.

Jupiter im 12. Haus deutet an, daß deine Versuche zu wachsen genauso von ihnen verhindert wurden wie dein eigenes philosophisches Streben nach Sinn und Bedeutung, das über ihre enge Welt hinausging, sowie dein Wunsch zu reisen und neue, ferne Horizonte zu erkunden.

Saturn in diesem Haus läßt auf die psychische oder physische Abwesenheit eines Vaters (beziehungsweise einer Autoritätsfigur) schließen, der durch Arbeit oder Disziplin, Ordnung und Lebenstüchtigkeit dich hätte ermutigen sollen, deinen Ehrgeiz oder deinen Wettkampfgeist zu entwickeln oder an dein Talent zum Erfolg zu glauben.

Uranus im 12. Haus deutet darauf hin, daß deine Persönlichkeit und Originalität unterdrückt wurden und daß du dich gezwungen fühltest, den Erwartungen deiner Eltern zu entsprechen.

Neptun hier läßt den Schluß zu, daß deine kreative und spirituelle Entwicklung vernachlässigt oder ignoriert wurde und du dich infolgedessen deiner inneren Phantasiewelt zugewandt hast.

Pluto schließlich bedeutet häufig ein elterliches Verbot, den Ur-Dimensionen des Lebens ins Gesicht zu sehen und diese auch zum Ausdruck zu bringen – die ungestümen Energien der Leidenschaft und Sexualität ebenso wie die zutiefst emotionalen Themen, die sich um Geld, Tod, okkulte Erfahrungen und den Gebrauch von Macht drehen.

Weil du nicht fähig warst, die Energien des 12. Hauses als Kind frei auszudrücken, empfindest du sie wahrscheinlich als beunruhigend und verleugnest sie. Aber dadurch, daß du sie nicht an die Oberfläche deines Bewußtseins kommen läßt, wirst du sie nicht los; durch ein solches Verhalten werden sie eher veranlaßt, in der Dunkelheit des Unbewußten weiter zu gären und sich auf entstellte, unangemessene Weise zu entwickeln. Die Geister der Vergangenheit, die Erinnerungsbilder emotional belasteter Erfahrungen und das Sammelbecken der verleugneten und nicht ausgedrückten Gedanken und Gefühle sind deinem Bewußtsein nicht zugänglich; sie werden jedoch zu Linsen, durch die du die Realität wahrnimmst. Erlebnisse als Erwachsener, welche auf irgendeine Weise eine Resonanz bezüglich vergangener Erfahrungen auslösen, rufen in frühester Kindheit gelernte Reaktionen und Verhaltensweisen hervor, deren sich der Mensch weder erinnern noch die er begreifen kann.

Das Verdrängungsmuster: Aspekte

Wenn du deine 12.-Haus-Energien ins Unbewußte verdrängst, wirken sie dort unterschwellig weiter; die durch sie hervorgerufenen Ur-Ängste führen oft zu zwanghaften Handlungen. Dieses Verhaltensmuster läßt sich oft beobachten, wenn Quadrate zu Planeten des 12. Hauses bestehen (im Fall einer Projektion auf andere auch durch Oppositionen). Oft wiederholst du dasselbe Muster immer wieder, bis du seinen Ursprung entdeckst und begreifst, es dann bewußt prüfst und darüber hinauswachsen kannst.

Eine Überprüfung der Quadrate zu den Planeten deines 12. Hauses kann dir nützliche Informationen darüber geben, wie die Angelegenheiten dieses Hauses bei dir in Erscheinung treten. Möglicherweise bist du dir der hier bestehenden Probleme gar nicht bewußt, weil die am Quadrataspekt beteiligten Planeten die Energie tragen beziehungsweise zu kompensieren versuchen. Bei einem Quadrat vom 12. zum 2. Haus unterliegst du vielleicht dem Zwang, Geld auszugeben, Besitz anzuhäufen, Geld zu verdienen oder deinen Wert und deine eigene Bedeutung zu beweisen. Von frühester Kindheit an können in diesem Fall deine Empfindsamkeit und deine Probleme im Hinblick auf deinen 12.-Haus-Planeten in die Belange des 2. Hauses eingeflossen sein. Eine solche Kanalisierung und ein derartiges Kompensationsverhalten kommen auch bei anderen Quadraten zum 12. Haus vor.

Ein Quadrat zwischen dem 12. und 3. Haus läßt auf Energie schließen, die im Unbewußten gründet und die auf Schreiben, Kommunikation, Alltagskontakte und Beziehungen zu Geschwistern gerichtet ist. Beim Quadrat vom 12. zum 4. Haus bildet das Heim und die Familie für unterschwellige und oftmals kompensatorische Energie den Brennpunkt. Ein Quadrat vom 12. zum 8. Haus ist vielleicht das hilfreichste, denn in diesem Fall geht vom 12.-Haus-Planeten das unmittelbare Bedürfnis nach psychologischer oder spiritueller Betätigung aus; deine Konzentration auf Psychologie, Psychotherapie, die Beschäftigung mit Leben und Tod, dem Okkulten und der Sexualität wird wahrscheinlich von der Energie deines 12.-Haus-Planeten angeregt. Es besteht jedoch die Gefahr, daß du Sex als ein Mittel einsetzt, um den Problemen des 12. Hauses zu entkommen.

Was ist mit dem Quadrat eines 12.-Haus-Planeten zum 9. Haus? Es kann eine Suche nach Bewußtsein und Verständnis bewirken, welche die Angelegenheiten des 12. Hauses erleuchtet; es kann dich aber auch veranlassen, durch Rückzug in mentale Bereiche den Wunden und Konflikten, die mit dem 12. Haus einhergehen, auszuweichen. Dann entgehst du schmerzlichen inneren Erfahrungen, indem du liest, Kurse besuchst und akademische Titel erwirbst. Desgleichen kann ein Quadrat vom 12. zum 10. Haus dich veranlassen, deinen 12.-Haus-Planeten erfolgreich für deine Karriere einzusetzen – vielleicht bist du ein workaholic oder strebst zwanghaft nach Sozialprestige, damit du dich den zugrundeliegenden Problemen nicht stellen mußt.

Wenn dein 12. Haus keine Planeten aufweist, dessen Herrscher jedoch an einem oder mehreren Quadraten beteiligt ist, können dieser Planet, sein Zeichen und Haus ebenfalls ein Mittel für dich darstellen, die Energie deines 12. Hauses zu kanalisieren beziehungsweise seine ungelösten Probleme zu kompensieren.

Sextile und Trigone zu Planeten des 12. Hauses lenken ebenfalls die Energie der Planeten in andere Häuser, wo sie entweder auf konstruktive Weise ausgedrückt werden können oder aber eine Möglichkeit zur Flucht vor den zugrundeliegenden Konflikten darstellen. Sextile und Trigone sind leichter zu handhaben, weil die Energie frei in ein Betätigungsfeld fließen kann, das einige Erfüllung bietet. Eine solche Befriedigung ist nicht unbedingt segensreich – ein Sextil von Pluto im 12. zu Neptun im 2. Haus kann dich veranlassen, Alkohol zu konsumieren, um dadurch ein Mittel gegen die Selbst-Verdammung und den inneren Aufruhr des 12.-Haus-Pluto zu haben. Deine Sextile und Trigone können bequeme Fluchtmöglichkeiten vor den Problemen des 12. Hauses bieten, während deine Quadrate einen ständigen Zwang bedeuten werden, dich mit deinen psychischen Konflikten zu beschäftigen, auch wenn du diese in andere Bereiche des Horoskops umlenkst.

Das »Alles-oder-Nichts«-Muster

Da die Energien deines 12. Hauses oftmals ins Unbewußte gelenkt und unterdrückt werden, neigen sie dazu, sich indirekt zu manifestieren. Dabei kommt es jedoch häufig zu plötzlichen Durchbrüchen in dein Bewußtsein und in dein Verhalten, wobei diese Energien auf eine offene und nachdrückliche Weise zum Ausdruck kommen; je mehr du sie verleugnet hast, desto stärker fühlst du dich außerstande, sie zu kontrollieren, wenn sie ihre Rechte geltend machen. Den einen Tag fühlst du dich klein und von dir selbst getrennt, ein Nichts; am nächsten Tag (oft als Reaktion auf einen 12.-Haus-Transit) platzt du förmlich vor Energie, als hättest du den Trank von Alice im Wunderland gekostet, der dich plötzlich wachsen läßt. Doch bald fühlst du dich vielleicht wieder von Bedürfnissen, Wünschen, Gefühlen, Phantasien, Gedanken oder Impulsen hinweggerissen, welche unwiderstehlich scheinen.

Dieses »Alles-oder-Nichts«-Muster des 12. Hauses kann dein

Leben zerrütten, wenn du nicht Entscheidungen triffst, die den Energien deines 12. Hauses Rechnung tragen. Immer, wenn diese Teile deines Wesens für eine gewisse Zeit ausgeschlossen werden, neigen sie dazu, ziemlich dramatisch wieder in Erscheinung zu treten. Wie die Fee, die zu Dornröschens Taufe nicht geladen war, können sie auf den Plan treten, um dich zu verfluchen; jegliche Energie, die verleugnet worden ist, wird ihren ersten Durchbruch ins Bewußtsein auf destruktive und unangenehme Weise vornehmen. Denke an Spiro Agnew, dessen Merkur im 12. Haus ihm die Neigung gab, sich öfter ein falsches Wort entschlüpfen zu lassen, oder an Anita Bryant, deren 12.-Haus-Pluto als radikaler Gegner der Homosexualität in Erscheinung trat. Je weniger eine Energie anerkannt und integriert ist, desto machtvoller wird sie sich ausdrücken und desto unpassender wird sie uns erscheinen.

Weil die Energien des 12. Hauses von den frühen Erfahrungen der Sozialisierung, die sie zivilisierter und angepaßter gemacht hätten, ausgeschlossen waren, existieren sie oft in einer ursprünglichen, archaischen Form und reagieren eher auf innere Impulse als auf die Hinweise des sozialen Umfeldes. Wenn du einen 12.-Haus-Mars hast und ein Freund dich unabsichtlich verletzt, kannst du ihn unbewußt als deinen Vater wahrnehmen, der dich als Kind mißhandelt hat; du kannst ihm gegenüber sehr ausfallend werden, mit einer Wut, die eindeutig eine Überreaktion darstellt. Wenn der betreffende »Schaltknopf« betätigt wird, reagierst du nicht nur mit dem Ärger, den du unter den gegenwärtigen Umständen fühlst, sondern mit dem ganzen Packen von Ärger, den du seit der Kindheit mit dir herumschleppst. Jedem anderen Menschen erscheint deine Reaktion unangemessen; du aber, der du die Situation durch die Linse des Mars wahrnimmst, hältst sie für völlig gerechtfertigt. Vielleicht merkst du gar nicht, wie du damit den unbewußt über Monate hinweg aufgestauten Ärger – aus Harmoniebestreben oder weil er zu unbedeutend erschien – deinem Freund gegenüber mit diesem einen Ausbruch Ausdruck verliehen hast. Doch nun erinnerst du dich jeder absichtlichen oder unabsichtlichen Kränkung, so, als ob dein Freund niemals ein Freund gewesen wäre, sondern nur ein Widersacher – geboren, um dich zu reizen. Du bist dir vielleicht nicht bewußt, in welchem Ausmaß du deine Gedanken oder Gefühle unterdrückst, bis deine »Bremsen« wegen der Überbeanspruchung abgenutzt sind und die uneingestandenen Gedanken und Gefühle in dein Bewußtsein einströmen.

Auf diese Weise werden die Energien deines 12. Hauses zu unbewußten Schwächen, zu Wegen, um dir selbst etwas vorzumachen oder dich abzulenken. Sie können Facetten von dir darstellen, die du fürchtest beziehungsweise nicht magst, wie auch psychische Probleme, deren Anerkennung dich schmerzt. Erkennst und akzeptierst du diese Charakterzüge nicht bewußt, scheinen sie dir wie fremde Kräfte, die dich zu überwältigen drohen; ihr Ausdruck wird dann entstellt und arbeitet auf negative, selbstzerstörerische Weise.

Verborgene Schwächen

Wie kannst du wissen, welche Energien du ausdrückst und was deine unbewußten Schwächen sind? Wenn das 12. Haus tatsächlich dein »blinder Fleck« ist, wie kannst du dann Licht in dieses Dunkel bringen und die Schatten erkennen, die hier hausen? Beginnen wir auch hier wieder mit einer mentalen Bewertung. Schau auf die Planeten, die in deinem 12. Haus stehen oder es regieren. Frage dich, wie du diese Energien im Alltagsleben erfährst und wie deren negative Dimensionen in dir in Erscheinung treten. Wenn du das tust, ist dir wahrscheinlich unbehaglich zumute; du kannst den Energien deines 12. Hauses nur dann gegenübertreten, wenn du in dir genügend Sicherheit spürst, um ihnen zu erlauben, an die Oberfläche zu kommen. Ohne eine wohlwollende Haltung dir selbst gegenüber, ohne die Fähigkeit, dir zu vergeben und die menschliche Begrenztheit anzuerkennen, kann die Integration und Transmutation der Energien des 12. Hauses nicht stattfinden. Die Bereitschaft, Demut und Bescheidenheit zu lernen, sowie der Wunsch, dich so zu lieben, wie du bist, anstatt dich einzig und allein auf deine großartigen Ideale zu konzentrieren, sind Grundvoraussetzungen für die Integration der Energien des 12. Hauses. Ob du diese Fähigkeiten bereits entwickelt hast oder nicht – vielleicht möchtest du einen Moment innehalten und zumindest eine kurze Prüfung der verborgenen Schwächen vornehmen, welche möglicherweise durch die Planeten und Zeichen deines 12. Hauses angedeutet werden.

Mit *Sonne* oder dem *Löwen* im 12. Haus erscheinst du vielleicht nach außen hin als bescheiden und zurückhaltend, kannst aber ein erhebliches Maß an Geltungsbedürfnis, Narzißmus und Arroganz in dir haben. Für dich kann dies den Schutz deines Egos vor äußeren Kräften bedeuten, welche deinen Stolz und dein Selbstwertgefühl bedrohen. Wenn du die Jungfrau als aufsteigendes Zeichen hast, kannst du diesen Stolz mit einer bescheidenen, dienstbeflissenen Persönlichkeit überdecken.

Mit *Mond* oder *Krebs* im 12. Haus kannst du überempfindlich und passiv sein; du verleugnest vielleicht dein kindliches Verlangen, umsorgt zu werden, deinen Wunsch nach Bemutterung. Als Resultat daraus fühlst du dich vielleicht in Gegenwart von Kindern unbehaglich und befangen oder verleugnest (wenn du eine Frau bist) deine mütterlichen Instinkte. Deine unbewußte Schwäche ist deine mangelnde Bereitschaft, emotionale Bedürfnisse zuzulassen.

Steht *Merkur* hier, kann eine Neigung zu nervöser Spannung, permanentem intellektuellen Geschwätz, Selbstkritik und Sorgen bestehen. Die *Zwillinge* in diesem Haus weisen auf ein Übergewicht des Denkens und eine Tendenz zum Grübeln hin sowie auf eine Neigung, sich in Monologe und Selbstgespräche zu verlieren. *Jungfrau* im 12. Haus ist selbstkritisch, besessen von Ordnung und Details und anfällig für negatives Denken.

Venus im 12. Haus läßt darauf schließen, daß du dein Verlangen nach einem vertrauten Partner verleugnest oder in erster Linie auf deine Phantasie beziehst statt auf die Person, die vor dir steht. Deine versteckten Schwächen sind wahrscheinlich übertriebene Eigenliebe, Eitelkeit, Genußsucht oder Materialismus. Wenn *Stier* in deinem 12. Haus steht, verleugnest du deine materiellen Neigungen, deine Selbstherrlichkeit, Rechthaberei, Faulheit oder Sinnlichkeit. Befindet sich *Waage* hier, vermeidest du es, den Zwängen und Illusionen ins Gesicht zu sehen, die deine persönlichen Beziehungen stören; deine »Frieden-um-jeden-Preis«-Haltung kann dich davon abhalten, einen ehrlichen Blick in dein Inneres zu werfen.

Mit *Mars* oder *Widder* im 12. Haus vermeidest du offene Auseinandersetzungen mit deinen körperlichen und sexuellen Bedürfnissen oder mit deiner Wut, die du wahrscheinlich gegen dich selbst richtest oder als Paranoia erlebst. Die Erkenntnis, wie weit du von Eigenutz motiviert bist, kann dir ein unangenehmes Gefühl vermitteln. Du mußt lernen, offen die Erfüllung deiner Wünsche anzustreben und für dich selbst einzutreten.

Mit *Jupiter* oder dem *Schützen* im 12. Haus vermeidest du die Konfrontation mit deiner Extravaganz und deiner Selbstgerechtigkeit. Indem du an überholten Überzeugungen und Ansichten über dich selbst festhältst, beschränkst du deine Expansion auf die äußere Welt. Du hast aber auch die Neigung, dich zu sehr auszudehnen und zu viele Emotionen in deine Erlebnisse einfließen zu lassen.

Mit *Saturn* oder *Steinbock* im 12. Haus zögerst du, deine negativen Empfindungen – vor allem Angst, Schuldgefühle, Einsamkeit und Mißtrauen – offen auszudrücken und zu bewältigen. Weil du mit der Angst und den Selbstzweifeln, welche in dir sind, nicht fertig geworden bist, verleugnest du vielleicht deinen Wunsch nach beruflicher Ausbildung. Dieser Saturneinfluß kann sich aufgrund deiner Unfähigkeit, alte Muster loszulassen, als psychische Unbeweglichkeit und Zurückhaltung äußern. Mehr als jeder andere mußt du lernen, mit deinen Beschränkungen fertig zu werden.

Ist *Uranus* oder *Wassermann* in deinem 12. Haus, unterdrückst du dein Bedürfnis nach Unabhängigkeit, Veränderung, Freiheit oder persönlichem Selbstausdruck. Doch auf einer inneren Ebene bist du vielleicht eigenwillig, verantwortungslos, undiszipliniert und setzt dich über alle Konventionen hinweg. Möglicherweise befindest du dich in einem ständigen inneren Aufruhr.

Neptun oder die *Fische* in ihrem eigenen Haus deuten darauf hin, daß deine versteckten Schwächen wie Überempfindlichkeit, Abhängigkeit, Flucht vor der Realität oder eine übertriebene Phantasie und Ziellosigkeit Selbsttäuschung sind. Vielleicht vermeidest du es, auch deine kreativen oder spirituellen Fähigkeiten offen zu entwickeln.

Mit *Pluto* oder *Skorpion* im 12. Haus fürchtest und verleugnest du vielleicht deine innere Macht und deine Anlage zur Grausamkeit und Gewalt sowie dein sexuelles Potential. Deine versteckten Schwächen sind dein hartes Urteil über dich selbst, deine Neigung, dich gnadenlos anzutreiben und dein leicht aufbrausender Jähzorn, welcher daraus resultiert, daß du deine starke, ursprüngliche Energie unterdrückst statt sie konstruktiv zu kanalisieren.

Beziehungen

Welche Planeten oder Zeichen auch dein 12. Haus beeinflussen mögen, du wirst dir vermutlich ihrer äußeren Manifestationen nicht bewußt sein, die wahrscheinlich anderen Menschen nicht verborgen bleiben. Oft »sendest« du unterschwellig diese Zeichen und Planeten aus, indem du verschlüsselte Mitteilungen von dir gibst, die verwirrend oder nicht zu entziffern sind. Diese unbewußt übermittelten Energien haben auch eine Art »magnetischen Effekt«; sie trachten danach, in deinem Leben offen zum Ausdruck zu kommen – sei es durch Menschen, mit denen du in Verbindung kommst, oder durch Umstände, mit denen du kämpfst. In dem Ausmaß, in dem du nicht bewußt auf die Energien deines 12. Hauses eingestimmt bist, ziehst du Menschen an, die diese für dich zum Ausdruck bringen. Dies gilt insbesondere dann, wenn zum 12. Haus oder seinem Herrscher Oppositionen bestehen. Je weniger du mit diesen Energien in Berührung bist, desto negativer werden sie sich manifestieren – als zwanghafte Anziehung oder vorgeblich unerwünschte Einmischung von Menschen, die überlebensgroße Repräsentanten deines 12. Hauses sind. Dein geheimer Feind bist nicht nur du selbst, es sind auch die Menschen in deinem Leben, welche die negativen Dimensionen deiner 12.-Haus-Planeten ausdrücken.

Dieses Phänomen der Anziehung von Menschen, welche die Energien deines 12. Hauses ausdrücken, ist eine Form der Projektion – wobei du in anderen jene Qualitäten erkennst (und auf sie extrem reagierst), die du in dir selbst nicht akzeptierst. Die Planeten und Zeichen deines 12. Hauses veranlassen dich nicht nur, Personen anzuziehen, welche diese Qualitäten verkörpern; du neigst auch dazu, diese Eigenschaften in manchen Menschen übergroß zu sehen, obwohl sie von ihnen nur minimal ausgedrückt werden; du ärgerst dich entweder über diese Menschen oder idealisierst sie – was davon abhängt, ob du dich mit deinen Stärken oder mit deinen Schwächen unbehaglicher fühlst und daher in dir selbst die betreffenden Eigenschaften verleugnest. Wenn du Oppositionen zum 12. Haus oder seinem Herrscher hast, ist es äußerst wahrscheinlich, daß du deren Qualitäten auf andere projizierst, um dadurch die unangenehmen Erfahrungen des 12. Hauses loszuwerden.

Steht dein Mond im 12. Haus, mögen Menschen mit kindischen Bedürfnissen deine Aufmerksamkeit – und Abneigung – erregen; mit Mars bist du vielleicht schnell dabei, jemanden als aggressiv abzustempeln. Negative Eigenschaften an anderen, die in Wirklichkeit in dir selbst sind, werden dich erst dann nicht mehr stören, wenn du sie in dir erkannt und voll akzeptiert hast.

Nicht nur das 12., auch das 7. Haus unseres Horoskops kann

als Haus der Projektion betrachtet werden. Die Sonne wirft ihre längsten Schatten des Morgens, wenn sie das 12. Haus passiert, und vor Sonnenuntergang, wenn sie das 7. Haus durchquert. In der Jungschen Psychologie ist der »Schatten« unsere dunkle Seite, jene Facetten unseres Wesens, die unserem Bewußtsein am verborgensten sind. Das 7. Haus kennzeichnet deine unterschwelligen Energien nicht in dem Ausmaß wie das 12. Haus, aber es weist auf jene Teile von dir hin, die du bei anderen am meisten suchst und hervorbringst. Wenn in deinem Horoskop das 7. und das 12. Haus in Verbindung stehen – weil der Herrscher des einen Hauses sich im anderen befindet, weil Aspekte zwischen diesen Häusern oder ihren Herrschern bestehen oder weil sie denselben planetarischen Herrscher haben –, dann bist du besonders anfällig dafür, unbewußte psychische und karmische Muster in Beziehungen auszuleben.

Wenn sich der Herrscher deines 7. Hauses im 12. Haus befindet, ist das ein Zeichen dafür, daß du dich zu einem Partner hingezogen fühlst, der deine unbewußten Komplexe auslöst oder deine 12.-Haus-Energien für dich ausdrückt und mit dem du auf eine tiefe psychische oder spirituelle Weise verbunden bist. Mehr als die äußeren Dimensionen der Beziehung stehen für dich innere Werte im Mittelpunkt – vielleicht könnt ihr die geheimen Bereiche eures Lebens miteinander teilen oder auf nonverbalen Ebenen kommunizieren. Wahrscheinlich bist du deinen Erfahrungen aus Beziehungen gegenüber emotional äußerst empfindsam; vielleicht verleugnest du sogar deine Sehnsucht nach einem Partner aus Angst vor der Verwundbarkeit, die eine intime Beziehung in dir hervorruft. Ähnlich ist es, wenn der Herrscher deines 12. Hauses im 7. Haus steht, nur ist dann die Wahrscheinlichkeit noch größer, daß du deine inneren Erfahrungen auf deinen Partner projizierst und deine Mitmenschen durch den Filter der Vergangenheit siehst.

Wahrscheinlich projizierst du die Energien deines 12. Hauses auf andere und lehnst sie in ihnen ab; darüber hinaus kannst du durch dein Verhalten Reaktionen hervorrufen, die sich auf die Planeten und Zeichen deines 12. Hauses beziehen. Dein

Saturn im 12. Haus fordert Zurückweisungen heraus; deine 12.-Haus-Venus ruft sowohl Zuneigung als auch hingebungsvolles Verhalten hervor; mit der Sonne im 12. Haus erwartest du, daß der andere Teil im Mittelpunkt steht, so daß du dich um ihn drehen kannst und dadurch das Zentrum erlebst, das dir sonst fehlt.

Neben der Eigenschaft, Menschen in dein Leben zu ziehen, beeinflussen die Planeten und Zeichen deines 12. Hauses auf magische Weise die Geschehnisse. Wenn dein 12. Haus Aspekte aufweist, kannst du die Manifestation dieser Energien um dich herum erleben, ohne daß sie dich direkt betreffen. Wenn du Mond oder Neptun im 12. Haus hast, wirst du eine Flut – welcher Art auch immer – miterleben; mit Mars im 12. Haus bist du möglicherweise bei einem Unfall oder einem Brand anwesend. Denke daran, daß zum Beispiel Marilyn Monroe, Judy Garland, George Wallace, Patty Hearst und Anita Bryant alle in irgendeiner Beziehung mit Gewalt, Tod oder Sex zu tun hatten – sie alle haben im Geburtshoroskop Pluto im 12. Haus.

Sensitivität, Dienst und Imagination

Die Konfrontation mit der dunklen Seite der Energien deines 12. Hauses kann beträchtliches Leid mit sich bringen. Aber ob du nun diesen Facetten deines Wesens gebenübertrittst oder nicht, die Planeten deines 12. Hauses (besonders Mond und Neptun) weisen wahrscheinlich auf Leiden, Verletzlichkeit und Empfindsamkeit hin, die du vor anderen zu verstecken suchst. Erfahrungen, die andere Menschen überhaupt nicht beeinträchtigen, können dich emotional überwältigen.

Diese Sensitivität hat positive und negative Auswirkungen. Auf der negativen Seite kann sie zu einer willensschwachen Persönlichkeit mit psychischen Problemen führen, zu einem übertriebenen Unsicherheitsgefühl, zu Phobien, Schüchternheit, Selbstmitleid, Abhängigkeit oder Weltflucht. Wenn du mehrere Planeten im 12. Haus hast, kannst du dich verfolgt und gepeinigt fühlen; du wirst vielleicht zum Opfer oder zum Märtyrer, oder du läßt dich von anderen Menschen ausnutzen.

Auf der physischen Ebene kann das 12. Haus auf eine chronische Krankheit hinweisen, insbesondere wenn ein Oppositions-Aspekt zum 6. Haus daran beteiligt ist oder Planeten (oder die Herrscher) des 12. Hauses im Quadrat oder in Opposition zu Merkur, Neptun, dem Herrscher des 6. Hauses oder zu Planeten in der Jungfrau beziehungsweise in den Fischen stehen. Aspekte zum Aszendenten oder zum Herrscher des 1. Hauses sowie die Plazierung des Aszendenten-Herrschers im 12. Haus können ebenfalls eine schwache Physis anzeigen. Einen Hinweis auf das Wesen der Krankheit geben uns die in Verbindung mit dem 12. Haus am schwersten angegriffenen Planeten. Die Sonne, zum Beispiel, läßt auf Schwierigkeiten mit dem Herzen schließen, die Venus auf Hormonstörungen oder sogar Diabetes. Viele Menschen, die Kinderlähmung haben oder an einer anderen Lähmung leiden, haben eine oder mehrere Oppositionen zum 12. Haus, an denen manchmal Neptun in der Jungfrau in Opposition zu Merkur in den Fischen beteiligt ist. Physische Probleme im Zusammenhang mit den Planeten des 12. Hauses haben für gewöhnlich psychische Ursachen und lassen auf emotionale Probleme schließen, welche in einem sicheren Umfeld erfahren und durchgearbeitet werden müssen.

Die psychischen Wurzeln eines Problems, wie es eine Lähmung darstellt, können dir ganz klar werden, wenn du einige Planeten oder Mond, Merkur oder Neptun im 12. Haus hast. Höchstwahrscheinlich fühlst du dich dann oftmals psychisch gelähmt oder überwältigt, weil du mehr aufnimmst, als du verarbeiten kannst. Von Natur aus medial und leicht zu beeindrukken, registrierst du jede emotionale Schwingung und jede feinste Schattierung des Ausdrucks deiner Umgebung. Wenn du nicht einen starken Saturn im Horoskop hast, kann es dir an einem Filter-Mechanismus fehlen, um den Energie-Einstrom zu kontrollieren. Dann empfindest du die Gefühle, Bedürfnisse, Probleme und Erfahrungen anderer Menschen, als ob es deine eigenen wären. Wenn du diese Sensitivität beherrschen kannst, hast du die Anlage für einen außergewöhnlich guten Lebensberater oder Psychologen. Befinden sich Merkur oder Pluto in deinem 12. Haus, besitzt du eine bemerkenswerte psychologische Einsicht; stehen Mond oder Neptun dort, verfügst du über viel Einfühlungsvermögen und Mitleid.

Diese beiden Qualitäten, Mitleid und Einfühlungsvermögen, sind die konstruktivsten Ausdrucksformen des 12. Hauses. Wenn du hier Planeten hast, beeinflussen sie deine Fürsorge und Verantwortlichkeit für Menschen, die in Not sind. Insbesondere mit Venus oder Neptun im 12. Haus hast du von Natur aus die Fähigkeit, über die persönliche Zuneigung hinauszugehen in eine spirituelle Liebe zur Menschheit – wobei du dich der Aufgabe widmest, anderen Menschen zu helfen. Deshalb fühlst du dich vielleicht zu einem Sozialberuf hingezogen, welcher die Arbeit mit Kranken, Geistesgestörten oder Gefangenen in einer Anstalt einschließt. Du kannst auch ehrenamtlich arbeiten oder einen finanziellen Beitrag zu einer Wohltätigkeitsorganisation leisten.

Als ich einmal in einem Gefängnis die Insassen unentgeltlich beriet, stellte ich in ihren Horoskopen übereinstimmende Muster fest. Zum einen hatten viele ein T-Quadrat zu Uranus – diese Männer waren in Aufruhr, Straßenkämpfe oder in gegen die Gesellschaft gerichtete umstürzlerische Aktivitäten verwikkelt. Viele hatten auch ein T-Quadrat zu Neptun – diese Gefangenen waren wegen Rauschgifthandels inhaftiert. Ein anderer hoher Prozentsatz der Insassen wies ein T-Quadrat zu Pluto auf – viele dieser Männer saßen aufgrund von Gewaltverbrechen ein. Auch die Horoskope anderer Gefangener wiesen meist ein belastetes 12. Haus (sei es im Geburtshoroskop oder durch Transit), einen angegriffenen Neptun oder häufig auch angegriffene Planeten in den Fischen auf.

Ich hatte auch das Glück, für ein halbes Dutzend Mitarbeiter des Gefängnispersonals Beratungen durchzuführen. In diesen Horoskopen fand ich ähnliche Konstellationen wie bei den Insassen. Was war nun der grundlegende Unterschied zwischen dem Personal und den Gefangenen? Nicht ihre Horoskope, sondern die Möglichkeiten, die sich ihnen eröffneten, und welchen Ausdruck sie für die Energien ihres 12. Hauses gewählt hatten.

Die Planeten deines 12. Hauses können eine so große Sensitivität anzeigen, daß du unfähig bist, den Anforderungen des Lebens zu entsprechen; andererseits kann dich diese Sensitivität befähigen, ein Helfer, Heiler oder Künstler zu werden. Die Natur deiner 12.-Haus-Planeten und -Zeichen gibt dir einen Hinweis auf die Energien, auf die du psychisch empfindsam reagierst und durch die du dich leicht auf die Bedürfnisse anderer einstimmen kannst. Da die Planeten des 12. Hauses den Wunsch nach einem Dienst an der Menschheit kennzeichnen, kannst du im Hinblick auf den Ausdruck deiner 12.-Haus-Energien eine Art von Sendungsbewußtsein erfahren, wenn du auf die Bedürfnisse deiner Mitmenschen eingehst.

Dieses Verlangen zu dienen wird wahrscheinlich von mehreren Faktoren angeregt. Erstens nährt das Leid, das du selber in bezug auf die Energien deines 12. Hauses erfahren hast, dein Mitleid für Menschen, die ähnliches erleben. Zweitens gibt dir die geistige Empfindsamkeit des 12. Hauses das Gefühl, daß dein Leben nicht dir gehört und daß es seine Erfüllung im Dienst einer Sache finden kann, die über dich hinausreicht. Drittens hast du vielleicht Zweifel an deinem Wert als menschliches Wesen und an deinem Recht, deine eigenen Interessen zu verfolgen – infolgedessen baust du dein Selbstwertgefühl auf, indem du dich anderen widmest. Viertens kannst du – bewußt oder unbewußt – mit Schuldgefühlen und Scham belastet sein, für die du büßen mußt.

Dein Bedürfnis nach Sühne kann in erster Linie von karmischen Faktoren beeinflußt sein oder von eingebildeten »Verbrechen« in diesem Leben, die dich bewußt oder unbewußt belasten. Schuld und Schande, die du mit dir trägst, haben ihren Ursprung in der frühen Kindheit, wenn das kindliche Ich wahrnimmt, daß seine destruktiven Phantasien gegen seine Eltern die Wirklichkeit beeinflussen. Schuldgefühle im Hinblick auf offen ausgedrückte oder nur in der Phantasie bestehende Aggressionen oder hinsichtlich des Gefühls deiner »Schlechtigkeit«, weil du den anerkannten Maßstäben deiner Familie nicht entsprichst, können in dir den Wunsch nach Wiedergutmachung und Sühne durch Dienst nähren.

Auf viele Arten ist das 12. Haus das Haus der inneren Vorstellungen und Ideale und nicht das der äußeren Realität. Hier versuchst du, den schlimmen oder unerfreulichen Bildern zu entkommen, die dich verfolgen; du suchst auch Erfüllung in der Vorstellung, wie du das Ideal erlebst, sei es durch Dienst, Schönheit, Liebe oder transzendentale Erfahrung.

Weil sich das Wesen des 12. Hauses so sehr an Bildern und Vorstellungen orientiert, können die Planeten deines 12. Hauses (insbesondere Mond, Merkur, Jupiter oder Neptun) auf eine lebendige Phantasie und ein intensives Traumleben hindeuten. Natürlich kann es auch darin negative Auswüchse geben – du fühlst dich vielleicht ständig in eine Phantasiewelt hineingezogen, wobei du allmählich die Fähigkeit verlierst, zwischen Einbildung und Wirklichkeit zu unterscheiden. Zum Beispiel hast du mit Venus im 12. Haus vielleicht die Neigung, nach einer idealen Liebesbeziehung zu suchen, weshalb du dich mit einer unvollkommenen nicht abfinden kannst. Doch sind die positiven Seiten der Sensitivität des 12. Hauses eine Bereicherung. Jupiter im 12. Haus kann dir die Fähigkeit geben, dich mittels der Weisheit, die du aus deinen Träumen und Meditationen gewinnst, beträchtlich weiterzuentwickeln. Mit Pluto im 12. Haus kannst du dir in deiner Tiefe die machtvollen Archetypen erschließen, die der Menschheit gemeinsam sind.

Planeten des 12. Hauses sind der Brennstoff für die Imagination und eine Hilfe für Visualisierungen, wie sie in verschiedenen Meditationsschulen, bei Silva Mind Control oder in der spirituellen Psychologie, zum Beispiel der Psychosynthese, praktiziert werden. Durch lebhafte Phantasien darüber, was du sein willst, kannst du eine machtvolle Gedankenform schaffen, die stark genug ist, um die gewünschten Veränderungen in deinem Leben herbeizuführen. Merkur, Mars oder Saturn hier können ebenfalls helfen, deine Imagination praktisch zu nutzen.

Diese Vorstellungskraft, welche der Einfluß des 12. Hauses zeigt, ist der schöpferischen Inspiration verwandt. Viele Schriftsteller (z. B. Ernest Hemingway, Pearl S. Buck, Germaine Greer, Gertrude Stein, John Ruskin und Anatole France) hatten Merkur im 12. Haus. Viele Sänger (zum Beispiel Barbra Streisand, Janis Joplin, Judy Garland) und Musiker (zum Beispiel Jimi Hendrix, Richard Strauss, Claude Debussy) hatten Venus im 12. Haus. Die Stellung des Mondes im 12. Haus ist sowohl bei Dichtern (William Blake, Percy Shelley, Arthur Rimbaud, W. B. Yeats) als auch bei Musikern (zum Beispiel José Feliciano, Liberace, Eric Satie, Paul Simon) weit verbreitet.

Die Planeten deines 12. Hauses können dir helfen, kreative Energien zu kanalisieren, und sie können deine Offenheit und deine Fähigkeit fördern, dich der Inspiration hinzugeben.

Spiritualität und Transzendenz

Die Inspiration des 12. Hauses ist oft eine Quelle von Transzendenz, Glauben und Spiritualität. In einem gefühlsmäßigen, empirischen Sinn ist das 12. Haus ein tief religiöses Haus. Anders als das 9. Haus beziehungsweise der Einfluß von Jupiter und Schütze beschäftigt es sich nicht mit philosophischen und religiösen Überzeugungen; es wurzelt eher dort, wo die göttlichen Energien im Innersten direkt erfahren werden. Wenn du mehrere Planeten im 12. Haus hast (insbesondere Mond, Jupiter oder Neptun), bist du vielleicht in der Lage, hohe Bewußtseinsebenen zu erreichen, dein Gefühl des Getrenntseins in der ehrfurchtgebietenden Erfahrung kosmischen Einsseins zu verlieren und dich dem göttlichen Licht in dir anzupassen. Diese Offenheit den kosmischen Energien gegenüber kann zu einem gefestigten Glauben führen und dir die Sicherheit geben, daß du von Kräften beschützt wirst, die über das Menschliche und Irdische hinausgehen. Diese strahlenden, heilenden und lenkenden Energien können jede Seite deines Wesens und jedes Haus deines Horoskops durchdringen, so, wie die Sonne täglich diese Energien durch den Kreis der Häuser trägt. Es ist dein 12. Haus, wo du den Einstrom kosmischer Energien empfängst. Die Planeten deines 12. Hauses und sein(e) Herrscher sind vielleicht der Schlüssel dafür, auf welche Weise du dich am leichtesten diesen Energien öffnen kannst – Venus: durch Liebe und Kunst; Jupiter: durch Studien und Reisen; Saturn: durch Arbeit, besonders solche, die auf einen Dienst ausgerichtet ist; Neptun: durch Dienst, Dichtung, Musik oder Meditation.

Das 12. Haus ist jene Dimension in dir, wo du sowohl überbewußte (transpersonale) als auch kollektive oder archetypische Energien anzapfen kannst. Deshalb kommt den Planeten und Zeichen, die dein 12. Haus beeinflussen, eine Bedeutung zu, die über das Persönliche hinausgeht. Diese streben nach einem allumfassenden Ausdruck; sie sind nicht zufrieden damit, in einem begrenzten subjektiven Bereich zu wirken. Deshalb ist die Venus deines 12. Hauses auf spirituelle Liebe eingestellt, welche die Seelen vieler berührt, statt sich nur auf eine Beziehung in Zweisamkeit zu konzentrieren; der Merkur deines 12. Hauses möchte über wichtige, umfassende Themen schreiben und sprechen; Saturn im 12. Haus arbeitet nicht gewinnorientiert und für eigene Interessen, sondern versteht Arbeit als Dienst an der Menschheit.

Du kannst dich im 12. Haus verlieren und steuerlos durchs Leben treiben, in deine eigene Welt vertieft, voller Angst davor, weiterzugehen; vielleicht bist du dem Willen anderer Menschen unterworfen oder von Drogen oder Alkohol abhängig. Du kannst aber auch lernen, dich den verwandelnden Erfahrungen von Liebe, Glauben oder Transzendenz zu öffnen, und angeregt werden, deine Erfahrungen in Beziehungen, kreativen Projekten und Arbeit zum Ausdruck zu bringen.

Obwohl die Schwierigkeiten deines 12. Hauses zahlreich sein können, wird es wahrscheinlich auch zahlreiche Gaben für dich bereithalten. Dein 12. Haus weist nicht nur auf deine versteckten Schwächen, sondern auch auf deine verborgenen Stärken hin.

Was kann die Konstellation der Planeten oder Herrscher des 12. Hauses über deine verborgenen Stärken aussagen? So wie du deine 12.-Haus-Planeten bezüglich versteckter Schwächen betrachtet hast, schaust du nun auf ihre positivste Ausdrucksform, um deine verborgenen Stärken zu entdecken. Sie sind verborgen, weil du dir ihrer nicht bewußt bist, bis du vielleicht in einer Notsituation gezwungen bist, auf deine tiefsten inneren Hilfsquellen zurückzugreifen. Was wirst du nun in dir entdecken?

Wenn die *Sonne* das 12. Haus beeinflußt, bestehen deine verborgenen Stärken in dem Vertrauen auf deinen inneren Reichtum, in deiner Fähigkeit zur Regeneration, deiner Zentriertheit sowie deinen Führungsqualitäten.

Der *Mond* im 12. Haus zeigt deine emotionale Unabhängigkeit, deine Fähigkeit, für dich zu sorgen und dich zu stärken und dein emotionales Verantwortungsgefühl gegenüber Menschen, die dich brauchen.

Der *Merkur* im 12. Haus läßt darauf schließen, daß du das außerordentliche Talent hast, dich zu sehen, wie du bist, dich mit geistig anregenden Tätigkeiten zu beschäftigen und Schreiben als Hilfsmittel für deine innere Entwicklung anzuwenden.

Venus weist hin auf Liebe zu dir selbst, auf Güte, Freude an der eigenen Gesellschaft, Hingebung an deine Ideale und inneren Frieden.

Beeinflußt *Mars* dein 12. Haus, hast du die Gabe, immer wieder neu zu beginnen, dich selbst zu motivieren und Aktivitäten ins Leben zu rufen. Du beweist Mut und Entschlossenheit bei der Erforschung deiner Psyche und im Kampf für dich und deine Überzeugung.

Jupiter zeigt einen tiefverwurzelten Glauben an dich selbst und an die Zukunft, eine positive Einstellung, deine Fähigkeit, an jeder Erfahrung zu wachsen, und dein reiches Innenleben.

Saturn in diesem Haus gibt innere Stärke und Selbstdisziplin und die Fähigkeiten, mit der Einsamkeit zurechtzukommen und verantwortungsvoll zu handeln, sowie die Bereitschaft, mit Entschlossenheit und Ausdauer selbständig und allein zu arbeiten.

Die versteckten Gaben deines *Uranus* im 12. Haus sind psychische Unabhängigkeit und Freiheit, Aufgeschlossenheit, tiefgründige Intuition und Originalität sowie die Fähigkeit, dich zu ändern und mit unerwarteten zerstörerischen Umständen fertig zu werden.

Neptun im 12. Haus läßt schließen auf beständigen Glauben, Mitleid, Einstimmung auf hohe Inspirationsebenen, Hingabe an Ideale und die Bereitschaft, dich jenen zu widmen, die dich brauchen.

Pluto weist in diesem Haus auf tiefes psychologisches Verständnis hin, auf einen unerschütterlichen Willen und eine bemerkenswerte Kraft, um Druck zu widerstehen, und Regenerationsfähigkeit.

Alle diese Bedeutungen der Planeten deines 12. Hauses und seiner Herrscher werden natürlich durch die Zeichen, in denen sie sich befinden, durch ihre Aspekte und die anderen Häuser deines Horoskops, die sie regieren, modifiziert.

Ganz werden

Um dich all den positiven, heilenden Energien des 12. Hauses, die du aus deinem Bewußtsein verdrängst, öffnen zu können, mußt du vielleicht als erstes den Ängsten, dem Haß, dem Leid, den Verlusten und Demütigungen der Vergangenheit ins Auge sehen, von denen du besessen bist und die dich davon abhalten, ein wahres Bewußtsein deiner Selbst zu entwickeln. Vielleicht fragst du dich: Warum sollte ich mich mit den Energien des 12. Hauses beschäftigen? Lohnt es sich wirklich, die ganze Negativität an die Oberfläche zu bringen? Wenn du bewußt die

Entscheidung triffst, die Tore zu deinem verborgenen Selbst zu öffnen – würde das zur Zersplitterung deiner Persönlichkeit, zum Zusammenbruch oder zu einem weniger guten »Funktionieren« führen? Wäre es nicht besser, die Erfahrungen des Unterbewußtseins ruhen zu lassen und dich mit einer sicheren intellektuellen Erforschung zufriedenzugeben?

Vielleicht brauchst du dich mit deinen 12.-Haus-Planeten gar nicht auseinanderzusetzen, wenn sie an Trigonen und Sextilen beteiligt sind; möglicherweise strömen sie glatt und ruhig in dein Bewußtsein ein. Doch magst du diese Energien nicht voll ausnützen oder ihr konstruktives Potential nicht voll zum Ausdruck bringen; vielleicht vernachlässigst du die Verantwortung für deine eigene Weiterentwicklung.

Hast du drei oder mehr Planeten im 12. Haus, mußt du dich vielleicht nicht noch stärker nach innen wenden, als du es bereits tust. Vieles hängt jedoch davon ab, ob du auf deinen inneren Reisen diese Energien auch wirklich emotional bewältigst oder ob du in ihnen schwelgst oder vor ihnen fliehst. Möglicherweise mußt du die Betonung deines 12. Hauses dadurch ausgleichen, daß du bewußt und realistisch deine Phantasien überprüfst; du mußt dann lernen, dich vor den einströmenden Energien abzuschließen, indem du aus dir herausgehst und der äußeren Welt gegenübertrittst und sie akzeptierst und indem du deine Vision und Inspiration im Leben praktisch anwendest.

Was ist mit ungelösten Quadrat- oder Oppositions-Aspekten zu den Planeten deines 12. Hauses? Warum solltest du dich mit den Energien deines 12. Hauses auseinandersetzen? Was könnte geschehen, wenn du es nicht tust?

Zum einen sind Erfahrungen, die mit den Planeten des 12. Hauses in Verbindung stehen, emotional geladen. Du hast in sie eine Menge psychische Energie investiert. Wenn du diese Erlebnisse und die damit verbundenen Gedanken, Gefühle und Impulse unterdrückst, stößt du eine beträchtliche Menge an Energie unter die Oberfläche deines Bewußtseins. Je mehr Energie du unterdrückst, desto weniger hast du für dein tägliches Leben zur Verfügung. Du wirst physisch und emotional erschöpft.

Zum anderen: Wenn du das Bewußtwerden deiner Erfahrung beschränkst, entfernen sich dein Ego und dein Selbstbild in ihrer Entwicklung von deinem Gesamt-Selbst. Deine Selbsterkenntnis wird dann eng und begrenzt; du arbeitest wie eine kleine runde Festung, deren Wände dich gegen den großen Umkreis deines gesamten Wesens abschirmen. Ständig mußt du dich gegen die feindlichen Kräfte zur Wehr setzen, die scheinbar von außen dein Selbstbild bedrohen. Gleichzeitig triffst du Entscheidungen, die dein beschränktes Selbst zu befriedigen scheinen, die aber den Bedürfnissen deines unbewußten Selbst zuwiderlaufen können.

Du kannst den Rest deines Selbst natürlich nicht ohne weiteres ausschließen. Nicht nur, daß diese verleugneten Energien zwanghaft auf indirekte Weise oder durch Menschen und Erlebnisse, die du anziehst, arbeiten – sie neigen auch dazu, in plötzlichen Ausbrüchen, wenn du unter Druck, erschöpft oder überlastet bist, die Herrschaft über deine Gefühle und dein Verhalten zu gewinnen. Je mehr du diese verleugnet hast, desto stärker empfindest du dich als von fremden Kräften besessen, die dein Ego, deinen Selbstwert und deine Autorität bedrohen. Du kannst dann auf eine Art und Weise handeln, die dir unverständlich ist und dich stark in Verlegenheit bringt. Hast du den Mond im 12. Haus, brichst du unerwartet in Tränen aus; mit Mars greifst du einen Freund ohne ersichtlichen Grund plötzlich an; bei Jupiter schwelgst du in einem Kaufrausch, und mit Saturn weist du jemanden zurück, den du liebst. Im Extremfall haben die verleugneten Energien, wenn sie durchbrechen und von dir Besitz ergreifen, eine Psychose zur Folge.

Wenn diese Energien dich zu häufig beherrschen, wirst du höchstwahrscheinlich innehalten und dich fragen, woher das kommt. Doch vielleicht schreckst du vor dem Sprung in die tiefe Erfahrung zurück, weil du Angst hast: vor den Kräften, die in dir lauern, und vor dem, was sie deiner Selbstachtung und deinen Beziehungen antun werden, wenn sie noch stärker zum Vorschein kommen. Vielleicht befürchtest du, daß sie dich vollständig vereinnahmen werden.

Menschen, deren 12.-Haus-Planeten angegriffen sind, machen oft folgende Aussagen:

Sonne: »Wenn ich erst einmal im Mittelpunkt stehe, kann ich es nie wieder sein lassen.«

Mond: »Wenn ich jetzt anfange zu weinen, höre ich nie mehr auf.«

Merkur: »Wenn ich beginne, meine Erfahrungen zu erzählen, werde ich nie mehr aufhören zu reden.«

Venus: »Wenn ich mir erlaube, mich zu verlieben, werde ich nicht mehr fähig sein, etwas anderes zu tun, als die Liebe zu leben und mit jedem Atemzug Liebe auszuströmen.«

Mars: »Wenn ich meine Wut wirklich herausließe, würde ich alle damit vertreiben.«

Jupiter: »Würde ich Wohlstand und die Fülle des Lebens suchen – ich wäre unersättlich in meiner Gier.«

Saturn: »Wenn ich meine Trauer und Einsamkeit zulasse, werde ich so deprimiert, daß ich mich in mein Zimmer verkrieche und nie weder herauskomme.«

Uranus: »Wenn ich den Leuten zeige, wie unkonventionell und sonderbar ich wirklich bin, werden sie mich einsperren.«

Neptun: »Wenn ich wirklich wüßte und zeigte, wie verletzlich ich bin, wäre der Schmerz für mich unerträglich.«

Pluto: »Wenn ich die destruktiven Gefühle in meinem Inneren ausdrücken würde, wäre es wie ein Vulkanausbruch. Ich könnte jemanden töten.«

Diese Ängste haben einige Berechtigung. Es gibt gewisse Gefahren, wenn wir uns mit den Energien des 12. Hauses auseinandersetzen. Zum einen erlebst du vielleicht die neptunische

Wirkung der Auflösung deines Selbstbildes, emotionales Chaos, Hilflosigkeit, Resignation oder psychische Lähmung. Wenn du der Eigenschaften wegen, die in dir emporsteigen, zu hart mit dir ins Gericht gehst, kannst du dich in Selbsthaß verzehren und in Verzweiflung und Selbstmordphantasien stürzen. Andererseits kann es – wenn Jupiter oder die Sonne dein 12. Haus regieren – zur umgekehrten Erfahrung kommen: Zu einer manischen Reaktion übersteigerten Selbstvertrauens, Größenwahn oder Überschätzung der eigenen Macht und Frömmigkeit.

Nach *C. G. Jung* ist der »Schatten« die dunkle Seite unseres Wesens, die wir nur zögernd anerkennen und in das Bewußtsein über uns selbst einbeziehen. Jung schreibt:

> *Der Schatten ist ein moralisches Problem, das die ganze Ego-Persönlichkeit herausfordert, denn keiner kann sich ohne beträchtliche moralische Anstrengung des Schattens bewußt sein. Sich seiner bewußt zu werden beinhaltet die Anerkennung der dunklen Aspekte der Persönlichkeit als vorhandene Realität. Dieser Akt ist die Grundvoraussetzung für jegliche Selbsterkenntnis und trifft daher in der Regel auf beträchtlichen Widerstand. In der Tat erfordert die Selbsterkenntnis als psychotherapeutische Maßnahme oft viel mühevolle Arbeit während eines langen Zeitraumes.*[2]

Für die meisten Menschen muß die Auseinandersetzung mit unterdrücktem Material ein langsamer Prozeß sein, der sich im Milieu sicherer therapeutischer wie menschlicher Beziehungen abspielt. Für gewöhnlich mußt du das Vorhandensein dieser Energien anerkennen, sie emotionell erfahren (oftmals, während du ihren Ursprung erkennst); du mußt sie akzeptieren, bevor sie beginnen können, sich umzuwandeln. Diese Vorgehensweise kann die einfühlsame, fürsorgliche Gegenwart eines Psychotherapeuten, Freundes oder Partners erfordern, der vor archaischen und oftmals infantilen Erfahrungen keine Angst hat. Sobald sie bewußt gemacht und akzeptiert worden sind, werden die Planeten und Zeichen deines 12. Hauses beginnen, deine versteckten Gaben zu offenbaren und sich für den Rest deines Lebens zu integrieren. Du wirst dann wahrscheinlich Vitalität und Freude erfahren sowie das Gefühl deiner persönlichen Bedeutung, Ganzheit und Integrität, dessen Existenz du nicht für möglich gehalten hattest. Dein wirkliches Selbst wird zwangsläufig ein größeres Selbstwertgefühl und Wohlbefinden mit sich bringen, als dein erträumtes Ideal-Selbst jemals hätte bieten können.

Meine erste Erfahrung einer direkten Begegnung mit den Energien meines 12. Hauses geschah nicht auf langsame Art und Weise. In den frühen siebziger Jahren, als die Bewegung zur persönlichen Entwicklung ihren Höhepunkt erreichte, stürzte ich mich in wochenlange Workshops der Primär- und Gestalt-Therapie. Ein Neptun-Transit hatte gerade seine Konjunktion mit meinem Mars im 12. Haus vollendet, und Pluto bildete im Transit ein Sextil zu meinem Mars sowie eine Konjunktion zu meiner Radix-Sonne. Eine Zeit hindurch wurde ich »intensitäts-süchtig«, hingerissen von dem Gefühl der Lebendigkeit, das ich im Kontakt und im Herauslassen von Emotionen spürte. Zu jener Zeit glaubte ich nämlich, daß die Menge der kathartischen Erlebnisse proportional zur Bedeutung der Wandlungen stünde, die ich erfuhr. Ich hatte wenig Achtung vor der Abwehr meines Egos und wenig Wissen über die erforderliche Zeit zur Integration des Materials, das mein Bewußtsein überflutete. Psychisch hatte ich ein Gefühl, als würde ich sterben; die Erfahrung der Dunkelheit und des Nichts im Zentrum meines Wesens reduzierte mich bis zu einem Zustand fast völliger Kraftlosigkeit. Mein Ich fühlte sich zerstört; ich brauchte einige Jahre, um mich wiederaufzubauen – drei Jahre, in denen die intensiven Erfahrungen, die ich kennengelernt hatte, sich positiv in meinem Leben manifestierten.

Zur selben Zeit, als ich diese ursprünglichen Ebenen in mir kennenlernte, erfuhr ich jede Woche eine Art Tiefenmassage, ähnlich dem Rolfing, welche eine derart machtvolle Energie in mir freisetzte, daß ich nach jeder Behandlung noch stundenlang buchstäblich durchgeschüttelt wurde.

Dies war eher eine ekstatische als eine schmerzliche Erfahrung, die aber zu intensiv und zu schnell erfolgte. Einige Tage nach der Behandlung begann mein Körper wieder jene Spannungsmuster, die ich losgelassen hatte, aufzubauen. Die Erfahrung dieser oftmals verderblichen Energie, die gegen meinen Willen in meinen Organismus zurückströmte, war sehr beunruhigend; ich fühlte mich, als ob ich innerhalb weniger Stunden um Jahre alterte, während ich all die psychische Vergiftung eines Lebens wiedererlebte.

Ich rate niemanden zu diesem intensiven Vorgehen, um sich von Verdrängungen zu befreien, es sei denn, Pluto oder Planeten im Skorpion beziehungsweise im 8. Haus machen es erforderlich. Ich empfehle mehrmals täglich zu meditieren, ein Tagebuch über die inneren Erfahrungen zu führen, Traumarbeit und vielleicht eine Psychotherapie bei einem Praktiker. Dieser sollte dir den Prozeß erleichtern, durch den du verleugnete Teile deines Wesens wieder ins Bewußtsein bringst, dich zu ihnen bekennst und integrierst. Du mußt jene Methode wählen, die sich am besten für dich eignet, sei es die Arbeit ganz für dich alleine, mit einem Freund oder einer Gruppe oder mit der Unterstützung eines Fachmannes, dem du vertraust.

Welchen Weg du auch wählst, es werden unangenehme Gefühle in dir aufsteigen. Du mußt sie nicht bekämpfen; du wirst davon profitieren, wenn du dich ihnen hingibst und sie geschehen läßt. In den meisten Therapie-Formen wirst du allmählich von ihnen zu sprechen beginnen, Woche für Woche; dadurch gibst du ihnen Zeit, sich ihren Weg in dein Bewußtsein zu bahnen, was eine Veränderung deines Selbstbildes, deiner Einstellungen und Verhaltensmuster zur Folge hat. In der Gestalt-Therapie identifizierst du dich mit ihnen, drückst sie aus und führst oft ein Gespräch zwischen den einzelnen Teilen deines Wesens. (Du kannst auch den Dialog zwischen den planetarischen Persönlichkeiten wählen, die in deinem Horoskop Aspekte bilden.) In der Meditation sitzt du mit geschlossenen Augen und läßt deine Gefühle und Gedanken durch dich hindurchfließen. Statt dich mit ihnen zu identifizieren und sie nach außen zu entladen, beobachtest du sie einfach; in manchen Meditationsformen konzentrierst du dich nicht auf deine Gedanken und Gefühle, sondern auf deinen Atem oder auf ein Mantra, das du innerlich singst.

Wie du auch vorgehst, du mußt lernen, die Gefühle und Gedanken, denen du plötzlich als Teil von dir begegnest, nicht länger zu verurteilen. Mit der Zeit wirst du wahrscheinlich Vertrauen und Zuversicht entwickeln bezüglich deiner Fähigkeit, über die negativen Gefühle hinauszugehen – bis zu den positiven Gefühlen, die ihnen zugrunde liegen. Wenn dann das Zentrum deines Bewußtseins sich entwickelt, wirst du dich weniger mit »negativ« oder »positiv« identifizieren, sondern dir eines Selbst gewahr werden, das über alle deine Gefühle, Gedanken und Verhaltensweisen hinausgeht. Wenn dieses Selbst wächst und sich festigt, wird sich auch dein Selbstbild wandeln und weniger wichtig werden als deine direkte Selbsterfahrung. Nun wirst du dich mehr dafür einsetzen, wirklich der zu sein, der du bist, statt ein Bild aufrechtzuerhalten, von dem du glaubst oder wünschst, es zu sein.

Aufgrund meiner eigenen Erfahrung mit zu großer Intensität möchte ich dich darin bestärken, den Prozeß der Bewußtwerdung nicht so voranzutreiben, daß du mehr erfährst, als du in kurzer Zeit verarbeiten kannst. Je mehr du verdrängt hast, desto mehr Zeit kann erforderlich sein, um dir dieses neue Material einzuverleiben, um vom Schmerz des Erkennens zur Akzeptanz weiterzugehen und dann zur Liebe, Freude und frei fließenden Energie vorzudringen, die dahinter eingeschlossen sind.

Diese Auseinandersetzung mit den Energien unseres 12. Hauses muß nicht immer außerhalb unserer täglichen Aktivitäten zu bestimmten Zeiten vor sich gehen. Dies kann auch in einzelnen Augenblicken während des Tages getan werden – indem wir uns beim Aufwachen eines Traumes erinnern; beobachten, was uns an anderen Menschen irritiert und wie diese Eigenschaften sich in uns selbst auswirken; indem wir Gedanken festhalten, die wir normalerweise aus unserem Bewußtsein verdrängen (wie eine Bewegung, die man am Rande des Gesichtsfeldes wahrnimmt) oder indem wir in ein Notizbuch, das wir immer bei uns haben, einige Worte über ein bestimmtes Thema, eine Erinnerung oder ein Gefühl, das uns wiederholt verfolgt, eintragen.

Erinnere dich daran, daß das 12. Haus nicht losgelöst von anderen existiert. Es bestehen keine starren Grenzen zwischen den Häusern. Die Sonne läuft nach der Morgendämmerung als erstes durch das 12. Haus. Dessen Energien können dann alle Lebensbereiche in allen Häusern deines Horoskops durchdringen – sie können neu beleben und regenerieren, wenn die Häuser ihre Fenster öffnen, um die warme und strahlende Energie der Sonne hereinzulassen.

Vor vielen Jahren, als ich in Griechenland lebte und die Inseln bereiste, erkannte ich, daß die meisten meiner dortigen Erlebnisse intensiv und bereichernd waren. Viele meiner Beobachtungen und Erfahrungen aus dieser Zeit stehen mir noch immer ganz klar vor Augen, während andere Ereignisse meines Lebens wie hinter einem Nebel liegen und vergessen sind. Zuerst dachte ich, daß diese Intensität ein Ergebnis des Reisens und des ständigen Wechsels von Ländern und Menschen war, doch dann begann ich zu erkennen, daß die Landschaften und Menschen sich nicht veränderten, die Lebendigkeit meiner Erfahrungen war – zumindest zum Teil – auf etwas zurückzuführen, was ich selbst jedem Moment entgegenbrachte: eine Aufnahmebereitschaft und völlige Offenheit der inneren und äußeren Welt gegenüber.

Zu Hause versuchte ich, diese Art, die Welt zu sehen, beizubehalten, um die Intensität und Lebendigkeit der Erfahrung in meinen Alltag mitzunehmen. Ich zog aus der Stadt weg, lebte alleine, arbeitete zu Hause und schränkte mein Gesellschaftsleben ein. Allmählich schlossen sich die vier Wände meiner Wohnung um mich, und in der Einsamkeit kamen viele der Gedanken, Gefühle und Verhaltensweisen, wie sie von meinem 12. Haus verkörpert werden, an die Oberfläche. Doch statt sie wegzuschieben oder Lehrer, Therapeuten, spirituelle Führer oder Astrologen um Hilfe zu bitten (indem sie mir Antworten gaben oder kathartische Erfahrungen schufen), begann ich, mir selbst in einer Weise gegenüberzutreten, wie ich es zuvor niemals hätte tun können. Ich hörte auf diese versteckten Botschaften, lernte aus ihnen und begann, meine Einsichten in das Schreiben einfließen zu lassen.

Allmählich füllte sich mein Leben wieder mit Menschen, die wichtig für mich waren. Ich hatte nicht mehr Unmengen von Zeit, um in mich hineinzuhorchen. Aber verlor ich dadurch diese Offenheit und Inspiration? Zu manchen Zeiten, ja. Die Anforderungen der Wirklichkeit, oft eine Begleiterscheinung von Saturn-Transiten, können überwältigend sein. Aber zu anderen Zeiten erfuhr ich größere Entfaltung und Offenheit. Ich wurde mir der Engel und Dämonen meiner 12.-Haus-Energien bewußter – ein Erkennen, das sich auf die Tiefe meiner Arbeit und meiner persönlichen Beziehungen positiv auswirkte.

Mein Bestreben, die Energien des 12. Hauses in meinem Alltag besser zum Ausdruck zu bringen, brachte auch noch ein anderes Ergebnis – ich erkannte, daß viele der kleinen irdischen Details des täglichen Lebens, die normalerweise nur für einen Moment erkannt oder auch gänzlich ignoriert werden, sich mit Bedeutung füllten. Eine Tasse Kaffee, einige Worte zu einem Fremden, während wir uns am Bankschalter anstellen, ein Brief, den wir erhalten, ein herbstliches Blatt, das sich von den anderen am Baum unterscheidet – all diese kleinen Einzelheiten haben ihren Zauber. Ich bin davon überzeugt, daß diese Offenheit gegenüber der Schönheit und dem Reichtum des täglichen Lebens jedem von uns erreichbar ist und daß dies ein direktes Ergebnis unserer Aussöhnung mit den Energien des 12. Hauses darstellt.

Schlüsselworte für das 12. Haus

Was in uns aufsteigt, wenn wir allein sind

Einsamkeit

Automatische oder zwanghafte Reaktionen

Geheime Beziehungen oder Aktivitäten

Ein »Alles-oder-Nichts«-Verhalten

Unser Gefühl des Alleinseins

Selbstprüfung

Indirekte Aktivitäten

Arbeit hinter den Kulissen

Unangemessene Ausdrucksweisen

Unbewußte Gewohnheiten und Motivationen

Abgeschlossenheit, Dienst, Zurückgezogenheit in Gefängnissen, Aschrams, Spitälern und einsamen Orten

Inneres Leiden

Sensitivität

Verletzlichkeit

Unsere Achillesferse

Die Last, die wir tragen

Mediale Fähigkeiten

Unsere hintergründigen Botschaften

Was wir projizieren

Was uns bei anderen anzieht

Was wir von anderen aufnehmen oder übernehmen

Geschehnisse, die wir in unser Leben hereinziehen

Opfer- oder Märtyrer-Neigungen

Sich selbst ausbeuten

Flucht in die Vergangenheit

Karmische Verpflichtungen

Familiäres und kollektives Karma

Mediale und okkulte Erfahrungen

Mitleid und Einfühlungsvermögen

Eingehen auf die Bedürfnisse der Menschen

Ehrenamtliche Arbeit

Der Wunsch zu dienen

Wie wir anderen dienen

Opfer, die wir bringen

Die Natur unserer Krankheit

Psychosomatische Krankheiten

Invalidität

Unser Sendungsbewußtsein

Offenheit für Empfindungen

Was wir unterdrücken

Was wir verleugnen

Psychische Komplexe

Selbstbetrug

Selbstzerstörerisches Verhalten

Verborgene Schwächen

Schuld und Schande

Die dunkle Seite der Familie: der »Familienschatten«

Tiefsitzende Ängste

Versteckte Feinde

Wie wir zu uns selber stehen

Archaische/infantile Energie

Geheime Phantasien

Unsere vergangenen Leben

Was wir in vergangenen Leben unterlassen haben

Gaben und Talente aus vergangenen Leben

Traumatische Erfahrungen

Vorgeburtliche Erfahrungen

Verbote aus der Kindheit

Unerledigte Angelegenheiten

Fixierte Entwicklungsstufen

Spirituelle Interessen

Spirituelle Hingabe

Die innere Kraft, auf die wir in einer Krise zurückgreifen

Meditation

Selbstlose Liebe

Unsere verborgenen Stärken und Hilfsquellen

Glaube an Gott bzw. Kosmos

Innere Bilder und Träume

Wie wir schlafen

Phantasie und Vorstellungskraft

Psychologische Einsicht

Intuition

Empfänglichkeit für höhere Bewußtseinszustände

Arbeitsbogen »DEIN 12. HAUS«

Die Zeichen deines 12. Hauses

Das Zeichen an der Häuserspitze: ....

Ein zweites Zeichen: ....

Ein drittes Zeichen: ....
(Wenn es in deinem 12. Haus ein eingeschlossenes Zeichen gibt)

Der Herrscher der Häuserspitze ....

befindet sich im Zeichen .... im ....Haus

und ist an den folgenden Aspekten beteiligt:

Aspekt: .... zum Planeten: .... Orbis: ....

Aspekt: .... zum Planeten: .... Orbis: ....

Aspekt: .... zum Planeten: .... Orbis: ....

Aspekt: .... zum Planeten: .... Orbis: ....

Wird das 11. und 12. oder das 12. und 1. Haus
vom selben Zeichen regiert? ....

Die Planeten deines 12. Hauses

Welche Planeten befinden sich im 12. Haus?

1. .... *2.* .... *3.* ....

Planet 1. .... *befindet sich im Zeichen* ....

und regiert das .... (und .... Haus)

Er bildet folgende Aspekte:

Aspekt: .... zum Planeten: .... Orbis: ....

Aspekt: .... zum Planeten: .... Orbis: ....

Aspekt: .... zum Planeten: .... Orbis: ....

Aspekt: .... zum Planeten: .... Orbis: ....

Steht der Planet in gegenseitiger Rezeption mit einem anderen Planeten oder in seinem eigenen Zeichen oder Haus?..

Steht er in der Halbsumme zwischen anderen Planeten oder in einer Aspekt-Konfiguration? Wenn ja, in welcher?

....

Planet 2. .... befindet sich im Zeichen ....
und regiert das .... (und .... Haus)

Er bildet folgende Aspekte:

Aspekt: .... zum Planeten: .... Orbis: ....

Aspekt: .... zum Planeten: .... Orbis: ....

Aspekt: .... zum Planeten: .... Orbis: ....

Aspekt: .... zum Planeten: .... Orbis: ....

Steht der Planet in gegenseitiger Rezeption mit einem anderen Planeten oder in seinem eigenen Zeichen oder Haus?..

Steht er in der Halbsumme zwischen anderen Planeten oder in einer Aspekt-Konfiguration? Wenn ja, in welcher?

....

Planet 3. .... befindet sich im Zeichen ....
und regiert das .... (und .... Haus)

Er bildet folgende Aspekte:

Aspekt: .... zum Planeten: .... Orbis: ....

Aspekt: .... zum Planeten: .... Orbis: ....

Aspekt: .... zum Planeten: .... Orbis: ....

Aspekt: .... zum Planeten: .... Orbis: ....

Steht der Planet in gegenseitiger Rezeption mit einem anderen Planeten oder in seinem eigenen Zeichen oder Haus?..

Steht er in der Halbsumme zwischen anderen Planeten oder in einer Aspekt-Konfiguration? Wenn ja, in welcher?

....

Trage alle Planeten ein, die sich im 12. Haus befinden, sowie deren Herrscher und jene Planeten, zu denen Aspekte bestehen.

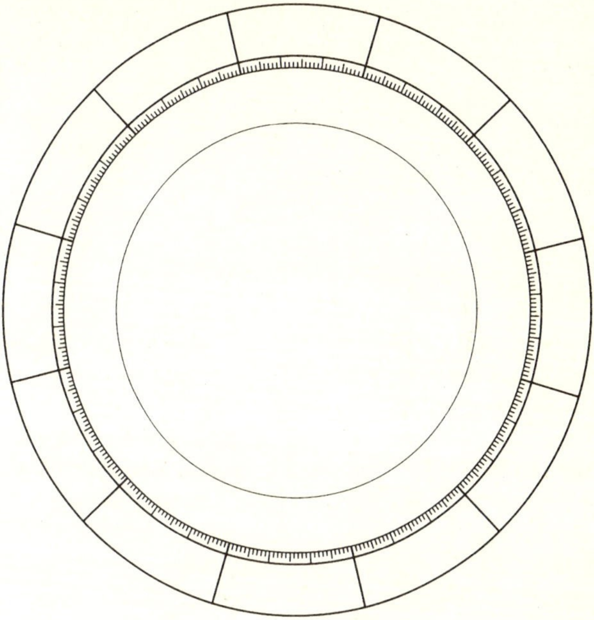

Transite und Progressionen

Welche langsamen *Transit-Planeten* laufen durch dein 12. Haus?

1. .... 2. .... 3. ....

Welche *progressiven Planeten* laufen durch dein 12. Haus?

4. .... 5. .... 6. ....

In welchen Häusern befinden sich diese im Geburtshoroskop?

1. in Haus .... 2. in Haus .... 3. im Haus ......
4. in Haus .... 5. in Haus .... 6. im Haus ......

Anmerkungen zum Arbeitsbogen »Dein 12. Haus«

Planeten im 12. Haus

Die Natur der Planeten deines 12. Hauses zeigt an, welche Energien unterschwellig, in der Einsamkeit und gemäß deiner Ideale und Inspirationen in dir wirken. Die Zeichen der Planeten beschreiben die Art und Weise, wie deren Energie wirkt. Das Haus, deren Herrscher sie sind, kennzeichnet die Lebensbereiche, in denen diese Planeten auf bewußte, offene Weise arbeiten können. Die in anderen Häusern stehenden Herrscher des 12. Hauses tragen aber die mit den Angelegenheiten des 12. Hauses verbundene emotionale Last.

Die Aspekte, an denen die 12.-Haus-Planeten beteiligt sind, zeigen den Einfluß auf andere Eigenschaften deiner Persönlichkeit und andere Lebensbereiche. Je genauer der Aspekt, desto mehr Bedeutung wird seine Wirkungsweise für deine Gesamtpersönlichkeit haben.

Konjunktionen vermischen die Funktion eines Planeten mit der eines anderen Planeten des 12. Hauses. Konjunktionen mit dem Aszendenten beeinflussen das 1. Haus genauso wie das 12., kommen jedoch offener zum Ausdruck.

Quadrate weisen auf Bereiche persönlicher Schwierigkeiten und Spannungen hin, bieten aber die erforderliche Energie und Motivation zum konstruktiven Einsatz des Planeten. Oft werden die Probleme des Planeten unseres 12. Hauses auf den Planeten übertragen, der im Quadrat zu ihm steht, und beeinflussen ihn unterschwellig.

Oppositionen zum 12. Haus drücken sich oft in Problemen bezüglich des Arbeitsplatzes sowie in der Gesundheit aus. Sie haben für gewöhnlich eine größere Bewußtheit für die Energien des 12. Hauses zur Folge als Quadrate, aber einer oder beide Planeten der Opposition können auch auf jemand anders projiziert werden.

Trigone und *Sextile* bieten uns konstruktive Betätigungsfelder für die Energien des 12. Hauses, wobei diese in den Ausdruck des aspektierenden Planeten einfließen. Doch können diese

Planeten von den Planeten unseres 12. Hauses durchaus negativ beeinflußt werden. Du kannst hier von unbewußten Motivationen oder zwanghaftem Verhalten beeinflußt werden oder die Neigung haben, den Weg des geringsten Widerstandes zu gehen. Die Häuser, in denen die aspektierten Planeten plaziert sind, zeigen die Lebensbereiche an, auf welche die Planeten deines 12. Hauses einwirken und von denen sie beeinflußt werden.

Die Zeichen des 12. Hauses

Das Zeichen an der Spitze deines 12. Hauses zeigt an, welche Energie du am häufigsten unterdrückst oder nur im geheimen zeigst. Sein Herrscher weist auf eine Funktion deiner Persönlichkeit hin, die du (je nach Zeichen und Haus des Herrschers) offen ausdrückst; deren Wirkung ist dir vielleicht nur halb bewußt – vielleicht kannst du diese Funktion aber auch für dich allein hinter den Kulissen ausdrücken. Die Aspekte des Herrschers zeigen an, wie dieser in Verbindung mit anderen Eigenschaften deiner Persönlichkeit und anderen Lebensbereichen arbeitet. Zum Beispiel kann eine Frau mit Widder im 12. Haus, deren Mars in den Zwillingen im 2. Haus steht und ein Quadrat zu Saturn in der Jungfrau im 5. Haus bildet, den heimlichen Drang haben, Bücher zu kaufen und zu sammeln. Nach einer Einkaufsorgie in der Buchhandlung erfährt sie dann vielleicht das saturnische Schuldgefühl, weil sie in einer zwar vergnüglichen, aber kostspieligen Aktivität geschwelgt hat.

Progressionen und Transite im 12. Haus

Die Bedeutung eines progressiven Planeten oder eines Transits im 12. Haus ist einer Plazierung dieses Planeten im 12. Haus des Geburtshoroskops vergleichbar, wobei deren Einfluß allerdings von vorübergehender Natur ist und der Planet der Progression oder des Transits den Einfluß seiner Stellung im Geburtshoroskop mit sich führt. Die Energien, welche seine Plazierung im Geburtshoroskop kennzeichnen, arbeiten während dieser Zeit auf unterschwellige, nach innen gerichtete und ganz persönliche Weise. Die Aspekte, die er während der Durchquerung deines 12. Hauses bildet, weisen darauf hin, wie er in Verbindung mit anderen Planeten, Zeichen und Häusern deines Horoskops wirkt.

Ein Planet, welcher im Transit oder in der Progression einen Planeten deines 12. Hauses aspektiert, bietet ein Betätigungsfeld für die Energie des 12. Hauses – auf die Art der Betätigung kann anhand des Zeichens und Hauses geschlossen werden, die dieser Progressions- beziehungsweise Transit-Planet durchquert. Die Bedeutung seiner Radix-Position wird nun durch seine gegenwärtige Stellung ausgedrückt. Diese Progression beziehungsweise dieser Transit hat eine Wirkung auf den Planeten im 12. Haus und wird von ihm beeinflußt, entsprechend der Natur des Aspektes und der Art und Weise, wie du seine Energien lenkst.

Tracy Marks

UND DANN SPRACH DAS HOROSKOP

Die Astrologin saß stationär und wurde dann rückläufig.
»Ich habe den Nadir meines Lebens erreicht«, sagte sie.
»Jahrelang bin ich immer weiter hinabgestiegen.
Es wird Zeit, den geplanten Weg zu korrigieren,
den Orbis meines Einflusses zu vergrößern
und mein Teil des Glücks zu suchen.

Ich habe in Opposition zum Leben gelebt,
im Transit von Haus zu Haus,
in den Schatten gestellt von größeren Körpern,
die allen Raum einnahmen,
von dem ich dachte, daß er mir gehört.
Ich habe eine verstümmelte Sprache der Zeichen
gesprochen, ohne Aspekt,
während ich jene Aspekte erkannte,
die Planeten anderer Menschen verbanden,
die Logarithmen der Freuden und Schmerzen
anderer Menschen berechnete,
im Orbis einer Sonne, die nicht die meine war,
von ferne jeden Fixstern sein kosmisches Drama
aufführen beobachtete
und gleichzeitig das Ende all meiner Hoffnungen
erlebte.«

»Es ist Zeit«, sagte sie,
»mir selbst mehr Spielraum zu geben
und meine Hauptrichtung festzulegen.«

Jeden Tag schwamm sie dann
in den Symbolen ihres Horoskops,

versenkte sich in deren geheime Bedeutung,
achtete auf jede Kurve, die ihr Leben nahm,
auf jede Progression und jede Umkehrung der Progression
und suchte eine alchimistische Antwort auf ihre Fragen.

Doch das Horoskop sprach stammelnd
seine undeutlichen Sätze,
ein delphisches Orakel im Delirium.

Vergeblich entwarf sie obskure Aspekte,
ermittelte Asteroide, Finsternisse und Fixsterne,
versuchte es mit Kosmobiologie und Harmonielehre
– es war nutzlos.
Jeder Weg bestätigte nur die Diagnose,
brachte keinen Heilungsvorschlag,
versäumte es, ihr zu zeigen,
daß hinter jedem Kummer und Schmerz
die Gnade verborgen liegt,
das Quadrat in ein Trigon zu verwandeln.

Dem Wahnsinn nahe,
schob sie ihre Bücher und Tabellen beiseite,
wandte sich dem Mann, den sie liebte, zu,
um von ihm getröstet zu werden,
spürte ihre Familie und Freunde auf,
schrieb die ganze Nacht hindurch Gedichte
und verzichtete auf ihre Träume,
bis die Strahlen des frühen Morgens
ihre dunkle Ecke erleuchteten.

Der Morgen dämmerte über ihr.
Sie erhob sich
und öffnete die Fenster ihres 12. Hauses.

Die Sonnenstrahlen überfluteten sie mit Wärme
und erfüllten sie mit Staunen.
Ihre Augen verschlangen die undeutlich werdenden Sterne
und den verblassenden Vollmond.

Die Astrologin stand – stationär. Still,
in gelassener Heiterkeit.
Und dann sprach das Horoskop.
»Ich bin eine Landkarte«, sagte es,
»doch kein Kompaß.
Ein Leitfaden, aber kein Führer.«

»In groben Zügen entwerfe ich für dich
ein Dutzend Aspekte – Straßen,
auf denen du reisen kannst,
doch du allein mußt entscheiden,
welcher du folgst,
du mußt dieses Formular ausfüllen –
mit den Schritten deiner eigenen Erfahrung.«

»Einige Geheimnisse werde ich dir niemals enthüllen.
Ich lenke dich von deiner Suche ab,
frustriere dich,
erzwinge deine Wandlung,
nötige dich, nach außen zu gehen
durch die unzähligen Kämpfe deines täglichen Lebens;
ich erlaube dir einen Augenblick der Stille
bei Sonnenaufgang,
und dann treibe ich dich tief hinein
in die geheimen Schlupfwinkel deiner Seele,
auf die innere Sonne zu,
die dich erhält,
die dich befähigt,
deine eigene Erleuchtung zu schaffen.«

»Und dort wirst du erkennen,
wie sich der Entwurf entfaltet
und wie das Horoskop geschrieben ist.«

Die Astrologin stand – stationär –
und lief wieder vorwärts.
»Ich habe durch eine winzige Linse
auf gekritzelte Symbole gestarrt«,
sagte sie;
»entdeckte dabei nur mikroskopische Wahrheiten
und war allen teleskopischen Wahrheiten
gegenüber blind.
Doch jede Opposition meines Lebens
ist eine Linse mit weitem, weitem Gesichtsfeld,
mit einer Blickrichtung,
die bis zur Unendlichkeit vordringt,
zwei Energielinien, die sich in der Mitte treffen
und zu einer werden.«

»Nun, in der Morgendämmerung,
bewege ich mich ins Zentrum des Rades;
ich überbrücke die Kluft zwischen Nacht und Tag,
werde der Architekt meiner Seele,
renoviere jedes einzelne meiner Häuser,
öffne ihre Fenster
und drücke das Licht als Leben aus,
das mit den Energien jedes neuen Morgens fließt.«

»Ich habe in meinem Leben
einen anderen Winkel erreicht«, sagte sie;
»nun will ich beginnen,
zum Horizont aufzusteigen.«

II. Die Planeten und Zeichen des 12. Hauses

Um eine gründliche, tiefgehende Erörterung der Energien des 12. Hauses zu bieten, beinhaltet dieses Kapitel ausführliche Interpretationen für die zehn Planeten (und die Mondknoten) im 12. Haus sowie der Planeten, die dieses Haus regieren.

Wenn du diese Interpretationen auf dein Horoskop anwendest, bedenke die Einzigartigkeit deines persönlichen 12.-Haus-Musters. Befindet sich in deinem 12. Haus zum Beispiel Venus im Steinbock und steht sie im Quadrat zu Jupiter, findest du vielleicht die Erklärungen für Saturn (Herrscher des Steinbocks) als für dich zutreffend; du kannst dich aber auch auf einige der Bedeutungen für Jupiter im 12. Haus beziehen. Da in diesem Fall Venus die Herrscherin des Stiers im 4. Haus und der Waage im 9. Haus ist, wird die Bedeutung von Venus im 12. Haus auch diese Lebensbereiche beeinflussen.

Hast du im 12. Haus keine Planeten, dann schau dir den Herrscher dieses Zeichens an. Dieser Herrscher, der dein 12. Haus regiert, jedoch nicht darin plaziert ist, wird vor allem in dem Haus zum Ausdruck kommen, in dem er steht. Dieses Haus wird von den Energien des 12. Hauses stark beeinflußt sein. (Weitere Informationen über den Herrscher des 12. Hauses findest du im nächsten Abschnitt dieses Kapitels.)

Ob du nun im 12. Haus Planeten hast oder nicht – du kannst von diesem Buch auch profitieren, wenn du die Interpretationen für die laufenden Transite und Progressionen in deinem 12. Haus studierst. Diese sind eher vorübergehende als andauernde Energien des 12. Hauses. Weil dich aber Progressionen und die Transite äußerer Planeten durch dein 12. Haus viele Jahre lang beeinflussen können, wirken sie möglicherweise wie Radix-Planeten des 12. Hauses. (Zum Beispiel kann ein Pluto-Transit durch das 12. Haus 15 Jahre andauern; ein äußerer Planet, der in der Sekundärprogression während deiner Kindheit in dein 12. Haus eintritt, wird während deines ganzen Lebens dort bleiben; bei einem inneren Planeten kann es etwa 30 Jahre dauern.) Der grundlegende Unterschied ist, daß diese Transite und Progressionen keine Energien ausdrücken, die du sogleich nach deiner Geburt verinnerlicht hast und die deshalb keinen so tiefen, prägenden Einfluß auf deine Persönlichkeit haben.

Behalte beim Lesen dieser Interpretationen im Gedächtnis, daß ich vor allem die Hauptprobleme und Konflikte beleuchtet habe, die jeder einzelne Planet symbolisiert – wobei die Kämpfe eher in Erscheinung treten, wenn die Energien deines 12. Hauses an Quadrat- und Oppositionsaspekten beteiligt sind, weniger, wenn es sich dabei um Trigone und Sextile handelt. Ob du vielen dieser Probleme begegnest oder nicht, hängt vom Horoskop insgesamt, deinen Lebensumständen und deiner psychischen Entwicklung ab. Obwohl ich dich zur Konfrontation mit deinem Schatten-Ich ermutige, nehme ich nicht selbstverständlich an, daß du alle nur möglichen negativen (oder positiven) Auswirkungen der Planeten des 12. Hauses in dir trägst.

Die aufgeführten Symbole und Bilder für das 12. Haus, die nach der Beschreibung der Planeten eingefügt sind, sollten deine rechte Gehirnhälfte ansprechen (in der metaphorischen Sprache des 12. Hauses), um dir zu helfen, dich besser auf die Energien dieses Hauses einzustellen. Die Liste bekannter Leute mit den entsprechenden Planeten und Zeichen im 12. Haus setzt sich aus vielen astrologischen Veröffentlichungen zusammen.

Zum Schluß sind Zitate angeführt, um die Bedeutungen und Auswirkung einer jeden Energie des 12. Hauses noch klarer zu machen. Es ist mir nicht bekannt, ob die Verfasser der Zitate jeweils ein signifikantes 12. Haus aufweisen. Ich habe lediglich versucht, solche Zitate zu bringen, die auf humorvolle oder inspirierende Weise das Wesen jeder einzelnen 12.-Haus-Energie beleuchten. Da beinahe alle Zitate aus zweiter Hand stammen und mir die ursprüngliche Quelle unbekannt ist, bin ich nicht in der Lage, den genauen Ursprung eines jeden Zitats anzuführen.

Der Herrscher des 12. Hauses

Die nun folgenden Kurzinterpretationen werden dir helfen zu verstehen, wie der Herrscher deines 12.-Haus-Zeichens seine Energien in dem Haus zum Ausdruck bringt, in dem er steht.

Der Herrscher des 12. Hauses in Haus 1: (hat eine ähnliche Bedeutung wie Aszendent und Häuserspitze des 12. Hauses im selben Zeichen)
Du bist dir oft nicht bewußt, wie du nach außen wirkst, und kannst unklare Botschaften aussenden, weil du mit den Energien deines 12. Hauses nicht in Berührung bist. Leicht verletzt durch den Einfluß der äußeren Welt und ohne viel Widerstandskraft, bist du vielleicht schüchtern und ziehst dich schnell zurück. Mit deiner nicht voll entwickelten Persönlichkeit und der mangelhaften Bindung an die äußere Welt läßt du andere an deinem inneren Leben teilhaben und drückst deine Ideale und spirituellen Sehnsüchte offen aus. Eher mit der inneren Welt deines Selbst identifiziert als mit deinem Selbst in der Welt, lebst du nach dem Motto: »Bleibe dir selber treu.«

Der Herrscher des 12. Hauses in Haus 2:
Unbewußte Energien beeinflussen deine Erfahrungen mit den persönlichen Hilfsquellen, deine Einstellungen und Verhaltensweisen im Hinblick auf Geld und Besitz und deine Ausrichtung bezüglich finanzieller Selbständigkeit und das Verdienen deines Lebensunterhaltes. Anstatt deinen Gefühlen und Unsicherheiten ins Gesicht zu sehen, sorgst du dich um Geldangelegenheiten und kannst im Hinblick auf Geld ein zwanghaftes Verhalten zeigen. Dein Gefühl »Ich *bin* nicht genug« kann zur Beschäftigung mit dem Empfinden: »Ich *habe* nicht genug« (Geld oder Dinge, die man für Geld kaufen kann) werden. Fi-

nanzielle Dinge oder Besitztümer bedeuten dir eine starke Verpflichtung; sie helfen dir, mit deinem verborgenen Selbst in Kontakt zu treten. Der Wert, den du den Einflüssen des inneren Lebens beimißt, beeinflußt sowohl die Wahl deiner Arbeit als auch deine Ausgaben. Frühe Konditionierungen, vermutlich auch vergangene Leben, haben einen tiefen Einfluß auf deine Einstellung bezüglich deines Selbstwertes, deiner persönlichen Hilfsquellen und deiner Beziehung zur materiellen Welt.

Der Herrscher des 12. Hauses in Haus 3:
Du hast ein machtvolles und oftmals zwanghaftes Bedürfnis, deine Gedanken und Gefühle zum Ausdruck zu bringen, sei es nun mündlich oder schriftlich. Weil die unterbewußten Einflüsse aus der Vergangenheit deine Kommunikation beeinträchtigen, bist du dir vielleicht der Motivation hinter deinen Worten oder der verborgenen Botschaft, die du verkündest, nicht bewußt. Aufgrund deiner Empfänglichkeit und psychischen Sensitivität den Gedanken anderer gegenüber bist du wahrscheinlich ein aufgeschlossener Zuhörer, an den sich andere Menschen wenden, wenn sich in ihrem Alltag Schwierigkeiten auftun. Diese Stellung läßt möglicherweise auch darauf schließen, daß deine Beziehungen zu Geschwistern, Verwandten und Nachbarn für dich emotional belastend sind, so daß du häufig den Problemen entfliehst, indem du kleine Reisen unternimmst, Kurse besuchst und dich auf deinen Tagesablauf und deinen Austausch mit anderen Menschen konzentrierst. Wahrscheinlich haben frühe Erfahrungen mit Geschwistern und Schulkameraden einen tiefen Eindruck bei dir hinterlassen.

Der Herrscher des 12. Hauses in Haus 4:
Das Alleinsein und der Rückzug in die private Abgeschiedenheit deines Heimes sind für dich unentbehrlich. Du lebst vielleicht alleine oder bestehst besonders nachdrücklich auf deinem Freiraum gegenüber Familie, Partner oder Mitbewohner. Tiefsitzende Probleme im Hinblick auf deine familiäre Umgebung als Kind wecken dein Bedürfnis, dich zurückzuziehen

und mit deinem inneren Selbst in Kontakt zu bleiben. Auch als Kind suchtest du dich bereits gegen Einmischung von außen zu schützen. Familiäre Angelegenheiten können schwierig für dich sein. Schwerpunkte deines Lebens sind vielleicht die Suche nach deinen psychischen und spirituellen Wurzeln sowie dein Verlangen, festere innere Grundlagen zu schaffen oder wiederaufzubauen.

Der Herrscher des 12. Hauses in Haus 5:
Kreativer Ausdruck durch schöpferische Tätigkeiten, die es dir ermöglichen, mit deinen inneren Erfahrungen in Verbindung zu kommen und ihnen eine Form zu geben, sind für dich wichtig. Falls du keine kreativen Neigungen hast, kannst du dich Freizeitbeschäftigungen widmen, die dir helfen, emotionale Konflikte zu bewältigen. Unterbewußte Einflüsse können dich auch in (oftmals heimliche) Liebesaffären führen, welche deine persönlichen Unsicherheiten aufrühren und dir gleichzeitig helfen, sie zu überwinden. Es ist auch denkbar, daß du den Wunsch verspürst, Kinder zu haben oder mit ihnen in Beziehung zu kommen, um dadurch deinem eigenen inneren Kind zu begegnen, dich mit ihm zu versöhnen und seine alten Wunden zu heilen.

Der Herrscher des 12. Hauses in Haus 6:
Für dich sind Ernährung, regelmäßige körperliche Übungen und gesundheitsorientierte Aktivitäten wichtig; sie sind auch ein Mittel, durch welches du dein psychisches Wohlbefinden erhältst. Oftmals flüchtest du vor deinen emotionalen Problemen, indem du dich auf deinen Körper oder deine Arbeit und die Beziehungen zu Kollegen konzentrierst. Da du bei der Arbeit das Gefühl haben mußt, gebraucht zu werden, fühlst du dich besonders zu psychologischen, sozialen und medizinischen Berufen oder zur ganzheitlichen Medizin hingezogen. Dein Verhaltensmuster eines workaholic (arbeitswütigen Menschen) oder Neigungen zu einem übervollen Terminkalender können mit der Flucht vor tiefsitzenden Problemen in Ver-

bindung stehen, welche jedoch deinen Drang nach Leistungsfähigkeit und nach Erfüllung der Wünsche anderer nähren.

Der Herrscher des 12. Hauses in Haus 7:
Du wählst oft Partner, die deinen »Schatten« reflektieren – die verleugneten Teile deines Selbst, negative wie positive, die du nicht zum Ausdruck bringen kannst. Aufgrund der unterbewußten Einflüsse auf deine Partnerschaften ist es möglich, daß du in deinen Beziehungen wiederholt dieselben Probleme durchspielst, während du versuchst, Seiten in dir zu konfrontieren und zu bewältigen, die dir in anderen Menschen begegnen. Das Ergebnis kann sein, daß deine Beziehungen auf zwanghafte und quälende Weise einem bestimmten Muster folgen. Diese Verbindung zwischen deinem 12. und 7. Haus kann auch deinen Wunsch nach einer verwandten Seele beeinflussen – nach jemandem, mit dem du eine sehr starke emotionale, spirituelle oder karmische Verbindung fühlst.

Der Herrscher des 12. Hauses in Haus 8:
Karmische oder unterbewußte Faktoren beeinflussen deine Einstellung zur Sexualität, zu gemeinsamen Besitztümern und okkulten Aktivitäten. Deine inneren Probleme können sich nach außen hin als Schwierigkeiten in bezug auf nicht selbst verdientes Geld erweisen (z. B. Kindesunterhalt, Erbschaften, Steuerrückzahlungen etc.). Emotionale Komplexe, verstärkt durch ungelöste Probleme der Vergangenheit, können deinen Ausdruck im Sexuellen beeinflussen. Diese Stellung im Horoskop läßt auch darauf schließen, daß du sowohl mediale als auch psychische Fähigkeiten hast und auf die Gefühle und Bedürfnisse anderer im Inneren eingestimmt bist. Du kannst auch durch metaphysische und spirituelle Beschäftigungen tiefgründige Umwandlungen oder veränderte Bewußtseinszustände erleben.

Der Herrscher des 12. Hauses in Haus 9:
Du mußt dich erzieherischen und religiösen Beschäftigungen widmen, die dein inneres Leben widerspiegeln und dich befähi-

gen, in deinen persönlichen Problemen einen Sinn zu finden. Als Erforscher ferner Horizonte fühlst du die Neigung, mit dir selbst in Verbindung zu kommen und dein Bewußtsein zu erweitern – sei es durch wachsendes Verständnis, indem du einen spirituellen Weg gehst oder zu abgelegenen, friedlichen Orten reist, die dir vor deinem Alltagsleben eine Zuflucht bieten. Das Streben deines 9. Hauses kann eine Flucht vor deinen emotionalen Problemen sein – oder ein Mittel, um sie zu lösen oder zu überwinden.

Der Herrscher des 12. Hauses in Haus 10:
Du versuchst, deinen emotionalen Konflikten auszuweichen, indem du dich (manchmal wie besessen) auf deine Karriere und öffentliche Aktivitäten konzentrierst. Unterbewußte Faktoren nähren deine Bestrebungen nach Erfolg und stellen die persönlichen Hilfsquellen, welche es dir ermöglichen, deine inneren Eingebungen konkret zum Ausdruck zu bringen. Du bist von hohen Idealen motiviert und zögerst, dich Konkurrenz auszusetzen. Du fühlst dich vielleicht zu einem Dienstleistungsberuf im psychologischen oder sozialen Bereich hingezogen, wo du im stillen die Bedürfnisse anderer füllen kannst. Obwohl Ängste und Unsicherheiten aus der Vergangenheit deine beruflichen Bestrebungen beeinflussen, besitzt du eine Quelle von Intuition, Mitleid, Inspiration, Spiritualität und psychologischer Wahrnehmung, die es dir ermöglichen kann, einen wertvollen Beitrag für die Menschheit zu leisten.

Herrscher des 12. Hauses in Haus 11:
Durch Freundschaften und Gruppenaktivitäten begegnest du den verleugneten und versteckten Teilen deines Selbst. Mit dem Drang, dich auf Freunde und Gruppen-Erfahrungen zu konzentrieren, um deinen Problemen zu entkommen, ziehst du Menschen an, die eine Widerspiegelung deines Unterbewußtseins sind. Weil unterbewußte Faktoren und Komplexe dein Verhalten in diesen Beziehungen motivieren, kannst du wiederholt die gleichen Muster und Probleme erleben, die von dir fordern, daß

du dir selbst genau ins Gesicht siehst. Glücklicherweise hast du durch den psychischen und spirituellen Einfluß des 12. Hauses die Neigung, solche Verbindungen zu wählen, die diesen Prozeß unterstützen. In Freundschaften und Gruppen versuchst du, andere an deinem inneren Leben teilhaben zu lassen und auf das innere Leben anderer zu reagieren. Du magst dich auch zu einer aktiven Beteiligung an psychologischen, übersinnlichen, spirituellen oder sozialen Organisationen hingezogen fühlen.

Herrscher des 12. Hauses in Haus 12:
Diese Stellung verstärkt die Bedeutung des Planeten im Hinblick auf die Eigenschaften des 12. Hauses, da er als Herrscher in seinem eigenen Haus steht. Das läßt auch den Schluß zu, daß die Energie dieses Planeten und seines Zeichens so fest in deiner Psyche eingeschlossen ist, daß du Schwierigkeiten hast, dich durch die von ihm symbolisierten emotionalen Konflikte hindurchzuarbeiten und Betätigungsfelder für seinen konstruktiven Ausdruck zu finden. Deine Sensitivität, Intuition, Inspiration und deine humanitären Ideale im Hinblick auf diese planetarische Energie sind beträchtlich – doch kannst du derart von immer wiederkehrenden, unterbewußten Ängsten und Gefühlen der Unsicherheiten beeinflußt sein, daß du unfähig bist, dein gefangenes Selbst von den Fesseln der Vergangenheit zu befreien. Die Aspektierung dieses Planeten kann ein Licht auf die Probleme werfen, die er verkörpert, und Kanäle für seine Integration anzeigen. Du kannst auch von Psychotherapie und spirituellen Techniken profitieren, welche dir dabei helfen, mit den verborgenen Seiten deines Selbst zurechtzukommen.

Sonne (bzw. Löwe) im 12. Haus

Die Sonne deines 12. Hauses läßt darauf schließen, daß du ein sensitiver Mensch bist, der dem Einfluß seiner Umgebung ungeschützt gegenübersteht. Du zögerst, deine inneren Erfahrungen mit anderen zu teilen, und bewahrst dir in deinem Inneren ein privates »Heiligtum«, in das du dich von den Anforderungen der Außenwelt zurückziehst. Dort herrschst du als König oder Königin deiner inneren Burg. Doch die Organisation und Leitung deiner irdischen Angelegenheiten ist eine andere Sache. Weil du fühlst, daß du nicht zu deiner Umwelt gehörst, schaffst du dir eine ruhige, geschützte Welt für dich alleine, wo du deiner inneren Stimme treu bleiben und dem Pfad deiner psychologischen oder spirituellen Entwicklung folgen kannst.

Du brauchst Zeit für dich alleine, um nachzudenken, um dich auf deine Gedanken, Gefühle und Phantasien einzustellen und um dich von den Einflüssen anderer, die du zu leicht absorbierst, zu befreien. Weil du dich mit größeren spirituellen Kräften in Verbindung fühlst, kannst du eine meditative Disziplin praktizieren, die dir dabei hilft, die Klarheit zu gewinnen, nach der du strebst. Deine inneren Reichtümer sind unermeßlich; indem du dich nach innen wendest, um aufzutanken, wirst du neu belebt und öffnest dich den warmen, strahlenden Gefühlen, die du anders vielleicht nicht erfahren könntest.

Eine deiner Stärken ist deine Fähigkeit, einen Plan zu erstellen und dich dann dem Fluß deiner Erfahrung hinzugeben. Indem du deine Ziele mit äußeren Geschehnissen in Beziehung setzt, ziehst du die entsprechenden Ereignisse in dein Leben, ohne selbst aktiv werden zu müssen. Anstatt unmittelbar deinen Willen geltend zu machen, richtest du dich innerlich auf deine Ziele aus – und läßt dann los, um es dem Universum anheimzustellen, dir die Hilfsmittel zu deren Erlangung zu geben. Sind deine Motive rein und fühlst du dich würdig, das zu erhalten, wonach du strebst, können deine inneren Fähigkeiten zu beträchtlichen Erfolgserlebnissen führen.

Die Sonne im 12. Haus weist auf Bescheidenheit hin, kann aber auch Minderwertigkeitsgefühle oder eine klägliche Selbsteinschätzung anzeigen. Vielleicht vermittelten dir deine Eltern schon früh den Eindruck, daß du kein Recht hast zu existieren, daß deine persönlichen Wünsche egoistisch und unwesentlich sind und daß du für diese büßen mußt, weil du von Natur aus böse und nichts wert bist. Vielleicht wurde nichts, was du gesagt oder getan hast, gutgeheißen – oder deine Eltern waren auf narzißtische Weise von ihrer eigenen Welt absorbiert und gaben deinem zarten, sich entwickelnden Ich wenig Unterstützung. Wenn du als Kind verborgene, tiefsitzende Schuldgefühle und oft das Gefühl hattest, Strafe zu verdienen, kannst du als Erwachsener Lebenssituationen schaffen, die dich schuldig fühlen lassen oder für wirkliche oder eingebildete Fehler bestrafen.

Ein schwaches Selbstwertgefühl kann zu selbstzerstörerischem Verhalten führen. Frage dich: Was trägst du dazu bei, um die verinnerlichten negativen Botschaften über deinen Wert aufrechtzuerhalten, um zu beweisen, daß du so wertlos bist, wie du es als Kind von dir glaubtest? Sabotierst du deine Aktionen in der Welt, um eine Entschuldigung für deinen Rückzug in innere Verstecke zu haben? Glorifizierst du ein bescheidenes, tugendhaftes Selbstbild und forderst Ausnutzung heraus, indem du dich in Beziehungen in unterwürfige, abhängige Positionen begibst? Schaffst du selbst demütigende Situationen oder Fehlschläge, um deine Unzulänglichkeit unter Beweis zu stellen und dich dann abwechselnd selbst herabzusetzen oder auf selbstgerechte Weise dein lädiertes Ego zu verteidigen? Da du dich in der äußeren Welt machtlos fühlen kannst, mußt du dich davor hüten, durch selbstvernichtende Versuche in der inneren Welt Macht zu gewinnen, indem du dich auf die Vorstellungen deines Martyriums stützt. Persönliche Macht und Selbstwertgefühl resultieren nicht aus der leeren Selbstbefriedigung einer Opferrolle.

Eine der Schwierigkeiten für Menschen mit der Sonne im 12. Haus ist eine realistische Selbstsicht. Weil du dich oft auf Phantasievorstellungen über dich beziehst, die du in der Vergangenheit entwickelt hast, kann dein Gefühl dafür, wer du bist, etwas Unwirkliches haben. Wie Alice im Wunderland erfährst du dich den einen Tag als quälend klein und am nächsten Tag als übermäßig groß – aufgebläht von den großartigen Vorstellungen über deine Tugenden, deine Leistungen und deinen Wert. Wenn du Selbstvertrauen empfindest, kannst du zu sehr von dir überzeugt sein und dich Aufgaben widmen, die deine Fähigkeiten übersteigen; wenn dann der Erfolg ausbleibt, kritisierst du dich vielleicht selbst wegen deiner Unzulänglichkeit.

Wegen deiner verletzlichen Selbstachtung ist es nicht leicht für dich, mit Fehlschlägen umzugehen. Als Mann mag dir die Identifizierung mit deiner Geschlechterrolle schwerfallen, weil du selbst zu hohe Normen für Männlichkeit setzt. Wenn du dich mit dir selbst aussöhnen willst, muß du deine Wertmaßstäbe überprüfen und lernen, deine Begrenzungen anzunehmen und zu achten. »Je stärker das wahre Ich ist, desto weniger egoistisch oder selbstzentriert muß es sein«, schrieb *Strephon Kaplan Williams.*[3] Je mehr du dein wahres Selbst in all seiner Kleinheit akzeptierst, desto geringer ist die Wahrscheinlichkeit, daß du an verstecktem Geltungsbedürfnis oder an Arroganz leidest – welche dazu führen könnten, daß du dich um jeden Preis gegen eine Bedrohung deines schwachen Egos zur Wehr setzt. Je gefestigter deine Selbsterfahrung ist, desto weniger hast du es nötig, dich an dein Selbstbild zu klammern und es zu rechtfertigen.

Einer der Mechanismen, die du vielleicht in Zeiten des Selbstzweifels entwickelt hast, um deinem Ego Auftrieb zu geben, ist das Vertrauen auf großartige Phantasien im Hinblick auf Erfolg, Ruhm oder Aufmerksamkeit. Obwohl du dich vielleicht in der Öffentlichkeit unbehaglich fühlst, magst du eine starke Sehnsucht verspüren, im Mittelpunkt der Aufmerksamkeit zu stehen. Hast du ein Publikum, so kann die Aufregung, von so vielen Augen fixiert zu werden, berauschend sein. Manchmal, wenn du hinweggetragen wirst von der Befriedigung lange unerfüllter Bedürfnisse, kannst du dich auf unangemessene Weise in den Vordergrund spielen; verliebt in deine neu entdeckte Freiheit des Selbstausdrucks dramatisierst du dich vielleicht selbst und offenbarst dabei verborgene schauspielerische Talente.

Wahrscheinlich wirst du dich aber häufiger verstecken als dich der Bedrohung von zuviel Sichtbarkeit aussetzen. Vielleicht hattest du in jungen Jahren traumatische Erfahrungen, die es mit sich brachten, daß du dich preisgegeben, bloßgestellt und gedemütigt fühltest; vielleicht trägst du eine tiefsitzende Scham aus der Vergangenheit mit dir herum; vielleicht fühlst du dich verlegen darüber, in welchem Ausmaß dein Ego über Aufmerksamkeit und Anerkennung jubelt, während du so glühend für die Tugenden der Bescheidenheit und Selbstverleugnung eintrittst. Wie dem auch sei, du hast vielleicht schon früh in deinem Leben beschlossen, daß es gefährlich ist, wenn du dich aus deinem 12. Haus herauswagst, und daß du dich am sichersten und glücklichsten fühlst, wenn du »drinnen bleibst«.

Dein Hang, dich zu verstecken und aus der Öffentlichkeit zurückzuziehen, resultiert wahrscheinlich nicht nur aus deinem Gefühl der Unzulänglichkeit. Deine Spiritualität und deine ethischen Grundsätze geben dir die Neigung, eine bescheidene Lebensführung im Dienste für andere zu schätzen. Obwohl du manchmal eine starke Sehnsucht nach Ruhm und Anerkennung hast, bist du normalerweise zufrieden mit der stillen Genugtuung, wie sie die Erfüllung menschlicher Bedürfnisse, das Arbeiten hinter den Kulissen mit benachteiligten Menschen oder jedwede andere Unterstützung für Menschen in deiner Umgebung mit sich bringt. Du verfügst nicht nur über die bemerkenswerte Fähigkeit, intuitiv die Motive und Probleme anderer Menschen zu erfassen, du bist auch den Nöten der Unterprivilegierten, Kranken und Behinderten gegenüber außerordentlich empfindsam. Das kann dazu führen, daß du dich zu einer Arbeit im sozialen Bereich hingezogen fühlst oder deine Zeit für karitative Aufgaben zur Verfügung stellst. Einerseits kannst du dein Ego stärken, indem du dich mit Menschen umgibst, die unfähiger sind als du, wobei du die Schuld wiedergutzumachen glaubst, die du in dir versteckst; andererseits empfindest du wirkliches und tiefes Mitgefühl für die Leidenden, Armen und Bedürftigen – für die Unterdrückten und zu kurz Gekommenen, mit denen du dich identifizieren kannst. Du kompensierst nicht nur deine mangelhafte Selbstachtung durch ein Leben im Dienst an den Menschen, sondern du schaffst auch Gelegenheiten, um deine Liebe zum Ausdruck zu bringen und um in Übereinstimmung mit deinen humanitären Idealen und Werten zu leben.

Wenn du religiös bist, kann dein Glaube an Gott oder an spirituelle Kräfte ein Weg sein, dich mit dem Vaterprinzip zu verbinden, das du im Hinblick auf deinen leiblichen Vater niemals wirklich erfahren hast. Vielleicht war dieser während vieler Jahre deiner Kindheit abwesend, hat sich nicht um dich gekümmert oder dich auf subtile, psychische Weise beeinflußt, wobei er es jedoch nicht schaffte, dir im Hinblick auf den Umgang mit der Realität ein starkes Vorbild zu bieten. Möglicherweise hast du auch viele Erinnerungen und Gefühle für ihn unterdrückt und dadurch einen bewußten Einfluß auf den Verlauf deines Lebens verhindert.

Manchmal weist die Sonne im 12. Haus auf einen Vater hin, der nach außen sehr stark in Erscheinung trat und den Haushalt beherrschte, innerlich jedoch unerreichbar blieb, weil er dich behandelte, als ob du wenig Wert hättest. Bist du ein Mann, dann hast du dich vielleicht während der ödipalen Phase (zwischen vier und sechs Jahren) von ihm erdrückt gefühlt; möglicherweise hast du zu dieser Zeit begonnen, dich mit deiner Rolle als Mann zu identifizieren und versucht, dich von deiner Mutter zu distanzieren, indem du deine neu entdeckte männliche Macht geltend machtest.

Die Sonne im 12. Haus läßt darauf schließen, daß du auf einer inneren Basis ein Kraftpotential hast, von dem aus du dein Leben führst. Diese Plazierung kann aber auch auf einen Mangel an Kraft hinweisen, wenn du dein Sonnen-Selbst nicht ausreichend entwickelt und dein Herz geöffnet hast, oder wenn du es nicht gelernt hast, von den Energien deines Solarplexus den Mut und die Vitalität zu beziehen, die du brauchst, um erfolgreich wirken zu können. Wenn dir das Gefühl persönlicher Macht fehlt, dann ziehst du in dein Leben starke und erfolgreiche männliche Figuren, die leicht »das Kommando« übernehmen. Für einige Menschen, besonders jene mit einem schwachen oder abwesenden Vater, ist das gegenteilige Muster vorherrschend. Wenn du schon in jungen Jahren gelernt hast, ohne eine starke, männliche Figur zu leben und genügend Fürsorge von einer Mutter-Figur erfahren hast, ist es möglich, daß du weder den Wunsch noch das Bedürfnis nach einer engen Beziehung zu einem Mann verspürst. Du hast das Gefühl entwikkelt, auch ohne solche Beziehungen ein vollständiger Mensch zu sein.

Vielleicht macht dich die Sonne im 12. Haus nicht geneigt, ein Leben im Blickpunkt der Öffentlichkeit und der allgemeinen Anerkennung zu führen, sie deutet aber auf jeden Fall auf ein Potential für psychische und spirituelle Entwicklung hin. Auch wenn du in deinen Begegnungen mit der äußeren Welt vielleicht nicht viel Mut zeigst – in deinen inneren Konfrontationen trittst du dir und deinen »Gespenstern der Vergangenheit« mutig gegenüber.

Deine Entwicklung kann die Anerkennung deines wahren Selbst mit sich bringen und den Verzicht auf ein falsches – zu kleines oder zu großes – Selbst, ein unrealistisches Ego-Ideal oder ein Selbstbild bedeuten, das nur in deiner Phantasie besteht. Während du lernst, deine Grenzen zu akzeptieren und deine Stärken zu schätzen, brauchst du vielleicht die Affirmation: »Ich habe Wert und Bedeutung aus eigenem Recht. Ich habe das Recht zu leben.« Aufgrund deiner Verletzlichkeit im Hinblick auf Selbstausdruck und auf das Geltendmachen deiner Rechte kann es für dich vorteilhaft sein, wenn du dich in Schauspielerei, Psychodrama, öffentlichem Sprechen oder anderen Fertigkeiten übst, welche dir helfen, Selbstvertrauen zu gewinnen. Je fester dein wirkliches Selbstgefühl ist, desto besser wirst du in der Lage sein, das ungesunde Geltungsbedürfnis, den Stolz oder die Arroganz zu erkennen und loszulassen, die dich schwächen und davon abhalten, deinen wahren Wert zu erkennen.

Bekannte Persönlichkeiten mit der Sonne im 12. Haus

Orson Welles	*Pearl S. Buck*	*Miles Davis*
Henry Kissinger	*Richard Wagner*	*Liza Minelli*
Helmut Kohl	*Mohandas Gandhi*	*U. S. Grant*
Alan Leo	*Judy Garland*	*Michail Gorbatschow*
Anne Frank	*Janis Joplin*	

James E. Carter
Richard Strauss
Boris Becker
Steffi Graf
Günter Grass

Bekannte Persönlichkeiten mit Löwe-Planeten im 12. Haus

Rosalynn Carter
Peter Sellers
Alan Leo
Liza Minelli
Helmut Schmidt
Indira Gandhi
Arlo Guthrie
Elton John
Paul Gauguin
Leonard Bernstein
George Bush
Arthur Schlesinger
Antoine de Saint Exupéry

Impressionen zur Sonne (bzw. Löwe) im 12. Haus

feiger Löwe – Löwe in Gefangenschaft – Sonne hinter Wolken – Herrscher von Oz – gefangengenommener Prinz – König des Meeres – der Leiter im Hintergrund – Herr der Unterwelt – Leiter des Krankenhauspersonals – Untergrund-Führer – »underdog« – Unterwasser-Bühne – König im Exil

Sonne (bzw. Löwe) im 12. Haus

Du kannst dir nicht vorstellen, wie wenig ich von mir halte – und wie wenig ich es verdiene.

W. S. Gilbert

Sie könnte sich in einem Haus voller Leute befinden und immer noch das Gefühl haben, in sich selbst eingeschlossen zu sein.

Carson McCullers

Ich gebe den Kampf auf: Möge es . . . Zurückgezogenheit, einen geheimen Schlupfwinkel für mich geben.

Robert Browning

Heutzutage gibt es beinahe so viele Löwen im Käfig wie außerhalb. Wenn dir eine Krone angeboten wird, lehne sie ab.

Kenneth Rexroth

Ich verschloß meine Tür vor der Welt . . . Ich blieb in mir selbst, zauberhaft, unsichtbar . . . Ich selbst erhellte mein Inneres.

Emilio Prado

Der Mensch ist nicht für ein Leben im Kollektiv geschaffen; er ist ein einsamer König in seiner selbstgeschaffenen Traumwelt.

Hermann Hesse

»Ich bin Oz, der Große und Schreckliche«, sagte der kleine Mann mit zitternder Stimme. »Bitte, schlag mich nicht – ich werde alles tun, was du willst.«

Frank Baum

Nicht nur nach außen – um etwas zu zeigen oder zu demonstrieren – muß unsere Seele ihre Rolle spielen, sondern tief im Inneren, wo keine Augen strahlen als unsere eigenen.

Montaigne

Es ist nicht nötig, nach draußen zu laufen, um besser zu sehen . . . Halte dich lieber an das Zentrum deines Seins.

Lao Tse

Mond (bzw. Krebs) im 12. Haus

Dein Mond im 12. Haus läßt den Schluß zu, daß du eine geheimnisvolle Person bist, die nur zögernd ihre Gefühle und Bedürfnisse erkennen läßt. Aus Angst vor deiner Verletzlichkeit sperrst du dich oft dagegen, deine Gefühle wahrzunehmen; du suchst Zuflucht vor deiner inneren Welt in gewohnten Aktivitäten, welche du vielleicht auf automatische Weise ausführst. Es kann schwierig für dich sein, mit deinem versteckten emotionalen Selbst in Kontakt zu kommen, weil du dein Leben lang Schutzwälle gegen die ursprünglichen Bedürfnisse und Abhängigkeiten errichtet hast, die dich ängstigen. Vielleicht empfindest du im Hinblick auf das Kind-Selbst, welches in dir verborgen ist, starke Scham.

Weil sie so lange Zeit unterdrückt wurden, können Traurigkeit und Sehnsucht manchmal als kindliche Tränen hervorbrechen, die als unangemessene Regression erscheinen. Wie Alice im Wunderland, die in ihrer Tränenflut versank, fühlst du dich überwältigt und versuchst daraufhin, zukünftig deine Gefühle nicht mehr erkennen zu lassen. »Sei stark, weine nicht«, könnte dein Motto sein. Du hast nicht nur Angst davor, von deinen Gefühlen und Bedürfnissen überschwemmt zu werden, sondern fürchtest auch, von anderen abgelehnt oder verlassen zu werden, wenn du deine Verletzlichkeit erkennen läßt. Vielleicht hast du dich als Kind gegenüber einem Elternteil als unerträglich hilflos und abhängig erfahren, und vielleicht war dieser Elternteil nicht in der Lage, einfühlsam auf dich zu reagieren. Durch solche traumatischen Erlebnisse in der Kindheit hast du frühzeitig gelernt, dich dir selbst zuzuwenden und dir Unabhängigkeit zu verschaffen. »Ich muß es alleine tun; ich brauche niemanden«, hast du beschlossen; wahrscheinlich hast du gelernt, dich aus Beziehungen emotional herauszuhalten und dich mit Menschen einzulassen, ohne ganz in die Beziehung verwickelt zu werden. Emotional verschlossen und isoliert, wurdest du zum Überlebenskünstler und lerntest, wie du die jeweils erforderlichen Rollen wirkungsvoll spielen kannst. Doch fühlst du dich aufgrund deiner Verdrängungen oft leer und erschöpft und ohne Verbindung zu deiner Quelle innerer Nahrung.

Ist dein Mond tief verschüttet, mußt du gegen die Ängste des in dir eingeschlossenen kindlichen Selbst oder gegen das Verlangen nach einer Rückkehr in den Mutterschoß beziehungsweise der Flucht in Phantasien über eine vollständige Bemutterung ankämpfen. Furcht vor deiner Passivität und deine Sehnsucht nach mütterlicher Liebe kompensierst du, indem du dich ausgesprochen »erwachsen-kompetent« gibst und indem du dich um andere kümmerst. Doch trotz deiner äußeren Unabhängigkeit hältst du an deinen gewohnten inneren Verhaltensmustern, die für dich eine Quelle von Sicherheit bedeuten, fest.

Weil du schon in früher Kindheit gezwungen warst, dich dir selbst zuzuwenden, hast du gelernt, für dich zu sorgen und die fehlende Fürsorge von anderen durch bestimmte Verhaltensweisen oder Aktivitäten zu ersetzen. Vielleicht hatte das zwanghafte Rituale zur Folge, besonders im Hinblick auf Ernährung, Appetitlosigkeit, das Befolgen strenger Diäten, eine große Vorliebe fürs Kochen und Angst davor, in Restaurants zu essen – das alles sind Manifestationen des Mondes im 12. Haus. Es ist auch möglich, daß du Krankheit als Hilfsmittel benutzt, dich von den Anforderungen deines Erwachsenen-Selbst zu erholen und um dir die Fürsorge zukommen zu lassen, die du ersehnst.

Dein Mond im 12. Haus läßt den Schluß zu, daß es dir nie erlaubt war, ein Kind zu sein. Vielleicht war deine Mutter emotional selbst ein Kind geblieben und verlangte von dir die Erfüllung ihrer Bedürfnisse, statt auf deine einzugehen. Möglicherweise war sie innerlich gestört und voller Unruhe oder psychisch beziehungsweise physisch nicht verfügbar; vielleicht hat sie sich auf Kosten ihres Familienlebens für Beschäftigungen in der äußeren Welt aufgeopfert. Wie immer die Situation auch gewesen sein mag, ihre negativen Reaktionen auf deine Gefühle und Bedürfnisse und ihre Botschaften wie »Weine nicht«, »Sei stark« oder »Mach das doch selbst« führten dich zu der Annahme, daß du kein Recht auf deine Gefühle hast. Die Verletzung oder das Trauma, welches du erfahren hast, kann in dir den festen Entschluß hervorgerufen haben, dich niemals wieder verletzlich zu machen. »Ich würde eher sterben, als dich zu brauchen«, sagst du vielleicht innerlich zu deiner Mutter; »denn wenn ich dich bräuchte, würde ich wieder den unerträglichen Schmerz erleiden, daß du meine Bedürfnisse nicht erfüllen kannst.« Als du älter wurdest und Angst hattest vor dem wiederauflebenden Schmerz und dem Aufreißen alter Wunden, hast du dir vielleicht gesagt: »Ich will nie wieder von irgend jemandem abhängig sein.«

Oft weist der Mond im 12. Haus darauf hin, daß auf die tiefe Bindung an die Mutter kein Verlaß war. Diese Bindung (begleitet von Idealisierung) kann zum Teil fortbestehen, weil du dich psychisch an ihr festhalten mußt, was ein Ergebnis mangelnder Pflege und Fürsorge ist. Oftmals läßt der Mond im 12. Haus auf Probleme in der oralen beziehungsweise Säuglingsphase schließen oder auch auf einen Mangel an physischer Nahrung. War deine Mutter unfähig, auf deine unausgesprochenen (und ausgesprochenen) Hinweise zu reagieren, dann hast du gelernt, der Nähe zu anderen Personen zu mißtrauen, und es versäumt, ein gesundes Maß an Vertrauen zu entwickeln.

Aufgrund eines Kindheitstraumas hast du vielleicht deine frühen Erfahrungen unterdrückt und nur wenige Erinnerungen an dein Familienleben bewahrt; du kannst auch einen Lebensstil entwickelt haben, der nur ein Minimum an familiärem Kontakt mit sich bringt. Weil du niemals ein sicheres Zuhause hattest oder weil du Angst vor deinem Bedürfnis nach einem Heim und nach Familienleben hast, vermeidest du vielleicht die Schaffung eines eigenen Zuhauses, das für dich wahrhaft aufbauend sein könnte. Manchmal können Menschen mit dem Mond im 12. Haus nirgends Wurzeln schlagen; sie ziehen häufig um, sind unfähig, sich irgendwo länger niederzulassen, und haben Angst davor, sich in Gefühlen und Bedürfnissen zu verlieren, die sie mit der Bindung an Heim und Familie assoziieren.

Ein anderer Einfluß des Mondes im 12. Haus ist eine Unsicherheit im Hinblick auf die weibliche Identität und auf Beziehungen zu Frauen. Durch das Fehlen eines angemessenen weiblichen Rollenvorbildes hast du vielleicht verzerrte Ideen über Weiblichkeit und Mutterschaft. Bist du eine Frau, kannst du über deine weibliche Identität verunsichert sein und die Neigung haben, weibliches Verhalten mit Selbst-Aufgabe gleichzusetzen; vielleicht lehnst du – als Reaktion darauf – die traditionelle weibliche Rolle ab und suchst in »männlichen« Werten deine Zuflucht. Manchmal verleugnen Frauen mit dem Mond im 12. Haus ihren Wunsch nach Mutterschaft; manchmal lassen sie auch eine Schwangerschaft zu, um die Mutter-Kind-Bindung neu zu schaffen.

Bist du ein Mann, so kannst du dich durch das verborgene Weibliche in dir verunsichert fühlen, was dir zeitweise ein Gefühl der Leere und der Passivität geben kann. Vielleicht setzt du die »weiblichen« Lebensbereiche herab und idealisierst gleichzeitig die Frauen. Möglicherweise bist du in die Phantasien und Vorstellungen deines Inneren verliebt, verzehrst dich sehnsüchtig nach der perfekten Frau, Mutter und/oder Kameradin oder ziehst Frauen an, die von dir abhängig sind und sich an dich klammern – wodurch sie dich zwingen, mit deinen nach außen projizierten Energien in Verbindung zu treten.

In dem Maße, wie du deine Verletzlichkeit und dein Bedürfnis nach Fürsorge fürchtest, ziehst du Menschen an, die dich brauchen und die von dir abhängig werden. Du fliehst vor Beziehungen, die deine eigenen Bedürfnisse wecken könnten, bist jedoch in der Lage, auf die Bedürfnisse anderer einzugehen. Tatsächlich kannst du sogar mit einer Sensitivität und Anteilnahme auf andere reagieren, die du dir selbst gegenüber nicht aufbringst. Mit innerem Feingefühl stimmst du dich auf Empfindungen anderer Menschen ein und weißt intuitiv, was du sagen und tun sollst. Weil du von Natur aus ein Mensch bist, der sich um andere kümmert, fühlst du dich wahrscheinlich zu einem Dienstleistungsberuf hingezogen, wo du die Bedürfnisse der verletzten oder geplagten Menschheit erfüllen kannst. Indem du dich mit den vom Schicksal Geschlagenen, Kranken oder Schwachen identifizierst, beweist du deine Begabung als Pfleger, Heiler oder Berater. Nachdem du deine eigene Mutter der Welt geopfert hast, kannst du auch deine persönlichen mütterlichen Bedürfnisse opfern, um die ganze Menschheit zu bemuttern. Du versuchst, anderen das zu geben, was du immer zu erhalten wünschtest. Ein solches Geben füllt vielleicht nicht den leeren Raum in dir, aber es bietet doch eine Befriedigung und das Erlebnis, einen bedeutsamen sozialen Beitrag geleistet zu haben.

Ein anderer Vorteil deines Mondes im 12. Haus ist deine gute Intuition und deine angeborene Spiritualität. Aufgrund deiner Sensitivität mußt du viel Zeit alleine verbringen, in der du über Aspekte deines ureigensten persönlichen Lebens nachdenkst und dich von der psychischen Überlastung freimachst, die sich als Folge zu vieler Kontakte angestaut hat. Vielleicht ist die Einsamkeit für dich auch wichtig, weil sie dir hilft, wieder mit dir selbst in Verbindung zu kommen, mit deiner Gefühlsnatur in Beziehung zu treten und durch Meditation, Musik oder andere Beschäftigungen die selbsterbauten Mauern niederzureißen und dich Kräften hinzugeben, die größer sind als du selbst.

Weil du dein wahres Kind-Selbst in weitgehend unberührter Form tief in dir bewahrt hast, kannst du mit den in diesem Kind-Selbst verborgenen reichen Quellen innerer Stärkung in Verbindung kommen und von ihnen Gebrauch machen. Da dessen Grenzlinien noch durchlässig sind, ist es spirituellen Bereichen gegenüber noch offen. Je mehr du dieses archaische Kind in dir achtest, desto mehr wirst du mit deiner göttlichen Natur in Harmonie kommen und dich höheren Energien öffnen können.

Du mußt mit diesem Kind in dir Verbindung aufnehmen, mußt es anerkennen, umarmen, seine panische Angst vor dem Verlassenwerden sowie seine ursprünglichen Gefühle und Bedürfnisse tolerieren; du mußt lernen, es zu besänftigen und zu beruhigen. Gefühlsorientierte Therapien wie Rebirthing, Primärtherapie und Reinkarnationstherapie können diesen Vorgang erleichtern. Wenn du beginnst, dein inneres Kind anzuerkennen und zu achten, entschließt du dich vielleicht auch dazu, für dich selbst ein Zuhause zu schaffen, das dich wirklich stärkt und dir hilft, dich geborgen und emotional sicher zu fühlen. Sobald du beginnst, die wahren Bedürfnisse deines inneren Kindes zu erfüllen, wirst du das Gefühl einer Realität und des Ganz-Seins erfahren, das vorher unerreichbar für dich war; du wirst auch in der Lage sein, anderen wirksamer zu helfen und ihre wahren Bedürfnisse zu erfüllen, anstatt sie als Mittel zu benutzen, dein verlorenes Selbst wiederzuerlangen.[4]

Bekannte Persönlichkeiten mit dem Mond im 12. Haus

Antoine de Saint Exupéry
Alfred Lord Tennyson
Shirley MacLaine
William Blake
Charles Bukowski
Paul Simon
José Feliciano
Oscar Wilde
Edgar Degas
Claude Debussy
Erik Satie
Robert Oppenheimer
Wernher von Braun
Steffi Graf
Gregory Peck
Henry David Thoreau
Abraham Lincoln
Michael Dukakis
George Bernard Shaw
Wolfgang Döbereiner
Johannes Kepler
Billy the Kid

Bekannte Persönlichkeiten mit Krebs-Planeten im 12. Haus

Judy Garland
Jane Russell
Tony Curtis
John Travolta
Marylin Monroe
Jane Fonda
Anne Frank
Galileo Galilei
Pablo Picasso
Uwe Barschel
Reinhold Messner
Erich von Däniken
Sri Aurobindo

Impressionen zu Mond (bzw. Krebs) im 12. Haus

Tintenfisch in einem Tank – Austernbett – Kind in einer Krippe – im Schoße des Meeres – unterirdischer

Strom – psychischer Schmarotzer – embryonale Haltung – überfluteter Hafen – gefangene Zauberin – Waisenhaus – vollgesogener Schwamm – Traumhaus – Unterwasser-Heiligtum – Gezeiten-Welle – kosmische Wiege – verlassenes Kind – Kindermädchen – geheime Quelle – geweihtes Essen

Mond (bzw. Krebs) im 12. Haus

Die Sicherheit des Menschen kommt aus ihm selbst.

Manly Hall

Doch was bin ich? Ein Kind, das nachts weint, ein Kind, das nach Licht schreit und das keine Sprache hat – nichts als einen Schrei.

Alfred Lord Tennyson

Ich wünsche, ich hätte nicht soviel geweint! Ich glaube, jetzt werde ich dafür bestraft, indem ich in meinen eigenen Tränen ertrinke.

Lewis Carroll

Er setzte sich auf, blickte um sich und versuchte das Zittern, das Verlangen und die alten Sehnsüchte zu unterdrücken, die in ihm hochstiegen, ihn bedrängten und von ihm Besitz ergriffen.

Kenneth Graham

Ich glaube, das absolut Köstlichste im Leben ist das Gefühl, von jemandem gebraucht zu werden.

Olive Schreiner

Ich frage einen verletzten Menschen niemals, wie er sich fühlt; ich werde selbst der verletzte Mensch.

Walt Whitman

Das tiefste Gefühl zeigt sich in der Stille.
Marianne Moore

Merkur (bzw. Zwillinge oder Jungfrau) im 12. Haus

Merkurs Einfluß auf dein 12. Haus läßt den Schluß zu, daß du ein nachdenklicher Mensch bist, der aus sich selbst mentale Anregungen schöpfen kann und der sich zu intellektuellen Beschäftigungen hingezogen fühlt, die mit Lesen und Schreiben in Verbindung stehen. In der Zurückgezogenheit deines Heimes verbringst du viele Stunden damit, die verschiedensten Dinge zu studieren, zu schreiben oder zu telefonieren, um deine Gedanken über Probleme, die dich persönlich betreffen, zu klären. Du bist fast immer mit dir selber in Verbindung – indem du gedanklich Dialoge oder laute Selbstgespräche führst und sogar im Schlaf sprichst. Weil du selbstkritisch und ängstlich bist und dir leicht Sorgen machst, lebst du vielleicht mit einem hohen Maß nervöser Spannung, was deine Konzentrationsfähigkeit beeinträchtigen kann.

Dein Denken ist immer aktiv; es verarbeitet deine inneren Erfahrungen und ordnet die unermeßliche Menge an äußeren Reizen, die dich zu überwältigen drohen. Als Folge davon bist du vielleicht zwanghaft mit Details beschäftigt – du erstellst Listen, planst und organisierst dein Leben. Deine mentale Besessenheit kann der unbewußte Versuch sein, deine Angst zu beherrschen und bedrohliche Gedanken aus dem Bewußtsein zu verbannen. Oft empfinden Menschen mit Merkur im 12. Haus im Hinblick auf Gedanken, die ihren Moral-Kodex verletzen, eine große Verlegenheit, Schuldgefühle oder Scham; der Versuch, diese Gedanken zurückzuhalten, verstärkt nur ihre Angst und ihr zwanghaftes mentales Verhalten.

Eine der Schwierigkeiten mit Merkur im 12. Haus ist, daß nervöse Spannung, Angst, Sorge und negatives Denken zu psychosomatischen Symptomen oder nervösen Störungen führen können, die nicht leicht zu diagnostizieren oder zu heilen sind.

Deshalb kann es auf dein emotionales und körperliches Wohlbefinden bedeutende und vielfältige Auswirkungen haben, wenn du deine selbstzerstörerischen Denkmuster einer Prüfung unterziehst und konstruktive Muster, zum Beispiel in Form von Selbstgesprächen, entwickelst. Erkenntnisfördernde Therapieformen können dir beim Freiwerden von alten, dich schwächenden Denkmustern helfen, die dir als Kind eine Hilfe zum Überleben waren, heute jedoch deine erfolgreiche Handlungsweise als Erwachsener stören.

Diese Stellung von Merkur weist darauf hin, daß du bezüglich deiner mentalen Fähigkeiten verletzlich bist. Quadrate zu Merkur (insbesondere vom 3. und 9. Haus) und Oppositionen deuten traumatische Erfahrungen während deiner Schulzeit an. Vielleicht hast du unter Legasthenie gelitten oder wurdest für deine Fehler von gefühllosen Lehrern oder Mitschülern gedemütigt. Möglicherweise hast du gewissenhaft studiert, konntest jedoch den Anforderungen der Erwachsenen, auf die es ankam, nicht gerecht werden. Wie die Vogelscheuche in »Der Zauberer von Oz« – die immer sagte: »Wenn ich nur ein Gehirn hätte« – kannst du deine mentalen Fähigkeiten angezweifelt haben, obwohl du vielleicht gar keine intellektuellen Schwächen hast.

Manche Menschen mit Merkur im 12. Haus haben ihr Denkvermögen jedoch eher über- als unterschätzt. Sie glauben, sich nur durch intellektuelle Leistungen Beachtung verschaffen zu können und kämpfen mühsam um Anerkennung ihrer Fähigkeiten in der Schule. Doch übertrieben hohe Ansprüche hinsichtlich deiner intellektuellen Leistungsfähigkeit können auch dazu führen, daß du dich geistig minderwertig fühlst – weil das Niveau, das du im Denken, Studium und Schreiben anstrebst, unerreichbar hoch ist. Hohe Ansprüche können dir großartige Phantasien von Erfolg und begeisterte Anerkennung auf intellektuellem Gebiet oder im Bereich der Kommunikation vorgaukeln, doch schreckst du möglicherweise davor zurück, die Überprüfung deiner Fähigkeiten von der Öffentlichkeit vornehmen zu lassen, was bei beruflichen Leistungen in diesen Bereichen notwendig wäre.

Deine Verletzlichkeit hinsichtlich deines Denkens und deiner intellektuellen Fähigkeiten wird sich wahrscheinlich auch auf deine Einstellung dem Schreiben gegenüber erstrecken. Als Schriftsteller im stillen Kämmerlein hast du vielleicht Angst, das Geschriebene anderen zu zeigen, weil du fürchtest, daß deren Kritikmaßstäbe so streng sind wie deine eigenen. Dennoch ist das Schreiben eine befriedigende Beschäftigung für dich, ob du es nun beruflich betreibst oder nicht. Du wirst wahrscheinlich beträchtliche Befriedigung erlangen, wenn du ein Tagebuch führst; das Niederschreiben deiner Überlegungen wird dir helfen, dein Denken zu klären.

Aufgrund deiner feinen Einstimmung auf innere Wahrnehmungen und einer Empfindsamkeit der emotionalen Atmosphäre gegenüber, die dem Erlebten Bedeutung verleiht, hast du vielleicht eine natürliche Neigung zum Schreiben. Deine tiefe Intuition, das ständige Streben nach Selbsterkenntnis und dein psychologisches Interesse steigern dein Wahrnehmungsvermögen im Hinblick auf das Verhalten und die Denkweise der Menschen. Deine Fähigkeit, die Außenwelt auszublenden und auf deine innere Stimme zu hören, kann dir helfen, aus tiefen Quellen der Einsicht in dir zu schöpfen.

Im Grunde bist du ein nonverbaler Denker, der die Welt in Form von Gefühlen, Bildern und Sinneseindrücken wahrnimmt. Diese nonverbalen Wahrnehmungen in Worte zu übertragen kann für dich so schwierig sein wie der Zwang, an die Oberfläche des Meeres zu kommen, nachdem du am Meeresgrund gewohnt hast. Weil du aber in wäßrigen Bereichen lebst, hast du vielleicht einen angeborenen Sinn für Poesie, der dich befähigt, Bilder, Metaphern und Geschichten zu verwenden, um den tieferen Sinn einer Erfahrung hervorzubringen. Obwohl du in deinem Denken lebst, wird es beinahe ständig von Gefühlen, Eingebungen und früheren Wahrnehmungen beeinflußt, die ein reiches Reservoir an Bildern und Bedeutungen bieten, welche alle deine Kommunikationsformen bereichern.

Weil du so tief in dir lebst, bist du sehr bewußt auf deine inneren Erfahrungen eingestimmt; was die Einzelheiten der äußeren

Welt betrifft, bist du jedoch zerstreut. Du hast vielleicht einen übertriebenen Hang zum Tagträumen; möglicherweise vermischst du sogar deine Phantasien mit der äußeren Realität. Aufgrund der engen Verbindung, die zwischen deinem bewußten Denken und deinen unbewußten Wahrnehmungen besteht, können Probleme auftauchen, weil du oft von Gefühlen und Eindrücken überwältigt werden kannst, welche deine Fähigkeit, klar zu denken, stören. Infolge dieser Blockierung kann dein Geist umwölkt, dein Denken verzerrt und deine Entscheidungsfähigkeit durch unklare Überlegungen getrübt sein.

Deine Bemühungen, schwer in Worte zu fassenden Eindrücken einen bewußten Sinn zu geben, und die Erfahrung, von vielen unerwünschten Bildern und Gedanken innerlich überflutet zu werden, können dich in einen Zustand beständiger Verwirrung bringen. Wenn deine Gedanken im Kreis laufen oder bestimmten Mustern folgen, kann sich das störend auf deine Fähigkeit, die angestrebte Klarheit zu finden, auswirken. Deshalb mußt du dich vielleicht für geregelte Beschäftigungen interessieren, die dein Denken beanspruchen, dich aber von der selbstzerstörerischen Anwendung deiner kritisch-analytischen Fähigkeiten befreien. Das Führen eines Tagebuches, das Verfassen von Gedichten, Meditation, positive Affirmation und die Pflege der inneren Vision können nützlich sein für dich.

Die Verletzlichkeit und der Einklang mit deinem Unterbewußtsein beeinflussen sowohl dein Denken und Schreiben als auch deine Verbindung zu anderen Menschen. Als zurückhaltender Mensch, der Angst hat, offen zu sprechen und seine wahren Gedanken anderen mitzuteilen, bist du vielleicht nicht immer ehrlich und aufrichtig. Manchmal behältst du deine Gedanken für dich, bis dann ein langer Strom von Worten aus dir herausbricht, der eher einem Monolog gleicht als einem Dialog mit anderen. Verbindungen zu knüpfen, während du anderen deine Gedanken mitteilst, kann schwierig für dich sein. Die Anregungen aus deinem Inneren, die dich manchmal überwältigen, möchten sich nach außen entladen, und dies bringt dich dazu, andere als eine Art Resonanzboden zu benutzen, statt eine wirkliche Kommunikation aufzubauen. Gruppen werden wahrscheinlich besonders anstrengend für dich sein. Deine Einstimmung auf innere Signale auf Kosten der äußeren kann deine Fähigkeit hemmen, dich auf soziale Interaktion einzustellen. Du mußt möglicherweise noch lernen, zuzuhören und Stichworte angemessen aufzugreifen, so daß du nicht schweigend dasitzt oder andere Menschen unterbrichst.

Weil du aber deine kommunikativen oder intellektuellen Fähigkeiten gering einschätzt, verbirgst du deine Gedanken eher, als daß du sie ausdrückst. Es ist schwierig für dich, deine subtilen Wahrnehmungen in Worte zu kleiden, die andere verstehen können; oft hast du das Gefühl, eine Geheimsprache zu sprechen und weder angehört noch verstanden zu werden, wenn du dein wirkliches Selbst zum Ausdruck bringst.

Weil dein Denken subjektiv und tiefgründig ist, hast du vielleicht deine Fähigkeit zu unverbindlichen Plaudereien (»small talk«) nicht entwickelt, die deinen gesellschaftlichen Austausch erleichtern würden. Durch dieses Defizit ist es dir unangenehm, Menschen kennenzulernen, eine Unterhaltung zu beginnen oder in eine Diskussion über Angelegenheiten verwickelt zu werden, die dich wenig interessieren. Infolgedessen schreckst du vielleicht vor vielen gesellschaftlichen Situationen zurück und begrenzt deinen Kontakt auf Leute, bei denen du deine innere Welt unbefangener ausdrücken kannst.

Deine Neigung, dich vor der Reizüberflutung gesellschaftlicher Veranstaltungen zurückzuziehen, wird auch durch eine psychische Überempfindlichkeit gegenüber den Gedanken und Gefühlen anderer Menschen beeinflußt. Unbewußt absorbierst du die Gedanken und Ängste der Menschen deiner Umgebung – du nimmst subtile Andeutungen und unbewußte Mitteilungen auf, welche den meisten Leuten entgehen. So kommt es unvermeidlich zu einer Art psychischen Überlastung, und es ist dir vielleicht gar nicht klar, wessen Gedanken du in dir trägst. Andererseits kann dir deine psychische Empfindsamkeit dazu dienen, deine Wahrnehmung auf die Bedürfnisse und Beweggründe anderer Menschen einzustellen, was dich auf ihre versteckten, aber sehr realen Botschaften mit sofortiger Sensivität und Aufmerksamkeit reagieren läßt.

Der Merkur im 12. Haus kann dir die Neigung geben, durch Schreiben oder durch sozialen Dienst einen Beitrag zur Gesellschaft zu leisten; vielleicht hast du den Wunsch, deine geistigen, organisatorischen und kommunikativen Fähigkeiten für ein Ziel einzusetzen, das über dein persönliches Wohlergehen hinausreicht. Aufgrund deiner Fähigkeit, unterschwellige Erfahrungsebenen zu begreifen und subtile Wahrnehmungen mental einzuordnen, fühlst du dich möglicherweise zu einem literarischen, beratenden oder spirituellen Beruf hingezogen – sei es als Schriftsteller, Geisteswissenschaftler, Forscher, Psychologe oder Geistlicher.

Deine Fähigkeit zur konstruktiven Anwendung der Merkur-Energie kann davon abhängen, wie gut es dir gelingt, die negativen Konditionierungen zu überwinden, die bereits in frühen Jahren dein Denken, deine Kommunikation und gesellschaftliche Gewandtheit beeinflußt haben. Wenn dein Merkur dir Schwierigkeiten macht, hast du vielleicht häufig elterliche Botschaften erhalten wie »Frag nicht so dumm«, »Sei still!« oder »Kinder soll man sehen, aber nicht hören!« Möglicherweise haben deine Eltern dich wegen deiner Art zu sprechen oder in bezug auf deine Denkweise herabgesetzt oder deine Erkenntnisse verächtlich gemacht. Als Folge davon hast du die Denkweise deiner Eltern übernommen und eine starke Unsicherheit und großes Mißtrauen gegenüber deinen eigenen intellektuellen und verbalen Fähigkeiten entwickelt. Vielleicht hattest du das Gefühl, kein Recht zu haben, selbständig zu denken oder deine eigenen Gedanken auszusprechen.

Ein anderer früher Einfluß in Verbindung mit Merkur im 12. Haus ist eine Familie, in der über persönliche und zwischenmenschliche Erfahrungen nicht gesprochen wird. In einer solchen Situation erscheint alles geheimnisumwoben. Die Eltern sprechen in Monologen zueinander und zu den Kindern, statt einen Dialog oder einen sinnvollen Gedanken- oder Erfahrungsaustausch zu fördern; andere Eltern maßen sich an, die

Gedanken ihrer Kinder zu kennen, und üben sich in »Gedankenlesen« oder vergewaltigen das Denken ihres Kindes, indem sie sagen, was es denkt, oder indem sie bei anderen Leuten für die Kinder sprechen.

Um das positive Potential des Merkurs im 12. Haus für dich nutzbar zu machen, mußt du dir der selbstzerstörerischen Einstellungen und Verhaltensweisen bewußt werden, die du entwickelt hast, und sie durch konstruktive Überzeugungen, Muster und Handlungen ersetzen. Das zu tun, umfaßt nicht nur die Überprüfung deiner Denkmuster, sondern auch die aktive Entwicklung deiner Fähigkeiten in bezug auf Denken, Schreiben, Kommunikation und Gesellschaftsleben sowie das bewußte Aneignen einer Wertschätzung deines Könnens. Gesprächsorientierte Psychotherapie, insbesondere Therapien, die ihren Brennpunkt in Erkenntnis und Wahrnehmung haben, können dir helfen, deine negative Denkweise neu zu programmieren. Sie lehrt dich auch, deinen Wahrnehmungen und deiner Intelligenz zu vertrauen und gibt dir hinsichtlich deiner Kommunikation und Interaktion mit anderen größeres Selbstvertrauen.

Bekannte Persönlichkeiten mit Merkur im 12. Haus

Richard Wagner	*Judy Garland*	*Henry David Thoreau*
Ernest Hemingway	*John Cage*	*Spiro Agnew*
Henry Kissinger	*Gertrude Stein*	*Steffi Graf*
Helmut Kohl	*Marc Edmund Jones*	
Peter Sellers		

Bekannte Persönlichkeiten mit Zwillinge-Planeten im 12. Haus

Vincent van Gogh	*Greta Garbo*	*Paul McCartney*
Arnold Schwarzenegger	*Edwart G. Robinson*	*Henry David Thoreau*

Richard Strauss	*Theodore Roosevelt*	*Reinhold Messner*
Franz Schubert	*Henry Kissinger*	*Hans Martin Schleyer*

Bekannte Persönlichkeiten mit Jungfrau-Planeten im 12. Haus

Julie Andrews	*Simon Wiesenthal*	*Charles Bukowski*
Shirley MacLaine	*Yoko Ono*	*Elisabeth Taylor*
Brooke Shields	*Cat Stevens*	*Jimmy Carter*

Impressionen zu Merkur (bzw. Zwillinge oder Jungfrau) im 12. Haus

Papagei im Käfig – Radio im Keller – Zufluchtsort für einen Schriftsteller – sich versteckendes Chamäleon – verborgener Bienenstock – Unterwasser-Sender – nautischer Almanach – Reporter im Gefängnis – Brieftaube im Nebel – Laufbursche der Unterwelt – in Rätseln sprechen – Untergrund-Reporter – unsichtbare Tinte – Ghostwriter – Tagtraum – Klosterschreiber – durchweichte Zeitung

Merkur (bzw. Zwillinge und Jungfrau) im 12. Haus

Man lernt im Leben, sich still zu verhalten und seine eigenen Verwirrungen zu schaffen.

Cornelia Otis Skinner

Er liest viel, er ist ein großartiger Beobachter und durchschaut die Taten der Menschen vollkommen.

William Shakespeare

Ich verliere mich in den Bruchstücken heranstürmender Gedanken, die niemals auf einen Nenner gebracht werden können.

Anonym

Es war schwer, mit dir in Verbindung zu kommen. Du warst immer mit dir selbst verbunden. Die Leitung war besetzt.

Jean Kerr

Sie versteckt sich hinter einem geschäftigen Verstand.

Brian Hooker

Ihr tatsächliches Vergehen war, wie sie schließlich feststellte, daß sie überhaupt eine eigene Meinung hatte.

Henry James

Bis ich 13 wurde, dachte ich, mein Name sei »Halt' den Mund«.

Joe Namath

Überlege gründlich, bevor du sprichst – und du wirst feststellen, daß jeder über etwas anderes redet.

Francis Rodman

Geistige Betätigungen sind einfach, wenn sie nicht der Wirklichkeit entsprechen müssen.

Marcel Prouse

Mit den Tatsachen phantasievoll umzugehen ist eine Sache – die Tatsachen zu phantasieren jedoch eine andere.

John Burroughs

Wir schreiben, um über unser Leben hinauszugehen. Wir schreiben, um uns selbst zu lehren, mit anderen zu sprechen, um die Reise in das Labyrinth festzuhalten; wir schreiben, um unsere Welt auszudehnen, wenn wir uns erstickt, eingeschränkt und einsam fühlen.

Anaïs Nin

Venus (bzw. Stier oder Waage) im 12. Haus

Venus im 12. Haus weist darauf hin, daß du die Einsamkeit liebst und emotionale Erfüllung in dir selbst suchst, wenn persönliche Beziehungen unbefriedigend sind. Du bist in der Lage, dir selbst ein Partner zu sein, schaffst deine eigenen Wertmaßstäbe, nach denen du lebst, wobei du deine innere Schönheit entwickelst und dich entschließt, dir selbst die Liebe zu geben, die du auch außerhalb suchst. Weil du fähig bist, aus inneren Quellen Stärkung zu beziehen und einen hohen Grad inneren Friedens zu erleben, fühlst du dich wie unter »spirituellen Schutz«; sowohl in deinen Träumen als auch im Wachleben kann sich deine Verbundenheit mit den höheren Bereichen widerspiegeln.

In dem Ausmaß, wie du deine emotionalen Bedürfnisse nicht durch Beziehungen oder in dir selbst befriedigen kannst, gibt dir Venus im 12. Haus die Neigung zu allen möglichen Schwelgereien, was dein Gefühl des Wohlbefindens fördert. Vielleicht ißt du heimlich Unmengen von Süßigkeiten oder machst regelmäßige Einkaufsorgien (bei denen du gewöhnlich schöne Kleider, Schmuck oder ästhetisch ansprechende Gegenstände kaufst). Wenn Venus oder dein Geburtshoroskop eher den Stier-Einfluß widerspiegelt als den der Waage, verleugnest du vielleicht deinen eigenen Materialismus, während du dich trotzdem von deinen Besitztümern gefangennehmen läßt. Möglicherweise schämst du dich auch für dein genußsüchtiges Verhalten, das zwar übertrieben sein mag, letztlich aber ein gesunder Versuch ist, dich selbst zu lieben und größere Lebensfreude zu erfahren.

Die Venus im 12. Haus weist auch darauf hin, daß du im

schöpferischen Ausdruck über dich selbst hinausgehen möchtest, insbesondere was Kunst und Musik angeht. Verletzlich hinsichtlich deiner Begabung, bist du vielleicht ein Künstler, der im stillen arbeitet. In deiner Freiheit malst oder bildhauerst du, schreckst jedoch davor zurück, dein Werk anderen zu zeigen oder die erforderlichen Kompromisse einzugehen, um die Kunst zu deinem Beruf zu machen. Weil du mit der Ebene der Ideale durch die Kunst in Kontakt kommen willst und an deine Arbeit höchste Maßstäbe anlegst, verunglimpfst du womöglich auf grausame Weise deine eigenen Talente. Vielleicht verfügst du auch über phantastische Vorstellungen hinsichtlich deines künstlerischen Erfolges – Phantasien, die sich auf deine Fähigkeit, dich voll der Kunst zu widmen, störend auswirken, da du auf ein unwahrscheinlich hohes Maß an Anerkennung hoffst.

Dein schöpferisches Leben und dein Liebesleben werden vom Verlangen nach transzendentaler Erfahrung durchströmt. Du suchst eine Liebe, die über das Persönliche hinausreicht und die das Gottähnliche der ganzen Menschheit in sich einschließt. Dieser Wunsch kann dir die Neigung geben, einen Dienstleistungsberuf zu wählen, weil du den verwundeten Menschen helfen willst, ihren Schmerz zu lindern und ihre vorhandenen Möglichkeiten zu nutzen. Aufgrund deines Mitgefühls und deiner Anteilnahme für Menschen in Not möchtest du geben; dein ehrliches Interesse am Wohlergehen anderer ruft im großen und ganzen liebevolle Reaktionen hervor. Aber du mußt geben – deine Konzentration auf die spirituellen Möglichkeiten anderer kann sich in persönlichen Beziehungen ungünstig auswirken; du verstehst es unter Umständen nicht, einen Partner zu wählen, mit dem du auf Erden ein entwicklungsfähiges Leben aufbauen kannst.

Du leidest an deinem Herzenswunsch nach einem Seelenfreund. Weil du mit deinem spirituellen Selbst in Verbindung stehst, möchtest du dich mit dem höchsten Selbst des anderen vereinigen. Ob ihr einander in die Augen seht oder durch die Linse gemeinsamer Wertvorstellungen und Ideale nach außen blickt – du hast den Wunsch, dich in der Erfahrung glückseligen

Einsseins zu verlieren. Du bist tatsächlich fähig, in der Liebe solche Höhen zu erleben, doch können diese Erfahrungen jeder Grundlage entbehren, wenn sie deiner Phantasie entspringen und nicht einer realistischen Sicht des anderen entstammen. Du neigst dazu, dich in die Liebe zu verlieben oder in eine Vorstellung und ein Ideal statt in einen ganzen Menschen. Angezogen von den inneren Qualitäten eines Menschen und von dem flüchtigen Schimmer, den du von seinem seelischen Potential hast, ignorierst du eventuell die äußere Wirklichkeit, die deine hochfliegenden Träume unterminieren würde. Deine Vorstellungen von Liebe, die wahrscheinlich unrealistisch sind, sind dir vielleicht so wenig bewußt, daß du ständig Phantasie und Wirklichkeit durcheinanderbringst, dir über deinen Partner Illusionen machst und immer wieder dieselben Fehler begehst, ohne aus vergangener Erfahrung etwas zu lernen.

Dennoch bist du ein Gebender, der fähig ist, andere zu lieben und eine Beziehung mit tiefer gegenseitiger Anteilnahme zu begründen. Doch fällt es dir wahrscheinlich viel schwerer, zu nehmen als zu geben. Weil du aus dem Gefühl zu lieben so viel Stärke gewinnst, kann der eigentliche Kontakt zu dem geliebten Menschen für dich von zweitrangiger Bedeutung sein; aus diesem Grund, und weil du oft Schwierigkeiten hast, etwas anzunehmen, liebst du vielleicht jemanden, der schwer faßbar, unzugänglich und unfähig ist, auf deine Bedürfnisse einzugehen. Doch wenn ihr zusammen seid, versuchst du eine private Welt zu schaffen, wo ihr euch ineinander verlieren könnt, bevor ihr wieder in die getrennten Welten zurückkehrt, die euch in Anspruch nehmen.

Oft gehen Menschen mit Venus im 12. Haus durch Lebensphasen, in denen sie Liebesbeziehungen meiden. Weil sie fürchten, sich in anderen zu verlieren und sich der Intensität ihrer Bedürfnisse schämen oder weil sie am Schmerz ständiger Desillusionierung leiden, vermeiden sie intime Beziehungen. In ihrem Leben gibt es vielleicht einen Wechsel zwischen intensiven, alles verzehrenden Liebesbeziehungen und völligem Unbeteiligtsein. Wenn das dein Muster ist, kannst du in den Jahren ohne Partner vielleicht lernen, dich selbst erfolgreicher zu lieben und dich auf zukünftige, befriedigendere Partnerschaften vorzubereiten. Es besteht jedoch die Gefahr, daß du deine Bedürfnisse so lange verleugnest, bis du wieder in deine alten Muster völliger Verblendung zurückfällst. Weil enge Beziehungen das Mittel sind, wodurch du dir am direktesten selbst begegnest, mußt du ein Netzwerk von Menschen um dich aufbauen, mit denen du tiefe und aufrichtigte gegenseitige Anteilnahme erlebst.

Neben dem Begründen von Liebesbeziehungen gibt die Venus im 12. Haus auch die Fähigkeit, Freundschaften und andere Formen platonischer Beziehungen einzugehen, welche den beiderseitigen Ausdruck von Gefühlen und Bedürfnisen beinhalten. Obwohl dir vielleicht die gesellschaftlichen Umgangsformen fehlen, um auf konventioneller Ebene Verbindungen knüpfen zu können, mangelt es dir nicht an der Verbindung zu inneren Bereichen, die Intimität ermöglicht. Aus diesem Grund und weil du tiefe, persönliche Anteilnahme schätzt, kannst du bereichernde, liebevolle Beziehungen eingehen, welche einige deiner Partnerschaftsbedürfnisse erfüllen können.

Ein anderes Thema, das in Beziehungen problematisch werden kann, ist deine Unsicherheit, was Weiblichkeit angeht. Vermutlich wurdest du in deinen Vorstellungen von einer Mutter beeinflußt, die ihre weibliche Rolle nicht angemessen verkörperte. Vielleicht hat sie viel gegeben – womöglich aber auf eine narzißtische Weise, ohne sich deiner Bedürfnisse bewußt zu sein; vielleicht war sie auch unfähig zu lieben oder zu geben, so daß du schon früh gezwungen warst, dich nach innen zu wenden und die Quellen der Liebe in dir selbst zu finden. Wenn du eine Frau bist, kannst du als Folge davon deiner eigenen weiblichen Identität gegenüber verwirrt und unsicher sein. Bist du ein heterosexueller Mann, hast du vielleicht unrealistische und allzu idealisierte Vorstellungen darüber, was du von einer Partnerin erwartest – was ein Versuch sein kann, den Mangel an Liebe deiner frühen Jahre zu kompensieren.

Es kann dir helfen, deine Probleme der frühen Kindheit und die Familienprobleme, welche mit der Venus im 12. Haus zusammenhängen, zu verstehen. Wahrscheinlich wurde in deiner Familie Liebe nicht offen ausgedrückt oder erfahren. Vielleicht waren sich deine Eltern über ihre eigenen Wertvorstellungen, ihre Einstellung der materiellen Welt gegenüber und über ihre Bereitschaft, aufrichtige Beziehungen einzugehen, nicht im klaren. Besonders die ödipale Phase (etwa im Alter von vier bis sechs Jahren) kann schlimm für dich gewesen sein, weil deine Liebe zum gegengeschlechtlichen Elternteil wahrscheinlich gescheitert war; daraus kann die Entscheidung resultieren, dich lieber einer Welt der idealen Vorstellungen zuzuwenden als dich einer anderen Person hinzugeben, die dich enttäuschen könnte. Diese Entscheidung trägt zwar zum Reichtum deines spirituellen und künstlerischen Lebens bei, kann aber deine Fähigkeit zur Gründung gefestigter Partnerschaften beeinträchtigen.

Trotz allem findest du in Beziehungen zu dir selbst. Du brauchst das persönliche Engagement anderen gegenüber. Du brauchst auch ein Privatleben, in dem du dich zu dem bekennen kannst, was deine Glückseligkeit ausmacht – die Erfahrung deines spirituellen Ursprungs und der Ausdruck deiner Kreativität. Künstlerische Ausbildung kann dir helfen, Vertrauen zu deinen Begabungen zu entwickeln; Übungen in Gewandtheit und Fertigkeiten gesellschaftlicher Art können sozialen Nutzen bringen. Vielleicht hilft es dir auch, bei einem fähigen Therapeuten die Ängste und Konflikte durchzuarbeiten, die du in bezug auf Intimität erlebst.

Bekannte Persönlichkeiten mit Venus im 12. Haus

George Gershwin	*Richard Wagner*	*Alain Delon*
Claude Debussy	*Barbra Streisand*	*Liza Minelli*
Leonard Bernstein	*Julie Andrews*	*Jimi Hendrix*
Richard Strauss	*Grace Kelly*	*Yassir Arafat*

François Mitterrand
Lyndon B. Johnson
Henry Kissinger
Jerry Rubin
Alan Watts
Jane Fonda

Bekannte Persönlichkeiten mit Stier-Planeten im 12. Haus

Jack London
Richard Wagner
Francis Bacon
Laurence Olivier
Teilhard de Chardin
Orson Welles
George Bernard Shaw
Peter Fonda
Gustav Meyrink

Bekannte Persönlichkeiten mit Waage-Planeten im 12. Haus

Arthur Rimbaud
Charlie Chaplin
Norbert Blüm
Günter Grass
Edgar Allan Poe

Impressionen zu Venus (bzw. Stier und Waage) im 12. Haus

Künstler im stillen Kämmerlein – Wasserfarben – Hofdame – ein Schwall von Parfüm – Sänger im Hintergrund – der Bühne verborgener Regenbogen – Honigtopf – Tänzer unter Wasser – Schmetterling in einem Glas – gefangene Taube – Opferlamm – Rose aus zweiter Hand – Königin im Wunderland – Blumenhändler im Keller – heimliche Hochzeit – geheimer Garten – angenehme Träume – Meerjungfrau – Wasserballett – Dornröschen – Wasserlilie – heilige Taube

Venus (bzw. Stier und Waage) im 12. Haus

Beziehungen sind zweifellos der Spiegel, in dem du dich selbst entdeckst.

Krishnamurti

Vergiß nicht, dich selbst zu lieben.

Sören Kierkegaard

Ich habe dir meine Träume zu Füßen gelegt – tritt vorsichtig auf, denn du schreitest über meine Träume.

W. B. Yeats

Man muß lieben, sage ich, mit seinem ganzen Wesen – oder ein Leben äußerster Reinheit führen.

George Sand

Du kannst immer jemanden finden, der dich liebt – und wenn du es selber tust.

Thomas Masson

Ich bete zu dir, o Gott, um innere Schönheit.

Sokrates

Liebe ist ein Spiel – ja? Ich glaube, es ist Ertrinken.

Amy Lowell

Was sie will, ist ein Guru für ihr Leben – jemand, der sie inspiriert . . . der sie aus sich herausreißt.

Ruth Jhabvale

Die Heilung für ihre Melancholie liegt in Wohlklang und Entzücken.

Alfred de Musset

Und plötzlich wurde ich aus mir herausgerissen – wissend. Fühlte, wie die Liebe Gottes die Schöpfung durchglühte, und eine Ekstase der Seligkeit durchströmte meinen Geist und jede Nervenfaser.

Loran Hurscott

Eleanor Rigby sammelt den Reis in der Kirche auf, wenn die Hochzeit vorbei ist. Sie lebt in einem Traum ... All die einsamen Menschen ...

Die Beatles

Liebe ist der Versuch, ein Stück aus einer Traumwelt Wirklichkeit werden zu lassen.

Henry David Thoreau

Mars (bzw. Widder) im 12. Haus

Mars im 12. Haus weist darauf hin, daß es dir öfter an physischer Energie mangelt und daß du anstrengende körperliche Übungen meidest. Wenn du körperlich aktiv bist, übst du lieber für dich alleine, als daß du in einer Gruppe trainierst oder Wettkampfsport betreibst. Da du dich in deinem Körper unbehaglich fühlst und dir oft plump und schwerfällig vorkommst, sind dir deine Bewegungen wahrscheinlich nicht ganz bewußt, und möglicherweise beherrschst du deine körperlichen Energien nicht vollständig. Manchmal hast du das Gefühl, als lebtest du mit dem Fuß auf der Bremse, unfähig, deine Geschwindigkeit zu erhöhen; dann wieder weißt du nicht, wie du dich bremsen und deine Beschleunigung stoppen kannst. Deine Unsicherheit im Hinblick auf deinen Körper kann sich auch auf technische Gegenstände erstrecken. Maschinen und Motorfahrzeuge um dich herum können deinen eigenen psychischen Zustand anzeigen. Wenn du dich zum Beispiel ausgepumpt fühlst, hat dein Auto vielleicht einen platten Reifen; wenn du Dampf ablassen solltest, funktioniert möglicherweise die Belüftung deines Wagens nicht, und ein lärmender Auspuff kann deinen Ärger ausdrücken. Diese Mars-Position weist auch darauf hin, daß deine emotionalen Probleme mit physischen Schwierigkeiten wie Kopfschmerzen, Blutungen, Entzündungen, Verbrennungen, Fieber und hohem Blutdruck in Verbindung stehen können. Unachtsames Handeln kann auch eine Neigung zu Unfällen hervorrufen.

Mars im 12. Haus läßt auch darauf schließen, daß du in einem Zustand dauernder innerer Erregung und Rastlosigkeit lebst, der dich in zwanghafte Aktivität stürzt oder dich motiviert, ununterbrochen Pläne zu entwerfen, die deiner Energie ein Betätigungsfeld bieten. Weil es dir Schwierigkeiten bereitet, stillzuhalten, suchst du dir Beschäftigungen; weil dir aber die Behauptung in der äußeren Welt Probleme macht, ziehst du es vor, allein oder hinter den Kulissen zu arbeiten. In dieser Stellung steht Mars für ein hohes Maß an Eigeninitiative und Durchsetzungskraft, wenn du Aktivitäten unternimmst, die deinen Enthusiasmus stimulieren. Oft spornen dich Phantasien über großartige Abenteuer und Leistungen an. Du investierst alles in neue Beschäftigungen, bis deine Begeisterung abnimmt und du ein anderes Projekt in Angriff nimmst. Schwankend zwischen zuviel und zuwenig Einsatz, kannst du auch lange Phasen der Untätigkeit erleben, Zeiten, in denen du dich unfähig fühlst, die Aktivität und Spannung auszuhalten, nach der du dich sehnst.

In dem Maß, wie du den Kontakt zu deiner Leidenschaft und Energie verlierst, leidest du an der Verdrängung und Unterdrükkung deiner Wünsche und Bedürfnisse sowie an einem nagenden Gefühl der Unfähigkeit oder Unzulänglichkeit, das sich in negativen Selbstgesprächen – »Ich kann nicht« – ausdrückt. In dem Gefühl, von vornherein unterlegen zu sein, unterdrückst du dein Verlangen nach Erfahrungen, die dich befriedigen könnten. Weil du Schwierigkeiten hast, mit der Frustration unerfüllten Verlangens fertig zu werden, wünschst du dir vielleicht gar nichts mehr, um nicht enttäuscht zu sein, wenn sich dein Wunsch nicht erfüllt. Doch gleichzeitig begehrst du Dinge, die ein Ersatz sind für deine wirklichen Wünsche und Bedürfnisse und die unweigerlich nicht zur Erfüllung führen.

Vielleicht wirst du unbewußt von einem tief verinnerlichten Tabu beeinflußt, das sich auf die Erfahrung, den Ausdruck und die Befriedigung deines Verlangens bezieht. Möglicherweise verwechselst du den gesunden Drang zur Erfüllung deiner Bedürfnisse mit Egoismus und Ich-Bezogenheit. Aufgrund deiner Schwierigkeiten, für dich selbst etwas zu tun, fühlst du dich nicht immer in der Lage, die Verantwortung für dein Leben zu übernehmen. Als Folge dieses Mangels an angemessener Selbstbehauptung fühlst du dich vielleicht hilflos und verstrickst dich in Situationen, in denen du das Opfer wirst. Möglicherweise erwartest du von anderen, daß sie für dich das tun, wozu du selbst nicht fähig bist.

Mars im 12. Haus gibt die Veranlagung für vielerlei Ängste, die sich manchmal durch Alpträume von Aggression, Gewalt oder Vergewaltigung äußern. Eventuell hast du Angst vor deinen Trieben und davor, die Beherrschung zu verlieren, vor der Wut in dir und anderen, vor deiner Sexualität oder mangelnder sexueller Potenz; vielleicht fürchtest du dich auch vor wilden Tieren, Feuer, Autos oder anderen Motorfahrzeugen und technischen Geräten.

Obwohl du oft Angst hast, dich in die äußere Welt hinauszuwagen, erforschst du deine innere Welt mit großem Mut. Du stellst dich gnadenlos deinen inneren Dämonen; du versuchst, die Tiefen deiner Seele auszuloten; du entwickelst dich durch emotionale Herausforderungen. Als Meister in der Erforschung der Psyche anderer hast du eine angeborene Begabung, Menschen bei der Aufdeckung des Ursprungs ihrer Probleme zu helfen. Aus diesem Grund, und weil du sowohl den Wunsch hast, für vergangene Sünden zu büßen als auch den aufrichtigen Drang zu dienen, fühlst du dich vielleicht zu einem Sozialberuf hingezogen, in dem du deine psychologischen Talente anwenden kannst.

Höchstwahrscheinlich ist der Bereich der Psychologie von besonderem Interesse für dich, weil du selbst dein Leben lang mit Problemen hinsichtlich Wut und Sexualität gekämpft hast. Aufgrund deiner Schwierigkeiten im Erkennen eigener Bedürfnisse und in bezug auf eine erfolgreiche Selbstbehauptung weißt du vielleicht gar nichts von deinen Wünschen, bis sie zunichte gemacht werden oder bis du dich verletzt fühlst. Dann aber reagierst du unbeherrscht und verteidigst dich auf übertriebene Weise. Andere Muster im Hinblick auf deine Erfahrungen mit Ärger können beinhalten: Konfliktvermeidung; Angst vor Wut, die gegen dich gerichtet ist; ein »passiv-aggressives« Verhalten; sich verletzt statt wütend fühlen; verspätete wütende Reaktionen; Überreaktionen, die aus ungelöstem Ärger der Vergangenheit resultieren; Zorn, der sich gegen dich selbst statt gegen andere richtet, und die Projektion deiner Wut auf Menschen und Situationen, mit denen du besser fertig zu werden glaubst als mit jenen, die deine aggressiven Gefühle ausgelöst haben.

Aufgrund einer tiefsitzenden Überzeugung, daß dein Zorn schlecht und/oder destruktiv ist, unterdrückst du ihn und bringst ihn dann vielleicht indirekt oder auf unangemessene Weise zum Ausdruck. Wegen deines Wunsches nach Zusammenarbeit und Harmonie sowie deiner spirituellen Wertvorstellungen schreckst du davor zurück, anderen weh zu tun. Für gewöhnlich verletzt du eher dich selbst durch negative, entmutigende Botschaften oder zeigst ein selbstzerstörerisches Verhalten, als daß du es riskierst, Beziehungen, die dir etwas bedeuten, in Frage zu stellen und aufs Spiel zu setzen. Dennoch brodelt es vielleicht in dir, und du trachtest danach, dich zu rächen. Weil du dich aber weigerst, diesen Teil in dir anzuerkennen, empfindest du vielleicht ein perverses Vergnügen, wenn diejenigen, die dich verletzen, infolge deines Verhaltens oder ihrer eigenen Mißgeschicke Leid erfahren. Du mußt es als Realität akzeptieren, daß du manchmal andere verletzen wirst, und du mußt dich mit deinen Wünschen und Aggressionen arrangieren und lernen, dich auf eine bewußte und konstruktive Weise zu behaupten, statt unbewußt und destruktiv zu handeln.

Mars im 12. Haus weist auch auf deine Verletzlichkeit in bezug auf Sexualität und dein Gefühl, begehrt zu werden, hin. Sex kann für dich mehr eine emotionale als eine physische Erfahrung sein. Da dir dir lüsternen, animalischen Dimensionen der Sexualität unangenehm sind und du fähig bist, transzendentalen Sex zu erleben, ist für dich die seelische Vereinigung ebenso wichtig wie die körperliche. Du neigst dazu, Sex zu »spiritualisieren« und sehnst dich nach sexuellen Höhepunkten, die dir die völlige Hingabe an einen Partner erlauben, den du liebst und dem du vertraust.

Obwohl du fähig bist, dich einem Sexual-Partner hinzugeben und völlig auf ihn einzugehen, hast du wahrscheinlich Hemmungen, die führende Rolle zu übernehmen oder das anzustreben, was du sexuell wünschst. Frühe Tabus im Hinblick auf deine Selbstbehauptung und dein Recht, ein sexuelles Wesen zu sein, können dich beeinflussen. Sexuelle Traumata, die während der Kindheit und Pubertät auftraten, können unterschwellige Gefühle von Schuld, Scham und Angst bezüglich sexueller Erfahrungen und deiner sexuellen Identität hinterlassen haben. Vielleicht fühlst du dich auch zu Erfahrungen höchster Erregung und starken Verlangens hingezogen. Diese Einflüsse können in bezug auf Sexualität zu gegensätzlichen Verhaltensmustern führen – zum Beispiel, wenn lange Zeiträume der Enthaltsamkeit mit Zeiten des Schwelgens in Begierden wechseln. Weil du fürchtest, anderen deine eigene Angst zu zeigen, erfüllst du vielleicht deine sexuellen Bedürfnisse durch Selbstbefriedigung oder Phantasien, statt das Risiko einzugehen, durch eine sexuelle Beziehung verletzt zu werden.

In dieser Position gibt dir Mars die Neigung, sowohl psychisch als auch sexuell mit deinem Partner zu verschmelzen, wobei die emotionale Trennung nach dem sexuellen Kontakt schwierig für dich ist. Hast du dich einmal auf eine sexuelle Beziehung eingelassen, kann es sein, daß du in romantische Phantasien hineingleitest, welche deine Fähigkeit zu einer realistischen Einschätzung deiner Erfahrung beeinträchtigen. Weil dich wahrscheinlich eher innere als äußere Eigenschaften eines Menschen erregen, wirst du unwissentlich von Partnern angezogen, welche psychische Auslöser für dieselben Gefühle und Komplexe sind, die du schon in jungen Jahren erlebt hast.

Durch heimliche Liebesaffären hältst du einen Grad schützender Phantasie aufrecht, der es dir ermöglicht, Erfahrungen der Vergangenheit erneut zu durchleben. In solchen Wiederholungen mußt du dich davor hüten, daß deine Angst und deine Schuldgefühle nicht genau das verhindern, was du dir wünschst. Denke an Rapunzel: Sie liebte ihren Prinzen und sehnte sich nach ihm. Sie vereitelte ihre Flucht mit ihm, weil sie der Hexe, die sie gefangenhielt, enthüllte, daß er jeden Abend heimlich ihren Turm hochkletterte!

Sowohl deine sexuelle Identität als auch dein Verhalten wird von Mars im 12. Haus beeinflußt. Höchstwahrscheinlich beeinträchtigen dich Vorstellungen über Weiblichkeit und Männlichkeit aus deiner frühen Kindheit, an denen du dich unbewußt mißt. Wenn du eine Frau bist, hast du vielleicht Zweifel an deiner Weiblichkeit, weil du dir der starken männlichen Energie in dir bewußt bist, die dich leitet und die ohne weiteres deine Beziehungen beherrschen kann; in diesem Fall hast du Angst vor deiner Fähigkeit, die Männer zu beherrschen – »unweiblich« zu sein – und auf jene, die du liebst und begehrst, bedrohlich zu wirken. Bist du ein Mann, dann leidest du unter deiner Unfähigkeit, dem traditionellen männlichen Bild zu entsprechen; du zweifelst sowohl an deiner Eignung als Mann als auch daran, sexuell begehrenswert und potent zu sein. Ob Mann oder Frau, du mußt deine Vorstellungen über Männlichkeit und Weiblichkeit neu definieren und sowohl deine aktiven als auch deine passiven Eigenschaften achten. In dem Ausmaß, wie du den Kontakt zu deiner aggressiven und sexuellen Natur verloren hast, verstrickst du dich in Umstände und verbindest dich mit Menschen, welche diese Energien für dich ausdrücken. Aus Angst vor deinen inneren Verfolgern projizierst du wahrscheinlich deine »Schlechtigkeit« nach außen und fühlst dich von anderen verfolgt. In deinen Beziehungen bekämpfst du die intensive Wunschenergie des Mars, indem du Bedenken hast, von anderen etwas zu verlangen oder sie zu sehr zu beanspruchen. Aus Angst davor, angegriffen oder verletzt zu werden, trägst du eine »Komm-mir-nicht-zu-nahe«-Tafel vor dir her. Obwohl du

Auseinandersetzungen fürchtest, kämpfst du dennoch rückhaltlos gegen jene Leute, die dir gegen deinen Willen nahekommen und dein inneres Heiligtum bedrohen.

Die meisten dieser Konflikte haben ihre Wurzeln in der Kindheit. Elterliche Botschaften wie »Lächle doch!« und »Benimm dich wie ein Mädchen!« sowie diverse Verbote – zum Beispiel: »Sei nicht egoistisch!«, »Faß dich da nicht an!« und »Sei nicht wütend!« – unterdrückten deine gesunde marsische Energie. Schon in frühen Jahren hast du dich vielleicht deiner Triebe und deines Dranges nach selbständigem Handeln geschämt, statt dich deines gerade entdeckten Unternehmungsgeistes zu erfreuen. Der Ausdruck deiner Wünsche, des eigenen Willens und selbständigen Handelns wurde von deinen Eltern so massiv niedergeschlagen, daß du es lerntest, still zu gehorchen und deine Sehnsucht nach Selbstausdruck zu verdrängen. Doch unbewußt übersetztest du das Verhalten deiner Eltern in die rchmerzliche Erkenntnis: »Ich habe kein Recht zu leben.«

Auch Beschränkungen bezüglich deiner Triebe, Wünsche und Handlungen hängen mit deiner Wut zusammen. In deiner Kindheit kann deine aggressive, beißende Energie so bedrohlich für deine Eltern gewesen sein, daß sie dich zur Unterwerfung zwangen. Möglicherweise vermieden deine Eltern Auseinandersetzungen oder brachten nur die häßlichsten und zutiefst destruktiven Mars-Energien zum Ausdruck – sie haben jedenfalls versagt, hinsichtlich einer konstruktiven Selbstbehauptung und des Ausdrucks von Ärger ein Vorbild zu sein. Als Folge davon lerntest du, deine Aggressionen zurückzuhalten und deinen Eltern nur auf sehr subtile, indirekte Weise entgegenzutreten. Gleichzeitig entstand in dir ein Reservoir von nicht ausgedrücktem Groll und Zorn.

Auch deine möglichen sexuellen Probleme haben ihren Ursprung in jungen Jahren. Wahrscheinlich verwirrten dich die verschiedenen Bewertungen über die Sexualität; vielleicht gab es ungewollte, aber dennoch erregende sexuelle Reize oder Zudringlichkeiten von einem Elternteil oder Verwandten. Frühe sexuelle Traumata und bewußte oder unbewußte Schuldgefühle hinsichtlich deines Verlangens trugen ebenfalls zu deiner sexuellen Verletzlichkeit und zu der Verlegenheit oder Demütigung (oftmals von Erröten begleitet) bei, die du manchmal im Hinblick auf sexuelle Themen erlebst.

Neben den Problemen, die Mars im 12. Haus aufwerfen kann, verfügst du über ein unermeßliches Reservoir an psychischen Hilfsquellen, die dir in Krisenzeiten meistens Hilfe bieten. Du wächst an der Herausforderung; du kannst immer wieder aufs neue anfangen; du bist fähig zu inspiriertem Handeln, das aus deiner eigenen Initiative entspringt.

Um deinen Mars von den selbstzerstörerischen Bindungen des 12. Hauses zu befreien, mußt du vielleicht eine gesündere Beziehung zu deinem Körper finden. Yoga, Karate, Rolfing oder Physiotherapie können dich befähigen, deine aggressiven und sexuellen Energien zu erfahren und zu handhaben. Besonders Bio-Energetik kann dir dabei helfen, mit Frustration umzugehen und deine Energie zu erden.

Du kannst auch davon profitieren, wenn du deine Überzeugungen bezüglich deiner Interessen, Selbstbehauptung und Sexualität überprüfst; du wirst dich wohler fühlen, wenn du etwas für dich tust, deine Wünsche wahrnimmst und zum Ausdruck bringst und dein sexuelles Wesen und Verhalten bejahst. Übungen zur Selbstbehauptung können dabei nützlich sein sowie jene Formen der Psychotherapie, die dir bei der Erfahrung und dem Ausdruck sexueller und aggressiver Gefühle und Wünsche helfen. Wenn du dir deiner Wünsche gewahr wirst, dir dessen bewußt bist, was du willst, und auf dein Durchsetzungsvermögen vertraust, wirst du deine Mars-Energie schätzenlernen, die es dir ermöglicht, dich kraftvoller, erfüllter und lebendiger zu fühlen.

Bekannte Persönlichkeiten mit Mars im 12. Haus

Igor Strawinsky	*Neil Armstrong*	*Vincent van Gogh*
James Hoffa	*Harry Belafonte*	*Pablo Picasso*

Sri Aurobindo
Cat Stevens
John Lennon
Käthe Kollwitz
Edgar Allan Poe
Paul Gauguin
Bo Derek
Günther Grass
Hans-Jochen Vogel
Uwe Barschel
Christian Klar
Helmut Kohl
Norbert Blüm

Bekannte Persönlichkeiten mit Widder-Planeten im 12. Haus

Wilhelm Busch
Charles Manson
Liza Minelli
Queen Victoria
Heilige Teresa v. Avila
Johannes Brahms

Impressionen zu Mars (bzw. Widder) im 12. Haus

Krokodil im Morast – Dynamit in einem Schließfach – Guerilla-Krieg – Turnhalle der Seele – unterirdische Explosion – kriegerische Künste – verbotenes Feuer – Eislaufen – heißes Wasser – Autofahrt durch den Nebel – das Kriegsbeil begraben – Höhlenfeuer – Kreuzzug – Techniker im Phantasieland – heilige Schlacht – Besserwisser – Dampfbad – Wassersport – durchweichtes Zündholz – Fluchtauto – abgesoffener Motor – Wachposten – Chirurg im Krankenhaus – Widerstandskämpfer – Dampfkochtopf – Bootsmotor

Mars (bzw. Widder) im 12. Haus

Es gab nie einen Krieg, der nicht im Inneren stattgefunden hätte; ich muß so lange kämpfen, bis ich das in mir überwunden habe, was die Ursache des Krieges war.

Marianne Moore

Möchtest du deine Seele fernhalten von beflecktem Anblick oder Klang und wie der samtige Maulwurf leben: dann geh und verkrieche dich unter der Erde.

Elinor Wylie

Da ist ein Klopfen im Schädel, ein endloser, unhörbarer Ruf von etwas, das an die Wand schlägt und schreit: Laß mich heraus!

Ogden Nash

Jeder kann wütend werden – das ist leicht. Aber mit dem richtigen Menschen, im rechten Ausmaß, zur rechten Zeit, aus dem rechten Grund auf die richtige Weise wütend zu sein, das ist nicht leicht.

Aristoteles

Ein Mensch, der tief verletzt wurde, kann zuviel Schmerz empfinden, um wütend zu sein.

George Eliot

Ich bin die Wunde und das Messer! Das Opfer und der Henker.

Charles Baudelaire

Die immerwährende Qual, versteckt in der Nacht, weckt uns wie eine Geißel, der Schweiß des Grauens, wenn wir uns an die Wut erinnern, an selbst zugefügte Enttäuschung. Was ist in uns, das wir noch nicht beherrschen?

May Sarton

Und alles war doch gut gewesen – doch jetzt erhoben sich all die vergessenen Feinde aus ihrem Inneren – eine Revolutionsarmee, angeführt von der Leidenschaft mit einer roten Kappe auf ihrem Kopf – die jetzt überall in der armen belagerten Stadt ihre wilden Truppen aufstellten und riefen: Nieder mit der Vernunft! . . . Und jeder eingekerkerte Vagabund des Verlangens stürmte wie verrückt los und ließ ihr Herz entflammen.

James Laver

Jupiter (bzw. Schütze) im 12. Haus

Der Einfluß Jupiters auf dein 12. Haus läßt den Schluß zu, daß du dein Inneres erforschst und den Reichtum der psychischen beziehungsweise spirituellen Welt zu schätzen weißt. Dein tiefer Glaube an den Wert des inneren Lebens und deiner inneren Schätze bereichert dich; vielleicht fühlst du dich sogar von einem spirituellen Lehrer beschützt, der zu deinem Wohlbefinden beiträgt und deine persönliche Entwicklung fördert. Weil du nach innerem Wachstum strebst und ständig nach Sinn und Zweck einer jeden Erfahrung fragst, verfügst du wahrscheinlich über beträchtliche Weisheit und bist auf deine feine Intuition eingestimmt, welcher du viel mehr vertraust als den Weisungen der äußeren Welt.

Bestrebt, »deiner eigenen Seligkeit Folge zu leisten«, entwickelst du dich erfolgreich auf deiner inneren Reise, hast jedoch wahrscheinlich wenig Vertrauen zur Außenwelt. Die Fülle deiner Träume und bildhaften Vorstellungen gibt dir eine innere Weite. Diese steht im Gegensatz zu den Beschränkungen, die du in der Anpassung an eine Gesellschaft empfinden magst, welche die Werte nicht achtet, die dir am Herzen liegen. Daraus kann sich eine Spaltung zwischen deinem inneren und deinem äußeren Selbst ergeben, da du Bedenken hast, dich nach außen hin zu entwickeln, weil du nicht weißt, wie du zwischen diesen beiden Seiten des Lebens eine Brücke bauen sollst. So gibst du vielleicht großzügig von deinen inneren Reichtümern, lehnst es aber ab, auf materielle Weise zu teilen, weil das für dich keine Bedeutung hat und deine Identifikation mit dem inneren Leben bedroht.

Jupiter im 12. Haus weist darauf hin, daß dich philosophische oder religiöse Überzeugungen, die einen Bezug zu deiner persönlichen Erfahrung haben, stark beeinflussen. Doch heißt das nicht, daß du dich zu organisierten philosophischen und religiösen Systemen bekennst, die dir in der Vergangenheit vielleicht aufgezwungen wurden. Weil dein inneres Leben von der Gesellschaft keine Förderung erfuhr, hast du schon früh gelernt, deine Überzeugungen zu schützen oder ein Geheimnis aus ihnen zu machen. Das gilt auch für dein Erwachen zu spirituellem Bewußtsein oder für höchste Erfahrungen, die dich verwandelt haben.

Deine Verletzbarkeit und Vorsicht im Hinblick auf deine Überzeugungen können sowohl eine Hilfe als auch ein Hindernis für dich sein. Einerseits bewahrst du dir im Inneren einen festen Glauben; andererseits kannst du dadurch, daß du deine Annahmen und Einstellungen nicht an der Wirklichkeit überprüfst, von einem verzerrten Glaubenssystem ausgehen, das ein erfolgreiches Wirken verhindert. Du hältst deine Überzeugungen für Realität und verlierst den objektiven Blick für deine Erfahrungen; vielleicht bist du auch bezüglich deines Standpunktes fixiert und dogmatisch, hältst deine Denkweise für die einzig richtige und klammerst dich stur an deine Einstellungen als ein Mittel, um deine Persönlichkeit zu bewahren.

Das Bewahren eines inneren Heiligtums kann auch zur Folge haben, daß du zwischen euphorischem, aber zumeist unbegründetem Hoffen und einer pessimistischen Einstellung schwankst. Wenn du deine Jupiter-Energie erfährst, hast du vielleicht kein Gefühl für realistische Grenzen; der Überschwang Jupiters erstreckt sich in alle Richtungen und glaubt an unbegrenzte Möglichkeiten. Kommt dann – unvermeidlich – die Ernüchterung, ziehst du dich nach innen zurück und bist davon überzeugt, daß du unfähig bist, das, wonach du strebst, offen kundzutun. Dieses Muster kann auch in der Überzeugung wurzeln, daß die äußere Welt nichts zu deinem Wohlbefinden beitragen kann und daß du in bezug auf dein äußeres Leben keine Glücksgefühle zu erwarten hast.

Deine Neigung, die äußere Welt zu kritisieren und deine Fähigkeit zum Glücklichsein zu unterdrücken, hat ihren Ursprung in den Erfahrungen deiner Kindheit. Begeisterung, Optimismus, Mitteilsamkeit und andere Ausdrucksformen der nach außen gerichteten, überschäumenden Energie Jupiters wurden von deinen Eltern nicht ermutigt. Vielleicht haben diese selbst auf viele Annehmlichkeiten des Lebens verzichten müssen und konnten es nicht ertragen, mit anzusehen, wie ihre Kinder das erreichten, was sie selbst nicht haben konnten. Jupiter läßt darauf schließen, daß das vorgeburtliche Leben eine glückliche Erfahrung für dich war und du begierig darauf warst, geboren zu werden; aber schon bald magst du die Erfahrung gemacht haben, daß die Welt außerhalb des Mutterleibes nicht vertrauenswürdig war. Vielleicht haben deine Eltern dir immer Versprechungen gemacht, die sie nicht einhielten. Als Folge davon hattest du Bedenken, dich in Hoffnungen und Zielen zu verlieren, welche vielleicht niemals erfüllt würden.

Jupiter im 12. Haus kann auch bedeuten, daß du in deiner Familie keine eigenen Überzeugungen und Ziele oder auch nur eigene Gedanken haben durftest. Weil deine Eltern dir ihre Weltanschauung (die du dir einverleibt hast) aufgezwungen haben und dich für eine Erweiterung ihrer selbst hielten, lerntest du vielleicht, deinen eigenen Wahrnehmungen und Meinungen über deine Umwelt zu mißtrauen. Vielleicht hat dich auch ein traumatisches Erlebnis bezüglich der Durchsetzung deiner Überzeugungen während der Schulzeit veranlaßt, dich in dich selbst zurückzuziehen und dir einen persönlichen Zufluchtsort zu schaffen.

Eine andere Erscheinungsform deiner inneren Zurückgezogenzeit kann eine Neigung zum Dramatisieren deiner Gefühle und Einstellungen sein, die du vielleicht schon in jungen Jahren entwickelt hast. Da du deiner subjektiven Meinung Priorität über die objektive Welt einräumst, verlierst du leicht die richtige Perspektive für deine Erfahrungen. Als ob du erwarten würdest, daß die Welt deine Ziele vereitelt, reagierst du heftig auf kleine Enttäuschungen. Du machst aus der Mücke einen Elefanten und tust so, als wäre die ganze Welt gegen dich. Als Folge davon zögerst du vielleicht, äußere Erfahrungen zu benutzen und eine Brücke zwischen deinem inneren und deinem äußeren Leben zu bauen – obwohl du aktiv solche Erfahrungen suchst, die deine innere Entwicklung unterstützen.

Oftmals versagst du dir die Erfüllung, die du selbst schaffen könntest, weil du Angst hast vor deiner Habgier, deiner Maßlosigkeit, deiner Faulheit und deiner Zügellosigkeit, über das Ziel hinauszuschießen, wenn die äußeren Hindernisse beseitigt sind. Glücklich zu sein, in Reichtum oder Überfluß zu leben, dir selber volle Entfaltung und Offenheit zuzugestehen – das sind Bedrohungen für dich, die dem Drehbuch zuwiderlaufen, das du von deinen Eltern übernommen hast. Um deine Persönlichkeit zu entwickeln, hast du Wohlstand und Glück vielleicht grundlegend anders definiert als sie. Doch dabei kannst du deine Fähigkeit, für dich selbst ein erfülltes, glückliches Leben zu schaffen, eingeschränkt haben.

Für gewöhnlich fühlst du dich glücklich, wenn du Zeit für die Erforschung deines Inneren hast. Allein zu sein bedeutet für dich nicht, einsam zu sein; du verbringst viele Stunden mit Lesen, Lernen, Planungen für die Zukunft oder damit, dich in deine Gedanken und Vorstellungen zu versenken. Als Autodidakt verzichtest du vielleicht darauf, die Hochschulreife oder einen akademischen Grad zu erwerben, bis du einen Stundenplan findest, der deinen persönlichen Entwicklungsbedürfnissen entspricht. Auch reist du wahrscheinlich nicht gern, es sei denn, es handelt sich um Orte, welche die Verbundenheit mit deiner Seele vertiefen und vor den Anforderungen des Alltagslebens Schutz bieten. Du brauchst Zeit für dich, um deinen Geist zu regenerieren, dich mit deiner inneren Quelle zu verbinden und die große Menge an Reizen und Anregungen zu assimilieren, die du aufnimmst, aber nicht leicht verarbeitest.

Dein Jupiter läßt auch den Schluß zu, daß deine Fähigkeit, Frieden in dir selbst zu finden, auch andere Menschen beeinflußt. Diese werden oft durch deine Gegenwart inspiriert, bieten dir ihre Unterstützung an und sprechen dir ihr Vertrauen aus. Obwohl du nicht wie ein spendabler, großzügiger Mensch auftrittst, gibst du aus dem tiefsten Inneren deines eigenen Wohlergehens und reagierst besonders auf Menschen in Not. Aus diesem Grund könntest du professionell oder ehrenamtlich im Bereich des Sozialwesens arbeiten, wo deine nachdenkliche Lebensauffassung anderen Menschen bei der Überwindung ihrer Probleme helfen kann. Da du von Natur aus ein Seelenforscher bist und dich mit eigenen psychischen Vorgängen und Verhaltensweisen auseinandersetzt, kannst du andere, die ebenfalls auf ihrer inneren Reise sind, wahrscheinlich sehr gut unterstützen.

Bei dieser Jupiter-Stellung könnte es nützlich für dich sein, die unbewußten Voraussetzungen und Erwartungen aus der Vergangenheit zu überprüfen, die dich einschränken und an der Erfüllung und dem Wohlstand hindern, die du ersehnst. Erlaubst du es dir selbst, glücklich zu sein? Zu haben, was du (insgeheim) möchtest? Zwischen deinem inneren und deinem äußeren Selbst eine Brücke zu schlagen, um deine Fähigkeiten in der Welt einzusetzen und gleichzeitig dich selbst zu bereichern? Kannst du dich weiterentwickeln und dich Zielen widmen, die dein inneres Streben zufriedenstellen und dich befähigen, in der Gesellschaft erfolgreich zu sein? Weiterbildung, erkenntnisorientierte oder rational-emotionale Psychotherapie (welche Überzeugungen und Annahmen überprüft) oder eine spirituelle Therapie (wie zum Beispiel Psychosynthese, welche die innere Weisheit achtet) kann für dich ebenso nützlich sein wie eine Gemeinschaft verwandter Seelen, die ähnlichen Fragen nachgeht und ähnliche Wertvorstellungen hat wie du.

Bekannte Persönlichkeiten mit Jupiter im 12. Haus

Immanuel Kant	*Oskar Lafontaine*	*Ram Dass*
Vincent van Gogh	*Simon Wiesenthal*	*Lord Byron*
Alan Leo	*Hans Christian Andersen*	*Henry Miller*
Johannes Brahms		

Bekannte Persönlichkeiten mit Schütze-Planeten im 12. Haus

Jimi Hendrix	*Caroline Kennedy*	*Thorwald Dethlefsen*
Papst Johannes Paul I.	*Bertolt Brecht*	

Impressionen zu Jupiter (bzw. Schütze) im 12. Haus

verbotene Reise – Philosoph im Hintergrund – Prophet im Exil – Unterwasserforscher – der unerfüllbare Traum – der Erforscher des Inneren – nach innen gerichtetes Teleskop – Astralreise – meditierender Prediger – Bildungs-Kreuzfahrt – Bogenschütze im Nebel – zurückgezogener Professor – Wasserflugzeug – Wasser-Festspiel – heilige Urkunde – Schutzengel – Flut – Navigator

Jupiter (bzw. Schütze) im 12. Haus

Die längste Reise ist die Reise nach innen zum Ursprung des Seins.

Dag Hammarskjöld

Du mußt dir deine eigene Religion machen, denn nur was du dir selber schaffst, wird für dich von Nutzen sein.

Mark Rutherford

Ich werde für meine Seele große Fenster schaffen.

Angela Morgan

Er liebte seine Träume und pflegte sie.

Colette

Ich bin mein eigenes Universum, ich bin mein eigener Lehrer.

Sylvia Ashton-Warner

Dein Schmerz ist das Brechen der Schale, die dein Verständnis einschließt.

Kahlil Gibran

Ein lebendiger, wissender Geist nährte dich einst. Er wird wiederkommen. Sei still. Warte.

Theodore Roethke

In deiner Sehnsucht nach deinem größeren Selbst liegt deine Tugend; und dieses Verlangen ist in allen von euch.

Kahlil Gibran

Hielte ich alle Wahrheiten in meiner Hand, ich würde mich hüten, sie vor den Menschen zu öffnen.

Bernard de Fontenelle

Die Wahrheit ist in uns selbst; sie erfährt keine Steigerung durch äußere Dinge . . . In uns allen gibt es ein innerstes Zentrum, wo die Wahrheit in Fülle fortdauert.

Robert Browning

Saturn (bzw. Steinbock) im 12. Haus

Saturn im 12. Haus zeigt an, daß du dein inneres Leben beherrschst und ordnest, um nicht von chaotischen Gefühlen überwältigt zu werden. Weil du fürchtest, dich deiner inneren Strömung zu überlassen und die Ängst zu erleben, die dich bedrohen, disziplinierst du deine Gefühle, indem du sie aus dem Bewußtsein verdrängst und dich in durchgeplanten Aufgaben und Aktivitäten engagierst. Obwohl dir deine Selbstbeherrschung hilft, dein Leben zu führen und mit Krisen fertig zu werden, beschränkt sie dich auch. Weil du die Verbindung zu den tieferen Schichten deiner Psyche verloren hast, blockierst du dir den Zugang zu den Gefühlen, Bildern, Träumen und Phantasien, die dich stärken könnten. In dem Ausmaß, wie du in dir selbst ein zugefrorenes Meer oder eine innere Starrheit erfährst, die dich an einer Entspannung hindert, kannst du auch unfähig sein, von anderen etwas zu erhalten und mit den Menschen um dich herum in wirklichen Kontakt zu kommen.

Du füchtest dich vor deinem Innenleben – was verständlich ist, da du tiefsitzende Ängste in dir birgst und gegen Mutlosigkeit und Verzweiflung ankämpfst. Du fürchtest Isolation, Erstikkung, Verführung, das Altern, Zurückweisung und verlassen zu werden. Du fürchtest loszulassen und das Eis in dir zu schmelzen, welches dir ein Gefühl innerer Ordnung gibt und dazu beiträgt, daß du erfolgreich arbeitest. Aus Mangel an Vertrauen in dich selbst und die Welt hältst du dich an dich selbst und die sicheren Grundlagen, die du entwickelt hast – obwohl du nach außen hin anpassungsfähig und flexibel erscheinen magst. Vordergründig zeigst du ein hohes Maß an Unabhängigkeit und innerer Stärke; doch ist solche Stärke zerbrechlich, denn du verdankst sie der Verleugnung deiner Verletzlichkeit und deiner Bedürfnisse statt deren Integration und Erfüllung.

Um mit den Entbehrungen deiner frühen Jahre fertig zu werden, hast du ein starkes Verteidigungssystem entwickelt, womit du bedrohliche Gefühle und Bedürfnisse davon abhältst, dein Gleichgewicht zu stören. Doch weil du dich oftmals abgelehnt und unzulänglich fühltest, ist deine Selbstachtung zerbrechlich; sie wird leicht von Selbstzweifeln, Minderwertigkeits- und Schuldgefühlen untergraben. Hart gegen dich selbst und unfähig, deine Beschränkungen zu akzeptieren, hast du Schwierigkeiten, Fehlschläge zu tolerieren und deinen Wert als Individuum zu bejahen, wenn du die selbst auferlegten Maßstäbe nicht erreichst.

Das Alleinsein kann dir schwerfallen, weil du ohne die Stimulierung zwischenmenschlicher Kontakte auf deine Ängste und Negativität stößt. Du bekämpfst vielleicht deine Neigung, dich in dein Inneres zu versenken, was zwar nötig erscheint, dich aber auch von äußeren Anregungen abschneidet, die dich erhalten und wieder stärken. Hast du jedoch einmal deinen Widerstand gegen das Alleinsein überwunden, dann genießt du deine eigene Gesellschaft, insbesondere, wenn du auf ein persönliches Projekt oder eine Arbeit konzentriert bist, die dich interessiert. Saturn im 12. Haus gibt dir die Fähigkeit, allein zu arbeiten und die Aufgaben zu bewältigen, für die du dich verpflichtet hast. Ein psychologischer Effekt dieser Saturn-Stellung ist das Schwanken zwischen »Alles oder Nichts« – das heißt, zwischen unbegründeten Erwartungen und einer pessimistischen Sicht der Realität.

Wenn Saturn dich beherrscht, wagst du weder zu träumen oder auf Erfüllung zu hoffen, noch glaubst du an deine Fähigkeit, in der äußeren Welt Erfolg zu haben. Deine Sicht der Dinge ist negativ und ruft depressive Gefühle hervor, die du vermeiden möchtest. Das Ergebnis ist, daß du möglicherweise alle Stimmen Saturns zum Schweigen bringst: nicht nur die Angst, den Pessimismus und die Selbstzweifel, sondern auch das weise, vorsichtige Realitätsprinzip, das dir helfen kann, deine inneren und äußeren Begrenzungen zu sehen und zu akzeptieren. Wenn du es wagst zu träumen, dann tust du es ohne die Erdung Saturns; wenn deine Träume sich nicht erfüllen, hast du Bedenken, wieder zu träumen oder etwas zu wünschen, statt zu lernen, wie man solche Träume schafft und weiterführt, die konkretisiert werden können. Für dich ist es schwierig, der Realität gegenüberzutreten, weil deine Linse für die Wirklichkeit getrübt ist von Ängsten und Hoffnungslosigkeit, die dich bedrohen, statt dir bei der konkreten Verwirklichung deiner Ziele zu helfen.

Du hast vielleicht eine Schwäche für die berauschenden, grenzenlosen Zustände eines Lebens ohne Saturn und liebst das Gefühl unbegrenzter Möglichkeiten und Fähigkeiten, das du erlebst, wenn du die Ängste und Zweifel Saturns völlig abblockst. Eine solche Neigung kann deine Fähigkeit stören, dich lohnenden Lebenszielen zu verpflichten, denn dazu ist es nötig, in gewissem Ausmaß Möglichkeiten aufzugeben, um dich auf einen bestimmten Leistungsbereich zu konzentrieren. Weil du zögerst, das Ideal der unbegrenzten Möglichkeiten aufzugeben, (aus Angst davor, in eine Falle zu gehen oder einen Fehlschlag zu erleiden), und weil du auch den Erfolg fürchtest (welcher das Drehbuch deines Lebens bedroht, das du von deiner Familie übernommen hast), ziehst du es möglicherweise vor, im Augenblick zu leben, statt dich langfristigen Zielen oder Beziehungen zu widmen.

Intimität ist bedrohlich; du hast Angst davor, erkannt und dann verurteilt oder verlassen zu werden, wie es in der Vergangenheit geschah. Deshalb brauchst du lange, bis du jemandem vertraust, und hältst in einer Beziehung deine wahren Gefühle zurück, um dich zu schützen und die Kontrolle zu behalten. Empfindlich gegen Ablehnung und Herabsetzung, schützt du dich gegen solche Erfahrungen. Vielleicht hast du das Gefühl, du seist es nicht wert, geliebt zu werden, und wählst unbewußt Partner, die dich so schlecht behandeln, wie du selbst es tust, statt dich zu bestätigen und mitfühlend deine Schwächen und Verletzlichkeiten zu akzeptieren.

Ein Vorteil von Saturn im 12. Haus ist, daß du wahrscheinlich ein angenehmer, aufmunternder Gesellschafter bist, da du deine Negativität vor anderen verbirgst und jene heitere, lebensbejahende Seite zeigst, die sich ohne den Druck Saturns entwickelt. Weil du deine bedrückende, einschränkende Energie eher gegen dich selbst als gegen andere richtest, gehst du vielleicht gerne aus, bist gesellig und akzeptierst die Beschränkungen anderer, was jedoch für deine eigenen nicht gilt. Die Menschen fühlen sich von deinem festen Charakter und der aufrichtigen Unterstützung ihrer Bestrebungen angezogen; doch in dem Maße, wie du deine unangenehmen Gefühle einmauerst, um andere zu ermutigen und aufzumuntern, kannst du von einem Gefühl innerer Leere oder Einsamkeit heimgesucht werden, das jenes Selbst erlebt, welches du aus deinem Bewußtsein verbannt hast.

In deiner Familie erhieltest du höchstwahrscheinlich dann Unterstützung, wenn du ein fröhliches Gesicht zur Schau trugst und begeistert nach dem Leben gegriffen hast, und nicht, wenn du über deinen Enttäuschungen gebrütet oder deine Eltern mit Ängsten und innerer Verwirrung belastet hast, die sie nicht hören konnten oder wollten. Unfähig, mit ihrem eigenen Leben zurechtzukommen, verstanden sie es vielleicht nicht, deine Ängste zu beschwichtigen oder im Hinblick auf ein erfolgreiches Wirken in der Welt eine ausgewogene und realistische Haltung einzunehmen. Du hast die Verzweiflung und das Gefühl zu versagen von ihnen übernommen und dadurch ihre Gefühle verinnerlicht und als deine eigenen erfahren. Weil sie sich selber Beschränkungen auferlegten und desillusioniert von ihren Zielen Abstand nahmen, hast auch du gelernt, deine Bedürfnisse und Wünsche zu verleugnen. Da langfristige Ziele und das Übernehmen von Verpflichtungen sich als unbefriedigend herausstellten, hattest du Bedenken, dir Ziele zu setzen und dich auf Werte festzulegen, die dir wichtig waren.

Saturn im 12. Haus läßt den Schluß zu, daß insbesondere dein Vater dich abgelehnt und eingeschränkt hat und möglicherweise weder emotional noch physisch verfügbar war. Es fehlte dir an Schutz und Sicherheit, die eine gesunde, gefestigte Vaterfigur vermitteln könnte, und du vermißtest auch ein Rollenvorbild für die Entwicklung deiner Kompetenz und Fähigkeit für ein erfolgreiches Weiterkommen im Berufsleben.

Weil sich die im 12. Haus unterdrückten Emotionen der Vergangenheit störend auf die Bewußtwerdung einer planetarischen Energie auswirken, hast du vielleicht eine verzerrte Vorstellung von deinem Vater, die mehr auf Phantasie als auf Realität gründet. Wahrscheinlich ging dein leiblicher Vater niemals auf deine Bedürfnisse ein, und dein Vaterbild, das du persönlich erfahren hast, steht im Widerspruch zu dem in deinem Inneren verborgenen archetypischen Vater. In dem Maße, wie du deinen Vater ablehntest, wirst du wahrscheinlich auch die traditionelle Religion mit ihrem patriarchalischen Vatergott zurückweisen; vielleicht suchst du die Gestalt eines spirituellen Vaters, der auf menschliche Schwächen eingeht und uns Schutz gewährt.

Weil dein eigener Vater in bezug auf Arbeit ein schlechtes Vorbild war und du wahrscheinlich im Hinblick auf schulische Leistungen traumatische Erfahrungen machtest, kämpfst du gegen ein Gefühl der Unzulänglichkeit hinsichtlich deiner beruflichen Fähigkeiten. Aus Konkurrenzangst, aus Unbehagen Autoritäten gegenüber und aus dem Gefühl eines doppelten Zwanges heraus (der Angst zu versagen und dem Familieneinfluß mit seiner erfolgsfeindlichen Konditionierung) fällt es dir schwer, eine Arbeitssituation zu schaffen, die dir Erfüllung bringt. Weil du deine Fähigkeiten abwertest, übernimmst du eventuell eine Arbeit, die dich unterfordert und dein berufliches Weiterkommen verhindert.

Deine persönliche Macht im Arbeitsbereich zu erfahren und zum Ausdruck zu bringen fällt die schwer. Dies gilt nicht nur, weil es dir angenehmer ist, dich nicht zu sehr zu profilieren, sondern auch, weil für dich Macht und Erfolg mit Ausbeutung, Korruption oder anderen negativen Erscheinungen zusammenhängen. Obwohl du dein inneres Leben erfolgreich beherrschst, bereiten dir die Organisation und Kontrolle deiner Arbeitsaufgaben vielleicht Schwierigkeiten. Dies gilt insbesondere dann, wenn du eine leitende, verantwortungsvolle Position innehast.

Berufliche Verantwortung zu übernehmen kann ebenfalls schwierig für dich sein, weil du (oftmals unbewußt) eine persönliche Verantwortlichkeit sowohl für dir nahestehende Menschen als auch für die Bedürfnisse der Menschheit insgesamt empfindest. Wenn du Zeuge von Leid und Entbehrung bist, fühlst du dich aufgerufen, etwas dagegen zu tun; du kannst sogar das Gefühl haben, es sei deine Mission, durch Arbeit deine humanitären Wertvorstellungen auszudrücken. Aus diesem Grund fühlst du dich möglicherweise zum Bereich der Sozialarbeit hingezogen oder zu einer Arbeit hinter den Kulissen, wo du, indem du deine Fähigkeit zur selbständigen Arbeit erlebst, für die Bedürfnisse der Menschen wirken kannst.

Um mit Saturn im 12. Haus fertig zu werden, mußt du vielleicht den ungelösten Schmerz früherer Verluste verarbeiten, welche dich emotional einfrieren ließen und davon abhielten, mit dem reichen Potential deines inneren Lebens in Berührung zu kommen. Solche Verluste können Todesfälle oder Trennungen sein oder vielleicht auch emotionale Defizite – Trauer um den Vater, den du niemals hattest, oder die ungelebten Seiten in dir, welche seit deiner Kindheit unterdrückt wurden. Aufgrund deines Bedürfnisses nach Kontrolle bedeutet es eine identitätsbedrohende Erfahrung der Auflösung für dich, wenn du dich deinen Tränen hingibst. Dennoch kannst du ein begründetes und stärkeres Gefühl innerer Sicherheit gewinnen, wenn du deine Verletzlichkeit zeigst und lernst, die Ängste deines inneren Kindes zu beschwichtigen.

Wie *Strephon Kaplan Williams* es ausdrückt: »Du kannst Angst nicht dadurch überwinden, daß du nur Liebe lebst. Du wirst mit der Angst fertig, indem du sie akzeptierst und durchlebst.«[5] Vielleicht fürchtest du die Konfrontation mit deinen Ängsten, weil du so oft in ihnen versinkst, gelähmt von den Stimmen deiner negativen Programmierung, zu keiner Handlung oder Bewegung fähig und mit der Neigung, in den Schlaf zu flüchten. Für dich ist es besonders wichtig, daß du lernst, deine Furcht zu tolerieren und durch diese Erfahrung hindurchzugehen. Ebenso wichtig ist es für dich, mit Ängsten wie der Einsamkeit oder dem Verlassenwerden umgehen zu können.

Statt zwischen einem optimistischen, unrealistischen, nach außen gerichteten Selbst und einem geheimen, angsterfüllten und sich selbst verurteilenden Selbst hin und her zu pendeln, solltest du eine Einstellung entwickeln, die das verletzte Kind in dir und die dunklen Bereiche deiner Seele, die dich ängstigen und doch tiefe Quellen der Stärkung sind, akzeptiert. Du mußt auch im Arbeitsleben Herausforderungen annehmen und dich selbst – auch wenn das Resultat hinter den Erwartungen zurückbleibt – bejahen; einfach deshalb, weil du mutig genug warst, etwas zu riskieren, deine Angst zu durchdringen und Konditionierungen zu überwinden.

Besonders nützlich kann für dich eine Psychotherapie sein, die dir hilft, Ängste, Schuldgefühle und Selbstverurteilung zu erfahren und auszudrücken, worauf du neue Einstellungen entwickeln kannst. Insbesondere therapeutische Ansätze, die negativen Konditionierungen und inneren Zwängen entgegenwirken, sind vorteilhaft für dich; Berufsberatung und arbeitsbezogene Seminare können dir helfen, berufliche Fähigkeiten und Kompetenzen zu erweitern.

Du kannst dich mit deinem Saturn im 12. Haus aussöhnen, wenn du den Wert des sich Verpflichtens für eine Aufgabe, einen Beruf, Beziehungen und langfristige Ziele erkennst. Du mußt wissen, daß du dich nicht nur von überkommenen Sicherheiten, sondern auch von ungelebten Möglichkeiten abwenden kannst. Du mußt entdecken, daß du durch eine Beschränkung deiner Wahlmöglichkeiten, durch getroffene Entscheidungen und durch Verpflichtungen, denen du über Jahre hinweg nachkommst, Erfüllung und ein wachsendes Gefühl des Vertrauens in deine Fähigkeiten erleben kannst.

Bekannte Persönlichkeiten mit Saturn im 12. Haus

Robert de Niro
Franz Schubert
Leonard Bernstein
Arlo Guthrie
Elton John
Indira Gandhi
Annie Besant
Wyatt Earp
Robert Redford
Wernher von Braun
Bertolt Brecht
Konrad Adenauer
Leonid Breschnew

Fidel Castro	*Otto Graf Lambsdorf*	*Lech Walesa*
Hans Martin Schleyer	*Theodor Heuss*	*Reinhold Messner*
	Helmut Schmidt	*Joachim Ringelnatz*

Impressionen zu Saturn (bzw. Steinbock) im 12. Haus

Unterwasser-Bunker – Sündenbock – einsame Orte der Seele – Klostermauern – heiliger Baum – versiegelte Tür – Unterwasser-Architekt – Innen-Konstruktion – Rückgrat eines Fisches – Fundamente aus Sand – Klippe über dem Meer – Unterwasser-Felsen – Korallenriff – Bootsanker – Politiker im Exil – verlassene Insel – klösterliche Einstellung – Gefängnismauer – zugefrorene Leitung

Saturn (bzw. Steinbock) im 12. Haus

Wenn einer keinen guten Vater hat, muß er sich einen erschaffen.

Friedrich Nietzsche

Das einzige, was wir fürchten müssen, ist die Furcht selbst.

F. D. Roosevelt

So weit, wie deine Selbstkontrolle geht, reicht auch deine Freiheit.

Marie von Ebner-Eschenbach

Sie können mich nicht erschrecken mit ihrem leeren Raum zwischen den Sternen. Ich habe es in mir, so nahe, mich mit meinen eigenen verlassenen Orten zu erschrecken.

Robert Frost

Wahrer Erfolg überwindet die Angst, erfolgreich zu sein.

Paul Sweeney

Und ihr Herz ist einsam . . . und wie ein Geist aus vergangener Zeit gleitet sie alleine dahin – mit ihrem einsamen Herzen.

Hartley Coleridge

In jedem Clown steckt ein Trauerkloß, der sich nur im Verborgenen zeigt.

anonym

Ein Fremder bin ich und habe Angst in einer Welt, die nicht die meine ist.

A. E. Housman

Was wir im Inneren erreichen, wird die äußere Wirklichkeit verändern.

Otto Rank

Wenn es möglich wäre, würde ich nur in Stille und Verborgenheit arbeiten und meine Bemühungen durch das Ergebnis sprechen lassen.

Emily Brontë

Angst ist eine atmosphärische Störung, die mich davon abhält, meine Intuition wahrzunehmen.

Hugh Prather

Werden nicht vom Gesetz genügend Dinge verboten? Mußt du dir selber noch andere verbieten?

Talmud

Ein Wintertag im dunklen Dezember – ich bin allein und schaue durchs Fenster auf die Straße unter mir, auf eine frisch gefallene, schweigende Hülle aus Schnee. Ich bin ein Fels, ich bin eine Insel.

Simon and Garfunkel

Uranus (bzw. Wassermann) im 12. Haus

Uranus im 12. Haus weist darauf hin, daß du im Inneren sehr individualistisch bist, obwohl du äußerlich einen eher konventionellen Eindruck machst. Aus Angst, deine persönlichen Eigenarten zu enthüllen und als andersartig, abnormal oder verrückt zu gelten, verbirgst du deine nonkonformistischen Neigungen. Deine Verletzlichkeit in bezug auf dein öffentliches Auftreten kann damit zusammenhängen, daß in deiner Familie Zwänge herrschten und keinerlei Verständnis für Ungezwungenheit und radikale Ideen vorhanden war. Als Folge davon fürchtest du, daß deine von der Norm abweichenden Interessen und Verhaltensweisen dich nicht nur ängstlich machen und der Zurückweisung aussetzen, sondern auch von anderen vollständig abgelehnt werden. Insgeheim aber, in deiner Phantasie, stellst du dir vor, deine Individualität durch unkonventionelles oder Anstoß erregendes Verhalten zur Geltung zu bringen.

Hinter den Kulissen bekundest du Interesse an Astrologie, übersinnlichen Phänomenen, radikalen philosophischen Theorien und anderen intuitiven oder progressiven Wissensgebieten. Geistig aktiv, gehst du einer Vielzahl ungewöhnlicher Beschäftigungen nach, die dich anregen und deine Auffassung vom Leben erweitern. Deine Interessen können sich sehr schnell verändern, und du hast vielleicht Schwierigkeiten, dich längere Zeit hindurch auf eine Tätigkeit zu konzentrieren; jede neue Beschäftigung nimmt dich wieder gefangen. Trotz oder eigentlich *wegen* deiner äußerlichen Anpassung genießt du die Erregung, an einmaligen oder avantgardistischen Interessen teilzuhaben, insbesondere wenn sie den Intellekt ansprechen, wodurch du das versteckte Kräftespiel der Seele oder der Wirklichkeit zu entdecken vermagst.

Eine unangenehme Eigenschaft von Uranus im 12. Haus ist, daß du ständig in einem Zustand innerer Aufregung bist. Deine rastlose, nervöse Energie stört deinen Schlaf; du hast vielleicht bizarre, zusammenhanglose Träume, aus denen du plötzlich erwachst, manchmal infolge elektrischer Ladungen, die durch deinen Körper rasen. Im Alltag bist du versucht, dich heimlich auf ungesetzliches Verhalten einzulassen, deinen Eigenwillen auf unerwartete Weise auszudrücken und dich gegen Regeln und Vorschriften aufzulehnen, was insbesondere für jene gilt, die du für dich selbst aufgestellt hast; du kannst auch den Drang zu plötzlichen Veränderungen haben, die nicht immer zu deinem Vorteil sind. Weil deine innere Welt oftmals chaotisch und unberechenbar ist, kannst du dich zu Zeiten wie eine gespaltene Persönlichkeit fühlen oder fürchten, daß deine intensiven, ungeordneten emotionalen Zustände Anzeichen für beginnenden Wahnsinn sind. Deine plötzlichen dramatischen Bewußtseinsschwankungen und Wechsel im Verhalten verwirren dich oft; allerdings begründen sie auch deine psychische Flexibilität und deine Fähigkeit, mit den Widersprüchen und Ungereimtheiten des Lebens fertig zu werden.

Auch vermag dein hochbelastetes Nervensystem aufgrund der wechselnden Geistesverfassungen, die du erlebst, zu deinen durchdringenden, intuitiven und psychischen Fähigkeiten beizutragen. Plötzliche, blitzartige Einsichten, geniale Augenblicke, Erfahrungen der Transformation, ein flüchtiger Eindruck von Ideen und Möglichkeiten, die selbst für New-Age-Maßstäbe fortschrittlich sind, erlebst du häufig. Diese innere Energie, die so zersetzend sein kann, erweckt dich auch zu neuen und bedeutsamen Seinsweisen; sie ermöglicht es dir, dich von Einflüssen der Vergangenheit freizumachen und nährt deine Hingabe an den Prozeß der inneren Bewußtwerdung. Diese Stellung von Uranus eignet sich ausgezeichnet, um sich auf die Suche nach den metaphysischen Wahrheiten zu begeben oder zu lernen, die Führung durch das Höhere Selbst wahrzunehmen und ihr zu folgen.

Dein wassermanngeprägtes Innenleben fühlt sich von der New-Age-Bewegung wie überhaupt von humanitären Weltanschauungen und Lebensweisen angezogen. Doch weil sich dein Uranus im 12. Haus befindet, zögerst du vielleicht, dich sozialen oder politischen Bewegungen anzuschließen oder dich für eine Sache einzusetzen, an die du glaubst. Du fühlst dich nicht den allgemeinen gesellschaftlichen Tendenzen, sondern den sozial Unangepaßten nahe; du bevorzugst es, deinem eigenen Weg zu folgen, statt in Gruppen- und Gemeinschaftsaktivitäten verwickelt zu werden. Obwohl du fähig bist, in der Gesellschaft die erforderlichen Rollen zu spielen, engagierst du dich nicht entsprechend; du ziehst es vor, dein Privatleben und die Freundschaft mit Gleichgesinnten zu pflegen, bei denen du deine Persönlichkeit ausdrücken kannst.

In dieser Stellung läßt Uranus darauf schließen, daß deine Freundschaften für dich beträchtliche Bedeutung haben. Deine differenzierte Intuition hilft dir, deine Freunde zu verstehen und einen Bezug zu ihren Lebensproblemen zu finden. Deine Freunde wiederum bieten dir auf vielleicht nicht offenkundige Weise ihre Unterstützung an, besonders in Zeiten großer Anspannung. Je offener du gegenüber deiner inneren Welt bist, desto größer ist die Wahrscheinlichkeit, daß du von Freundschaften profitierst, denn du suchst keine Beziehung, die auf oberflächlichen Dingen oder Äußerlichkeiten beruhen. Wenn du jedoch deine psychische Unbeständigkeit fürchtest und Bedenken hast, dein Innerstes mit einem anderen Menschen zu teilen, kannst du die »Einsamer-Wolf«-Prägung des Uranus annehmen und es überhaupt vermeiden, Freundschaften zu schließen.

Weil du deine Autonomie schützen mußt, hältst du vielleicht in deinen Beziehungen eine innere Distanz aufrecht. Obwohl du an anderen Anteil nimmst und dich ihnen widmest, fürchtest du gefühlsmäßige Nähe und Einmischung in deine sorgsam gehütete Unabhängigkeit. Einerseits forderst du zu Vertrautheit auf, andererseits aber läßt du die anderen auf subtile Weise wissen: »Kommt mir nicht zu nahe. Dringt nicht in meinen freien Raum ein.« Dein unstetes Temperament kann größere Vertrautheit mit anderen verhindern.

Was deine Beziehungen angeht, so fühlst du dich zu individualistischen oder exzentrischen Menschen hingezogen, die sich hinsichtlich ihres Verhaltens weniger Hemmnisse auferlegen als du. In deren Gesellschaft fühlst du die Freiheit, du selbst oder auch »verrückt« zu sein. Du genießt es heimlich, andere zu schockieren. Aufgrund der launenhaften, unberechenbaren, merkwürdigen und befremdlichen Ausbrüche, die du manchmal hast, wissen die anderen um dein »geheimes« Selbst, und sie akzeptieren dich, während sie sich gleichzeitig in acht nehmen vor dir. Schließlich bist nicht einmal du selber dir sicher, wer du sein wirst, wenn du morgens aufwachst.

Deine Versöhnung mit Uranus im 12. Haus erfordert, daß du dich zu deiner Persönlichkeit bekennst und sie völlig annimmst. Außerdem mußt du für deine einzigartigen Talente ein konstruktives Betätigungsfeld finden, damit du nicht dein Leben durch den Ausdruck uranischer Energie übermäßig zerrüttest. Du mußt Strukturen und Beziehungen schaffen, die es dir gestatten, regelmäßig aus der Konvention auszubrechen und verrückte oder schockierende Handlungen zu riskieren. Nur wenn du deine Einzigartigkeit als menschliches Wesen akzeptierst und schätzt, kannst du dich auf das hohe Maß an Originalität und Inspiration einstimmen, das gleich unter der Oberfläche deines Bewußtseins liegt.

Vielleicht entdeckst du auch, daß die Hingabe an ein Studium der Metaphysik oder an eine humanitäre Sache für dich Gelegenheit bietet, deine geistige Beweglichkeit und deine fortschrittlichen Ideen und Einstellungen zu demonstrieren. Deine ruhelose geistige Energie braucht einen Brennpunkt oder ein Betätigungsfeld in der Welt, wo du deinen Beitrag für die Menschheit leisten und deine Verbundenheit mit ihr erfahren kannst.

Aufgrund deines hohen Grades nervöser Spannung mußt du

mit deiner Erregung umzugehen lernen; du mußt dich auf körperliche Aktivitäten einlassen, durch die du überschüssige Energie abbaust, und du mußt regelmäßig zu innerer Stille finden, etwa durch Meditation, die deinen lebhaften Geist zur Ruhe kommen läßt.

Bekannte Persönlichkeiten mit Uranus im 12. Haus

Peter Fonda
John Travolta
Rainer Maria Rilke
Norman Mailer
George Gershwin
Richard Strauss
Theodore Roosevelt
Edgar Cayce
Helmut Kohl
Robert Kennedy
Lech Walesa
John D. Rockefeller
Sri Aurobindo
George Bernard Shaw
Harry S. Truman
Elvis Presley
Romy Schneider
Franz Beckenbauer
Charlie Chaplin
Charles Manson

Bekannte Persönlichkeiten mit Wassermann-Planeten im 12. Haus

Janis Joplin
Immanuel Kant
Gertrude Stein
Ramakrishna
Konrad Adenauer
Pier Paolo Pasolini

Impressionen zu Uranus (bzw. Wassermann) im 12. Haus

eine heimliche Verrücktheit – Blitz über dem Wasser – Akupunktur der Seele – unterirdische Elektrizität – innere Elektrizität – gegen den Strom schwimmen – Zuflucht eines Wahnsinnigen – unterirdisches Beben – unerkanntes Genie – hydroelektrische Kraft – innere Revolution – innerer Wirbelsturm – rebellischer

Mönch – mutierender Fisch – Zauberer in Gefangenschaft – Agitator im Untergrund – heimlicher Rebell

Uranus (bzw. Wassermann) im 12. Haus

Ein verstecktes Selbst rebelliert, wird sein Schlaf unterbrochen.

Walter de la Mare

Wir müssen uns immer verändern, erneuern, verjüngen, sonst verhärten wir.

Goethe

Ich weiß, daß ich selbst mein bester Freund bin.

Ogden Nash

»Wer bist denn du?« fragte die Raupe. Alice antwortete, ziemlich schüchtern: »Ich – ich weiß es selbst kaum, nach alledem – das heißt, wer ich war, heute früh beim Aufstehen, das weiß ich schon, aber ich muß seither wohl mehrere Male vertauscht worden sein.«

Lewis Carroll

Sie versuchte, achtbar zu sein, weil Achtbarkeit das Chaos von ihr fernhielt, das sie manchmal überwältigte und sie veranlaßte, im Schlaf aufzuschreien, in schrillen, wilden Tönen.

Anne Richardson Roiphe

Umwälzungen beginnen mit dem Selbst und im Selbst.

Toni Cade

Wenn ich verrückt bin, dann erscheint ihr alle völlig normal; doch wenn ich normal bin, erscheint ihr alle völlig verrückt.

Ogden Nash

Meine Persönlichkeit ist nicht gespalten, sie ist zerfetzt.

Jack Paar

Und der, der sich nach der Wahrheit sehnt, wird noch tiefer nach innen gehen.

Lewis Carroll

Neptun (bzw. Fische) im 12. Haus

Neptun in deinem 12. Haus zeigt an, daß du über eine angeborene Sensitivität verfügst, die dein Verhalten gegenüber Menschen in Not beeinflußt. Von tiefem Mitleid erfüllt, achtest du die Verletzbarkeit anderer Menschen, die du versuchst zu stärken und zu schützen. Doch weil der Neptun im 12. Haus verschüttet ist, bist du fähig, deine Sensitivität aus deinem persönlichen Leben herauszuhalten und dich vor übertriebenem emotionalem Engagement zu bewahren. Dein Neptun ist »trügerisch«, denn obwohl deine Anteilnahme und deine Fürsorge echt sind, verbindest du sie nicht gerne mit dir bekannten Personen; du fühlst dich am wohlsten, wenn du auf die Bedürfnisse von Menschen eingehen kannst, mit denen du keine persönliche Verbindung hast.

Weil du deine eigene Verletzbarkeit so sehr schützt, hast du vielleicht Bedenken, deine Mauern niederzureißen und dich den Gefühlen von Liebe und dem Gebraucht-Werden hinzugeben, die in engen Beziehungen entstehen. Vielleicht fühlst du in deiner Familie nicht die Sicherheit, deine Gefühle auszudrükken, und hast deshalb gelernt, dein wahres Selbst hinter einem starken Verteidigungswall zu verbarrikadieren, um von der Außenwelt nicht ungebührlich verletzt und zugrunde gerichtet zu werden. Daraus folgt die Schwierigkeit, daß du oft die Verbindung zu deinem Herzen oder deinem Geist verlierst, obwohl du anderen gegenüber aufgeschlossen bist. Deine Quelle erscheint dir oft versiegt; obwohl du vielleicht anderen gibst, bleibst du selbst unerfüllt und voller Sehnsucht, unfähig, dich den weichen, warmen, besänftigenden Neptun-Energien in dir hinzugeben.

Wenn du allein bist, überwältigen dich oftmals die Energien, die du von anderen aufgenommen hast, und du fühlst dich vielleicht orientierungslos und innerlich zerrüttet. Du brauchst Zeit für dich, um deine innere Verwirrung zu lösen und dich auf Dimensionen des Bewußtseins einzustimmen, die dir Klarheit und inneren Frieden bringen. Duschen, baden oder der Aufenthalt am Wasser sowie Musik hören oder sich kreativ ausdrücken – all das hilft dir, den Kontakt mit dir selbst wiederzugewinnen. Oftmals flüchtest du dich in Phantasien und Tagträume, die dich trösten; du kannst auch in Versuchung kommen, mit Hilfe von Drogen oder Alkohol den Anforderungen des Alltagslebens zu entfliehen. Oft ist Neptun für dich eine »Alles-oder-Nichts«-Erfahrung: Entweder verlierst du dich im inneren Raum und berauschst dich an Höhenflügen, oder du fühlst dich öde und leer, umgeben von vagen Sehnsüchten nach einer Erfüllung, die völlig unerreichbar erscheint.

Neptun im 12. Haus weist auf die Möglichkeit hin, deine Phantasie in befriedigende kreative Beschäftigungen einfließen zu lassen. Doch weil dein kreatives Selbst niemals viel Ermutigung erhielt und du dich vor deinem inneren Chaos fürchtest, unterläßt du es möglicherweise, deine kreativen Fähigkeiten zu entwickeln. Als Musiker und Poet, der nur für sich arbeitet, kannst du in deinem persönlichen Ausdruck unsicher und verletzlich sein und Bedenken haben, deine Arbeit mit anderen zu teilen. Weil deine neptunische Sensitivität so tief verschüttet ist, bedarf es vielleicht langer Zeiträume des Alleinseins oder der Zurückgezogenheit von einem ausgefüllten Stundenplan, um die Stimme deiner Muse zu hören und deine kreativen Impulse auszudrücken.

Tief innerlich sehnt sich Neptun nach der Überwindung des

Bewußtseins, nach Vereinigung und Transzendenz. Du schläfst so tief, daß du dich an deine Träume nicht mehr erinnerst. Tagsüber widerstehst du möglicherweise dem Drang, »abzuheben« oder einen Mutterschoß zu finden, in den du zurückkehren kannst; aber die namenlose Sehnsucht in dir zieht dich vielleicht auf einen spirituellen Pfad, durch den du mit deiner verlorenen Seele in Einklang kommen kannst. Du bist insgeheim ein Mystiker; du hast Verlangen nach dem Erhabenen und fürchtest es zugleich; du möchtest über dein kleines Selbst hinausgehen und die Grenzenlosigkeit unendlicher Liebe erleben. Doch hast du panische Angst davor, daß Identitätsgefühl und deine Erdung zu verlieren. Spirituelle Schulung und Meditation können dir helfen, dein inneres Streben zu erfüllen und mit den göttlichen Energien in Verbindung zu kommen, die du suchst und brauchst. Auch Visualisationsübungen können sich vorteilhaft auswirken, weil du eine fast schon unheimliche Macht hast, deine Phantasien zur Beeinflussung der Wirklichkeit anzuwenden.

Die vage und oft verschlüsselte Neptun-Energie im 12. Haus birgt die Gefahr, daß du nicht aufrichtig dir selbst gegenüber bist, was sich auch auf den Kontakt zu anderen auswirken kann. Du möchtest nicht ausweichen oder andere irreführen, aber deine eigenen Verwirrungen und Illusionen beeinflussen dein Verhalten. Um deine Verletzlichkeit und deine Bedürfnisse nicht zu zeigen, zögerst du manchmal, offen zu handeln; nicht, um andere zu schützen, sondern weil du ihre Reaktionen fürchtest.

Du schämst dich deiner Schwäche, deiner Unfähigkeit, deiner Sensitivität, deines Bedürfnisses nach Trost und deines Verlangens nach Befreiung; infolgedessen blockst du diese Gefühle ab. Doch weil du in dir ein kleines, verletzliches Kind trägst, das dich ständig beeinflußt, handelst du auf eine Weise, die deine Erfahrung des Kleinseins noch verstärkt. Außen rauh, doch innen weich, übernimmst du allzuleicht die Rolle des Opfers und läßt dich ausnutzen.

Ein Vorteil deines inneren Gefühls des Kleinseins ist, daß es deine Identifikation mit den Unterprivilegierten und deine Neigung zur Sozialarbeit verstärkt. Durch den Dienst an anderen drückst du dein Mitgefühl aus und reagierst auf die Anfälligkeit anderer, statt deine eigene Verwundbarkeit zu zeigen. So kannst du deine Ideale erfüllen, die sich auf den Dienst an der Menschheit beziehen.

Obwohl du dich vielleicht nicht bewußt auf deine Ideale konzentrierst, beeinflussen diese dich unterschwellig. Im Gegensatz zu deinem bescheidenen kleinen Selbst erzeugt Neptun für dich – oftmals unbewußt – ein ziemlich hochtrabendes Verhalten. Vielleicht siehst du dich in Tagträumen als großer Heiler, Entdecker oder spiritueller Lehrer, und vielleicht siehst du davon ab, dein Potential zu entwickeln, um deine Fähigkeiten nicht überprüfen und die Phantasievorstellung, die dich aufrechterhält, nicht auf die Probe stellen zu müssen. Einerseits motivieren dich deine hohen Ideale zu uneigennützigem Verhalten und selbstloser Hingabe; andererseits tragen sie oft dazu bei, daß du dir über deine eigenen Fähigkeiten – auf Kosten der Entfaltung deiner Kräfte in der Welt – nicht im klaren bist. Sowohl in Beziehungen als auch bei der Arbeit wirst du von unbewußten Anregungen beeinflußt.

Irgendwann in der Vergangenheit (in der frühen Kindheit oder in früheren Leben) prägte sich deinem Bewußtsein das Bild einer glückseligen Vereinigung oder Verschmelzung der Seelen ein. Als Folge davon bist du unerschütterlich auf der Suche nach einer Erfahrung, welche dieses Ideal widerspiegelt, und weil du die Begrenztheit der menschlichen Beziehungen nicht akzeptieren kannst, wirst du unweigerlich enttäuscht. Diese vorausgeahnte Angst verstärkt oft deine Ambivalenz in persönlichen Beziehungen. In seltenen, kostbaren Augenblicken magst du die ersehnte Vereinigung der Seelen erleben; doch den Hunger deiner Seele kann niemand stillen. Ständig kämpfst du darum, die konkrete Person vor dir zu umarmen, während du gleichzeitig zögerst, dich von dem inneren Bild abzuwenden, das du liebst und an dem du auf Kosten der Realität festhältst.

In deinen persönlichen Beziehungen reagierst du dennoch

auf die Bedürfnisse anderer und ziehst feinfühlige, schöpferische oder spirituelle Menschen an, die dein latentes neptunisches Selbst offen zum Ausdruck bringen. Wie ein Schwamm absorbierst du im psychischen Bereich deren Gefühle und vermischst sie mit deinen eigenen. Aufgrund dieser Verwirrung verhältst du dich nicht immer aufrichtig, täuschst andere und handelst aus gemischten Motiven heraus. Die Menschen werden wahrscheinlich von der Sensitivität und Unschuld, die sie in dir spüren, angezogen – aber in dem Maße, wie deine Worte und dein Verhalten unklar und widersprüchlich sind, mißtrauen sie dir vielleicht auch. Viele deiner Konflikte mit dir und der äußeren Welt werden wahrscheinlich von früheren Erfahrungen beeinflußt. Vielleicht wollte deine Seele nicht geboren werden und hat sich geweigert, ihre Verbindung zu den himmlischen Bereichen aufzugeben. Möglicherweise fühlten sich deine Eltern durch deine kindliche Unschuld, deinen reinen Geist, deine Sensitivität und Kreativität bedroht und versuchten, die Bekundungen deines wahren und schönen Selbst zu verhindern, woraufhin sich das göttliche Kind in dir tief verletzt in fast unzugängliche Bereiche zurückzog – doch niemals weit genug, um seine eigene Erinnerung auszulöschen. Inzwischen hat dein bewußtes Ich die Botschaften deiner Eltern verinnerlicht. Diese sagen dir, daß kreative, spirituelle und uneigennützige Werte unwichtig sind oder daß man von dir nicht erwartet, daß du solche Werte zum Ausdruck bringst.

Wenn du mit Neptun im 12. Haus Frieden schließen willst, mußt du einen spirituellen oder kreativen Weg finden, der dir hilft, deine Seelen-Energie zu erleben und dich zu regenerieren, indem du aus dem großen Sammelbecken strahlender Liebe schöpfst, das in dir besteht. Du mußt deinen Traum erkennen, deiner Glückseligkeit folgen und die Kanäle öffnen, die es dir ermöglichen, diese Energie ins Alltagsleben zu bringen. Anstatt endlos nach dem Göttlichen im Leben zu suchen, mußt du in dir selbst die Verbindung zum Göttlichen finden und dieses in dein Leben einfließen lassen, so daß du deine Umwelt völlig annehmen kannst.[6]

Doch um deine innere Göttlichkeit zu kennen und zum Ausdruck zu bringen, mußt du zuerst die Türen aufschließen, welche das äußerst verletzliche Kind in dir unter Verschluß halten. Es hat es schwer, sich zu offenbaren, denn die Grausamkeit der Welt droht seine Schwächen anzugreifen und seine Unschuld zu verderben. Bestimmte Formen der Psychotherapie, beispielsweise Psychosynthese, die mit Visualisierung arbeiten und das Spirituelle und Kreative achten, können dich inspirieren und dir helfen. Doch wahrscheinlich profitierst du von jeder Psychotherapie oder heilsamen Beziehung, sofern daran jemand beteiligt ist, der die allerdings seltene Sensitivität und Sanftheit hat, sich des verletzlichen, verschreckten und zugleich außerordentlich schönen Kindes in dir anzunehmen. Durch dessen Ermutigung und Liebe kann es sich zeigen und seinen Platz in der Welt finden.

Bekannte Persönlichkeiten mit Neptun im 12. Haus

Leonard Bernstein
John Lennon
George Bush
J. P. Morgan
Jungfrau von Orleans
Fritz Perls
Roberto Assagiolo
Shirley MacLaine
Doris Day
Alain Delon
Joachim Ringelnatz
Boris Becker
Salvador Dalí
Max Ernst
Hugh Hefner

Bekannte Persönlichkeiten mit Fische-Planeten im 12. Haus

Evangeline Adams
Johnny Cash
Walt Whitman
Wyatt Earp
Bo Derek
Norman Mailer
Michail Gorbatschow
Helmut Kohl

Impressionen zu Neptun (bzw. Fische) im 12. Haus

Schutzengel – Traum in einem Traum – innere Musik – verbotene Magie – Schwester in einem Krankenhaus – Fata Morgana – Seele im Exil – kosmische Phantasie – Leuchtturm im Inneren – Alchimist im verborgenen – geheime Mission – Tänzer im Hintergrund – innere Vision – Delphin – Gezeitenwelle im Inneren – gefangenes Einhorn – die Wasser der Seele – Opferlamm – verborgener Mystiker – verborgene Quelle

Neptun (bzw. Fische) im 12. Haus

In der Fähigkeit, uns selbst zu täuschen, zeigt sich unser größtes Talent.

Anatole France

Ich habe einen Tempel, den ich nicht besuche, ein Herz, das ich vergaß, ein Selbst, dem ich nie begegnete – ein verborgener Schrein.

Charles Sorlay

Ich sehe mich als ein Sieb. Jedermanns Gefühle fließen durch mich hindurch.

Liv Ullmann

Bewahre in dir . . . ein Heiligtum, ein unerreichbares Tal von Träumereien.

Ellen Glasgow

Wir wandeln im Glauben, nicht im Wissen. Bibel

Wenn deine Verwirrung nur groß genug ist, wirst du bald Erleuchtung finden.

Dicky Diehl

»Das ist ernst«, sagte Puh. »Ich muß einen Fluchtweg haben.«

A. A. Milne

Wo findest du wirklich dein Selbst? Immer in der tiefsten Verzauberung, die du erlebt hast.

Hugo von Hofmannsthal

Als Frieden, Hoffnung und Träume hoch angesehen waren, folgten wir inneren Visionen und berührten den Himmel. Wir, die wir noch immer glauben, werden sie nicht untergehen lassen.

Carole King

Meine Güte war immer mein Fluch; ein weiches Herz ist das Kreuz, das ich trage.

Don Marquis

Um deinen Weg zu finden, mußt du deiner Freude folgen.

Joseph Campbell

Pluto (bzw. Skorpion) im 12. Haus

Plutos Einfluß auf dein 12. Haus läßt darauf schließen, daß du dich häufig machtlos und der äußeren Welt ausgeliefert fühlst, obwohl du ein bemerkenswertes inneres Reservoir an Energie und Kraft besitzt. Weil du deine archaische Energie fürchtest, hast du ein Verteidigungssystem entwickelt, das deinen Zugang zu den tief vergrabenen Reichtümern in dir blockiert. Getrennt von deinem Bewußtsein, kann diese plutonische Energie schreckenerregend für dich sein, besonders deshalb, weil sie nicht in dein bewußtes Selbst integriert ist, nicht sozialisiert beziehungsweise gezähmt oder auch durch jahrelange Unterdrückung verzerrt wurde.

Sexueller Drang, Leidenschaften, Ressentiments und Haßgefühle, die aus der Vergangenheit stammen – all das kann an dir nagen, deine Selbstbeherrschung überwältigen und dein Bewußtsein überfluten. Aufgrund der emotionalen Beanspruchung durch die Anhäufung solcher Energien und deren Bedrohung für sein Selbstgefühl bist du vielleicht nicht fähig, diese weit genug in dein Bewußtsein zu lassen; dadurch beraubst du dich einer stärkenden Kraftquelle, die diese Energien darstellen können, wenn du sie akzeptierst und in dein Leben integrierst. Du kannst durch diese Energien auch regenerierende und heilende Fähigkeiten, Lebendigkeit und ein Wissen um innere Stärke erfahren. Plutonische Energien tauchen in deinem Leben auf, es sei denn, dein Pluto ist gänzlich unaspektiert. Jene Planeten, die Aspekte mit Pluto bilden, tragen die hohe emotionale Belastung und die starke Energie plutonischen Verlangens. Wenn Transite deinen Pluto respektieren, erlebst du Perioden starker, explosiver Energie – einen vulkanartigen Ausbruch deines unbewußten Selbst in dein Bewußtsein. In solchen Zeiten kannst du dich möglicherweise selbst nicht unter Kontrolle halten und fühlst dich von etwas beherrscht, besessen oder getrieben, was du nicht verstehst. Doch du fühlst dich auch lebendig, motiviert, kraftvoll und durchaus fähig, die Anforderungen deines Lebens auf dich zu nehmen.

Das 12. Haus ist ein schwieriger Platz für Pluto, und es besteht die Gefahr, daß das Ego – wo immer es im Horoskop auch aufscheinen mag – überwältigt wird und wir gezwungen sind, unseren dunken Facetten und unseren Schattenseiten gegenüberzutreten, die wir lieber vergessen würden. Jene von uns, die Pluto im 12. Haus haben, können die Träger des Kollektiv-Schattens der Menschheit sein. Durch die Begegnung mit den dunklen dämonischen Kräften in uns (wobei es sich nicht nur um unsere eigenen unerledigten Angelegenheiten der Vergangenheit handelt, sondern auch um die »Abwässer«, die wir aus der Außenwelt absorbiert und hinuntergeschluckt haben) können wir einen bedeutsamen Beitrag zur Aufrechterhaltung des allgemeinen psychischen Gleichgewichtes leisten.

Doch auf einer persönlichen Ebene kannst du unter Pluto leiden, insbesondere wenn du dessen grausame, kompromißlose Energie gegen dich selbst richtest. Quadrate zu Pluto im 12. Haus können besonders quälend sein, weil sie dich zwingen, deinen Schatten-Energien gegenüberzutreten. Nach außen magst du lässig und unbekümmert erscheinen, aber im Inneren tobt ein ständiger Kampf. Du verurteilst dich selbst auf unbarmherzige Weise und versuchst, dich zu etwas zu zwingen; du verweigerst dir Befriedigungen, die deine Belastungen erleichtern würden; du fühlst dich von Sünden, Schuld und Schande aus der Vergangenheit verfolgt, über die du nie hinweggekommen bist. Anfälle von Selbsthaß können dich gegen deinen Willen zu selbstzerstörerischem Verhalten, zur Beschäftigung mit Selbstmord und Tod veranlassen.

Wenn du diese plutonische Energie in körperliche Übungen oder andere Aktivitäten einfließen läßt (bezogen auf Zeichen und Haus des/der aspektierenden Planeten und das Haus, das Pluto regiert), bist du vielleicht in der Lage, dessen konstruktive Kraft nutzbar zu machen und die Hindernisse der äußeren Welt zu überwinden. So bieten Oppositionen Plutos zum 6. Haus Ventile in Form von Leistungen im Arbeits- und Gesundheitsbereich. Doch wenn du Pluto wirklich erfolgreich kanalisieren willst, mußt du seine Energien in dein Bewußtsein hereinlassen.

Wenn du dein inneres Leben abblockst, vermeidest du vielleicht Einsamkeit, Nachdenken und Stille sowie entspannende Beschäftigungen, welche deine Abwehrmaßnahmen lockern. Bist du allein, dann vertiefst du dich wie besessen in zwanghafte Rituale oder anspruchsvolle Projekte, die deine volle Aufmerksamkeit fordern und deine inneren Stimmen zum Schweigen bringen. Dennoch fühlst du dich von Zuständen der Zurückgezogenheit und von tiefem Schlaf angezogen. Weil deine Träume oftmals Abbilder der Schatten-Energien sind, die dich beunruhigen und quälen, erinnerst du dich selten an sie. Du fühlst von deinem Unterbewußtsein vielleicht eine zu große Gefahr ausgehen, als daß du den Zugang zu seinen Urbildern wünschst.

Möglicherweise bringt dich Pluto im 12. Haus auch zu einer gegenteiligen Haltung deinem inneren Leben gegenüber. Unfähig, die aufrührerischen Kräfte in dir zurückzuhalten, kannst du ein mutiger, entschlossener und unbarmherziger Erforscher deines eigenen Schattens werden. Fähig, dich in Perioden der Einsamkeit zu regenerieren, stürzt du dich in die Tiefen deiner Psyche, stellst dich den Engeln und Dämonen, die dort leben, und nutzt deren Energie bewußt für deine Zwecke. Du besitzt sowohl physisch als auch emotional unbegrenzte Hilfsmittel zur Selbsterneuerung. Dein Leben ist ein fortlaufender Prozeß der Selbst-Therapie, oftmals von psychotherapeutischen Erfahrungen ergänzt, denen du dich rückhaltlos widmest in dem Versuch, den Ursprung deiner Probleme zu finden und deine alten Wunden zu heilen. Du bist besser als die meisten Menschen zu tiefer und andauernder Selbst-Transformation imstande.

Die Vorteile von Pluto im 12. Haus sind so dramatisch wie seine Verpflichtungen. Der Alltag liefert dir nicht genügend Energie und Macht; in Krisenzeiten entdeckst du jedoch einen großen Reichtum an Energie, Tüchtigkeit, Durchhaltevermögen und Stärke. Aus diesem Grund prüfst du dich selbst, indem du dich auf herausfordernde Situationen einläßt. Vielleicht übernimmst du eine Lebensweise, die dich zwingt, plutonische Energien außerhalb deiner selbst zu konfrontieren (zum Beispiel, indem du dem Militär beitrittst oder dich auf Unterwelt-Aktivitäten einläßt); eventuell fühlst du dich zu einer Tätigkeit hingezogen, die Menschen in Krisen Hilfe bringt. Weil deine Fähigkeiten für psychisches und physisches Heilen wirklich bemerkenswert sind, kann die Pflege und Ausübung dieser Talente vorteilhaft für dich sein.

»Die meisten Menschen leben in einem sehr engen Bereich ihrer Seins-Möglichkeiten, sei es nun physisch, intellektuell oder moralisch«, schrieb *William James*. »Unvorhergesehene Ereignisse und große Krisen zeigen uns, daß unsere Hilfsmittel viel reicher sind, als wir dachten.« Pluto in deinem 12. Haus zeigt an, daß dein inneres Potential größer ist als beim Durchschnittsmenschen, der kein solches Reservoir innerer Kraft hat, auf das er in Zeiten großer Belastung zurückgreifen kann.

Ein anderes Talent, das von Pluto im 12. Haus angezeigt wird, ist dein psychisches Wahrnehmungsvermögen. Aufgrund deines Zugangs zu den archaischen Tiefen in dir hast du eine fast unheimlich anmutende Fähigkeit, die unterschwelligen Energien in anderen zu erkennen. Da du mit Material aus dem Verborgenen arbeiten kannst, entscheidest du dich möglicherweise für eine psychologische Tätigkeit. Eine andere Alternative ist eine Arbeit im Bereich von Ermittlungen oder in der Forschung.

Mit Pluto in deinem 12. Haus hat dich wahrscheinlich schon in früher Kindheit emotionaler Aufruhr dahingehend beeinflußt, daß du deine Energien nach innen gerichtet und aus deinem Bewußtsein den Schmerz, das Verlangen und den Ärger ausgeschlossen hast, den du erlebtest. Vielleicht wurdest du durch deine Familie tief beschämt, möglicherweise haben deine Eltern deine Aggression und deine Sexualität nicht akzeptiert. Während deiner Jugendzeit quälten dich sexuelle Impulse vielleicht derart, daß du deinen Zugang zu den primitiven, aber mächtigen Kräften in dir eingeschränkt hast.

Manchmal weist Pluto im 12. Haus auf physische oder psychische Mißhandlungen hin. Ein plutonischer Elternteil kann dich mitleidslos gequält, den Haushalt beherrscht und dich förmlich »kastriert« haben, um sicherzustellen, daß du seine Macht nicht bedrohen würdest. Unfähig, für dein Verlangen, deine Leidenschaft, deinen Haß und deine Wut (womit deine Eltern nicht umgehen konnten) ein konstruktives Betätigungsfeld zu finden, hast du diese Emotionen in dir vergraben. Unfähig, deine Macht geltend zu machen, hast du Verhaltensmuster entwickelt, die deine Machtlosigkeit zum Ausdruck bringen.

Weil deine Eltern ihre eigenen Schatten verleugneten und ihre negativen Eigenschaften auf ihre Kinder projizierten, hast du vielleicht viele ihrer uneingestandenen Gefühle und Probleme verinnerlicht. Weil du den »Familienschatten« trägst, leidest du nicht nur an deinen eigenen unterdrückten Wünschen und Gefühlen, sondern auch an jenen deiner Eltern. Weil sie mit ihren ursprünglichen Energien nicht umgehen konnten, benötigten sie einen »Behälter« für ihr abgelehntes Selbst und eine Zielscheibe für ihre Vorwürfe. Infolgedessen kann es Teil deines psychischen Integrationsprozesses sein, deinen Schatten von ihrem zu trennen. Du mußt Mitgefühl für dich selbst entwickeln und dich weigern, Sünden und Verbrechen zu büßen, die du nie begangen hast und die das Ergebnis der ungelösten Konflikte deiner Eltern waren. Unausweichlich formte deine Familienkonstellation die Blaupause für deine Beziehungen im späteren Leben. Weil du es gelernt hast, dich so tief in dir selbst zu verstecken oder auch dich vor dir selbst zu verbergen, kannst du eine Persönlichkeit entwickelt haben, die sich deutlich von dem starken, heftigen, plutonischen Selbst in dir unterscheidet. Verschlossen und zurückhaltend, erlebst du stellvertretend die Turbulenzen deines inneren Lebens, indem du Menschen anziehst, die ihren Gefühlen deutlicher Ausdruck verleihen als du und deren psychische Konflikte offener erkennbar sind.

In deinen persönlichen Beziehungen wirst du oft von Kräften motiviert, die du nicht erkennst oder verstehst. Um deine Macht zu behaupten, handelst du möglicherweise indirekt, indem du andere manipulierst oder durch sabotierendes Verhalten heimlich deine Rachegefühle auslebst. Du fürchtest, von andern beherrscht zu werden, was sich bis zum Verfolgungswahn steigern kann. Du hast Angst, daß sich andere, genauso wie deine Eltern, dir gegenüber destruktiv verhalten können. Indem du Szenen aus der Vergangenheit wiederholst, ziehst du Menschen in dein Leben, die dich so grausam behandeln wie du dich selbst. Pluto im 12. Haus gerecht zu werden ist ein Prozeß, der vieles abverlangt. Manchmal, wenn du zu deinen verschütteten Energien keinen Zugang findest, ziehst du traumatische Lebensumstände an, um dich dadurch selbst zu zwingen, deine inneren Hilfsquellen einzusetzen; wie Persephone verlangst du vielleicht von Pluto Entführung und Vergewaltigung, um die nächste Entwicklungsstufe zu erreichen. Aber je mehr du dir deiner ursprünglichen Energien bewußt wirst und je mehr du dich der Entwicklung deines Selbst widmest, desto eher wirst du Situationen schaffen, die nicht traumatisch sind und die dich zur Entdeckung und Anwendung deiner persönlichen Macht herausfordern.

»Wenn du lieben willst, bringe Haß zum Ausdruck«, schrieb *Strephon Kaplan Williams.* »Wenn du hassen willst, drücke Liebe aus.«[7] Diese Anleitung ist für dich besonders wichtig, weil du deine dunklen Seiten achten, anerkennen und ausdrükken mußt, bevor du deine konstruktive, heilende Kraft zurückgewinnen kannst. Du brauchst eine Lebenseinstellung, welche die Dunkelheit achtet, und ein Selbstbild, das die menschliche Begrenztheit und Schwäche und das Böse akzeptiert. Wenn du dich an allgemein anerkannte Ideale klammerst, stößt du nur die dunklen Neigungen noch tiefer in den Keller hinab, wo sie weiter schwären und dich – ohne daß du es merkst – zerrütten. Durch Psychotherapie und vertrauensvolle Beziehungen zu Menschen, die deine Schatten-Energien akzeptieren, kannst du dich selbst erlösen und die dunkelsten, destruktivsten Kräfte in dir in Quellen der Kraft und der Stärke verwandeln.

In der Dunkelheit des Unbewußten nehmen die Teufel der Psyche an Größe zu. Du mußt deinen inneren Teufel ins Freie hinauslassen, um ihn beobachten zu können, zu entdecken, wie er fühlt und was er will. Du mußt es ermöglichen, daß die frische Luft des Bewußtseins und die Wasser des Mitgefühls ihn in einen wertvollen inneren Führer verwandeln.[8] Um das zu erreichen, mußt du jedoch selbst zu solcher Größe anwachsen, daß du diese zunächst erschreckende Energie in dich aufnehmen kannst. Vielleicht mußt du dich durch ein System anstrengender Übungen körperlich stärken. Möglicherweise sind physische Disziplinen wie Yoga, Kampfkunst oder Rolfing für dich vorteilhaft; vielleicht erreichst du größere Integration durch Psychotherapien wie die Bio-Energetik oder Reichsche Therapie, welche deinen Körperpanzer lockern und dir helfen, deine Toleranz für Erregung, Schrecken, Wut und Leidenschaft zu erhöhen.

Um den Prozeß der Wiedererlangung deiner physischen

oder emotionalen Energien zu beginnen, mußt du vielleicht deine Einstellungen ändern. Welche Rationalisierungen benutzt du, um dich selbst in einem kraftlosen Zustand zu halten? Welchen Lebensidealen folgst du, die dir keine Macht nehmen? Was sind die hintergründigen Vorteile, die du infolge deiner Machtlosigkeit oder deiner Aufopferung erlangst? Was wird dich befähigen, sie loszulassen und wirksamere Wege zur Erfüllung und zur Selbstachtung zu schaffen?[9] Nur wenn du dir klarmachst, was es dich kostet, Pluto in deinem 12. Haus einzusperren, kannst du beginnen, dich den Problemen zu nähern, die mit der Wiedererlangung deiner verleugneten Energien und mit der tieferen Erfahrung und dem Ausdruck deiner persönlichen Macht zu tun haben.

Bekannte Persönlichkeiten mit Pluto im 12. Haus

Muhammad Ali	*George Wallace*	*Bruno Kreisky*
Roberto Assagioli	*Mark Spitz*	*Oskar Lafontaine*
Patty Hearst	*Salvador Dalí*	*Max Ernst*
Peter Ustinov	*Uwe Barschel*	*Gustav Meyrink*
Judy Garland	*Christian Klar*	*Arlo Guthrie*
Marilyn Monroe	*Theodor Heuss*	*Elton John*
Jane Fonda	*Hans Martin Schleyer*	
Anne Frank		

Bekannte Persönlichkeiten mit Skorpion-Planeten im 12. Haus

Marc Edmund Jones	*Benjamin Disraeli*	*Friedrich von Schiller*
	Chris Evert	*Fidel Castro*
	Boris Becker	

Impressionen zu Pluto (bzw. Skorpion) im 12. Haus

Geheimagent – Heiligtum des Heilers – archäologische Ausgrabung – Drache im Winterschlaf – Archäologe der Seele – Vorabend der Zerstörung – Morgenglanz der Auferstehung – Bombe in der U-Bahn – Heizungskeller – Höllenschlund – Verbrecher im Versteck – Keller, in dem es spukt – Diktator im Hintergrund – Phönix im Unterholz – Traum-Kraft – Drachenhöhle – Ölquelle – Vulkan – Meeresgrund – Schamane – Unterwasser-Schatz – Zeitbombe – Hauptwurzel

Pluto (bzw. Skorpion) im 12. Haus

Aus der Nacht heraus, die mich umhüllt,
so scharz wie die Hölle, von Pol zu Pol,
danke ich den Göttern, wer sie auch sein mögen,
für meine unbesiegbare Seele.

W. E. Henley

Wenn es einen Glauben gibt, der Berge versetzen kann, dann ist es der Glaube an deine eigene Kraft.

Marie von Ebner-Eschenbach

Und Feuer und Eis in mir kämpfen unter der erstickenden Nacht.

A. E. Housman

Welch anderer Kerker ist so dunkel wie unser eigenes Herz! Welcher Gefängniswärter so unerbittlich wie unser eigenes Selbst?

Nathaniel Hawthorne

Wenn diese großartigen, geduldigen Tode, all diese Agonien und die Wunden, die wir tragen, und das vergossene Blut uns lehren können, wie wir leben sollten – dann war dieses Sterben nicht umsonst.

Marianne Moore

Sie mußte nicht in der sich verändernden Welt leben, sondern in ihren eigenen Tiefen.

Pearl S. Buck

Die Hölle ist leer, und alle Teufel sind hier.

Shakespeare

Er stellt sich vor, seinem schlimmsten Feind gegenüberzustehen, doch er trägt den Feind in sich selbst: ein tödliches Verlangen nach dem Abgrund; das Verlangen, in seiner eigenen Quelle unterzutauchen, in den Bereich der Mütter hinabgezogen zu werden. Sein Leben ist ein ständiger Kampf gegen den Untergang, eine gewaltige und dennoch vergängliche Erlösung aus der ewig lauernden Nacht.

C. G. Jung

Ich bin mir der menschlichen Schwäche sehr bewußt. Ich habe mich selber meiner Kräfte beraubt, habe sie versteckt . . . Wenn du deine Dämonen nicht beherrschen kannst, schadest du anderen. Ich fand eine Möglichkeit, meine einzusperren, das war alles. Wut, Eifersucht, Rachedurst, Eitelkeit. Ich sperrte sie ein.

Anaïs Nin

Ich kenne den tiefsten Grund. Ich erkenne ihn mit meiner großen Hauptwurzel . . . Ich bin dort gewesen.

Sylvia Plath

Die Mondknoten im 12. Haus

Nicht nur das 12. Haus, auch der absteigende Mondknoten zeigt die Stärken und Schwächen an, die wir in diese Inkarnation mitgebracht haben. Der absteigende Mondknoten ist unser Weg des geringsten Widerstandes; wir neigen dazu, uns auf den Ausdruck seines Zeichens und Hauses zurückzuziehen, weil wir uns hier sicher fühlen und uns die hier wirkenden Energien und der betroffene Lebensbereich so vertraut sind. In diesem Leben jedoch sollten wir uns nicht übermäßig auf die Eigenschaften und Interessen unseres absteigenden Mondknotens konzentrieren, weil dies ein Rückschritt wäre, der unsere Möglichkeiten einschränken könnte.

Wir müssen unseren absteigenden Mondknoten (die uns angeborenen Talente) nutzen, statt von ihnen benutzt zu werden. Wenn wir diese Seiten in uns zum Nachteil unserer anderen Eigenschaften und Interessen zu sehr betonen, bleiben wir vielleicht der Vergangenheit verhaftet, sind frustriert und unbefriedigt. Unsere eigentliche Aufgabe ist es zu lernen, wie wir die Fähigkeiten unseres absteigenden Mondknotens anwenden können, um das Ziel unseres aufsteigenden Mondknotens zu erfüllen, und zwar entsprechend dessen Zeichen und Haus im Geburtshoroskop sowie in Übereinstimmung mit der Stellung seines Herrschers.

Für gewöhnlich ist die Entwicklung unseres aufsteigenden Mondknotens nicht leicht für uns, insbesondere wenn er an Quadraten oder Oppositionen beteiligt ist; wir fühlen uns ständig zum Zeichen und Haus des absteigenden Mondknotens hingezogen. Doch wenn wir die Energien des Zeichens unseres aufsteigenden Mondknotens aktiv ausdrücken und die Fähigkeit entwickeln, im Bereich dessen Hauses erfolgreich zu arbeiten, öffnen wir einen kosmischen Kanal. Wir ziehen helfende und heilende Energien an und erwecken die Talente und Stärken, die zu beweisen wir geboren wurden. Außerdem erleben wir in der Erfüllung unserer Lebensaufgabe eine unermeßliche Befriedigung.[10]

Die Stellung deines absteigenden Mondknotens im 12. Haus weist darauf hin, daß du in den düsteren, chaotischen Bereich deines Unterbewußtseins hineingezogen wirst. Du hast die Neigung, dich von der Welt zurückzuziehen und dich in den Freuden und Leiden deiner Gefühle, Träume und Phantasien zu verlieren. In der Einsamkeit fühlst du dich wohl; du würdest lieber allein sein und dich auf deine innere Welt einstimmen, statt dich auf die oftmals bedrohlichen Anforderungen und Aktivitäten deiner Umwelt einzustellen.

Höchstwahrscheinlich meditierst du oder suchst Transzendierung deines Selbst oder Weisheit mit Hilfe einer Religion oder eines spirituellen Pfades. Vielleicht fühlst du dich auch berufen, der Menschheit zu dienen, möglicherweise durch Arbeit mit geistig Verwirrten, Kranken oder Behinderten. Doch ob du fähig bist, ihnen wirklich zu helfen, sich auf ihre eigenen Quellen der Stärke und inneren Nahrung einzustimmen, wird davon abhängen, ob du selbst in deinem physischen Abfall versinkst, weil du dich völlig deinen Illusionen und deinem inneren Durcheinander hingibst. Du mußt das Ventil zu regulieren lernen, das zu deinem Unterbewußtsein führt, indem du dich nach innen wendest. Dann kannst du dir deiner Gefühle und Phantasien bewußt werden, sie annehmen und diese Energie in Form von liebevollen, inspirierten Handlungen nach außen fließen lassen.

Der aufsteigende Mondknoten im 6. Haus verlangt von dir, deine Aufmerksamkeit nach außen zu richten. Keinesfalls solltest du dein ganzes Leben lang durch trübe psychische Gewässer schwimmen. Deine Aufgabe ist es, Ideale und Visionen als Grundlage für praktisches Handeln zu nehmen sowie dein physisches Wohlbefinden und die Gesundheit deiner Mitmenschen zu fördern. Was bedeutet schließlich all deine Spiritualität, wenn du nicht bereit bist, eine Bettschüssel zu leeren? Welche Befriedigung bieten dir Phantasien wirklich, wenn du dich selbst nicht wohl fühlst oder unfähig bist, dich deinem Beruf oder den täglichen Aufgaben zu widmen? Du mußt deinen Nutzen und deine Unentbehrlichkeit beweisen, dein Denken ordnen, deine Zeit einteilen, bezüglich deiner Mitarbeiter Einfühlungsvermögen beweisen und bei der Arbeit Verantwortung übernehmen. Selbst die niedrigste Arbeit kann spirituell befriedigend sein, wenn du eine bescheidene und mitleidsvolle Haltung aufbringst.

Weil du dir der inneren Verbundenheit zwischen Geist und Körper bewußt bleiben solltest, kann eine Arbeit im Gesundheitsbereich, besonders auf dem Gebiet der ganzheitlichen Medizin, vorteilhaft für dich sein. Du mußt die gesunde Beziehung zwischen Geist und Körper pflegen – konstruktive, realistische Denkgewohnheiten entwickeln, deine Ernährung überprüfen und dich ausreichend körperlich bewegen. Auch wenn du krank bist, erlebst du wahrscheinlich Wachstumsgelegenheiten und Lernmöglichkeiten, wie du wirksamer mit deinen Gedanken, Gefühlen und den körperlichen Gegebenheiten umgehen kannst. Durch diese Erfahrungen wirst du die erforderliche Einsicht gewinnen, um deinen Mitmenschen bei der Bewältigung ihrer psychischen oder physischen Schwierigkeiten zu helfen.

Der aufsteigende Mondknoten im 12. Haus

Mit dem aufsteigenden Mondknoten im 12. Haus und dem absteigenden im 6. Haus hast du eine natürliche Neigung zu nützlicher Arbeit und erfüllst für gewöhnlich systematisch, kompetent und verantwortungsvoll deine Pflichten. Du hast eine besondere Eignung für Berufe im Gesundheitswesen und bist auch bereit, niedrige Aufgaben zu erfüllen, wenn du das Gefühl hast, daß deine Arbeit anderen Menschen nützt. Vielleicht verlierst du dich jedoch in den Einzelheiten deines Tagesablaufs und sorgst dich und grübelst über die Seiten deines Berufes, welche du unbefriedigend findest.

Der absteigende Mondknoten im 6. Haus ist auch ein Hinweis darauf, daß du für kleine Krankheiten anfällig bist oder daß du auf Schmerzen und Leiden übertrieben reagierst und dich übermäßig auf den Zustand deines Körpers konzentrierst. Du achtest wahrscheinlich sorgfältig auf deine Ernährung und bist gewissenhaft auf regelmäßige körperliche Übungen bedacht. Vielleicht bist du sogar Vegetarier oder fühlst dich zu alternativen Behandlungsmethoden wie Akupunktur oder spirituellem Heilen hingezogen.

Weil sich dein aufsteigender Mondknoten im 12. Haus befindet, kannst du besonders von ganzheitlichen oder spirituellen Behandlungsmethoden profitieren. Du mußt deine Aufmerksamkeit auf die Interaktion von Geist und Körper richten und dich in deine Psyche vertiefen und deine eigenen Heilmittel finden. Perioden der Einsamkeit sind unentbehrlich für dich, weil sie dir erlauben, mit deinen unterdrückten Gedanken und Gefühlen in Verbindung zu kommen und deinen inneren Reichtum zu erfahren. Deine Aufgabe in diesem Leben ist nicht die Anpassung an einen anspruchsvollen Arbeitsplan, sondern die Einstimmung auf deine unbewußten und überbewußten Energien – die Qual früherer Verletzungen, Demütigungen und Ressentiments und die Ekstase oder die heitere Zufriedenheit schöpferischer Inspiration, Meditation und transzendentaler Erfahrung. Du mußt lernen loszulassen und dich weniger mit den äußeren Aspekten deiner Arbeit und deiner Verantwortlichkeit beschäftigen; du mußt beginnen, mit deiner Erfahrung zu fließen und dich ihr anvertrauen. Außerdem mußt du das Mitgefühl und die Liebe für die Menschheit entwickeln, damit du fähig wirst, die Menschen auf psychologische, spirituelle oder kreative Weise zu bereichern.

Mehr als jeder andere solltest du deine Psyche erforschen, auf deine Träume und deine innere Führung achten und dich in regelmäßigen Abständen von der Welt zurückziehen, um mit deiner inneren Quelle in Verbindung zu kommen. Die Reisen durch dein 12. Haus können dich auf gewundenen Pfaden durch dichten Dschungel und unfruchtbare Ebenen führen, doch sie werden dir auch himmlische Höhen und Quellen der Zufriedenheit eröffnen. Weil für dich die Erforschung deines Inneren Nutzen bringt, kannst du wahrscheinlich auch andere dazu inspirieren, innere Stärke und Klarheit zu entwickeln, damit sie ihre physischen oder psychischen Probleme überwinden und ihr wahres, wesentliches Selbst entdecken.

III. Die Psychodynamik der Konflikte des 12. Hauses

Das verleugnete Selbst

Viele von uns, die Planeten im 12. Haus haben, leiden an psychischen Krankheiten, die mit unseren verleugneten Seiten in Beziehung stehen. Wir fühlen uns unvollständig, wir wissen, daß in unserem Leben etwas Wichtiges fehlt, was nichts mit der richtigen Beziehung, dem richtigen Job oder der richtigen Summe Geld auf dem Bankkonto zu tun hat. Wir handeln auf vorbestimmte Weise, von Mustern aus der Vergangenheit gelenkt, und es steht nicht in unserer Macht, jene Art von Veränderung und Erfüllung herbeizuführen, nach der wir uns sehnen. Oftmals wissen wir nicht einmal, was uns fehlt oder was wir suchen, und an das Leiden und die Ernüchterung gewöhnt, die uns so vertraut sind, wagen wir nicht, mehr zu erhoffen, als wir bereits haben.

Wenn wir Teile von uns verleugnen, erleben wir im Zentrum unseres Seins eine Leere, einen Mangel an Vitalität und Lebensenergie. Wir kämpfen mit Depressionen, es fehlt uns die Liebe zum Leben, oder wir richten unsere Zuneigung auf Menschen und Erfahrungen, welche unsere innere Leere nur scheinbar füllen. Zwänge, fixe Ideen, Abhängigkeiten aller Art (Alkohol, Nahrung, Sex, Arbeit, Geld ausgeben, Putzen – und sogar Astrologie) können uns dann in ihren Bann schlagen. Wir werden von Tätigkeiten abhängig, welche uns von unseren wahren Bedürfnissen, Ängsten, Wünschen und Schmerzen ablenken und uns jene unmittelbare Befriedigung verwehren, die es uns ermöglicht, den Tag zu überstehen.

Die meiste Zeit hindurch sind wir uns unserer wirklichen Gefühle und Bedürfnisse nicht bewußt. Wir leben gemäß den Geboten »Du sollst« oder »Du sollst nicht« unserer Eltern und der

Gesellschaft, die wir uns einverleibt, jedoch nicht verdaut haben. Wir übernehmen Einschränkungen des Lebens, die unsere Entscheidungen und unser Verhalten beeinflussen und uns davon abhalten, die Stimme unseres wahren Selbst zu hören. Durch traumatische Verletzungen in der Kindheit können wir in bezug auf Gedanken, Gefühle und Handlungen eine innere Spaltung entwickelt haben, so daß wir nicht fähig sind, als Persönlichkeit angemessen und kraftvoll zu wirken. Anstatt zu fühlen, emotionalisieren wir; anstatt zu denken, intellektualisieren wir; anstatt überlegt zu handeln, handeln wir impulsiv und zwanghaft, oder wir tun gar nichts mehr.

Wenn wir den Kontakt mit wichtigen Seiten unseres Wesens verloren haben, werden wir kleiner, und unsere Probleme werden größer. Wir entwickeln einen physischen und emotionalen Panzer, welcher die unterdrückten Gefühle und Gedanken von unserem Bewußtsein fernhält. Doch je unbeweglicher wir werden, desto weniger sind wir in der Lage, mit den Gefühlen und Frustrationen des Alltags umzugehen. Für das, was außerhalb unseres Bewußtseins liegt, können wir keine Verantwortung übernehmen; wir können über die Teile unseres Wesens, die wir nicht wahrhaben wollen, keine realistischen Entscheidungen treffen. Möglicherweise handeln wir aus unterbewußter Motivation heraus, beurteilen unser Tun rationell nach den Überzeugungen und Prinzipien, an die wir nur halbherzig glauben, und benützen Ausflüchte, wenn unser Verhalten sich als selbstzerstörerisch erweist. Unsere Selbstachtung leidet, wenn wir das Gefühl haben, daß uns die Realität immer wieder das Unvermögen vor Augen führt, unser Leben zu gestalten.

Je mehr Seiten unseres Wesens wir verleugnen, desto beängstigender wird diese abgelehnte Energie. Eingeschlossen in der dunklen Kammer unseres 12. Hauses, weit weg vom Licht des Bewußtseins und von der Luft menschlicher Interaktion, wird sie mit der Zeit entstellt. Wenn sie dann durch Transite und Progressionen aktiviert wird, bricht sie unvermutet aus ihrem Versteck hervor und entsetzt uns derartig, daß wir noch mehr Energie anwenden, um die Tür zur Kammer geschlossen und den unwillkommenen Eindringling von unserem Bewußtsein fernzuhalten.

Doch unsere abgelehnten Wesensteile können nicht weggeschlossen werden. Sie sammeln um sich herum Energie an, sie schaffen Zwänge, fixe Ideen, Abhängigkeiten und Krankheitssymptome. Sie bringen uns mit Menschen und Situationen in Kontakt, die uns zwingen, ihrer Energie in projizierter Form zu begegnen. Was immer wir versuchen wegzuschieben, es kehrt in getarnter Form zurück, bedroht uns und verlangt unsere Aufmerksamkeit. In unseren Träumen tauchen Eindringlinge und Angreifer auf; sie weisen hin auf Teile unserer Persönlichkeit, die in dem Bemühen, unsere Aufmerksamkeit zu gewinnen, zu Gegnern wurden, weil wir uns ihnen gegenüber so feindselig verhalten haben. Wir haben sie ignoriert, unterdrückt oder als nebensächlich abgetan. Letztlich haben wir mit uns dasselbe getan, was unsere Eltern in der Kindheit mit unserem verletzlichen, sich entwickelnden wahren Selbst machten. Unsere Eltern wußten es nicht besser, weil ihr eigenes Selbst von Eltern geformt war, die ihnen dasselbe antaten.

Obwohl der Ursprung dieses Prozesses in vergangenen Leben liegen mag und unserem Horoskop bereits eingeprägt ist, bevor wir mit unseren Eltern in Beziehung treten, spiegelt die Erfahrung unserer frühen Jahre dennoch unausweichlich die Psychodynamik unserer inneren Spaltung wider. Wir müssen möglicherweise unseren Eltern Schuld geben, um unsere Wut erleben und bewältigen zu können, doch wir müssen ebenso erkennen, daß auch sie von unterbewußten Kräften beeinflußt waren sowie daß wir mit einem inneren »Filter« geboren wurden, der unsere Erfahrungen auf selektive Weise wahrnimmt und verarbeitet. Die Erfahrungen, die unsere planetarischen Energien zum Ausdruck bringen, beeinflussen uns am meisten und sind uns am bewußtesten.

Wie verläuft die Abspaltung eines Teiles von uns? Wie wird ein Teil meines Wesens, eine planetarische Energie, zu einem Nicht-Ich, einem unbewußten Selbst, das außerhalb meiner bewußten Wahrnehmung ein eigenes Leben führt?

Die Familienkonstellation ist folgende: Unsere Eltern haben ein Verteidigungssystem entwickelt, um mit ihren Ängsten zurechtzukommen und ein annehmbares Maß an Selbstachtung aufrechtzuerhalten. Sie stehen unter dem Druck der Anforderungen, die in Beruf und Ehe an sie gestellt werden, und des Schmerzes ihrer eigenen Enttäuschungen und unerfüllten Bedürfnisse. Dann kommen wir zur Welt und bringen in großem Umfang Gefühle, Triebe, Bedürfnisse und Gedanken zum Ausdruck. Es ist unvermeidlich, daß einige Seiten in uns an dem Schutzpanzer kratzen, den unsere Eltern sich zugelegt haben. Um diese Bedrohung von ihrem Bewußtsein fernzuhalten, weisen sie uns – ohne sich dessen bewußt zu sein – mit derselben Unbarmherzigkeit ab, mit der sie auch ihre eigenen inneren Dämonen verdrängen.

Die meisten Eltern machen sich – oftmals unbeabsichtigt und unbewußt – der emotionalen Kindesmißhandlung schuldig. Wenn ihre Einstellung und ihr Verhalten zu dem sich entwikkelnden kindlichen Selbst im Widerspruch standen, wenn sie uns ablehnten und demütigten, weil wir Eigenschaften aufwiesen, die sie nicht mochten, fühlten wir uns erschöpft, bedroht, zerstört. Aber in der Abhängigkeit von unseren Eltern und voller Sehnsucht nach ihrer Liebe, ihrer Anerkennung und ihrem Schutz konnten wir uns nicht von ihnen abwenden. Wir lernten, unsere Gefühle, Bedürfnisse und Triebe, die in das Trauma von Ablehnung und Bestrafung führten, zu verstecken. Unfähig, sich auszudrücken, verkrochen sich diese Wesensteile tief im Inneren und verschwanden aus unserem Bewußtsein.

Die Wesenszüge, die unseren Eltern Anerkennung und Zustimmung entlockten, brachten wir dagegen voll zum Ausdruck. Wir entwickelten eine Persönlichkeit, ein äußeres Selbst, das – wenn es von unseren wahren inneren Wesenteilen allzu weit entfernt war – zu einem Schein-Selbst wurde. In dem Maße, wie wir als Erwachsene uns mit diesem Schein-Selbst identifizieren und die Gefühle und Bedürfnisse unseres wahren

Selbst verloren haben, fehlt es uns an Vitalität und der Fähigkeit, mit der Umwelt in Berührung zu kommen und von ihr berührt zu werden.

Vielleicht haben sich unsere Mütter nie wirklich geliebt gefühlt; vielleicht erfuhren sie einen derartig überwältigenden Schmerz, als ihnen liebevolle Gefühle entgegengebracht wurden, daß sie unsere Zuneigung nicht ertragen konnten. Als wir unsere unschuldige Liebe und Bewunderung zum Ausdruck brachten, haben sie uns möglicherweise zurückgewiesen, weil sie sich fürchteten, das zu erhalten, was sie sich stets gewünscht hatten. Denn um diese Liebe und Bewunderung anzunehmen, hätten sie sich mit dem Schmerz auseinandersetzen müssen, der den leeren Raum ausfüllte. So aber lernten wir, daß unsere Liebe unerwünscht ist. Wir lernten, daß »lieben« bedeutet, zurückgewiesen zu werden. Wir bekamen Angst vor unserem Bedürfnis, Liebe zu geben und zu empfangen, und wir schämten uns dessen. Wir lernten zu leben, indem wir Venus im 12. Haus versteckten.

Wenn ein Elternteil nicht fähig ist, eine bestimmte Energie anzunehmen oder auszudrücken und diese Energie in uns ablehnt, tragen wir nicht nur die Last unseres eigenen verletzten Selbst, sondern auch die Belastung der Energie jenes Planeten, den unser Elternteil auf uns projiziert hat. Wir tragen das Schatten-Selbst unserer Eltern.

Ziehe folgendes in Erwägung: Vielleicht fühlten sich deine Eltern unvollkommen und machtlos. Durch ihre Kinder – kleine, hilflose Geschöpfe, die von ihnen abhängig waren – konnten sie erfahren, wie ihre Macht auf die Realität einwirkt. Selbst unfähig, Schwäche oder Verletzlichkeit zu ertragen, verachteten sie diese Eigenschaften bei dir. Gleichzeitig zwangen sie uns aber durch ihre Handlungsweise, schwach, kindlich und abhängig zu bleiben. Sie überzeugten uns, daß wir dumm, unfähig und nicht in der Lage wären, mit unseren eigenen Angelegenheiten zurechtzukommen. Sie hungerten uns emotional aus, verwöhnten uns aber mit Süßigkeiten und schimpften schließlich, wenn wir zuviel davon aßen. So erhielten wir widersprüchliche Informationen, die uns das Gefühl gaben, daß wir unfähig seien. Auf diese Weise wurde unsere Abhängigkeit noch verstärkt.

Versuchen wir uns zu behaupten, tüchtig, unabhängig oder selbständig zu sein, setzen sie uns ebenso herab, als wenn wir uns schwach und bedürftig zeigen. Doch sie brauchen uns, um das eigene verachtete Kind in ihnen zum Ausdruck zu bringen, damit sie nicht in sich selber dem gegenübertreten müssen, was sie am meisten fürchten. Sie verlangen, daß wir ihren abgelehnten Schatten übernehmen, daß wir mit Sonne, Mars, Uranus oder Pluto im 12. Haus leben, ohne in der Lage zu sein, unsere Macht und Persönlichkeit voll zu erfahren und zu entwickeln.

Überlegen wir also: Unsere Eltern haben eine Monopolstellung in bezug auf eine bestimmte planetarische Energie. Zum Beispiel: Vater hat ein T-Quadrat zu Mars im Widder. Nur er kann schreien; nur er kann seine Wut rauslassen und erwarten, daß seine Bedürfnisse erfüllt werden. Für deinen Mars gibt es in einer Familie mit diesem Monopol keine Existenzmöglichkeit. Oder vielleicht hat Mutter den Merkur am Aszendenten im Löwen und erwartet eine verständnisvolle Zuhörerschaft. Dann macht sie aus ihren Gedanken und Gefühlen ein Melodrama. Sie schildert uns alle ihre Probleme. Sie will unsere Erlebnisse nicht hören, weil wir für sie nur als Ohren existieren, als Resonanzkörper, durch den sie mit ihrem ungehörten inneren Kind fertig werden kann. Für unseren Merkur im Krebs im 12. Haus ist – außer als Spiegel für ihren Merkur – kein Platz. Als Folge davon lernen wir zuhören, doch nie üben wir, uns auszudrükken. In diesem Fall haben wir unsere Kommunikationsfähigkeit nie auf angemessene Weise entwickelt oder Vertrauen in sie gesetzt.

Was geschieht mit den Teilen unseres wahren Selbst, die in uns vergraben sind, die tief untergetaucht sind in den Wassern unseres 12. Hauses? Da gibt es viele Möglichkeiten. Manchmal setzt sich eine Energie, die völlig abgelehnt wurde, im »Es« (unserem Lagerhaus für unterdrückte, ursprüngliche Energie) fest. Wir erleben dann eine »horizontale Spaltung« – das heißt, eine Seite von uns wird völlig unerreichbar und zieht sich in den »Maschinenraum« unseres 12. Hauses zurück, von wo aus sie heimlich unser Leben beherrscht. All unsere Entscheidungen und unser Verhalten werden dann vielleicht auf versteckte Weise von Angst (Saturn), Wut (Mars), Verlangen nach Ruhm (Sonne) oder dem Bedürfnis nach Fürsorge (Mond) geleitet. Wir bleiben uns dieser spezifischen Energien völlig unbewußt und bewahren unsere Schutzhaltung.

Noch häufiger jedoch erfahren wir eine »vertikale Spaltung«. Ein Teil in uns spaltet sich nicht völlig ab, sondern dringt ohne Vorwarnung in unser Bewußtsein ein und verschwindet wieder daraus. Zum Beispiel leben wir vielleicht, ohne uns Neptun im 12. Haus bewußt zu sein, und fühlen uns in der irdischen Realität gefangen – bis Neptun hervorbricht und uns unerwartet durch Alkohol oder durch Phantasie, durch Hingabe an einen Guru oder durch eine schöpferische Inspiration in einen Rauschzustand versetzt. Dann verschwindet Neptun wieder aus unserem Bewußtsein, und wir treffen Entscheidungen, welche die neptunischen Bedürfnisse unseres 12. Hauses nicht in Betracht ziehen.

Frühe Traumata können zu Fixierungen führen. Je früher das traumatische Erlebnis stattfand, desto wahrscheinlicher wird es Teil unserer psychischen Struktur, welche in der Kindheit formbar ist, nach und nach jedoch starr und unbeweglich wird. Fixierungen, die sich bei der Bewältigung traumatischer Gefühle unserer frühen Jahre entwickeln, können weiterbestehen, obwohl wir das ursprüngliche Trauma vergessen haben mögen. Sie können ohne Beziehung zu dem jeweiligen Trauma sein (zum Beispiel, wenn wir ununterbrochen lesen und den Verstand verherrlichen, um uns dem Gefühlsleben zu entziehen); sie können aber auch ein direktes Mittel sein, um sicherzugehen, daß die ursprüngliche schmerzliche Erfahrung (oder eine Reihe von Erfahrungen) sich nicht wiederholen wird.

Vielleicht haben wir den Teddy unseres Bruders gestohlen und aufgeschlitzt und wurden von unserem Vater übermäßig hart bestraft, indem er dem »kleinen Petzer« am Weihnachtsabend alle unsere Geschenke gab. Welch grausame Strafe für ein Stier-Kind! Wie unerträglich waren der Schmerz und der Verlust, die wir an jenem Tag empfanden – so schrecklich war der Schmerz, daß wir beschlossen, niemals, niemals wieder unter dem Verlust materieller Besitztümer zu leiden, die wir so innig gewünscht hatten. In der darauffolgenden Woche verkauften wir dann trotz des eisigen Wetters Limonade auf der Straße, um genug Geld zu verdienen, um uns von unserer inneren Armut loszukaufen. Unter dem Einfluß von Pluto im Löwen im 12. Haus, der zu Jupiter im Skorpion an der Spitze des 3. Hauses im Quadrat steht, beschlossen wir, daß es das Wichtigste im Leben ist, Geld zu verdienen oder andere Leute davon zu überzeugen, uns materielle Güter zu geben, oder uns symbolisch die vor vielen Jahren weggenommenen Weihnachtsgeschenke zurückzugeben. 20 Jahre später besitzen wir vielleicht ein Geschäft, erhalten täglich Warenlieferungen und sind besessen von unserem Laden, wobei wir noch immer versuchen, den Schaden des halbvergessenen Weihnachtsfestes zu vergessen.

Einige Fixierungen und Zwänge und fixe Ideen sind »egoextrovertiert«; sie stehen nicht im Widerspruch zu unserem Selbstbild, unseren Werten, unseren Zielen. Sie können uns helfen, unseren Lebensunterhalt zu verdienen, einen Partner anzuziehen, eine Fertigkeit zu entwickeln. Weil sie für uns arbeiten und konstruktiv zu sein scheinen, werden wir uns der Wunde nicht bewußt, die sie verursachen. Vielleicht blutet diese innerlich oder wird sogar zu einer realen physischen Wunde oder Krankheit. Oft entwickeln wir ein Selbstbild, eine Wertordnung und Ziele, um unsere Fixierung zu erhalten oder um das Wiedererleben eines unerträglichen Traumas zu verhindern. Um die versteckte Wunde bloßzulegen und zu heilen, müssen wir das Gefüge unseres Selbst und die Struktur unseres Lebens, die wir errichtet haben, um die Verletzung zu verbergen, niederreißen. Die meisten von uns sind nicht zu einem solchen Schritt bereit, bevor die Lebensumstände nicht vollends unerträglich sind; dann beginnen wir mit dem »Zusammenbruch«, um den »Durchbruch« zu schaffen.

Die Struktur unseres Charakters entwickelt sich schon in frühen Jahren. Weil wir Teile unseres wahren Selbst verloren und falsche Selbste entwickelt haben, konstruieren wir innere Vorstellungen und Ideale, um diese zu kompensieren. »Ich habe kein Recht, draußen in der Realität zu leben«, sagt uns das wahre Selbst; »so will ich mich dafür innerlich, in meiner Phantasie, entschädigen«. Weil wir das kindliche Gefühl unserer Großartigkeit angesichts unserer wahren Stellung in der Welt nicht aufzugeben vermögen, erhalten wir es insgeheim aufrecht. Wir glorifizieren unser Selbstbild, um unsere verkümmerten Glieder zu verhüllen, unsere Wunden zu verstecken und um mit unserer insgeheim nachlassenden Selbstachtung fertig zu werden. Wir glorifizieren eine Seite von uns und setzen eine andere herab. Weil unser Selbst nicht stark genug ist, fühlen wir uns zu unserem Selbstbild hingezogen, identifizieren uns mit bestimmten Seiten in uns, die wir schätzen, und unterdrücken ihr Gegenteil. Was wir unterdrücken, wird ein Teil unseres Schatten-Selbst, verbannt ins Unterbewußtsein des 12. Hauses.

Das glorifizierte Selbstbild und das herabgewürdigte Selbst stehen miteinander in Beziehung. Wenn wir geliebt werden, so wie wir sind, in unserer Gesamtheit, können wir alle Seiten unseres Wesens zum Ausdruck bringen und schätzenlernen. Wir müssen nicht als Kompensation ein überhöhtes Selbstbild entwickeln oder uns innerlich an ein Ich-Ideal klammern, das der Liebe wert ist. Wir fördern unsere Selbstachtung, indem wir unser wahres Selbst sind und es entwickeln. Doch wenn Teile unseres Wesens abgelehnt und wir nur dann geliebt werden, wenn wir vollkommen sind (oder wir glauben, daß Liebe nur dann erfahren werden könnte, wenn wir nur vollkommener wären), lernen wir, daß die einzige Hoffnung für die Erfüllung unserer Bedürfnisse darin liegt, an unserem Ideal festzuhalten und es zu verwirklichen, und nicht darin, uns mit dem zufriedenzugeben, was wir wirklich sind. Wir suchen im Leben Befriedigung, indem wir rigoros unseren Idealen folgen oder uns in Phantasien über zukünftige Möglichkeiten und Fähigkeiten flüchten. Diese Phantasien einer Prüfung zu unterziehen stellt eine Bedrohung dar, weil unser Selbst vielleicht gar nicht stark genug ist, einen Fehlschlag und den Zusammenbruch der inneren Vorstellungen zu riskieren, die uns aufrechterhalten.

Wenn wir also den Mond im 12. Haus haben, klammern wir uns vielleicht an unsere Phantasien, daß wir der perfekte Betreuer oder der engagierte Sozialarbeiter oder die vollkommene Mutter oder auch erreichbar für alle Krankenhaus-Patienten sind, die uns brauchen – statt zu riskieren, daß unsere Bedürfnisse in einer intimen Beziehung zum Tragen kommen und wir die persönliche Zuwendung erhalten, die wir uns wünschen. Wie stark, wie kindisch, wie unersättlich könnten unsere Bedürfnisse sein, wenn wir sie an die Oberfläche ließen! Wieviel sicherer ist es, sie aus zweiter Hand zu erfüllen, Ersatzhandlungen zu schaffen, uns durch Phantasie Auftrieb zu geben – sicherer allemal, als das Verlangen unseres inneren Kindes zu spüren und zu riskieren, es nochmals einer Welt auszusetzen, die nicht fähig sein könnte, seine Bedürfnisse zu erfüllen.

Oft beginnen wir schon in jungen Jahren, die Realität zu verzerren, indem wir Schutzmaßnahmen ergreifen, die unser Selbstbild bewahren, unsere Selbstachtung erhalten und uns vor traumatischen Gefühlen schützen. Intellektualisierung und Rationalisierung unterstützen die Struktur unseres Selbst und unser Verhalten. Projektion erlaubt uns, abgelehnten Seiten unseres Wesens in der äußeren Welt zu begegnen, anstatt in der inneren Konfrontation mit diesen Seiten, mit denen wir noch nicht umgehen können, eine unerträgliche Bedrohung unseres Selbstbildes zu erleben. Durch »Symptom-Bildungen« – fixe Ideen, Zwänge, Fixierungen, Somatisierungen (der körperliche Ausdruck emotionaler Konflikte) – lenken wir die starke Energie unserer Konflikte auf Bereiche, in denen wir das ursprüngliche Trauma auf eine Weise wiedererleben können, die für uns erträglich ist. Durch »Reaktions-Bildung« erhalten wir unsere Selbstachtung, wobei wir uns einreden, das Gegenteil von dem zu empfinden, was wir tatsächlich fühlen. Verleugnen wir Mars im 12. Haus, verhalten wir uns liebevoll denen gegenüber, die wir hassen. Verleugnen wir Saturn im 12. Haus, geben wir vor, das zu wünschen, wovor wir Angst haben.

Man kann anhand des Horoskops Vermutungen anstellen, welcher Art unsere Schutzmechanismen sind. Eine Frau mit drei Planeten in den Zwillingen und dem Mond im 12. Haus neigt vielleicht dazu, ihre Gefühle zu intellektualisieren. Ein Mann mit einer Widder-Venus im 12. Haus, die sowohl sein 1. als auch sein 6. Haus regiert, kann seine venusischen Konflikte somatisieren, indem er zum Beispiel Diabetes entwickelt. Eine Waage-Frau mit Mond in den Fischen und einer Mars/Pluto-Konjunktion im 12. Haus hängt vielleicht eher dem »Reaktions-Typus« an, indem sie sich bemüht, die Anerkennung jener zu gewinnen, die sie haßt, aber zu lieben meint. Ein Mann, dessen Herrscher des 12. Hauses, Uranus, im 7. Haus steht, projiziert vielleicht sein verborgenes unberechenbares, individualistisches Selbst auf einen Partner und begegnet niemals seiner eigenen uranischen Natur.

Viele Schutzmechanismen leisten einen Beitrag zu unserem Leben. Die Verdrängung unseres Traumas hinsichtlich emotionaler Entbehrungen kann uns zur Entwicklung unserer beruflichen Fähigkeiten motivieren, damit wir als Erwachsene die Befriedigung erleben, produktive Arbeit zu leisten und finanzielle Sicherheit zu erreichen. Das Sublimieren emotionaler Konflikte in künstlerische Ausdrucksformen kann emotionale Erfüllung bringen und uns Anerkennung verschaffen. Unser Streben nach Wiedergutmachung für unsere Schuld, für tatsächliche oder eingebildete Sünden aus der Vergangenheit kann uns für Sozialarbeit motivieren und befähigen, die Selbstachtung zu empfinden, die aus einem fruchtbaren Beitrag für die Gesellschaft resultiert.

Wir brauchen unsere Schutzmechanismen. Aber wir brauchen solche Schutzmechanismen, die unsere Realität möglichst wenig verzerren und ein konstruktives Betätigungsfeld für die Aufarbeitung unserer emotionalen Probleme bieten. Je weniger wir wichtige Seiten unseres Wesens unterdrücken, desto eher können wir Entscheidungen treffen, die unsere Bedürfnisse erfüllen und zu unserem Wohlbefinden beitragen.

Verdrängungen

Wir verdrängen Gefühle, Triebe, Bedürfnisse, Wünsche und Gedanken, welche in der Kindheit nicht akzeptiert wurden und von denen wir fürchten, daß sie auch heute unangemessen wären. Wir unterdrücken jene Seiten unseres Wesens, die für uns wichtige Beziehungen, von denen wir abhängig sind, gefährden könnten.

Wir verdrängen das, was unsere Identität oder unser Selbstbild bedroht, was unerträgliche Angst oder Schmerz hervorruft oder Schande und Demütigung über uns bringen könnte. Wenn wir unsere Triebe nicht beherrschen können, verdrängen wir jene Wünsche, die zu unkontrollierbaren Trieben werden und zu einem Verlust unserer Beherrschung führen könnten. Außerdem verdrängen wir solche Teile unseres Wesens, die im Konflikt zu anderen Teilen stehen und starke Ängste aufwerfen, die wir nicht zu ertragen imstande sind.

Ob wir fähig sind, die Energien unseres 12. Hauses wieder ins Bewußtsein zu bringen, kann davon abhängen, welche Beziehungen zu den anderen Energien des Horoskops bestehen. Kann unser bewußtes Selbst, unser Ich, die Energien unseres 12. Hauses aufnehmen, ohne zu zerbrechen?

Wenn wir Sonne, Merkur und Venus in den Fischen haben, sind wir vielleicht fähig, die verleugneten Energien unseres Neptuns im 12. Haus wiederzugewinnen, da wir uns bereits mit vielen Seiten unseres Neptun-Selbst identifizieren. Aber was ist, wenn wir eine Ansammlung von Planeten in der Waage und den Mond in den Fischen haben oder wenn unsere Mars/Jupiter-Konjunktion im Skorpion im 12. Haus ein Quadrat zu Pluto im Löwen bildet? Was geschieht, wenn wir ein Selbstbild, ein Wertsystem, einen Lebensstil und ein Netzwerk an Beziehungen errichtet haben, das die Werte von Liebe, Harmonie und des symbiotischen Einsseins mit allem Lebendigen unterstützt? Wie können wir dann Mars und Jupiter im Skorpion gerecht werden? Was geschieht, wenn Pluto im Transit über diese Konjunktion geht und wir entdecken, welches Ausmaß an Haß und Wut in uns ist (bevor wir uns unserer konstruktiven Macht bewußt werden)?

Wir halten alte Verdrängungen aufrecht, und wir verdrängen Erfahrungen, welche unsere innere und äußere Ordnung bedrohen – eine Ordnung, die besonders gefährdet ist, wenn sie auf einer Dimension unseres Wesens auf Kosten einer anderen Dimension errichtet wurde. Je mehr wir uns mit einer Seite von uns identifizieren und auf diese unsere Persönlichkeit und unsere Selbstachtung richten, desto mehr brauchen wir den Ausdruck der gegenteiligen Eigenschaften.

Das Aufrechterhalten unserer Persönlichkeit und das unserer Selbstachtung steht nicht notwendigerweise miteinander in Verbindung. Einige von uns haben vielleicht wirklich »negative« oder diffuse Persönlichkeiten, die auf der Absorption der Schattenseiten beruhen, welche unsere Eltern auf uns projizierten. Wir sind deshalb oft nicht fähig, das Licht zu erkennen. Unsere Eltern, in ihrem eigenen Schmerz und ihrer Desillusionierung gefangen, waren vielleicht nicht in der Lage, die lebensbejahenden Energien unserer Sonne, unseres Jupiters oder unserer Venus zu ertragen, welche in das 12. Haus verbannt wurden. Vielleicht haben wir schon früh erkannt, daß der Ausdruck der intellektuellen Begabung (unser Uranus im 12. Haus) bei unseren Eltern und bei Gleichaltrigen Eifersucht und Groll hervorruft. Diese Verachtung kann dann zu unserem Gefühl der Einsamkeit und des Fremdseins beitragen.

Vielleicht standen unsere angeborenen Begabungen im Widerspruch zu unserer Geschlechterrolle oder zu unserer religiösen Erziehung. Die Begabung eines fünfjährigen Mädchens für den Ringkampf werden wahrscheinlich von ihrer Krebsmutter, die mit Vorliebe Spitzenkleider trägt und der Theorie verführerischer Weiblichkeit huldigt, nicht sehr geschätzt. Zwangsläufig wird die Tochter ihr ganzes Leben hindurch mit ihrem Widder-

Mars im 12. Haus zu kämpfen haben. Was macht der Fische-Junge mit dem Mond im 12. Haus, der an einem Militärstützpunkt aufwächst, mit einem Vater, der für Macho-Werte eintritt? Wie geht er mit seiner Sensitivität, seinem Verantwortungsgefühl für andere, seiner Spiritualität und seinen schöpferischen Fähigkeiten um? Was ist mit dem dynamischen, leidenschaftlichen jungen Mädchen mit einer Venus/Mars-Konjunktion im Skorpion im 12. Haus, das von seinen Eltern in ein katholisches Internat geschickt wird? In welchem Ausmaß können die Nonnen und Priester, die sie erziehen, ihr helfen, ihre Leidenschaft und ihre erwachende Sexualität zu schätzen? Bis zu welchem Grad können zwei als Missionare tätige Eltern von eher zurückhaltender Natur die exhibitionistische, dramatische Begabung ihres Sohnes schätzen, der eine Anhäufung von Löwe-Planeten im 12. Haus hat?

Wenn wir nicht in unseren Körpern geerdet und emotional gefestigt sind, haben wir vielleicht Angst, unsere positiven Eigenschaften anzuerkennen. Wir ziehen es dann vor, uns elend zu fühlen und nahe am Boden zu bleiben, statt zu riskieren, manisch oder egoistisch zu werden. Wir scheuen das Fliegen, weil wir uns fürchten, mit unseren neu entdeckten Talenten zu hoch emporzusteigen und den unvermeidlichen Absturz zu riskieren.

Innere Verfolger und Dämonen

Unser »lichter Schatten« (die positiven Dimensionen unserer verdrängten Eigenschaften) kann im 12. Haus als innerer Helfer, Führer oder Retter existieren, der uns in Krisenzeiten unterstützt. Andererseits kann unser »dunkler Schatten« (die negativen Dimensionen dieser Eigenschaften) den Selbsthaß unseres inneren Unterdrückers absorbieren und zu selbstzerstörerischem Verhalten beitragen.

Wenn wir eine Seite in uns verdrängen, sind daran mindestens zwei Teile unseres Wesens beteiligt – der »Hüter der

Schwelle« unseres 12. Hauses, der unser innerer Unterdrücker, Verfolger und Beschützer ist, und der Teil von uns (die innere Persönlichkeit), den wir unterdrücken. Das Ausmaß unserer Wut, des Hasses oder der Angst, die in diesen Unterdrückungsprozeß verwickelt sind, steht mit dem Ausmaß an Wut, Haß und Angst in Beziehung, die wir durch unsere Eltern und andere Erwachsene erfuhren, welche uns emotional unter Druck setzten. Außerdem bezieht es sich auch auf die Wut, den Haß und die Angst, mit der wir auf diesen Druck reagierten und die wir vielleicht nicht äußern konnten. Wir richten dieselben Gefühle gegen uns, die andere uns entgegenbrachten oder die wir nicht auf andere lenken konnten. Normalerweise sind wir erst dann fähig, diese Gefühle loszulassen, wenn wir den sich in uns abspielenden psychischen Prozeß wieder zum ursprünglichen interpersonalen Prozeß zurückverwandeln können; das heißt, wenn wir die Stimmen der Unterdrücker hören und ihnen in der ursprünglichen Form antworten können.

Oft werden diese Stimmen zu inneren Verfolgern. Ihre Stimme ist die Stimme des Hasses. Die negativen Botschaften, die sie uns geben, schwächen uns. Nicht nur aufgrund ihres Inhaltes (»Du taugst nichts«; »Keiner wird dich jemals lieben«; »Da haben wir es wieder, du benimmst dich wie ein Idiot«; »Du kannst einfach nichts richtig machen«; »Welchen Sinn hat es, dieses Risiko einzugehen? Es klappt sowieso nichts, was du tust« etc.), sondern auch wegen des Ausmaßes an Haß, das sie gegen uns richten. Obwohl das Urteil, das wir über uns selbst und unser Leben fällen, für gewöhnlich verallgemeinernd, übertrieben und manchmal verheerend ist, kann es sogar stimmen. Das Problem ist nicht allein die Art des Urteils, sondern der ihm zugrundeliegende Haß.

Manchmal kann uns eine vorsichtige Stimme vor unklugen Verhaltensweisen bewahren. Wir müssen viele unserer Triebe verdrängen oder unterdrücken. Doch wo bleibt die Sorge um unser Wohlbefinden, das Mitleid, die Liebe, die Vergebung, mit denen wir uns selbst warnen und zurückhalten könnten? Warum müssen wir uns selbst Gehorsam einbleuen und damit unser Vertrauen, unsere Hoffnung und unsere Vitalität zerstören?

Oft ist die Stimme des inneren Verfolgers gar nicht unsere eigene, sondern die Stimme eines Elternteiles, die wir verinnerlicht haben und die im Laufe der Zeit durch Angst und unsere unterdrückte Wut verzerrt und intensiviert wurde. Die Stimme verurteilt, ist herablassend, kritisch, überwältigend und unversöhnlich. Sie übt keine Nachsicht gegenüber den Grenzen, Fehlern, Unvollkommenheiten und Schwächen des Menschen. Manchmal widerspricht sie sich selbst. Sie drängt uns zur Zurückhaltung im Handeln und verurteilt uns dann für diese.

Obwohl innere Verfolger mit allen Energien des 12. Hauses in Verbindung stehen können, sind sie besonders augenfällig, wenn Mars, Pluto oder Saturn mit dem 12. Haus verbunden sind. In diesen Fällen sind die Energien des Unterdrückers und die Energien der verdrängten Persönlichkeit vollständig miteinander verbunden. Wir sind vielleicht gar nicht in der Lage, sie zu unterscheiden. Erbarmungslos wüten wir gegen unsere Wut, oder wir reagieren panisch und haben große Angst davor, durch unsere Angst uns selbst zu zerstören.

Wenn wir die Natur der Peiniger unseres 12. Hauses verstehen wollen, erhebt sich die wichtige philosophische Frage über Gut und Böse. Sind die Verfolger, die wir in uns aufgenommen haben, lediglich ein Ausdruck unserer Angst und der Angst unserer Eltern? Sind die entstellten Persönlichkeiten, die in unserem 12. Haus wohnen, nur deshalb entstellt, weil die gesunden, natürlichen Triebe unseres inneren Kindes unterdrückt wurden und unsere Integrität verletzt wurde? Sind wir von Natur aus gut und lebensbejahend, werden jedoch böse oder lebensverneinend, wenn unsere grundlegenden Instinkte auf Frustration stoßen? Oder sind die in unserem 12. Haus eingesperrten verzerrten Energien ein Zeichen für das uns angeborene Böse, unseren Todestrieb, unseren Haß auf das Leben? Müssen wir – wie Freud – glauben, daß wir Menschen eine Brutstätte für zerstörerische Impulse oder daß wir alle der Erbsünde schuldig sind? Wie erklären wir uns die Tatsache, daß unsere inneren Peiniger und die entstellten Persönlichkeiten unseres 12. Hauses tatsächlich erschreckend dämonisch erscheinen (und sich manchmal auch auf eine solche Weise zum Ausdruck bringen)?

Ich kann keine Antworten auf Fragen geben, die auch von Philosophen und Psychologen noch niemals ausreichend beantwortet werden konnten. Ich kann nur versuchen, meine eigenen Überzeugungen darzulegen. Einst glaubte ich, die Antwort zu kennen; Liebe beherrscht alles; wir alle sind – im innersten Kern – Lichtwesen. Doch eine Dekade Nachwirkungen der Saturn-Wiederkehr und die daraus folgenden Konfrontationen mit der dunklen Seite des Lebens haben meinen Schütze-Optimismus gedämpft. Derzeit glaube ich an die Realität des Bösen, aber nicht daran, daß es eine angeborene, unumgängliche menschliche Neigung ist. Ich glaube aber auch an die Realität des Guten. Die grundlegenden menschlichen Triebe mögen weder gut noch böse sein; doch möglicherweise werden neutrale Energien, wenn sie mit Liebe, Achtung und weiser, mitfühlender Beschränkung genährt wurden, zu Trägern der guten Kräfte, die im Universum existieren. Werden sie jedoch übermäßig frustriert, Entbehrungen und Gewalttätigkeiten ausgesetzt, ziehen diese Instinkte das Böse an, welches vielleicht tatsächlich als reale, erschreckende und autonome Dimension des Lebens existiert.

In unserem 12. Haus kann das Böse wohnen, insbesondere, wenn es von Mars, Pluto oder Saturn bewohnt oder regiert wird. Gelegentlich können dämonische Energien ins Bewußtsein durchbrechen. Doch das bedeutet nicht, daß unsere Natur von Grund auf schlecht oder dämonisch ist. Es bedeutet, daß starkes Leid und Verzicht uns deformiert und dämonische Energien angezogen haben, die wir jedoch verwandeln und uns nutzbar machen können. Die lebensbejahende, dynamische, vitale und kreative Energie, die innerhalb des Dämonischen existiert, besteht fort, solange sie dessen zerstörerische, lebensverneinende, böse Neigungen besiegt, auflöst oder verbannt.

Wenn wir als Kinder mehr Frustrationen, Verluste und traumatische Erfahrungen erlebt haben, als wir bewältigen konnten, finden wir uns ständig in Situationen wieder, in denen wir keine Macht hatten, auf die Realität einzuwirken oder unsere Bedürfnisse zu erfüllen. Wiederholt mögen wir die Schrecken der Vernichtung (Verlust des Selbst) oder der Isolation (Verlust von anderen) gefühlt haben, was uns vielleicht dazu brachte, vor Entsetzen ein Reservoir an archaischer Wut, einen blinden Drang zur Zerstörung und Haß gegen das Leben zu entwickeln. Unser 12. Haus mag für die dämonischen Impulse ein fruchtbarer Boden gewesen sein, zumindest soweit, als es unser wahres Selbst genährt hat.

In dem Maße, in dem unsere Eltern die Saat des Dämonischen in sich trugen und ihre grausamen oder aggressiven Impulse verleugneten, bildeten wir den Nährboden für ihr Schatten-Selbst. Doch die dämonischen oder zerstörerischen Energien, die wir in uns tragen, sind kein Hinweis darauf, daß das Böse in uns oder in ihnen angeboren ist. Diese dämonischen Eigenschaften zeigen viel mehr Wunden auf, entstellte Energien, die sich nur deshalb den destruktiven Kräften angepaßt haben, weil sie keine ausreichende Gelegenheit hatten, in der Gegenwart lebensbejahender Energien sich zu entwickeln und geheilt zu werden.

Tragen wir die ungeläuterten Dämonen unserer Eltern in uns, so wie sie die Dämonen tragen, die ihnen von ihren Eltern übermittelt wurden? Läuft diese Reihe fort in die Vergangenheit, bis zu Adam und Eva? Bringen wir nun wieder die Lehre der Erbsünde vor, die von Familie zu Familie durch alle Generationen weitergegeben wird? Ich bin keine Theologin. Aber statt die Lehre des Christentums oder die jüdische Lehre zu unterstützen, glaube ich die Wurzel des Gut/Böse-Dilemmas, das wir erleben, mit der Spaltung zwischen Seele und Körper, Geist und Fleisch, Dunkelheit und Licht etc. zu erkennen, von der die westlichen (und viele der östlichen) Religionen durchdrungen sind. Wenn Gott nur gut ist, dann muß Satan existieren, um Gottes Schatten zu verkörpern. Wenn wir bestimmte Eigenschaften als Tugenden achten, müssen andere Eigenschaften zu Lastern werden und dem Schattenbereich des Lebens zugerechnet werden. Wann immer wir uns bewußt mit einer Eigenschaft identifizieren, drücken wir unbewußt ihr Gegenteil aus oder ziehen es an. Luzifer, der Lichtträger, wollte zu gut sein – und wurde böse. Auch wir werden zu dem, was wir ablehnen, wenn wir die unerfreulichen Seiten unseres Wesens zurückweisen und zu sehr nach dem Guten streben.

Die Dynamik der Scham

Kehren wir wieder zu der familiären Situation und ihrer Dynamik zurück, die zu unseren Mustern der Verdrängung und Selbstablehnung beiträgt. Um die selbstverneinenden Seiten in der Dynamik unseres 12. Hauses zu verstehen und um über sie hinauszugehen, müssen wir vielleicht bereit sein, unsere Scham aufzudecken. Oft sind nämlich die Energien des 12. Hauses mit dem Schmerz tiefsitzender Scham und Demütigung verflochten, gegen die wir uns auf aggressive Weise verteidigen müssen.

Wenn wir bloßgestellt werden, fühlen wir uns herabgesetzt und minderwertig. Unser Selbstgefühl wird mit Füßen getreten. Wir verlieren unsere persönliche Würde, und unsere Selbstachtung erleidet einen Schlag. Wir fühlen uns schlecht, wertlos, vielleicht »untermenschlich«. Wir empfinden keine Scham, wenn wir gegen unsere höchsten Interessen oder die Wünsche unserer Eltern handeln (dies ruft eher Schuldgefühle hervor), sondern wenn wir gedemütigt werden oder Demütigung für Gefühle und Verhaltensweisen fürchten, über die wir erfahrungsgemäß wenig Kontrolle haben.

Wir schämen uns unserer verbotenen Gelüste, Wünsche und unseres Verlangens. Wir schämen uns, weil wir nicht fähig sind, unsere Triebe zu beherrschen, weil wir uns von unannehmbaren Gefühlen mitreißen lassen. Wir schämen uns, weil wir dem Maßstab unserer Geschlechterrolle nicht entsprechen oder weil wir Entwicklungsschritte nicht zum erwarteten Zeitpunkt schaffen. Wir schämen uns unserer Rückschritte, unserer Abhängigkeit und kindlichen Verhaltensweisen, wenn von uns erwartet wird, erwachsen und unabhängig zu sein.

Für gewöhnlich fühlen wir uns beschämt, wenn wir unwissentlich elterliche oder gesellschaftliche Tabus gebrochen haben. Wir haben den Verhaltensmaßstäben, die unsere Eltern und die Gesellschaft erwarteten, nicht entsprochen. Wir benehmen uns nicht auf zivilisierte Weise. Zu groß ist der Unterschied zwischen unserem Ideal-Selbst und dem, was wir tatsächlich sind, besonders im Hinblick auf die Seiten unseres Wesens, die mit den Energien unseres 12. Hauses in Verbindung stehen.

Als Erwachsene schämen wir uns der Gefühle, Gedanken und Verhaltensweisen, für die wir als Kinder bloßgestellt wurden. Der Mond im 12. Haus kann auf traumatische Erfahrungen des Beschämtseins aufgrund unserer Schwäche, Verletzlichkeit oder Bedürftigkeit hinweisen. Pluto im 12. Haus läßt auf Scham hinsichtlich der Sauberkeitserziehung (das Problem des Festhaltens und Loslassens), unserer Sexualität oder Aggression schließen. Saturn im 12. Haus deutet darauf hin, daß wir uns unserer Ängste und unserer Versuche, durch schulische Leistungen und häusliche Arbeiten unser Können zu beweisen, schämen.

In letzter Zeit sind viele psychologische Bücher zu Familien erschienen, deren Basis die Scham ist – Familien, in denen Eltern oft und auf grausame Weise ihre Kinder bloßstellen. In Familien, die auf der Basis von Scham existieren, besteht häufig eine Neigung zu Süchten und Abhängigkeiten, in denen die Mitglieder Trost vor ihren traumatischen Gefühlen suchen, die von Scham und Demütigung hervorgerufen wurden. Merle Fossum und Marilyn Mason fanden heraus, daß diese Familien oftmals folgende Charakteristiken aufweisen: Strenge Regeln, Perfektionismus, Muster von Scham und Verleugnung, Mangel an Mitleid und Einfühlungsvermögen; man konzentriert sich auf Wertmaßstäbe und Vorstellungen statt auf die Realität und behandelt einander nicht wie Menschen, sondern wie Gegenstände. Des weiteren werden Grenzen mißachtet, er herrscht Mangel an Echtheit und Glaubwürdigkeit, und es wird ein zwanghaftes Verhalten entwickelt, um Ängste zu beherrschen und die realen, schmerzhaften Probleme zu vermeiden. Um das Familiensystem zu erhalten, ermutigen die Eltern ihre Kinder oft auf subtile Weise zu genau dem Verhalten, das sie dann bloßstellen.

In dem Buch »Facing Shame: Families in Recovery« geben *Fossum* und *Mason* »die acht Regeln der Familie, die auf der Basis von Scham existiert«:

1. *Beherrschung:* Beherrsche das gesamte Verhalten und die Interaktionen.
2. *Perfektion:* Habe immer »recht«. Tu stets »das Richtige«.
3. *Schuldzuweisung:* Wenn etwas nicht so läuft, wie du es geplant hast, gib jemandem die Schuld (dir selbst oder anderen).
4. *Verleugnung:* Verleugne deine Gefühle, besonders die negativen oder verletzlichen wie Ängstlichkeit, Furcht, Einsamkeit, Kummer, Ablehnung, Bedürftigkeit.
5. *Unzuverlässigkeit:* Erwarte keine Verläßlichkeit oder Beständigkeit in Beziehungen. Achte auf das Unvorhersehbare.
6. *Unvollständigkeit:* Bringe Unternehmungen nicht zu einem Abschluß oder einer Lösung.
7. *Kein Gespräch:* Sprich nicht offen oder direkt über beschämendes, beleidigendes oder zwanghaftes Verhalten.
8. *Abwertung:* Wenn respektloses, bloßstellendes, beleidigendes oder zwanghaftes Verhalten auftaucht, schließe es aus, verleugne oder tarne es.

Die Ebene des emotionalen Traumas, das wir durch das Aufwachsen in einer Familie, deren Basis die Scham war, erlebten, kann so tief sein, daß wir all unsere Lebens- und Verteidigungsmechanismen anwenden mußten, um das Aufreißen unserer auf Scham basierenden Wunden zu vermeiden. Diese Mechanismen bedeuten aber die Wiederholung des Verhaltens, für das wir als Kinder bloßgestellt wurden und für das wir uns als Erwachsene schämen.

Die Übertragung des Familienmusters

Die Verhaltensmuster, die für unsere Existenz, für unser Gefühl für Sicherheit und Schutz beitrugen, als wir Kinder waren, werden Teil unserer Charakterstruktur. Unser Selbstgefühl entwickelt sich in gewissem Maße durch das, was wir an Einstellungen und Verhaltensweisen unserer Eltern verinnerlichten. Als Erwachsene setzen wir die Art, wie unsere Eltern mit uns umgingen, selber fort; wir stützen uns auf innere Botschaften, äußere Objekte und Lebenserfahrungen, um die Familienrealität unserer Kindheit aufrechtzuerhalten. Wenn ein Elternteil mit einem T-Quadrat zu Merkur im 9. Haus uns wiederholt Vorträge über Gut und Böse hält und »fixe Ideen« über die Zukunft hat, bringen wir unseren Jupiter im 12. Haus unbewußt vielleicht dadurch zum Ausdruck, daß wir selber etwas vortragen, unseren Studenten Vorträge halten und uns eher auf die Zukunftsmöglichkeiten als auf die Realitäten des Heute konzentrieren. Haben wir gelernt, uns auf subtile Weise gegen einen Elternteil aufzulehnen, dessen Sonne im Wassermann in Opposition zu Saturn steht, der uns für unsere rebellischen, unkonventionellen Impulse verdammt, dann begehren wir auch gegen unsere eigenen, verinnerlichten Maßstäbe auf und verurteilen uns gleichzeitig für unsere Unverläßlichkeit und unser sprunghaftes Verhalten.

Je schlimmer die erfahrene Zurückweisung und je größer die Trennungsängste waren, die wir aufgrund der emotionalen oder physischen Abwesenheit unserer Eltern erlebten, desto mehr klammern wir uns an die verinnerlichten Vorstellungen und Ideale, welche uns die Sicherheit des elterlichen Schutzes bieten. Je weniger Unterstützung unser wahres Selbst für sein Wachstum und die Entwicklung einer soliden Grundlage an Selbstachtung erhielt, desto mehr haben wir gelernt, uns auf den verinnerlichten Elternteil, seine Einstellung, Maßstäbe und Urteile zu berufen. Als Heranwachsende haben wir vielleicht die Unvollkommenheiten unserer Eltern wahrgenommen und überbewertet; als kleine Kinder mußten wir sie idealisieren und uns auf sie verlassen, um zu überleben. Die Schlechtigkeit, die wir in ihnen wahrnahmen, schrieben wir (mit Hilfe ihrer Urteile) gewöhnlich unserem eigenen Selbst zu, denn es war leichter, ein böses, hilfloses Kind von guten, verläßlichen Eltern zu sein als umgekehrt ein gutes hilfloses Kind böser, unzuverlässiger Eltern.

Als Erwachsene, die sich von ihren Eltern nicht sehr unterscheiden, erhalten wir die Realität unseres inneren Kindes aufrecht, um die Sicherheit der Eltern-Kind-Bindung zu bewahren. Wenn wir Einstellungen und Verhaltensweisen, die unser Realitäts-Modell bedrohen, zu verändern suchen, erfahren wir den ursprünglichen, überwältigenden Schrecken des inneren Kindes, das sich der großen, furchterregenden Welt ohne elterlichen Schutz ausgeliefert fühlt. Erfahrungen, die uns erfüllen, stärken und unser Ego aufbauen, können ein hohes Maß an Angst hervorrufen, wenn sie die verinnerlichten Einstellungen, Botschaften und Verhaltensweisen bedrohen, die unsere Eltern-Kind-Beziehung und unser Selbstgefühl prägten. Sich über die vertrauten inneren Stimmen des verinnerlichten Elternbildes hinwegzusetzen, kann starke Trennungsängste und Schuldgefühle hervorrufen; wir bestrafen uns dann selbst, indem wir genau die Handlungen vereiteln, die unser Wachstum und unser Wohlgefühl unterstützen würden.

Robert W. Firestone, Autor von »Voice Therapy: A Psychotherapeutic Approach to Self Destructive Behaviour«, schreibt dazu:

Tatsächlich steht die reale Befriedigung mit der imaginären Selbst-Befriedigung im Widerspruch. Deshalb spüren Men-

schen, wenn die imaginäre Vorstellung erst einmal gebildet wurde und die elterlichen Introjektionen gut eingesetzt werden, einen starken Widerstand dagegen, sich emotional auf echte, befriedigende Beziehungen einzulassen. Ihr Hauptziel ist die Erhaltung der vermeintlichen Sicherheit und der illusionären Verbindung mit dem inneren Elternteil. . . . Je mehr sich der Mensch auf die Illusion einer Pseudo-Unabhängigkeit verläßt, desto abhängiger wird er in Wirklichkeit.

Weil wir das Bedürfnis haben, das verinnerlichte Elternbild zu erhalten und unabhängige Erwachsene sein wollen, verleugnen wir diese innere Abhängigkeit. Wir rationalisieren unsere Handlungen, um das Selbstbild zu unterstützen, das wir aufrechterhalten wollen, und um die Ängste und Schuldgefühle zum Schweigen zu bringen, die jedesmal hervorbrechen, wenn wir uns realer Individualisierung nähern. Wenn wir auch in den inneren und äußeren Welten Kämpfe bezüglich Geld, Beziehungen und Arbeit etc. austragen (die oft mit den Häusern übereinstimmen, deren Planeten mit unserem 12. Haus verbunden sind), so finden die wahren Kämpfe doch gegen unsere Angst und unsere Schuldgefühle statt.

Schuld, Leid und selbstzerstörerisches Verhalten

Neurotische Schuld erfahren wir, wenn wir versuchen, uns von den familiären Mustern unserer Kindheit zu trennen und auf eine Art und Weise zu handeln, welche die Mißbilligung unserer Eltern hervorrufen würde. Unser Bewußtsein bedroht uns und versucht uns für unser schlechtes Benehmen zu bestrafen, indem es unsere Tätigkeiten vereitelt, sich weigert, unsere Selbstachtung zu unterstützen, und uns leiden läßt, weil wir Familientabus gebrochen haben.

Existentielle Schuld dagegen ist die Schuld, die wir erleben, wenn wir uns in die Phantasie zurückziehen und dadurch unsere Kraft nicht einsetzen und unser Potential nicht verwirklichen oder es auf andere Weise versäumen, uns so zu entwikkeln, wie wir sollten. Wenn wir uns zurückhalten, begegnen wir der existentiellen Schuld; gehen wir vorwärts, werden wir mit neurotischer Schuld konfrontiert. Nur wenn wir unseren Drang nach Selbstachtung, Wachstum und Erfüllung unterstützen und stärken und die Stimmen der neurotischen Schuld und Ängstlichkeit bekämpfen, können wir mit der Verwirklichung unseres wahren Selbst beginnen und unsere tatsächlichen Fähigkeiten entdecken.

Doch viele von uns sind geradezu leidenssüchtig. Als hätten wir eine Art Thermostat für Glück oder Unglück in uns, der auf einen in der Kindheit festgelegten Wert eingestellt ist, schaffen wir ständig Erfahrungen, die garantieren, daß die ursprüngliche Einstellung beibehalten wird. War unser Thermostat auf 3 Grad eingestellt und gestatten wir uns einige Wochen hindurch 24 Grad warmes inneres Wetter, wird das innere Kind, aus Angst vor unvertrauten Temperaturen, tiefen Frost schaffen, um die monatliche oder jährliche Durchschnittstemperatur wieder den erforderlichen 3 Grad anzunähern. Wie unbarmherzig und zugleich klug manipuliert das verängstigte Kind in uns heimlich die Kontrollen! Wie klein ist unsere Macht im Hinblick auf die Regulierung des Thermostats, solange wir nicht in der Lage sind, dem Kind in uns zu begegnen, uns seine Ängste anzuhören und es zu beruhigen. Wir müssen ihm genügend erfüllende, ichbildende, lebensbejahende und wachstumsorientierte Erfahrungen verschaffen, die wünschenswerter sind als die alten, vertrauten Sicherheiten.

In der Zwischenzeit entschließen wir uns zu leiden. Wir leiden, um uns lebendig zu fühlen, wenn unsere wahren Gefühle und Energien abgestorben sind. Wir leiden, weil unsere inneren Furien uns für tatsächliche oder eingebildete Missetaten strafen müssen. Wir leiden, um Mitleid und Hilfe zu erhalten, um unseren Ärger nicht an anderen auszulassen und um drohende Verluste und Desillusionierungen unter Kontrolle zu bekommen, indem wir uns selber das antun, was wir von anderen befürchten. Wir halten uns selbst in einem nicht adäquaten und inkompetenten Zustand, weil wir unsere Aggression und Macht fürchten. Wir fürchten auch den Groll und den Neid anderer; am meisten fürchten wir uns davor, unsere Eltern zu übertreffen und den Zorn, die Zurückweisung unseres verinnerlichten Elternbildes oder die Verlassenheit unseres inneren Kindes zu erfahren.

Wir geben uns selbst negative Botschaften; wir werden abhängig; wir verwickeln uns in schmerzliche Liebesaffären; wir wählen Jobs, die uns nicht befriedigen oder uns nicht erlauben werden, unsere wahren Fähigkeiten zu erfahren. Wir versagen uns Vergnügen, sexuelle Befriedigung, bedeutungsvolle Beziehungen. Wir unterlassen es, Ziele zu verfolgen, die uns etwas bedeuten, und Begabungen einzusetzen, die uns erfüllen und unsere Selbstachtung stärken. Wir wiederholen selbstzerstörerisches Verhalten und bleiben bei unserer Opferrolle: hilflose Kinder in einer verrückten Welt, die von grausamen elterlichen Entscheidungen beherrscht wird.[11]

Warum? Weil wir Angst haben. Weil wir uns zu sehr mit dem furchtsamen, hilflosen inneren Kind und dem ablehnenden inneren Elternteil identifizieren. Weil wir für andere Arten zu leben niemals wirkliche Rollenvorbilder erlebt und verinnerlicht haben. Weil wir bisher noch keine mitleidsvollen, weisen, inneren Eltern entwickelt haben, die uns helfen können, unser wahres Selbst zu entdecken, bloßzulegen und emporzuheben, damit es sich zu einem fähigen und gesunden Erwachsenen entwickelt.

Wenn wir Eltern hatten, die uns sehr verwöhnten, unsere Schwächen zu sehr unterstützten, unsere sich entwickelnden Egos zu wichtig nahmen, Abhängigkeit förderten und uns glauben machten, daß wir das Recht auf besondere Behandlung und Fürsorge hätten, werden wir vielleicht nicht von ablehnenden inneren Stimmen heimgesucht. Dennoch stecken wir vielleicht in selbstzerstörerischen Mustern fest, die uns allmählich unterminieren, und es kann sein, daß es unserem Erwachsenen-Selbst an Vertrauen mangelt. Der verwöhnende Elternteil war vielleicht unserem Wohlbefinden genauso abträglich, wie es ein ablehnender Elternteil gewesen wäre. Beide Typen gehen in ihrer Auffassung über Elternschaft von ihren narzißtischen Bedürfnissen aus statt von unserem kindlichen Bedürfnis, Kind zu sein und als solches die Fähigkeiten zu entwickeln, integrierte, gut »funktionierende« und einigermaßen glückliche Erwachsene zu werden.

Wir können an unserem Leiden und unseren selbstzerstörerischen Mustern aus vielen Gründen festhalten. Vielleicht fürchten wir den Verlust der elterlichen Stimmen, die Sicherheit für uns bedeuten. Oder wir haben Angst davor, die Befriedigung aufzugeben, die von unserer verwöhnenden elterlichen Stimme ausgeht. Vielleicht sind wir auch nicht bereit, unsere Wut loszulassen – die Wut auf unsere Eltern, die wir gegen uns selbst richten und als subtiles Mittel zur Erhaltung innerer Macht und zur Ausübung einer heimlichen Rache einsetzen. »Sieg durch Niederlage« könnte dein Wahlspruch sein. Durch unser Verhalten als unfähiges Opfer sind wir imstande, jene Elternteile zu enttäuschen, welche sich voll und ganz für unsere Entwicklung eingesetzt haben; wir können ihnen und anderen die Befriedigung vorenthalten, zu unserem Wohlergehen beigetragen zu haben. Wir glauben vielleicht, das Recht auf Aufmerksamkeit, besondere Behandlung und Mitleid zu haben, und vor allem glauben wir, von einem verantwortungsbewußten erwachsenen autonomen Verhalten frei zu sein.

Wir können mit der Aufarbeitung der Vergangenheitsmuster erst beginnen, wenn wir uns unserer Wut bewußt sind und es lernen, ihr eine neue Richtung zu geben. Wir können keine Befriedigungen im Leben erreichen, bevor wir uns nicht unserer Angst bewußt sind. Wir müssen lernen, sie zu beruhigen, durch sie hindurchzugehen und uns weiterhin der Unterstützung und Entwicklung unseres wahren Selbst hinzugeben.

Oft fürchten wir uns, sind uns aber unserer Furcht nicht bewußt. Wir ordnen unser Leben so, daß wir ungewohnte oder auch zu vertraute Situationen vermeiden, welche unerträgliche Angst oder traumatische Gefühle hervorrufen würden. Da wir fürchten, uns in anderen zu verlieren, wählen wir Partner, die zu wirklicher Intimität unfähig sind. Aus Angst, den anderen zu verlieren und mit uns selbst allein zu sein, wählen wir Partner, die uns so sehr brauchen, daß wir niemals den Schrecken der Einsamkeit und des Verlassenwerdens fühlen müssen.

Wir verwandeln unsere Angst in Abhängigkeiten, Zwänge und Besessenheiten bezüglich Sex, Geld, Essen oder Arbeit. Wir entwickeln psychosomatische Symptome und konzentrieren uns auf unsere Leiden. Wir kehren Furcht in Wut um und Wut in einen aggressiven Erfolgszwang oder den Drang nach finanzieller Sicherheit, was wir als Hingabe an unser Ideal bezüglich Familie und fruchtbaren Dienst deuten. Wir verwandeln Angst in Antrieb, Aufregung, Leidenschaft sowie in den häufigen und unvorhersehbaren Wunsch nach Veränderung.

Wenn Angst nicht festgefahren ist, regt sie zu Tätigkeit an. Sind wir uns der Angst bewußt, können wir sie erleben, definieren, realistisch einschätzen und uns entscheiden, ob wir sie einlösen oder über sie hinausgehen. Doch meistens werden wir »starr vor Angst«: Unsere Muskeln versteifen und bilden einen körperlichen Panzer, der unsere Angst nicht in das Bewußtsein dringen läßt. Unser Gefühlsleben wird eng und beschränkt. Wenn wir unsere Angst nicht spüren, dann fühlen wir auch den weiten Bereich unserer Freuden und Leiden nicht. Wir verlieren an Lebendigkeit. Wenn wir unsere Angst nicht spüren, rationalisieren wir zu leicht unsere Handlungen, hemmen unsere Risikofreude und treffen Entscheidungen, durch die wir uns immer im Kreis drehen. Wir fühlen uns zunehmend machtlos, leer, unerfüllt.

Angst ist Furcht in einer diffusen, abstrakten, unerklärlichen Form; sie stammt aus bedrohlichen psychischen oder emotionalen Erlebnissen. Angst ist lähmend, macht uns unbeweglich; wir kennen den Feind nicht, der uns bedroht, und wissen nicht, wie wir auf ihn reagieren sollen. Furcht ist im allgemeinen spezifischer und konkreter. Haben wir unsere Angst definiert und sie als Furcht erkannt, fühlen wir uns sogleich stärker. Erkennen wir den Feind, können wir die Art unserer Begegnung beziehungsweise unseres Kampfes wählen. Wir können es unserer Furcht erlauben, die Aktion zu hemmen oder zu mäßigen, oder wir können uns dafür entscheiden, unsere Furcht zu überwinden und realistische oder unrealistische Handlungen zu begehen.

Manchmal entwickeln wir spezifische oder konkrete Ängste, welche ihre wahren Quellen verbergen – Quellen der Angst, die uns allen gemein sind. Wir fürchten unakzeptable Gedanken, Gefühle und Triebe. Wir fürchten uns vor der Bedrohung unseres Selbstbildes, unserer moralischen Maßstäbe und geschlechtsspezifischen Identität. Wir fürchten Rückschritte, beschämende Erlebnisse und Unbeherrschtheit – daß wir von Instinkten und Gefühlen überwältigt werden könnten. Wir fürchten unseren Zorn, unsere Aggression und zerstörerische Neigungen. Wir fürchten uns vor dem Leid, das andere Menschen uns zufügen könnten – davor, verletzt, kritisiert, abgelehnt, ausgeschlossen, gedemütigt, bloßgestellt, verlassen, unterdrückt oder angegriffen zu werden. In Beziehungen schwanken wir oft zwischen unserer Furcht vor zu großer Nähe (Verschmelzung, Verlust des Selbst) und unserer Furcht vor zu großer Einsamkeit (Verlust von anderen). Manchmal fürchten wir uns davor, das zu bekommen, was wir uns wünschen – nicht nur, weil eine solche Erfüllung in direktem Widerspruch zum »Drehbuch« unseres Lebens steht, sondern auch, weil wir den Schmerz fürchten, den der Verlust von etwas mit sich bringt, das uns so sehr am Herzen liegt. Unerfüllte Bedürfnisse mögen weniger beängstigend sein als Bedürfnisse, die nach kurzer Erfüllung wieder enttäuscht werden. Die schlimmsten Ängste sind jene, die unseren physischen Körper und den Kern unserer psychischen Persönlichkeit bedrohen. Wir fürchten den Verlust der Sicherheitsquellen, die uns helfen, unser Selbstgefühl zu erhalten, unsere grundlegenden Bedürfnisse zu erfüllen und gemäß den Wertmaßstäben zu leben, die uns lieb und teuer sind. Wir fürchten uns davor, die Traumata wiederzuerleben, welche uns als Kinder und als Erwachsene verletzten, besonders jene, die in uns panische Angst vor Vernichtung auslösten und vielleicht zu einer Spaltung oder Zersplitterung unseres innersten Wesenskernes führten. In dem Maße, wie wir uns an das klammern, was wir von den Eltern übernommen und uns einverleibt haben, um unser unvollständiges Selbstgefühl zu kompensieren, fürchten wir alles, was die Existenz dieser Introjektion oder inneren Stimmen gefährden und uns in die schreckenerregende Welt des verlassenen, einsamen und abgelehnten Kindes stürzen könnte.

Die Planeten und Zeichen unseres 12. Hauses zeigen, welche Art von Erfahrungen unsere tiefsten Ängste und Befürchtungen hervorrufen. Verletzlich und unsicher hinsichtlich dieser Energien, fürchten wir das Aufreißen alter Wunden, das Zurschaustellen unseres zerstörten Selbst, das Gefühl, die Kontrolle zu verlieren und von Teilen unseres Wesens überwältigt zu werden, die wir und andere Menschen verurteilt haben und wieder mißbilligen könnten. Unser innerer Unterdrücker, der »Hüter der Schwelle« unseres 12. Hauses, bewahrt uns mit heiligem Eifer vor dem Schmerz und der Angst, die ein Wiedererleben der Verwundungen unseres 12. Hauses mit sich brächte.

Die *Sonne* im 12. Haus fürchtet insbesondere Demütigung, bloßgestellt zu werden und den Verlust der Selbstachtung.

Der *Mond* im 12. Haus hat panische Angst vor Verletzbarkeit und Abhängigkeit und davor, seine Bedürftigkeit zu zeigen.

Merkur im 12. Haus ist sehr empfindlich hinsichtlich unserer mentalen und verbalen Fähigkeiten.

Venus im 12. Haus zeigt sich empfindlich bezüglich unseres Hanges zu Geld und Besitztümern oder unserer Fähigkeit, Liebe zu geben und zu empfangen.

Mars im 12. Haus schützt sich gegen schmerzliche Erfahrungen im Zusammenhang mit Durchsetzung, Wut, Triebbeherrschung, Sexualität und körperlichen Fähigkeiten.

Jupiter im 12. Haus fürchtet die Konfrontation mit unseren Mustern der Unmäßigkeit, mit Gier, Hoffnungen, Erwartungen und unseren philosophischen oder religiösen Überzeugungen.

Saturn im 12. Haus fürchtet sowohl die Inkompetenz als auch Kompetenz bei der Arbeit, Einsamkeit, Ablehnung, Verlassenheit und Depression.

Uranus im 12. Haus fürchtet exzentrisches, unkonventionelles Verhalten, Unverläßlichkeit und Anzeichen von Genie oder Wahnsinn.

Neptun im 12. Haus fürchtet die Enthüllung seiner tiefsitzenden Verletzbarkeit, seiner spirituellen oder schöpferischen Inspirationen, seiner Ideale und Phantasien.

Pluto im 12. Haus schließlich hat schreckliche Angst vor seinen dunklen, ursprünglichen Energien – seinem Verlangen, seinen Leidenschaften, seiner Destruktivität, seinem Drang nach Macht und seiner Beschäftigung mit dem Tod.

Nur wenn wir diese Ängste erkennen, erleben und uns mit ihnen auseinandersetzen, können wir über sie hinausgehen. Nur wenn wir alte Wunden wieder öffnen, können wir uns heilen und unsere verborgenen Hilfsquellen entdecken. Nur wenn wir die Angst vor der Trennung von unserem verinnerlichten Elternbild ertragen und uns weigern, weiterhin unsere Rolle aus dem alten Drehbuch der Vergangenheit zu spielen, können wir unser wahres Selbst entwickeln. Nur dann werden wir mit uns selbst Frieden schließen, denn nur dann werden wir überhaupt ein Selbst haben, mit dem wir uns versöhnen können.

Unser Schatten-Selbst

Jeder Mensch wirft einen Schatten; nicht nur sein Körper, sondern auch der mit diesem nicht vollständig verbundene Geist.

Henry David Thoreau

Der Haß eines Menschen konzentriert sich immer auf das, was ihm seine schlechten Eigenschaften bewußt macht.

C. G. Jung

Heute ist die Menschheit, wie nie zuvor, in zwei Hälften gespalten, die anscheinend unvereinbar sind. Die psychologische Regel sagt, daß eine innere Situation, die uns nicht bewußt wird, von außen als Schicksal auf uns zukommt . . . Wenn das Individuum ungeteilt bleibt und sich des inneren Gegenpoles nicht bewußt wird, muß die Welt notgedrungen den Konflikt ausagieren und in feindliche Hälften gerissen werden.

C. G. Jung

Wir können den Anblick unserer dunklen Seite nicht ertragen, also unterdrücken wir sie, verdrängen sie und denken, wir wären sie damit losgeworden. Doch das ist nicht der Fall; wir haben sie nur an einen Ort gedrängt, wo sie uns im Griff hat und sich automatisch auf die Person oder Nation projiziert, die wir nicht leiden können. So werden Spannungen, Streit und Schmerz, die wir in uns selbst nicht ertragen können, unbekümmert und verantwortungslos hinausgelassen, wo sie die Spannung, den Streit und den Schmerz unserer Welt vergrößern.

Charles B. Hanna

Haß, Grausamkeit, Verwirrung, Verzweiflung und Verrücktheit müssen in das Bewußtsein hereingelassen werden, bevor sie integriert werden können. Ich muß mit meiner Wut und meiner Angst in Beziehung treten, bevor sie zivilisiert und erzogen werden können.

Sam Keen

Ich träumte, ein Kind zu haben, und sogar im Traum erkannte ich, daß es mein Leben war und daß es ein Idiot war – da rannte ich weg. Doch es kroch immer wieder auf meinen Schoß und klammerte sich an meine Kleider. Bis ich dachte, wenn ich küssen könnte, was in ihm auch von mir sein mag, könnte ich vielleicht schlafen. Und ich beugte mich über sein zerstörtes Gesicht, und es war schrecklich . . . aber ich küßte es. Ich dachte, man muß letztlich sein Leben in die Arme schließen.

Artur Miller aus *»Nach dem Sündenfall«*

Was immer wir in der äußeren Welt ausfechten, ist auch ein Kampf in unserem inneren Wesen.

C. G. Jung

Jener, der in Harmonie mit sich selbst, mit seinem Dämon, lebt, lebt in Harmonie mit dem Universum.

Marcus Aurelius

Nicht im Lärm der überfüllten Straße, nicht durch das Geschrei und den Applaus der Menge, sondern in uns selbst erfahren wir Sieg und Niederlage.

Henry W. Longfellow

IV. Der Integrationsprozeß: Die Befreiung des 12. Hauses

Die Verpflichtung zur Ganzheit

Wenn wir die Verbindung zu den Energien unseres 12. Hauses verloren haben oder nicht fähig sind, sie auf konstruktive Weise auszudrücken, fühlen wir uns oft leer, erschöpft oder ohnmächtig. Vielleicht fühlen wir den Drang, wirkliche oder eingebildete Sünden der Vergangenheit wiedergutzumachen, indem wir in persönlichen und beruflichen Beziehungen die Rolle des Gebenden übernehmen; doch weil unsere Handlungen nicht auf das Kernproblem gerichtet sind, überwinden wir niemals unser Gefühl der Schuld, der Schlechtigkeit oder der Unzulänglichkeit. Wenn wir mit unserem Leben einigermaßen zufrieden sind und unserer Rolle, wenn auch nicht ideal, so doch auf angemessene Weise, entsprechen, haben wir vielleicht keine Motivation, die Tiefen unseres 12. Hauses auszuloten und nach der Wiedererlangung verlorener Energien und der Heilung alter Wunden zu trachten. Übersteigt jedoch das Leid unsere Toleranzgrenze und wird unsere Motivation für Wachstum und Ganzheit so groß wie unser Wunsch nach dem Vertrauten oder noch größer, dann versuchen wir es vielleicht mit Psychotherapie oder beginnen, unserem Schatten-Selbst mutig gegenüberzutreten.

Es erhebt sich die Frage: Welche Beziehung möchten wir mit den Energien unseres 12. Hauses eingehen? Sicher, wir möchten wissen, was sie sind, möchten fähig sein, sie zu erkennen und zu definieren und freier über ihre Ausdrucksweise zu entscheiden. Da diese sich aber im 12. Haus befinden, ist ihr Ausdruck – im Gegensatz zu den anderen Häusern des Horoskops – erschwert.

Weil Planeten, die in unserem 12. Haus stehen, andere Häuser unseres Horoskops regieren und andere Planeten aspektieren und weil der Herrscher unseres 12. Hauses sich wahrscheinlich in einem anderen Haus befindet, ist es erforderlich, diese Planeten frei zum Ausdruck zu bringen. Wenn Transite der äußeren Planeten zu Planeten des 12. Hauses Sextile, Quadrate, Trigone oder Oppositionen bilden, sind wir ebenfalls aufgerufen, deren Energien in andere Lebensbereiche zu lenken. Wenn ein Planet des 12. Hauses in der Sekundärprogression über unseren Aszendenten geht, beginnen wir, dessen Energie aus ihren unbewußten und selbstzerstörerischen Mustern zu befreien und sie bewußter und offener auszudrücken.

Die transsaturnischen Planeten, die sich im 12. Haus befinden und in der Sekundärprogression dort unser ganzes Leben hindurch bleiben, manifestieren sich vielleicht niemals so äußerlich oder so bewußt wie Planeten, welche schließlich den Aszendenten überqueren. Wir können sie auf eine subtile Weise wahrnehmen oder auf eine einsame oder vergeistigte Weise zum Ausdruck bringen. Auf jeden Fall können wir aber damit beginnen, uns von den überholten, schädlichen Mustern der Angst, Schuld, Verdrängung und von selbstzerstörerischem Verhalten freizumachen, wovon vielleicht alle Energien des 12. Hauses beeinflußt werden und die bis jetzt unser Gefühl des Wohlergehens und unsere Fähigkeit des effektiven Handelns beeinträchtigt haben.

Der erste Schritt zur Versöhnung mit den Energien unseres 12. Hauses besteht darin, Muster der Vergangenheit überwinden und ganzheitliche Erfahrungen machen zu wollen. Außerdem müssen wir unser Gefühl des Vertrauens in unser wahres Selbst stärken. Zuerst müssen wir den Wunsch haben, die »Räume« unseres 12. Hauses und aller anderen Häuser in Ordnung zu bringen. Wir müssen den Willen aufbringen, unsere Opferrolle und all die zweitrangigen Vorteile, die uns Befriedigung verschaffen, aufzugeben: ein selbstgerechtes Gefühl der Tugendhaftigkeit; das Mitleid oder die Hilfe von anderen, auf die wir ein Recht zu haben glauben; die Schuldzuweisung an andere, um unseren Zorn und unsere Vorwürfe nicht an uns richten zu müssen. Wir müssen den festen Willen haben, die Verantwortung für unser Leben zu übernehmen, uns zu stärken, unsere Selbstachtung zu erhöhen, größere Befriedigung zu erfahren und unsere Ziele zu erreichen. Wir müssen in der Lage sein, uns vorzustellen, wie wir die Energien unseres 12. Hauses auf konstruktive Weise ausdrücken und uns ein Bild von dem Leben machen, das wir führen können, wenn wir die inneren Hilfsquellen besser nutzen würden. Wir müssen unsere Leidenschaft spüren und den Willen haben, jene Erfahrungen zu machen, die uns stärken werden. Während wir unsere Vorsätze fassen, wächst unser Verlangen nach einer Veränderung und wird allmählich größer als die Furcht, die eine Veränderung verhindert. Damit dies geschieht, müssen wir daran glauben, daß wir etwas verändern können und daß wir größere Erfüllung verdienen.

Ein anderer motivierender Faktor ist die Erkenntnis, daß wir die Gefangenen jener Energien in uns sind, die wir nicht anerkennen und integrieren. Ohne daß wir es merken, zerstören sie uns allmählich. Solange wir sie verleugnen, blockieren wir den Zugang zu unserem wahren, wirklichen Selbst, das die Quelle der Zufriedenheit ist. Laut *James Bugental*, dem Autor des Buches »The Search for Authenticity«, trägt jede unserer Facetten, zu der wir uns bekennen, zu unserer Stärkung und unserem Wohlergehen bei, wie unerfreulich sie anfangs auch erscheinen mag. Wenn wir uns an ein tugendhaftes oder kompetentes Selbstbild klammern, wird unsere Selbstachtung nicht genährt, weil das Selbstbild unsere Beziehung zu uns nur ungenau widerspiegelt. Wenn wir die verleugneten Seiten unseres Wesens wieder anerkennen, gewinnt unser Selbst, und wir legen weniger Wert auf unser Selbstbild. Als Folge davon fühlen wir uns vollständiger und offener der Liebe und dem Vergnügen gegenüber; wir gewinnen Kraft, die wir vorher in andere investiert haben; wir werden größer.

Wir müssen uns unserem Ganzsein widmen, mehr als unserem Gutsein. Die christlich/jüdische Ethik hat uns dazu gebracht, alle jene Eigenschaften zu unterdrücken, die nicht unsere religiösen und gesellschaftlichen Ideale widerspiegeln. Doch im Versuch, besonders gut zu werden, verbannen wir Seiten unseres Wesens in die dunkle Kammer unseres Unbewußten, wo sie – ohne das Licht des Bewußtseins – verdreht und entstellt werden. Jene von uns, die sich am stärksten mit ihrer rechtschaffenen Persönlichkeit identifizieren, leben das Böse dann unbewußt aus. Wie *Strephon Kaplan Williams* es sagt:[12]

Liebe ist nicht die Abwesenheit von Angst.
Liebe ist nicht die Abwesenheit von Haß.
Liebe ist, jeden Aspekt des Lebens anzunehmen, um ihn durch Integration in das Ganze zu verwandeln.

Das Paradoxe an unserer Verpflichtung für das Ganze und unserer Bereitschaft, das Schatten-Selbst anzunehmen, liegt darin, daß das Licht des Bewußtseins und das Mitleid diese dunklen Wesensteile verwandelt und es uns ermöglicht, liebesfähiger zu werden. Indem wir unseren Schatten annehmen, indem wir uns weigern, das Böse in uns auf die ganze Welt zu projizieren, entwickeln wir nicht nur größeres Einfühlungsvermögen für die leidende Menschheit, sondern tragen auch zu einem sozialen beziehungsweise politischen Wandel bei. Kriege basieren auf Projektion; Umweltverschmutzung basiert auf Verdrängung und Verleugnung unserer Verbindung mit der uns umgebenden Welt und der Langzeitwirkung unseres Handelns.

Wenn wir uns dem Prozeß der Selbst-Integration verpflichten, leisten wir einen Beitrag für die Gesellschaft. Was wir annehmen und innerlich integrieren, gereicht auch der Allgemeinheit zum Nutzen. Aber gleichzeitig brauchen auch wir die Gemeinschaft mit anderen, um zu wachsen und uns zu verändern. Was durch frühe Beziehungen in uns verletzt wurde, muß auch in Beziehungen wieder geheilt werden. Wir können das, was wir von den Eltern übernommen haben, erst loslassen, wenn wir neue Beziehungen gegründet und konstruktive Rollenvorbilder gefunden haben, die wir verinnerlichen und in unser sich entwickelndes Selbst integrieren können. Je einsamer wir sind, desto besessener fühlen wir uns von den negativen Kräften in uns, die zu unserem selbstzerstörerischen Verhalten beigetragen haben.

Wenn wir unser falsches Selbst loslassen und unser wahres Selbst wiederherstellen, sind wir anfangs vielleicht nicht groß genug, um mit den neu erfahrenen Energien ohne Hilfe von außen umgehen zu können. Auch sind wir wahrscheinlich nicht in der Lage, mit uns selbst Mitleid zu empfinden, solange wir kein Mitgefühl von anderen erfahren haben. Den verzerrten, unerlösten Seiten unseres Wesens und dem Bösen, von dem einige von uns meinen, daß es in uns lauert, kann nur durch herzliche Verbundenheit und durch die heilende Kraft der Liebe entgegengewirkt werden.

Der Verwandlungsprozeß

»Mach Licht, und die Dunkelheit wird von selbst verschwinden«, schrieb *Coleridge*. Die Verwandlung beginnt damit, daß wir das Licht des Bewußtseins verstärken. Selbsterkenntnis führt zu größerer Freiheit im Handeln, wachsender Verantwortung für uns selbst und Selbstbestimmung. Die Entwicklung des Bewußtseins ist jedoch oftmals ein schmerzlicher Prozeß. In der Sage von Cupido und Psyche mißachtete Psyche die Forderung Cupidos, daß sie nicht versuchen sollte, seine Gestalt zu sehen. Weil sie eine Kerze entzündete (und dabei entdeckte, daß Cupido ein Gott war), floh er, und sie sah sich vielen Prüfungen gegenüber und erlebte große Verzweiflung, bevor sie wieder mit ihm vereint war.[13] Oftmals zerstört das Licht des Bewußtseins die Realität, die wir kannten; sie konfrontiert uns mit den unerlösten Seiten unseres Wesens und erweckt in uns die Verzweiflung und das Trauma, als Folge des Verlustes der Illusionen.

Erweitern wir unser Bewußtsein, erkennen wir auch unseren Schatten besser. Er gewinnt an Bedeutung. Wenn wir ins Licht treten, sehen wir möglicherweise das Licht nicht mehr, obwohl unsere Fähigkeit, es auf andere zu reflektieren, zunimmt. Was wir zuerst sehen, ist Dunkelheit. Nur indem wir lernen, sowohl Licht als auch Dunkelheit, sowohl das Gute als auch das Böse in uns zu akzeptieren, kann es eine Integration geben. In der Angst und Spannung der widerstreitenden Polaritäten taucht schließlich eine neue Kraft auf, die der Synthese, die die Spannung in uns heilt.

Unser »Über-Ich« (unsere Ideale und Urteile, der Hüter der Schwelle unseres 12. Hauses) kämpft mit unserem »Es« (den verdrängten Energien, die oft durch die Zeichen des Planeten des 12. Hauses verkörpert werden), bis sich ein gesundes »Ich« entwickelt, das den Streit beilegt. Wir brauchen unser Ego, aber dieses muß mit unserem wirklichen Selbst und unseren wirklichen Energien in Verbindung stehen, es darf nicht zu einem Selbst, einer Persönlichkeit und zu Vorstellungen gehören, die verfälscht sind und nicht wirklich zum Ausdruck bringen, wer wir sind. Durch den beständigen Wechsel zwischen der Verdrängung der Energien des 12. Hauses und deren unerwarteten Ausbrüchen können wir diese Energien bewußt erfahren, annehmen und unser wahres Selbst entdecken und stärken, bis wir mit der Zeit fähig sein werden, diese Energien zu integrieren.

Der erste Schritt ist, die vorher unterdrückten Gefühle und Bedürfnisse zu erleben – sich zu ihnen zu bekennen und ihr Wesen kennenzulernen. Nur mit einer Haltung der Akzeptanz und des Mitgefühls können wir den psychischen Raum schaffen, in dem sich diese Gefühle entwickeln und verwandeln. Laut *Williams* müssen wir ». . . zuerst die Zwangslage akzeptieren, in der wir uns befinden, bevor wir sie umwandeln können. Wir müssen sie oftmals ganz ausleben, bevor wir aus ihr befreit werden können.«[14] Dieses Paradox mag schwer in der Praxis umzusetzen sein, denn durch das bloße Akzeptieren einer Seite von uns kommt es noch zu keiner Veränderung. Wir müssen aufrichtig und voller Mitgefühl den verletzten Teil unseres Wesens in uns aufnehmen, müssen ihn so akzeptieren und gewillt sein, mit ihm zu leben, wie er ist, bevor er dann heilen kann. Selbst-Ablehnung hemmt das Wachstum, während Akzeptanz unseren inneren Entwicklungsprozeß entlastet.

Nehmen wir beispielsweise Robin, deren Fische-Mond im 12. Haus ein T-Quadrat mit ihrer Schütze-Sonne im 9. Haus und mit dem Zwillinge-Saturn im 3. Haus bildet. Bewußt trägt Robin die Ideale eines vernünftigen Verhaltens und der Selbstständigkeit in sich, und sie versucht, sich in der akademischen Welt der emotionalen Verdrängung und des Wettbewerbes auszuzeichnen. Doch ihr verletzter Mond, der sich nach der Fürsorge sehnt, die sie als Kind niemals erhielt, braucht für seinen Heilungsprozeß die Erfahrung tiefsitzenden Schmerzes sowie das Bedürfnis, sich irrational und emotional auszudrücken. Robin muß die nötige Verschmelzung und Abhängigkeit zulassen, die das Selbst ihres Fische-Mondes in Erscheinung treten und sich entwickeln lassen können. Solange sie diesen Teil in sich nach den Maßstäben von Sonne und Saturn beurteilt, kann sie sich wahrscheinlich nicht so akzeptieren, wie es für sie nötig wäre.

Therapeutische Hilfe könnte für sie hilfreich sein. Wenn ein fürsorglicher und verständnisvoller Therapeut Robins Verletzlichkeit zu schätzen weiß, die spirituellen, schöpferischen und liebevollen Fähigkeiten wahrnimmt, die in diesem Mond verborgen liegen, und die Verdrängung ihres Mondes (aufgrund der schmerzlichen Kindheit) als notwendigen Überlebensmechanismus erkennt und achtet – dann kann Robin die Einstellung ihres Therapeuten verinnerlichen und ihren Mond mit derselben mitfühlenden Akzeptanz hegen und pflegen, die sie bei diesem erhielt.

Um etwas akzeptieren zu können, ist es oft notwendig zu erkennen, daß die Wurzeln eines Problemes in der Vergangenheit liegen und wir unnötigerweise das Vergangene in der Gegenwart wiederholen. Dieser Vorgang umfaßt das Wiedererleben der kindlichen Realität in uns – die Gefühle und Bedürfnisse aus der Vergangenheit, die wir noch immer mit uns herumtragen; die Reaktionen unserer Eltern auf diese; die Ansichten und Einstellungen zum Leben, die wir entwickelten; das Verhalten, das man von uns erwartete, und der Anpassungsmechanismus, den wir uns aneigneten. Durch dieses Wiedererleben beginnen wir die Überlebensstrategie und den Erfindungsreichtum unseres inneren Kindes zu schätzen, das gelernt hatte, in einer Umgebung zu leben, die es ihm nicht erlaubte, sich voll zu entfalten.

Richten wir unsere Gedanken wieder auf Robin. Ihr arbeitssüchtiger Vater, ein Universitäts-Professor, hatte keine Zeit für die emotionalen Bedürfnisse seiner Tochter. Ihre theatralische, alkoholkranke Mutter, die häufig in einer Anstalt untergebracht war, war ein derart armseliges Rollenvorbild, daß Robin schon früh im Leben das Modell der Weiblichkeit und des Erwachsenseins ablehnte, das ihre Mutter bot. Sie strebte nach Anerkennung durch ihren Vater, die sie nur als Reaktion auf ihre akademischen Leistungen erhielt. Weil sie in frühen Jahren weder eine angemessene Symbiose mit ihrer Mutter noch deren Fürsorge erlebte, lernte sie den Schmerz und die Verzweiflung ihrer unerfüllten Bedürfnisse zu verdrängen und durch schulische Leistungen zu kompensieren.

Wäre Robin mit ihrem Mond im 12. Haus in Verbindung geblieben, hätten ihre emotionalen Bedürfnisse und ihr Schmerz sie möglicherweise überwältigt, so daß sie nicht fähig gewesen wäre, sich intellektuell zu entwickeln oder die Selbstachtung zu erleben, die ihre Leistungen ihr boten. Hätte sie sich mehr mit ihrer Mutter identifiziert, wäre sie vielleicht in ihrem emotionalen Chaos untergegangen und hätte sich in Alkohol und Drogen geflüchtet. Ihre Flucht in die Abhängigkeit von der Arbeit orientierte sich am Rollenvorbild ihres Vaters. Ihr Selbstbild und die Lebensphilosophie, die sie sich geschaffen hatte, um ihr Selbstgefühl zu erhalten, waren in Anbetracht ihrer Lebenssituation eine konstruktive Alternative. Doch nun, als Erwachsene, muß sie sich mit ihrem Mond im 12. Haus auseinandersetzen und mit dem, was ihre Leere und Verzweiflung ausmacht. Sie muß sich fragen, ob die Haltung, die sie hinsichtlich ihrer Gefühle, Bedürfnisse und Abhängigkeiten entwickelt hat, wirklich für alle Bereiche des Erwachsenenlebens notwendig ist.

Die Geschichte des letzten Wallenda-Bruders bezieht sich auf Robins Dilemma und auf das Dilemma all jener, die an überlebten Einstellungen und Verhaltensweisen festhalten. Die

Wallenda-Brüder waren Anfang des 20. Jahrhunderts berühmte Seiltänzer. Bis auf einen starben alle bei einem Unfall mit dem Drahtseil. Der überlebende Bruder zog sich aus dem öffentlichen Leben zurück, startete aber nach Jahren ein Comeback und vollführte seine bemerkenswerten Balancekunststücke sehr hoch über den Straßen der Stadt.

Dieser Wallenda-Bruder hatte, wenn er über das Seil ging, immer eine kleine Stange in der Hand, um das Gleichgewicht besser halten zu können. Während einer Vorführung stolperte er und konnte sich – ohne Netz, das ihn bei einem Fall hätte schützen können – nur noch mit einer Hand am Seil festhalten. Als ein Helfer sich näherte und die Hand ausstreckte, um ihn zu retten, ließ er die Stange in seiner freien Hand nicht los. Deshalb konnte er die Hand nicht ergreifen, die ihn in Sicherheit gebracht hätte. So hing er oben und schwang am Seil hin und her, bis er in den Tod fiel. Während seine Stange ihm fast ein ganzes Leben lang zu überleben geholfen hatte, wäre es nun lebensnotwendig gewesen, sie loszulassen. Doch er konnte und wollte seinen Überlebensmechanismus nicht aufgeben.

Um uns von der Vergangenheit zu lösen, müssen wir die Bereitschaft und Fähigkeit aufbringen, uns in die Realität des inneren Kindes hineinzuversetzen. Dies geschieht wahrscheinlich, wenn wir im Zusammenhang mit einer Lebenssituation, die sich auf ein vergangenes Trauma bezieht, von Angst, Schmerz oder Wut ergriffen und überwältigt werden. Solche Situationen ermöglichen uns eine neuerliche Verbindung mit dem ursprünglichen Trauma, da unsere Reaktion auf die heutige Realität durch die Linse dieser nicht verarbeiteten Erlebnisse der Vergangenheit gefärbt ist. Je klarer wir die damalige Situation vor unserem geistigen Auge entstehen lassen können, desto größer wird unsere Fähigkeit, die starken Emotionen des inneren Kindes zu besänftigen. Wir sind fähig, uns selbst zu versichern, daß heute unser Leben nicht auf dem Spiel steht und daß uns mehr Hilfsmittel zur Verfügung stehen als in der Vergangenheit.

Vielleicht steht unser Mars im 12. Haus, und wir mußten erleben, wie unser Vater einen Schlaganfall erlitt, nachdem wir ihm in einem Wutausbruch unseren Haß entgegengeschleudert hatten. Nun haben wir panische Angst davor, geliebten Menschen gegenüber unseren Ärger auszudrücken (besonders, wenn sie krank sind), weil wir fürchten, daß es ihren Tod zur Folge haben könnte, für den wir dann büßen müßten (wobei wir diese Strafe zu verdienen meinen). So sehr fürchten wir unseren Zorn, daß wir vielleicht gelernt haben, ihn vollständig aus unserem Bewußtsein zu verdrängen; wenn wir diesen Zorn an die Oberfläche kommen lassen, steigen mit ihm auf Schrecken, Schuld, Wut und Scham des Kindes, das wir einmal waren.

Wir müssen zu diesem inneren Kind sprechen, um ihm zu zeigen, daß seine Gefühle wichtig und wertvoll sind. Wir müssen ihm mitteilen, daß die gegenwärtigen Umstände anders sind und daß das Kennenlernen unserer Gefühle und der Ausdruck unseres Zorns heute unser Leben eher bereichert als bedroht. Wir müssen auf mitfühlende Weise die instinktiven Gefühlsreaktionen unseres inneren Kindes akzeptieren, achten und ihm gleichzeitig helfen, sich der heutigen Realität bewußt zu werden. Dies geschieht im sicheren Wissen, daß jetzt im Inneren eine gereifte Persönlichkeit existiert, die fähig ist, mit allen Schwierigkeiten des Lebens fertig zu werden.

Aber gibt es diese gereifte innere Persönlichkeit überhaupt, die das verletzte Kind heilen und die Energien des 12. Hauses befreien kann? Bei den meisten von uns entwickelt sich die innere Persönlichkeit, wenn das innere Kind sich bemerkbar macht und uns auffordert, neue Verantwortlichkeit seinen Gefühlen, Einstellungen und Handlungen gegenüber zu lernen. Diese innere Persönlichkeit eignet sich langsam neue Meinungen und Einstellungen an, schafft neue Muster für den Umgang mit inneren Botschaften, entwickelt neue Pläne und erprobt neue Verhaltensweisen.

Wie können wir die Entwicklung unserer inneren Persönlichkeit fördern, abgesehen von der Inanspruchnahme von Psychotherapeuten und anderen richtungweisenden Rollenvorbildern (zum Beispiel Menschen, die wir kennen und bewundern, oder solche, die wir nicht kennen, aber deren Autobiographien wir gelesen haben)? Wie können wir einen fürsorglichen Beschützer für unser 12. Haus gewinnen, der unsere Energie dort nicht einschließt, sondern sich damit beschäftigt, uns beim Auffinden sicherer und lebensfähiger Ausdrucksmöglichkeiten zu helfen?

Auf der Ebene der Astrologie können wir mit dem Studium der konstruktiven Bedeutungen der Planeten und Zeichen beginnen, die mit unserem 12. Haus in Verbindung stehen, sowie der konstruktiven Bedeutung der Beziehungen zwischen Planeten des 12. Hauses und den Planeten, die diese aspektieren. (Wenn wir nicht wissen, wie ein Quadrat zwischen Mars und Saturn konstruktiv sein kann, denken wir an die traditionelle Bedeutung eines Sextil- oder Trigon-Aspektes zwischen diesen beiden Planeten; so begreifen wir, wie diese beiden Energien zusammenarbeiten können.)

Wir können darangehen, neue Meinungen und Einstellungen zu entwickeln: »Wenn ich meine Wut zum Ausdruck bringe und mir dabei der Bedürfnisse der anderen gewahr bin, werde ich fähig sein, mich machtvoller zu fühlen und die Achtung der anderen erhalten« anstatt: »Meine Wut ist so schrecklich, daß sie meine Beziehungen zerstört.« Manchmal kann es uns bei der Entwicklung neuer Denkmuster helfen, wenn wir jede negative Annahme aus der Vergangenheit prüfen, überdenken und in bejahender Form niederschreiben.

Ein Teil dieses Prozesses ist die Anerkennung der Möglichkeit, daß zumindest ein Körnchen Wahrheit und weiser Vorsicht in der Realität unseres inneren Kindes existiert, auf das wir achten sollten. Unsere Wut *kann* zerstörerisch sein. Ein wichtiger Teil unseres Integrationsprozesses ist zu lernen, wann, wie und bei wem wir sie ausdrücken. Wie *Howard Sasportas* betont, müssen unsere neuen Ansichten und Überzeugungen nicht unbedingt im Gegensatz zu den alten stehen; sie müssen die alte Realität einschließen und zugleich über sie hinausgehen.[15] Wir können zum Beispiel lernen, uns zu sagen: »Wenn ich meine Wut zum Ausdruck bringe, wann und wie ich sie fühle, dann kann das destruktive Folgen haben. Doch ich bin fähig zu lernen, wie ich für sie eine Ausdrucksform finden kann, die meinen Beziehungen zu anderen nützt, statt sie zu gefährden.«

Richard Bandler und *John Grinder*, die Begründer des Neurolinguistischen Ansatzes, benutzen die Methode des »Reframing« (der Umgestaltung), welche die Kommunikation mit unseren Sub-Persönlichkeiten (den Teilen des planetarischen Selbst) miteinschließt. In seiner Synthese psychotherapeutischer Techniken zur »Heilung des gehaßten Kindes« faßt *Stephen Johnson* den Ansatz von *Bandler* und *Grinder* zusammen. Diesem liegt zugrunde, daß einem Menschen geholfen wird, mit dem Teil seines Wesens in Verbindung zu treten, der ein bestimmtes Problem schafft:

> *Wir bitten die Klientin, mit dem Problemmuster in Kontakt zu treten. Frage: »Was ist die gute Absicht dieses Teils von dir?« Haben wir das herausgefunden, fragen wir sie, ob sie die Verbindung zu einem weiteren Teil von sich, nämlich ihrer Kreativität, ihrem Einfallsreichtum und Problemlösungsvermögen, aufnehmen kann.*
>
> *Nachdem wir ein anderes Verhalten gefunden haben, bitten wir den problematischen Teil, es zu prüfen und zu korrigieren. Wir bitten ihn, den neuen, kreativen Teil zu vervollkommnen, bis er ihn rundum akzeptieren kann. Schließlich fragen wir ihn, ob er die volle Verantwortung für die neue Lösung übernehmen will.*[16]

Ein solcher Ansatz zur Umgestaltung latenter Seiten unseres Wesens, eine Erweiterung der Arbeit mit unserer Sub-Persönlichkeit in der Psychosynthese und die Dialogführung der Gestalt-Therapie können sehr wertvoll sein.

Vom Umgang mit Angst und Furcht

Laut *Søren Kierkegaard*, dem Existenz-Philosophen, und *Rollo May*, dem Existenz-Psychologen, steht die Entwicklung des Selbst mit der Fähigkeit in Verbindung, die Angst zu konfrontieren und durch sie hindurchzugehen in neue, wachstumsfördernde Erfahrungen. »Etwas zu wagen, ruft Angst hervor; nichts zu wagen heißt, sich selbst zu verlieren«, schrieb Kierkegaard. Je mehr wir uns als Individuen entwickeln und uns vom instinktiven, vertrauten Einfluß der elterlichen Realität befreien, desto mehr Angst erleben wir. Wir müssen ständig die Balance halten zwischen der existenziellen Angst des Selbstbetruges (die wir erleben, wenn wir uns an die Vergangenheit klammern) und der neurotischen Angst, den sicheren Halt der vergangenen Realität zu verlieren (was wir erfahren, wenn wir versuchen, vorwärts zu gehen).

Viele von uns erleben ihre Angst gar nicht. Sie bleibt im Muskelpanzer ihres Körpers eingeschlossen, umgewandelt in körperliche Symptome oder in Süchte und andere zwanghafte Verhaltensweisen. Eingefrorene Angst und Furcht schaffen unsichtbare Mauern oder Hindernisse, die uns davon abhalten, unsere Lebendigkeit zu erfahren und ein erfülltes Leben zu führen. Statt zu erkennen, was wir fühlen, fallen wir in ein mechanisches Verhalten zurück oder hören auf die negativen Botschaften und Rationalisierungen unseres Intellektes, die uns davon abhalten, die vor uns liegende Herausforderung anzunehmen. Wenn wir uns unserer Angst nicht bewußt sind, haben wir hinsichtlich der Gelegenheiten und Handlungsweisen kaum eine Wahl. Bewußtsein und die Fähigkeit, Angst zu tolerieren, vergrößern unsere Entscheidungsfreiheit.

Um durch die Angst zu gehen, müssen wir vielleicht als erstes einige der physischen Barrieren und Schutzmaßnahmen auflösen, die uns von dieser Erfahrung abhalten. Wir werden besser in der Lage sein, unsere Furcht zu definieren, ihr Wesen genau zu bestimmen und den Zustand des Fließens zu erleben, der es uns ermöglicht, neue Lebensbereiche zu erschließen.

Angst ist die Furcht vor dem Unbekannten; haben wir den Ursprung unserer Angst definiert, fürchten wir das Bekannte – und das ist leichter zu erleben und zu konfrontieren. Unser Erleben von Angst und Furcht verändert sich, wenn wir fähig sind, dabei aufmerksam und wach zu bleiben, und Worte finden, welche die emotionalen und körperlichen Wahrnehmungen beschreiben. Zuerst mag uns unsere Angst überwältigen; möglicherweise bedroht sie unser Gefühl der Kontrolle, weil das von Angst beherrschte Selbst klein ist und die Gefühle, die sich in uns angestaut haben, größer und bedrohlicher erscheinen als die, welche wir voll und ganz erfahren und ausdrücken können. Doch wenn wir unsere Angst durchbrechen, werden wir größer, und unsere Furcht wird kleiner.

Wenn wir das, was in uns geschieht – ob es sich nun um Furcht, Schmerz oder Wut handelt – voll erleben, verwandeln wir uns innerlich und erreichen eine neue Seins-Dimension. »Schau den Dingen ins Gesicht, geh in sie hinein, erfahre sie – der Prozeß wird dich befreien«, schrieb *Jeanne Segal.* »Reite das wilde Pferd«, fordert sie uns auf. Und auch *Werner Erhard* rät: »Wogegen du dich sträubst, das bleibt weiterhin bestehen. Was du erfährst, das verschwindet.«

Zu lernen, unsere Furcht und andere unerwünschte Gefühle zu erleben, kann anfangs schwierig sein. Wir müssen uns möglicherweise zuerst erlauben, von diesen Gefühlen mitgerissen zu werden, bevor wir ihnen trauen; vielleicht müssen wir erst auseinanderfallen, bevor wir uns neu ordnen können; wir fürchten vielleicht den Zusammenbruch vor dem Erlebnis des Durchbruchs. Jene von uns, die körperlich blockiert sind, müssen zuerst ihren Muskelpanzer lockern, bevor sie tiefere Gefühlsebenen erfahren können. Wenn wir die Blockierungen des Körpers lösen, verstärken wir unsere Erdung, können unsere Erregung besser ertragen und entfernen die Blockierungen des Bewußtseins. Die bioenergetische Arbeit von *Alexander Lowen* ist von unermeßlichem Wert in diesem körperlichen und emotionalen Befreiungsprozeß.[17]

Wenn wir unsere Fähigkeit vergrößern, Angst und die Gefühle, die hinter dieser liegen, zu erleben, müssen wir unseren inneren Raum ausdehnen. Wir können dies tun, indem wir tief atmen (was Energie schafft) und in Kontakt mit der Erde bleiben. Von Vorteil kann die Erkenntnis sein, daß wir fähig sind, Gefühle zu ertragen, die (nur am Anfang) unangenehm sind. Unsere Fähigkeit, Angst und den Schwierigkeiten des Lebens entgegenzutreten, wird größer, wenn wir uns sagen: »*Ich bin* groß genug, mit diesem Gefühl umzugehen. *Ich kann* mit ihm umgehen. *Ich will* mit ihm umgehen.« Wenn wir die Vision unseres entgültigen Zieles im Bewußtsein behalten, kann auch das diesen Vorgang erleichtern.

Nehmen wir zum Beispiel das Horoskop von Robert, dessen Konjunktion von Sonne, Merkur und Mars in den Zwillingen im 12. Haus ein Quadrat zu Saturn in der Jungfrau im 3. Haus bildet, welches seine Ausdrucksfähigkeit seit seinen ersten Schuljahren gehemmt hat. Zwei Jahre jünger als sein begabter Bruder, der sich in seinen Studien auszeichnete und später ein bekannter Fernsehjournalist wurde, fühlte sich Robert immer intellektuell minderwertig. Seine Gefühle verstärkten sich durch sein Stottern und durch wenig einfühlsame Lehrer, die keine Geduld mit seinen Lernhemmungen, seiner negativen Haltung und seinem Mangel an Zusammenarbeit hatten.

Als Erwachsener hat Robert seine Zwillings-Planeten zufriedengestellt, indem er viele seiner frühen Sprachprobleme überwand und für Zeitungen schrieb. Doch nach zwölf Jahren am Schreibtisch langweilt er sich und sehnt sich danach, sich mehr mit Reportagen oder Interviews zu beschäftigen – eine Arbeit, welche die Fähigkeit zum persönlichen Gespräch mit einzelnen Menschen erfordert (die durch seinen Steinbock-Mond im 7. Haus durchaus gegeben ist). Robert wurden auch tatsächlich schon einige Gelegenheiten zur Entwicklung dieser Seiten seines Wesens geboten, doch er hat sie ausgeschlagen mit der Behauptung, daß es ihm an Talent fehle.

Durch Gespräche über dieses Gefühl der Unzulänglichkeit während einer Psychotherapie erkannte Robert, daß er sich aus Furcht zurückhält – aus Furcht, sein lebenslanges Selbstbild herauszufordern, aus Furcht vor dem Versagen, aus Furcht, gedemütigt zu werden, aus Furcht vor einem Vergleich mit seinem erfolgreichen Bruder. Erst als er sich selbst erlaubt, seine Furcht zuzugeben und zu erleben, ist er in der Lage, die Rationalisierungen loszulassen, welche sein berufliches Weiterkommen blockierten. Nun kann er damit beginnen, langsam seine Fähigkeiten als Interviewer auszubilden. Aufgrund seiner Angst und seiner Verletzlichkeit lernt er, nicht zu früh »ins Feuer zu springen«, was einen Beweis seiner Unfähigkeit zur Folge haben könnte. Er begibt sich in eine Behandlung mit Tiefenmassage, die seinen physischen Panzer lockert und es ihm ermöglicht, seine Ängste und Wünsche tiefer zu erleben. Er besucht einen Kurs für Kommunikationstraining und Seminare für Interviewer und tastet sich allmählich an neue Arbeitsprojekte heran, bei denen er seine sich entwickelnden Fähigkeiten anwenden kann. Zwei Jahre später gibt er seine Arbeit bei der Zeitung auf und übernimmt einen befriedigenderen Job als Interviewer für eine Arbeitsvermittlung.

Für uns wie für Robert bringt die Auseinandersetzung mit der Angst sowie deren Bewältigung einen deutlich größeren Gewinn als die Flucht vor dieser. Wenn wir besser in der Lage sind, die Ängste unseres 12. Hauses zu konfrontieren und neue Verhaltensweisen zu wagen, dann wachsen wir, wie der Titelheld in Ibsens Drama »Peer Gynt«. Am Ende des Stückes, wenn die Trolle singen: »Geh zurück! Geh drum herum!«, ruft Peer ihnen zu: »O nein! Diesmal genau durch die Mitte!«[18]

Die Begegnung mit unserem Schatten-Selbst

Wenn wir versuchen, unsere Ziele zu verfolgen und die Seiten unseres Wesens zu entdecken, zu denen wir den Zugang verloren haben, begegnen wir beträchtlichem innerem (und oft äußerem) Widerstand. Die Anziehungskraft unserer vergangenen Einstellungen und Ansichten, seien sie nun bewußt oder unbewußt, hält uns zurück. Um unsere Widerstände gegen eine Veränderung zu überwinden, müssen wir diese offenlegen und ihnen ein Stimmrecht geben. Häufig ist es ein realer und wichtiger Teil in uns, der Widerstand leistet, weil er befürchtet, daß seine legitimen Bedürfnisse nach den Veränderungen, die wir ins Auge fassen, nicht mehr erfüllt werden.

Zu dieser Situation wird es wahrscheinlich kommen, wenn Planeten oder der Herrscher des 12. Hauses zu anderen Planeten unseres Horoskops im Quadrat stehen oder wenn die Energie des ersteren sich von jener der bewußten persönlichen Planeten außerhalb unseres 12. Hauses auffallend unterscheidet. Ein Waage-Mann wird dem Ausdruck einer Mars/Pluto-Konjunktion im 12. Haus besonderen Widerstand entgegensetzen, weil er nicht weiß, wie er sie in seinen tiefen Wunsch nach einer harmonischen Partnerschaft integrieren soll. Eine Jungfrau/Steinbock-Frau weiß vielleicht nicht, wie sie für die fließende, phantasievolle, chaotische Energie ihres Neptuns im 12. Haus in ihrer erdhaften Realität Raum schaffen soll. Ein Handlungsreisender, dessen Planetenanhäufung im Widder am MC im Quadrat zum Mond im Krebs im 12. Haus steht, wird wahrscheinlich Schwierigkeiten haben, den weichen, verletzbaren häuslichen Mond in sein abenteuerliches Leben zu integrieren.

Wenn wir gegen Veränderungen Widerstand leisten, fürchten wir nicht nur das Loslassen der Vergangenheit. Vielleicht sind wir auch wütend, weil wir die Verantwortung für unser Leben übernehmen müssen, und haben Angst, daß andere lebenswichtige Bedürfnisse zu kurz kommen werden, wenn wir lernen, all unsere unerfüllten Bedürfnisse zu erfüllen. Wenn wir Teilen in uns begegnen, welche gegen Veränderungen Widerstand leisten, können wir die wirklichen Bedürfnisse entdekken, die ihnen zugrunde liegen. Dann können wir einen Aktionsplan entwerfen, der es ermöglicht, das Neue zu erfahren, ohne andere Facetten unseres Wesens in ihrem Ausdruck zu gefährden.

Janine, die Jungfrau/Steinbock-Frau mit Neptun im 12. Haus, stößt in ihrem Alltagsleben möglicherweise auf Geistesabwesenheit, Verwirrung und Betrug, wenn sie Neptun nicht bewußt ihre Aufmerksamkeit widmet. Vielleicht fühlt sie sich aber auch unbewußt zu Drogen- oder Alkoholmißbrauch angeregt. Wenn sie lernt, Neptun zu achten, sich jeden Tag Zeit zu nehmen, um Musik zu hören, Gedichte zu schreiben oder zu meditieren, wird sie erkennen, daß Neptun ein verläßlicher Führer ist, der ihre Leistungsfähigkeit durchaus fördert und ihre irdischen Wertvorstellungen nicht untergräbt.

Janine muß, wie wir alle, die Energien ihres 12. Hauses achten. Die Planeten als Archetypen sind wie Götter oder Göttinnen in uns, die uns verwünschen, wenn sie sich abgelehnt fühlen – so wie die böse Fee Dornröschen und ihre Familie zur Bewußtlosigkeit verdammt hatte, weil sie nicht zur Tauffeier eingeladen wurde. Eine Einladung der abgelehnten Götter oder Göttinnen unseres 12. Hauses erfordert zuerst, daß wir die verstümmelte Gestalt dieser verletzten und oftmals aufgebrachten Energie tolerieren. Wenn wir allmählich lernen, ihr unsere Freundschaft zu erweisen, wird auch sie sich mit uns anfreunden. Oftmals bedeutet das Einladen dieser Energie die Verletzung eines familiären oder gesellschaftlichen Tabus – man wagt es, eine Kerze anzuzünden, wie Psyche es tat, oder man betritt das verbotene Zimmer, wie in der Geschichte des Ritters Blaubart.

Nehmen wir nun als Beispiel das Horoskop von Paula, einer Schütze/Fische-Frau mit Saturn im 12. Haus. Im jährlichen Wechsel von einem unterbezahlten Job zum anderen erfuhr sie niemals die Befriedigung, sich ein berufliches Ziel gesetzt und verwirklicht zu haben. Auf der Suche nach Liebe sagte sie zu anderen oft »ja« – sie hatte nicht gelernt, »nein« zu sagen oder Grenzen zu setzen, die es ihr ermöglicht hätten, ihre Bedürfnisse zu erfüllen und lebensfähigere Beziehungen zu schaffen.

Wenn wir – wie Paula – Saturn im 12. Haus haben, möchten wir vielleicht die konstruktiven Bedeutungen dieses Planeten studieren und uns vorstellen, was ein bewußt bestätigter Saturn zu unserem Leben beisteuern könnte. Wir könnten auch beobachten, wie Menschen aus unserem Bekanntenkreis eine positive Beziehung zu ihrer Saturn- oder Steinbock-Energie entwikkeln (oder was auch immer die Energien unseres 12. Hauses sind). Wie haben sie gelernt, sie zum Ausdruck zu bringen? Wie paßt dieser Planet oder dieses Zeichen zu ihnen?

Oft treffen wir Entscheidungen, die die wahren Bedürfnisse unseres 12. Hauses nicht erfüllen, weil wir diese gar nicht kennen. Um diese Bedürfnisse zu befriedigen, müssen wir zuerst mit ihnen in Verbindung und ins Gespräch kommen. Was für eine planetarische Persönlichkeit oder Sub-Persönlichkeit stellt beispielsweise unser Merkur im 12. Haus dar? Was will sie von uns? Haben wir erst eine innere Beziehung hergestellt, können wir beginnen, unser Leben neu zu ordnen, um diese Energie besser auszudrücken. Wir können auch deren Bedürfnisse in unsere Entscheidungen miteinbeziehen.

Als Paula mit ihrer Saturnfunktion in Kontakt kam, entdeckte sie folgendes: Diese Sub-Persönlichkeit ähnelte einem nervösen, verschrobenen, geizigen alten Mann, der keinem etwas geben wollte und der seinen Zorn über seine Vernachlässigung dadurch zum Ausdruck brachte, daß er sich von seinem Beruf und seinen Beziehungen insgeheim distanzierte und zurückzog. Paula, als Schütze/Fische-Frau, war aufgerufen, dieser Seite ihres Wesens, die mit ihrem Selbstbild und ihren Wertvorstellungen so uneins ist, gegenüberzutreten. Aber als sie den Dialog mit Saturn begann, entdeckte sie, daß sie fast ihr ganzes Leben hindurch die Rolle der Gebenden gespielt und es doch versäumt hatte, sich wirklich für irgendeine ihrer Beschäftigungen zu engagieren, weil sie den Verlust eines Selbst befürchtete, das sie gar nicht hatte.

Bewußt hat Paula sich immer gesagt, daß der gegenwärtige Job oder die laufende Beziehung nicht »das Richtige« wäre und daß sie sich einsetzen würde, wenn »das Richtige« erschiene. Doch Saturn stellte sicher, daß »das Richtige« niemals auftauchte: Der »richtige« Job oder die »richtige« Beziehung setzt nämlich Paulas Bereitschaft voraus, sich wirklich zu verpflichten und das Richtige zu erschaffen; es reicht nicht, darauf zu warten, daß es geschieht.

Als Paula zu ihrer abgelehnten Saturn-Subpersönlichkeit eine

Beziehung hergestellt hatte und lernte, deren Negativität und Urteil zu ertragen, begann diese weicher zu werden und sich zu verwandeln. In ihren Dialogen (manchmal auf Papier, manchmal durch Visualisation während therapeutischer Sitzungen) teilte die Saturn-Subpersönlichkeit ihr ihre wahren Bedürfnisse mit. Saturn wollte, daß sie sich für ihre eigenen Interessen einsetzte, statt nur auf andere zu reagieren. Er wollte, daß Paula auf ihn hört und auf ihn eingeht, daß sie seine Ängste beachtet und beschwichtigt und daß sie sich die nötige Zeit des Alleinseins nimmt, um das zu ermöglichen.

Paula muß auf den Rat ihres Saturn-Selbst hören und sich schließlich mit ihm identifizieren. Auch wir müssen unser verleugnetes Selbst »anprobieren« und uns darin üben, das Leben durch seine Augen zu sehen. »Ich habe Angst; ich halte mich zurück; ich bin einsam«, sagen wir vielleicht, wenn wir zu Saturn im 12. Haus werden. Aber wir können auch mit Überzeugung sagen: »Ich bin bindungsfähig; ich bin loyal und verläßlich; ich bin fähig, meine Ziele festzulegen und zu erreichen.»

Der Yoruba-Stamm ist einer der vielen kaum bekannten Indianerstämme, welche die Idee, das eigene Schatten-Selbst zu sein, ritualisierten. Falls ein Yoruba von einem Wolf träumte, würde er am nächsten Tag diesen Wolf darstellen. Träumte er davon, lahm oder impotent zu sein, würde er dieses lahme, impotente Selbst darstellen, um sich zu ihm zu bekennen und es zu integrieren. Nur durch die Identifikation mit den negativen Dimensionen dieses Selbst kann er dessen Tugenden entdekken.

In ihrem tiefgründigen und poetischen Roman »A Wizard of Earthsea« schreibt *Ursula Le Guin* über den jungen Zauberer Ged, der vor seinem eigenen Schatten flieht, bis er fähig ist, diesem gegenüberzutreten und ihn mit seinem eigenen Namen anzusprechen.

Ged sah . . . ein paar trübe starrende Augen und dann plötzlich ein schreckliches Gesicht, von dem er nicht wußte, ob es ein Mensch oder ein Ungeheuer war, mit verkniffenen Lip-

pen und Augen, die wie ein Schacht in eine schwarze Leere führten . . . Schweigend trafen sich Mensch und Schatten von Angesicht zu Angesicht und hielten inne. Laut und deutlich durchbrach Ged das alte Schweigen und äußerte den Namen des Schattens – und im selben Augenblick sprach der Schatten, ohne die Lippen oder die Zunge zu bewegen, dasselbe Wort aus: »Ged«. Und die beiden Stimmen waren zu einer geworden. Ged streckte seine Hände aus, ließ seinen Stab fallen und ergriff seinen Schatten, das schwarze Selbst, das ihm die Hand reichte. Licht und Finsternis trafen sich und berührten sich und wurden eins . . . »Sieh nur, es ist geschehen. Es ist vorbei . . . Die Wunde ist geheilt«, sagte er, »ich bin ganz, ich bin frei.«

Wie Ged erfuhr, kann unser verleugnetes Selbst nur geheilt werden, wenn wir ihm begegnen und es annehmen.

Unser Schatten-Selbst akzeptieren

Wenn wir uns mit einem Archetypus oder einer Eigenschaft unseres Wesens identifizieren, begründen wir dessen Gegenteil. Laut *Erich Neumann* führt die christliche Ethik, die auf einem eindimensionalen Gott voller Tugenden basiert, unvermeidlich zu einer Projektion des Bösen; sie sollte durch eine neue Ethik ersetzt werden, die einen multidimensionalen Gott beinhaltet, der Gut und Böse umfaßt und daher auch jedes Individuum auffordert, all die häßlichen, verzerrten und schlechten Eigenschaften in sich hineinzunehmen, die er vorher abgelehnt hat. In »Depth Psychology and the New Ethic« schreibt Neumann:

Das alte, idealisierte Bild des Egos muß verschwinden, und seine Stellung wird erschüttert durch eine gefährliche Einsicht in die Zweideutigkeit und Vielseitigkeit unserer Natur . . . Das Ego ist aufgerufen zu erkennen, daß es böse ist und von krankem Geiste, asozial und ein Opfer neurotischer

Leiden, häßlich und engstirnig, . . . infantil und milieugeschädigt, jämmerlich und widerwärtig . . . Am Ende sieht sich das Individuum der Notwendigkeit gegenüber, das Böse in sich zu akzeptieren.

Durch diese Anerkennung und Akzeptanz werden die Kräfte des Bösen in uns verwandelt.

Laut *W. W. Firestone,* dem Autor von »Voice Therapy«, nehmen die destruktiven Seiten unseres Wesens oft die Gestalt quälender innerer Stimmen an, die uns mit Botschaften in der ersten Person maßregeln, wie »Ich tauge nichts«; »Ich werde niemals Erfolg haben«, oder mit Botschaften in der zweiten Person: »Du taugst nichts«; »Du wirst niemals Erfolg haben«. Diese kritisierenden inneren Stimmen haben wir für gewöhnlich von unseren Eltern übernommen und verinnerlicht. Wir müssen sie als solche erkennen und sie von unseren eigenen Ansichten trennen, bevor wir sie überwinden können. Durch seine psychotherapeutische Arbeit mit Stimmen, die uns innerlich verfolgen, entdeckte Firestone folgendes:

Wenn der Patient die selbstkritischen Vorwürfe in der zweiten Person formuliert, hilft ihm dies beim Prozeß der Trennung seines eigenen Standpunktes von den feindseligen Gedankenmustern, aus denen sich der fremde Standpunkt zusammensetzt. Bevor sie diese Äußerung noch in Worte fassen, akzeptieren die meisten Patienten im allgemeinen ihre negativen Gedanken als zutreffende Beurteilung ihrer selbst und glauben sie ohne weiteres.

Firestone bemerkt auch, daß diese Angriffe der inneren Stimme für gewöhnlich einem selbstzerstörerischen Verhalten vorausgehen. Denn die Gegenwart der Stimme repräsentiert die Anwesenheit jenes Elternteiles, von dem wir uns nicht gänzlich getrennt haben. Der Versuch, diese Stimme durch direkte Opposition zu besiegen, ruft üblicherweise Trennungsängste hervor. Firestone empfiehlt jenen, die mit ihren Sub-Persönlichkeiten beziehungsweise inneren Stimmen zu kämpfen haben, diese mehr ins Bewußtsein zu bringen, sie laut ins Gespräch zu ziehen und neue, korrigierende Botschaften und Erfahrungen zu entwickeln, welche ihr wahres Selbst stärken und schließlich die Macht der verfolgenden Stimme abschwächen. In »Talking to Yourself: Learning the Language of Selb-Support« widmet sich *Pamela Butler* ebenfalls der Frage, wie man negative Selbstgespräche vermeidet und innere Stimmen schafft, die uns positive Affirmationen geben. Die Dunkelheit in uns kann nicht direkt überwunden werden; sie muß durch den Dialog mit dem Licht transformiert werden.

Wir müssen nicht das Licht als Ziel sehen, sondern die Integration von Licht und Finsternis. Wir müssen uns Ganzheit und nicht Gutsein, Glück oder die Erhaltung unseres inneren Systems als Ziel setzen. So wie die Wurzeln des Baumes bis unter die Erde reichen, während seine Zweige in den Himmel ragen, müssen auch wir – um als Persönlichkeit und im Kollektiv ins Gleichgewicht zu kommen – uns bis zu den Tiefen unseres Wesens erstrecken und die Stärkung finden, die in diesen verborgen liegt.

In »Darkchild«, einer anderen tiefgründigen Allegorie, erzählt *Sydney Van Scyoc* die Geschichte eines Mädchens, das sich mit einem fremdländischen Jungen anfreundet. Dieser ist, ohne es zu wissen, innerlich programmiert, die Gesellschaft des Mädchens zu zerstören. Das Mädchen Khira liebt alle Seiten des Jungen, außer dem bösen inneren Führer, gegen den er kämpft, als er in der neuen Welt Freunde findet. Ihr Lehrer Kadura gibt dem Mädchen einen Rat. Der einzige Weg, dem Jungen Darkchild bei der Überwindung seiner negativen Programmierung zu helfen, sei, ihn voll und ganz zu akzeptieren. Kadura sagt zu ihr:

> *»Der andere – der, den du verabscheust . . . du kannst auch für ihn ein bißchen Güte und Freundlichkeit haben. Du wirst dich entwickeln, wenn du diese Güte ausprobierst und sie pflegst. Dein Freund hat Probleme mit sich selbst. Wenn du*

ihn unterstützt, auch jenen Aspekt in ihm, den du am wenigsten magst, wirst du ihm Kraft geben, mit seinem inneren Problem fertig zu werden ... Wenn du es schaffst, dich um ihn zu kümmern, von welcher Seite er sich auch zeigt, wirst du ihn durch diesen Beistand stärken.«

Khira zog sich vom Feuer zurück und erschauerte bei Kaduras Vorschlag. Sich um den inneren Führer kümmern? Wo seine Anwesenheit bedeutete, daß Darkchild sie verlassen hatte? ... Wie konnte sie sich um ihn kümmern, wenn sie schon bei seinem bloßen Anblick wütend wurde?

»Es ist wirklich ganz einfach«, antwortete Kadura ... »Du mußt lernen, den Gesichtsausdruck anzunehmen, den du ihm zeigen möchtest – die akzeptierende Miene ... Nach einer Weile wird es nicht länger nur ein Gesichtsausdruck sein ... und schließlich wird aus dem Spiel Wirklichkeit, Khira. Wenn du dich diesem inneren Führer deines Freundes gegenüber auf eine akzeptierende Weise verhältst, wirst du ihn bald wirklich akzeptieren.«

Paradoxerweise beinhaltet der psychologische und spirituelle Entwicklungsprozeß oftmals, daß wir uns von dem Ich-Ideal in uns (und in anderen) lösen und daß wir unser niederes Selbst (und das der anderen) annehmen. Das Ausmaß, in dem eine Seite unseres Wesens während unseres ganzen Lebens verdrängt und abgelehnt wurde und Bedürfnisse unerfüllt blieben, bildet den Maßstab für das erste Auftreten dieser Seite (auf eine widerwärtige, verzerrte, kindische, ursprüngliche oder scheinbar verrückte Weise). So wie die Schöne (aus »Die Schöne und die Bestie«; Anm. d. Ü.) es lernte, die Bestie zu lieben und durch ihre Liebe den Zauber aufhob, der den Prinzen in dem scheußlichen Körper festhielt, so können auch wir nur dann den vergrabenen Schatz in uns finden, wenn wir bereit sind, jene Teile unseres Wesens in uns aufzunehmen, die uns zuerst vielleicht bedrohlich erscheinen oder abstoßen.

Wenn ein wichtiger Teil unseres inneren Kindes für viele Jahre in einer dunklen Kammer eingeschlossen war, werden wir beim Öffnen der Tür wahrscheinlich nicht gleich eine lachende, liebevolle Facette unseres Wesens sehen. Das verängstigte Kind mußte wahrscheinlich vieles entbehren und ist nun unzugänglich, wütend, mißtrauisch und nicht kooperativ. Wie ein autistisches Kind, das sich von der Welt zurückgezogen hat, muß es wieder ins Leben zurückgelockt werden. Wir müssen lernen, auf die Schönheit zu vertrauen, die in ihm verborgen ist, und auch, das Häßliche zu ertragen. Dieser Prozeß ähnelt dem Reinigen eines verstopften Abflusses, wobei zunächst der Abfall entfernt werden muß, der die Rohre verstopft und das reine Wasser am Durchfließen hindert.

Jene, bei denen Mars oder Pluto im 12. Haus plaziert oder dessen Herrscher ist, können während dieses Prozesses schrecklichen dämonischen Energien in sich begegnen. Wir können so pervers sein und über das Unglück anderer lachen; wir können beträchtliches Vergnügen empfinden, wenn wir jenen weh tun, die uns verletzt haben, wenn wir ihren Untergang planen oder Rache nehmen; wir können uns sogar auf masochistische Weise nach emotionalen oder physischen Demütigungen sehnen. Die Entdeckung des »inneren Tyrannen« in uns ist ein schwerer Schlag für unser Selbstbild, unsere Selbstachtung und für die spirituellen Ideale, denen wir ein Leben lang anhingen. Wie können wir mit uns leben, wenn wir unser Bewußtsein auf unsere Widerwärtigkeit und unser Potential des Bösen ausgedehnt haben?

Die ersten Erfahrungen mit unseren dämonischen Energien sind fast immer die schlimmsten. Der Teufel arbeitet unbemerkt; sobald er aus der Dunkelheit herauskommt, verliert er an Macht. Für einige von uns wirkt das prahlerische Sichzurschaustellen unserer dämonischen Energien wie das Auftreten von Oz, dem Großen und Schrecklichen (aus »Der Zauberer von Oz«; Anm. d. Ü.), der sich auf raffinierte Theatereffekte stützt, um über seine eigene Kleinheit hinwegzutäuschen. Tatsächlich sind die teuflischsten und dämonischsten Seiten unseres inneren Wesens nur der Überlebensmechanismus eines verschreckten Kindes, dessen Bedürfnisse jahrelang durch emotionale

Mißhandlungen und Vernachlässigung verzerrt worden sind. In dem Maße, wie wir mit diesem verängstigten Kind in Verbindung treten können, herausfinden, was es braucht, und damit beginnen, seine Bedürfnisse zu befriedigen und seine Ängste zu beruhigen, werden wir die aufbauenden Bedingungen schaffen, die seine Verwandlung erlauben.

John Beahrs beschreibt in seinem Buch über getrennte Wesensteile, »Unity and Multiplicity«, wie wir mit unseren dämonischen Sub-Persönlichkeiten einig werden können. Zusammenfassend rät uns Beahrs, zuerst eine Verbindung zu dem Dämonischen herzustellen, indem man dieses als ein Objekt ansieht, eine Kraft, die getrennt von unserem Selbstgefühl existiert. Wenn unser Gefühl der Sicherheit dann zunimmt (oftmals durch entsprechende therapeutische Unterstützung), können wir uns mit dem Dämonischen identifizieren oder es als Subjekt erfahren. Seine Richtlinien für den Umgang mit dämonischen Energien sind folgende:

1. *Nimm mit dem Dämon (als Objekt) Kontakt auf, bestätige ihm das Recht auf seine Bedürfnisse und verbinde dich mit ihm oder werde sein Freund.*
2. *Nimm das, was abgesondert war, wieder in dich auf und erlebe es als Subjekt (Ich).*
3. *Akzeptiere, benutze und lenke diese Energie deines Wesens, welche vorher als böse oder schlecht angesehen wurde.*
4. *Behalte die Kontrolle über diesen Vorgang.*

Vielleicht machen wir dabei hinsichtlich unseres dämonischen Kindes die wichtige Entdeckung, daß seine Energie eher lebensbejahend als lebensverneinend ist. Die Intensität ihres Ausdrucks macht uns oft auf die Tatsache aufmerksam, daß es sich dabei um eine mächtige Energiequelle handelt. Das Ausmaß an Vergnügen, das unser dämonisches Kind bei ihrem Ausdruck empfindet, weist auch auf unerkannte Quellen der Freude und des Vergnügens in unserem Inneren hin. Wenn wir dieses dämonische Selbst erst einmal in uns aufnehmen, statt es abzulehnen, wenn wir sein Vorhandensein akzeptieren und uns mit ihm anfreunden, wird es zu unserem Wohlbefinden beitragen und nicht unsere Handlungen und unser Verhalten sabotieren, wenn sie nicht seinen Bedürfnissen dienen.

Betrachten wir das Horoskop von Mark, einem jungen Musiker, mit Skorpion an der Spitze des 12. Hauses. Sein Neptun im Skorpion am Ende des 12. Hauses bildet eine Konjunktion mit seinem Aszendenten, und sein Pluto befindet sich in der Jungfrau im 10. Haus. Für vier Jahre – als der transitierende Pluto in Marks 12. Haus stand – war er unfähig gewesen, auf musikalischem Gebiet etwas zustande zu bringen. Die meiste Zeit fühlte er sich nicht inspiriert, depressiv, lustlos. Er langweilte sich bei dem Ganztags-Job, den er annehmen mußte, weil seine musikalischen Unternehmungen keinen Erfolg brachten; auch hatte er das Interesse an Sex verloren.

Wenn Mark über sich selbst spricht, drückt er wenig Gefühl aus. Doch allmählich, während er seinen Groll auf seinen Chef und seine Freundin enthüllt und erzählt, wie sie sich über sein Verhalten beklagen, glühen seine Augen, und er lächelt böse. Weil er seine eigenen Hilfsmittel für seine Ziele nicht einsetzen kann, suchte er unbewußt Befriedigung darin, andere zu frustrieren. Die Intrigen seines inneren Dämonen zu erkennen ist schwierig für ihn; doch als er es tut und den Dämon aus dem Versteck herausläßt, wird er ausdrucksstark, energiegeladen und sogar ausgelassen. Anfangs genießt er es, in seiner Phantasie Rachepläne gegen seinen Chef und seine Freundin auszuhecken; dann, als er mehr Kraft in sich spürt, entsteht der Wunsch in ihm, seine Energie in direkter Weise auf den Umgang mit seinen Lebensproblemen zu richten.

Ein Teil dieses Prozesses besteht darin, daß Mark beginnt, sein boshaftes, dämonisches Selbst und die Raffinesse, mit der es heimlich sein Leben beherrschte, zu achten. Er wird mit dieser Energie sogar so vertraut, daß er sich für Halloween als Teufel verkleidet und sich selbst einen ganzen Abend lang erlaubt, teuflisch zu sein. Seine Spontaneität und sein verspieltes, kindliches Gemüt kommen zum Vorschein. Bald kehrt auch seine Kreativität zurück, und zwar nicht auf die altbekannte Weise, sondern in einer neuen, lebendigeren Form. Er verliert das Interesse an klassischer Musik; er entwickelt seine Fertigkeiten als Trommler; schließlich tritt er in eine Rockband ein und findet Wochenend-Engagements, die es ihm ermöglichen, seine feste Anstellung auf einen Teilzeit-Job zu reduzieren. Er trennt sich auch von seiner anspruchsvollen Freundin, die sein passiv-aggressives Verhalten unterstützte, und entwickelt eine Beziehung zu einer jungen Frau, die sich von seinem bös-schalkhaften, kreativen und jetzt auch sexuell potenten Selbst angezogen fühlt.

In der griechischen Mythologie sind die Furien dämonische Frauen, die sich an denen rächen wollen, die ihnen und anderen Frauen unrecht getan haben. Von den Griechen eher gefürchtet als geachtet, verfolgen sie erbarmungslos solche Übeltäter wie Orestes, der seine Mutter getötet hat, um ihren Mord an Agamemnon, seinem Vater, zu rächen. Als Orestes Athene, die Göttin der Weisheit, um Gnade bittet und die Furien es ablehnen, Orestes in Ruhe zu lassen, greift diese ein. Sie stellt sich nicht gegen die Furien, sondern zollt deren Sendung als Beschützer von Frau und Familie ihre Achtung; sie bestätigt deren Ziele und überredet sie, Orestes nicht weiter zu quälen, indem sie in Athen einen Schrein für sie errichtet. Sie gibt ihnen einen neuen Namen: die Eumeniden (was soviel bedeutet wie »die Wohlwollenden«), und eine gesellschaftlich angenehmere Rolle. Anstatt ihren Zorn herauszufordern, schaut sie tiefer und erkennt die zugrundeliegenden Bedürfnisse, Zielsetzungen und Werte; indem sie diese Werte bestätigt und ihnen eine lebensfähige Ausdrucksform bietet, nimmt sie das verletzte weibliche Gemüt der Furien an und ermöglicht ihnen, ihren Zorn zu überwinden.

Die Wut und die Häßlichkeit der mißachteten und verletzten Teile unseres Wesens werden durch Mitgefühl verwandelt. Im Prozeß der Integration unseres Schatten-Selbst ist die erste Veränderung, die stattfinden muß, nicht eine Veränderung dieses Selbst, sondern eine Beruhigung unseres inneren Richters oder Verfolgers – des Über-Ichs. Durch die Begegnung mit unserer dunklen Seite werden wir gedemütigt. In dieser Phase können wir wachsen, wenn wir lernen, mit vorher verdrängten Teilen unseres Wesens umzugehen und Mitgefühl und Vertrauen zu entwickeln. Wir müssen unsere Grenzen, unser Menschsein und unser animalisches Wesen akzeptieren; wir müssen die genialen Mechanismen anerkennen, die Teile von uns entwickelt haben, um in einer Welt, in der sie nicht willkommen waren, überleben zu können. Wir müssen es uns selbst hoch anrechen, daß wir den Mut hatten, uns in diese unerforschten inneren Bereiche vorzuwagen, unsere Dunkelheit zu konfrontieren und zu verwandeln. Wir müssen neue Verhaltensweisen probieren, die zuerst vielleicht nicht gelingen. Wir sind wie Matrosen, die nicht erwarten können, in den Wind zu segeln, der uns entgegenbläst; anstatt dauernd zu erwarten, daß wir vom Kurs abkommen, dürfen wir unsere Aufmerksamkeit nicht auf unsere Fehlschläge konzentrieren, sondern darauf, wieder den richtigen Kurs einzuschlagen.

Verpflichten wir uns dem ganzen Selbst und nicht unserem Ideal-Selbst, so bedeutet dies, daß wir uns der Verzweiflung stellen müssen, die mit der Aufgabe langgehegter Illusionen verbunden ist. Es bedeutet auch die Bereitschaft, niemand Besonderes zu sein, und die Fähigkeit, unsere Grenzen, Unzulänglichkeiten und Fehlschläge zu akzeptieren. Statt uns übermenschliche Maßstäbe anzulegen, müssen wir auch dann mit uns zufrieden sein, wenn wir nur ganz einfach »menschlich« sind. Und in den seltenen Zeiten, wo wir höheren Maßstäben entsprechen, müssen wir uns zusätzlicher Unterstützung versichern.

Wenn wir ein Bild von uns aufbauen, das eine Mischung von gut und böse sowie stark und schwach enthält, und wir nicht länger zwischen einem glorifizierten und einem ganz niedrigen Selbstbild hin und her schwanken, schreitet unsere Integration voran. Wenn unser wahres Selbst hervortritt und sich entwikkelt, verlieren wir nicht nur unsere Gefühle der eigenen Großartigkeit und unseren unbegründeten Idealismus, sondern auch das von Minderwertigkeitskomplexen geprägte selbstzerstörerische Verhalten. Die Selbstachtung, die aus der Begegnung mit dem ganzen Selbst und dessen Akzeptanz entsteht, ist wohlbegründet und fest. Paradoxerweise führt das Dahinschwinden des idealisierten Selbstbildes (was unweigerlich geschieht, wenn wir uns unseres Selbst bewußt werden) zu mehr Kraft und konstruktiver Leistungsfähigkeit.

Dieser Integrationsprozeß bedeutet nicht, daß wir unsere höheren Ziele aufgeben. Wir geben sie insofern auf, als wir sie als Mittel zur Erhaltung unseres Selbstgefühls und des Gefühls unserer Kompetenz benutzen. Wenn sich unser wahres Selbst entwickelt (was das Ergebnis unserer Begegnung mit den vorher abgelehnten Eigenschaften und deren Integration ist), haben wir »mehr« Selbst und »weniger« Selbst-*Bild.* Nur wenn wir über unser Selbst verfügen, können wir hoffen, die wirklichen Ziele zu erreichen, die wir am meisten schätzen.

Das Annehmen unseres wahren Selbst

Mit fortschreitender Integration entdecken, regenerieren und entwickeln wir unser wahres Selbst. Wir entdecken all jene Seiten unseres Wesens, die zur Erfüllung unseres Lebens beigetragen haben. Wir gewinnen Teile zurück, die wir verleugnet haben: das »dunkle« Schatten-Selbst, das anfangs vielleicht unangenehm erscheint, mit der Zeit jedoch seine Gaben offenbart, und das »helle« Schatten-Selbst, das ursprünglich Freude erweckt, die wir verloren oder vergessen haben. Wenn diese Teile unseres Wesens zum Vorschein kommen und sich entwikkeln, gewinnen wir Mitgefühl und Einsicht sowie neue Verhaltensweisen und Fähigkeiten. Je mehr wir unser wirkliches Selbst zu schätzen wissen, wenn es in Erscheinung tritt, desto besser können wir das falsche Selbst loslassen, mit dem wir uns identifiziert haben – und desto erfüllter wird unser Leben sein.

Manchmal, wenn wir unsere Illusionen abwerfen und durch die Umstände gezwungen sind, frühere Beziehungen, Rollen oder Identifizierungen aufzugeben, sehen wir uns einer inneren Leere gegenüber und beklagen das, was wir verloren haben, ohne zu wissen, was wir gewinnen werden. Dann wiederum sind wir unfähig, den Boden, auf dem wir stehen, zu verlassen, bevor nicht ein paar Keime der neuen Saat an der Erdoberfläche erscheinen und neues Leben ankündigen. Wenn das Alte um uns herum zerfällt, ist das Neue oft schon befruchtet; es wächst in uns unter der Oberfläche und kann jederzeit die uns bekannten Strukturen durchbrechen und zu deren Auflösung beitragen.

Wieviel leichter fällt es uns, die Vergangenheit loszulassen, wenn wir mit einer neu entdeckten oder wiedergewonnenen Seite unseres Wesens oder mit einer Vision zukünftiger Horizonte in Verbindung gekommen sind. Deshalb kann es für uns von Nutzen sein, auf diese subtilen, aber unmißverständlichen Bewegungen der neuen Saat, die in uns keimt, zu achten. Wir sollten sie mit unserer Aufmerksamkeit, unserer Ermutigung und Achtung nähren beziehungsweise wässern.

Die Sage von Iphigenie auf Tauris, von *Euripides* als »Iphigenie bei den Taurern« in eine dramatische Form gebracht, zeigt den Prozeß der Wiedergeburt verlorener Dimensionen des Selbst auf. In der diesem Stück vorausgehenden Fassung »Iphigenie in Aulis« (das in dem griechischen Film »Iphigenia« ganz ausgezeichnet bearbeitet wurde) können die Griechen wegen einer Windstille nicht in den Trojanischen Krieg segeln. Als das Orakel befragt wird, erklärt die Göttin Artemis (die zornig auf die Griechen ist, weil diese ihren heiligen Hain zerstört haben), daß der Wind zurückkehren werde, wenn der griechische Führer Agamemnon seine älteste Tochter Iphigenie am Altar von Aulis opfert.

Agamemnon ist voller Qual über diese Verkündigung; er will seine Tochter nicht töten. Doch identifiziert er sich mit seinen ehrgeizigen Kriegszielen und fühlt sich für die Truppen verantwortlich, die es nicht erwarten können, loszusegeln. Er lockt

Iphigenie nach Aulis, indem er ihr sagt, daß sie dort mit dem vornehmen jungen Griechen Achilles verheiratet würde. Iphigenie, die ihrem Vater in Liebe ergeben ist, bereitet sich ahnungslos auf ihre Hochzeit vor. Doch als sie in Aulis eintrifft und die Wahrheit erkennt, erlebt sie Wut, Verrat und Angst. Zuerst fleht sie ihren Vater an, seinen Entschluß zu ändern und ihr zur Flucht zu verhelfen. Doch als ihre Lage immer hoffnungsloser wird und sie erfährt, daß Griechenlands Ruhm und Ehre von ihrem Opfer abhängen, willigt sie ein. Indem sie sich mit den patriarchalischen Werten identifiziert, die ihre weiblichen Werte verunglimpfen, gibt sie ihr Leben für die Verherrlichung dieser Werte, die danach trachten, sie zu zerstören.

Doch es kommt nicht zu diesem Opfer. Im letzten Moment gelangt sie, durch einen Zauber von Artemis hinweggeführt, auf die barbarische Insel Tauris, wo sie den Priestern hilft, die auf ihren Altären die männlichen Fremden opfern, welche Tauris betreten. Weil sie geopfert werden sollte, wird Iphigenie (die sich mit dem Angreifer identifizierte) zu der, die das Opfer durchführt. Dabei agiert sie ihre Wut auf das männliche Geschlecht ab, von dem sie verraten wurde. Doch gleichzeitig kämpft sie gegen ihr Gewissen, das Menschenopfer verurteilt. Aufsteigende Träume und Erinnerungen zeigen auch, daß sie sich nach ihrem geliebten Bruder Orestes und nach den idyllischen Erfahrungen ihrer Kindheit zu sehnen beginnt, die vor dem Opfer lagen.

Durch das innerliche Wiedererleben positiver Erfahrungen aus der Vergangenheit wird Iphigenie mit ihrem Leben als Priesterin der Barbaren zunehmend unzufrieden und ersinnt ein Mittel zur Flucht. Um dies zu tun, kann sie nur ihrem Bruder Orestes heimlich eine Nachricht senden, in der sie ihm mitteilt, daß sie noch lebt und daß er sie heimholen möchte. Um ihm diese Nachricht zukommen zu lassen, muß sie die Priesterschaft hintergehen und einen der Männer, die geopfert werden sollen, befreien und zur Flucht von Tauris verhelfen.

Der nächste Fremde, der gefangengenommen und zum Opfer vorbereitet wird, ist, ohne daß Iphigenie ihn erkennt, ihr Bruder Orestes. Dieser war nach Tauris gereist, um ein Bild von Artemis zu suchen, das ihn von den Furien erlösen sollte, die ihn verfolgen. Als Iphigenie Orestes die Nachricht überreicht, gibt er sich zu erkennen, und sie umarmen sich. Im folgenden beweist Iphigenie ein bemerkenswertes Maß an Mut, Einfallsreichtum und innerer Kraft, als sie gegen die Bewohner der Insel, die ihr jahrelang eine Familie waren, einen Fluchtplan schmiedet, um nach Griechenland zurückzukehren und ein neues Leben zu beginnen.

Die Geschichte der Iphigenie auf Tauris zeigt anschaulich, wie ein neuer Zugang zu den Energien des 12. Hauses gewonnen werden kann. Dieser Zugang ging verloren, weil wir – oftmals unbewußt – immer wieder das familiäre oder auch karmische Drehbuch durchspielten, das an uns weitergegeben wurde.

Haben wir einmal die Dimensionen in uns entdeckt, wiedergewonnen und entwickelt, die abwesend, vernachlässigt oder verzerrt waren, müssen wir diese mit den anderen Seiten unseres Wesens in einen Dialog bringen und eine Lebensweise schaffen, welche unserer multidimensionalen Persönlichkeit gerecht wird. Die Psychosynthese von *Assagioli* und seinem Nachfolger *Ferrucci* sowie die Studien über psychische Zersplitterung und Einheit, die *Beahrs* unternahm, die Hypnose-Arbeit mit Teilen unseres Selbst, wie sie *Bandler* und *Grinder* beschrieben haben, sowie meine eigenen Übertragungen dieser Theorien und Techniken in astrologische Ansätze erhellen diesen Vorgang.[19]

Unsere Sub-Persönlichkeiten oder planetarischen Wesenheiten können sich im »Bürgerkrieg« oder im »Guerillakrieg« befinden und sich gegenseitig bekämpfen. Sie können trennende Barrieren zwischen sich errichten; sie könnenn sich aber auch vereinigen und ihre Energien zu einem neuen Selbst mischen; sie können einen Zustand friedlicher Koexistenz schaffen. Seite an Seite arbeiten und – durch eine Methode koordinierten Wechsels – zusammenwirken. Sie können in den Sternstunden unseres Lebens ihre Stimmen gemeinsam erklingen lassen und dabei unsere eigene Lebenssymphonie erschaffen.

Je unterschiedlicher, widersprüchlicher und machtvoller jede unserer planetarischen Persönlichkeiten ist, desto wichtiger wird es für uns, ein zentrales Selbst zu entwickeln, das sowohl ein Beobachter als auch der Ursprung des Willens und der Handlungen ist und das unsere verschiedenen Energien koordinieren kann. So wie ein politisches System eine zentrale Verwaltung und das Orchester einen Dirigenten brauchten, müssen wir unser eigener Präsident und Dirigent werden, die sich ständig der Bedürfnisse und Wünsche jedes einzelnen Wesensteiles bewußt sind und deren Verhalten lenken.

Um die Verantwortung für unser Leben zu übernehmen, müssen wir den Willen aufbringen, uns von den selbstzerstörerischen Bindungen an die Vergangenheit befreien zu wollen. Den Energien unseres 12. Hauses zu begegnen, sie zu konfrontieren, zu erleben und zu akzeptieren, sind wichtige Schritte in unserem Integrationsprozeß.

Zum besseren Verständnis – lest Sagen und Mythen

Die Mythologie ist eine Aufzeichnung des kollektiven Unbewußten der Menschheit, wobei auf symbolische Weise die Identifizierungen und Themen geschildert werden, die wir in unserem Leben darstellen. Wir können uns besser auf die Energien unseres 12. Hauses einstimmen, wenn wir die Sagen und mythologischen Erzählungen, welche vielleicht das Drehbuch unseres Lebens enthüllen, lesen und darüber nachdenken. Die folgenden Sagen und mythologischen Erzählungen sind zur Lektüre zu empfehlen – je nach dem entsprechenden Planeten bzw. Zeichen:

Sonne:	Semele, Phaeton, Parzival
Mond:	Niobe, Alkeste, Artemis, Tantalus, Demeter, Io
Merkur:	Philomela, Elektra (in bezug auf Orestes)
Venus:	Psyche, Arachne, Hero, Clytie
Mars:	Klytämnestra, Daphne, Pasiphae, Deinara, Iphigenie, Prometheus (und »die Schöne« aus dem Märchen »Die Schöne und die Bestie«)
Jupiter:	Ikarus, Phaeton, Kassandra, Antigone, Ocyhoe, Chiron
Saturn:	Ariadne, Iphigenie
Uranus:	Antigone, Hippolyta, die Sibyllinen
Neptun:	Dionysos, Hephäst, Orpheus, Ariadne, Salmacis, Iphigenie
Pluto:	Medusa, Medea, Phaedra, Klytämnestra, Kali, Pele

Obwohl *Liz Greene* in »Astrologie und Schicksal«[20] das 12. Haus nicht bespricht, ist ihre Interpretation der Sagen und mythologischen Erzählungen, welche für die Zeichen von Bedeutung sind, eine inspirierende und hilfreiche Anleitung, um die psychischen Probleme und Komplexe im Hinblick auf die einzelnen Zeichen und planetarischen Herrscher zu verstehen.

V. Selbst-Transformation durch Traumarbeit

Träume, die uns mit ihren flüchtigen Schatten narren – weder kommen sie aus den Tempeln der Götter, noch werden sie von den Mächten der Luft gesandt. Jeder Mensch schafft sich seine eigenen Träume.

Petronius

Ein Traum ist ein Teil der Realität . . . dessen Sinn bedeutungsvoll, aber unbestimmt ist und dessen Schicksal in der Welt des wachen Ichs in unseren eigenen Händen liegt. Wenn wir den Traum mit Respekt behandeln, dient er uns. Es gibt keinerlei Zweifel über seine grundlegende Bedeutung für unser elementares Wohlbefinden.

James Hall

Warum Traumarbeit?

Während der letzten Jahre kam ich zu der Überzeugung, daß es für den Prozeß der Selbst-Integration und für die Kanalisierung der Energien unseres 12. Hauses von unschätzbarem Wert ist, wenn wir lernen, uns an unsere Träume zu erinnern, sie noch einmal zu erleben, zu interpretieren und mit ihnen zu arbeiten. Da viele der dynamischen Vorgänge in unserem Unterbewußtsein dem rationalen Denken nicht zugänglich sind und als bedrohlich empfunden werden, dient die innere Bilderwelt der Träume als ein erfolgreicher Mittler zwischen Unterbewußtsein und Bewußtsein. Wie Perseus in der griechischen Sage erst dann Medusa töten konnte, als er sie im Spiegel vor sich sah (weil es ihn überwältigte, sie direkt anzusehen), sind auch wir vielleicht nur dann fähig, die machtvolle Energie unseres ursprünglichen *und* unseres transpersonalen Selbst zu erreichen und zu integrieren, wenn wir die metaphorische Brücke unserer inneren Bildersprache verwenden.

In unserer an Effektivität orientierten Gesellschaft findet die Traumarbeit bei den meisten Menschen nur begrenzt Anklang. »Ich erinnere mich nicht an meine Träume«, sagen viele Leute, oder: »Sie sind so bizarr, ich verstehe nicht, wie sie mit meinem Leben in Verbindung stehen.« Oder sogar: »Meine Träume sind so unerfreulich und angsterregend, daß ich sie lieber vergessen möchte.« Wir können es lernen, uns an unsere Träume zu erinnern; wir können lernen, die Ängste zu ertragen, die einige Träume hervorrufen, und wir können uns jenen ehrfurchtgebietenden und herrlichen Traumerfahrungen öffnen, denen wir begegnen, sobald wir uns unseren Alpträumen stellen. Wir können lernen, unsere Träume zu interpretieren und die Einsichten, die sie uns vermitteln, im Alltagsleben anwenden.

Warum sollten wir das tun? Warum sollten wir fünf oder auch 30 Minuten pro Tag investieren, welche die Traumarbeit uns abverlangt? Woher wissen wir, daß eine Transformation möglich ist, wenn wir niemals eine tiefe Einsicht oder eine Wandlung als Ergebnis unserer Träume erfahren haben? Welchen Wert hat die Traumarbeit wirklich?

Zum einen: Wenn wir lernen, uns an Träume zu erinnern und ihnen bewußt unsere Aufmerksamkeit schenken, beginnen wir eine Brücke zu bauen, durch die unsere unbewußte Energie in unser Wachleben einströmen kann.

Zum anderen: Unsere Träume enthüllen die Dynamik unserer Psyche bzw. das, was sich unter der Oberfläche unseres Bewußtseins tatsächlich abspielt. Wie erlebst du dich, deine Welt, andere Menschen wirklich? Welche Annahmen und persönliche Mythen beeinflussen dich? Welche Platte läßt du wieder und wieder ablaufen? Was sind die wirklichen psychischen Probleme, die deinen Kämpfen in der Außenwelt zugrunde liegen? Wie versuchst du, deine Probleme zu lösen? Wann und wie gelingt dir das? Welche Ängste stehen hinter deinem impulsiven Ausdruck, besonders hinsichtlich Ärger und Sexualität? Welche Muster oder Erfahrungen aus der frühen Kindheit beeinflussen dich heute und bedürfen einer Neubewertung, so daß in der Wiederkehr der Erfahrung die einstigen Verhaltensmuster neu programmiert werden können? Wie kompensierst du diese, wenn sie nicht erfüllt werden? Deine Träume können diese Fragen beantworten.

Vielleicht erwiderst du: Das kann auch ein Therapeut oder ich selbst tun, wenn ich über mein Leben nachdenke oder psychologische Bücher lese. Das ist wahr. Aber der Vorteil bei den Träumen ist, daß die Bilder und Einsichten, die sie uns bieten, aus so tiefen inneren Quellen stammen, daß sie unsere ureigenste Wahrheit verkörpern. Was wir mit dem Verstand erfassen, bleibt oft nur im Kopf und wird nicht auf der Herzensebene oder »im Bauch« integriert. Was andere Menschen uns über uns sagen, kann uns beeinflussen, doch es dringt für gewöhnlich nicht tief genug ein, um tatsächlich eine Wandlung herbeizuführen. Träume und die Einsichten, die aus den Träumen entstehen, müssen sich nicht erst einen Weg zu den tiefsten Ebenen unserer Psyche bahnen, um einen verändernden Einfluß zu haben – sie stammen ja von diesen Ebenen. Ein Traum, der voll und ganz erfahren und zumindest teilweise verstanden wird, kann auf die Dynamik unserer Psyche eine tiefere Wirkung haben als die meisten Erlebnisse in der Außenwelt, weil dieser uns mit dem Ursprung der kreativen Verwandlung in uns selbst verbindet. Laut *C. G. Jung* kommen ». . . Erneuerungen niemals von oben; sie kommen ausnahmslos von unten, so wie der Baum niemals vom Himmel herab wächst, sondern von der Erde nach oben.«

In der Tat drücken Träume die Stimme der Seele aus; durch sie sind wir mit unserem tiefsten Selbst, unserer inneren Substanz, verbunden. Der Akt des sich Erinnerns, des Erfahrens und der bewußten Wertschätzung unserer Träume bringt uns mit unserem wahren Selbst in Verbindung und aktiviert vorher unerreichbare Ebenen der Kreativität und Vitalität, auch, wenn wir die Träume keiner Deutung unterziehen.

Denke an deine unerfreulichen Träume, an Schattenträume oder Alpträume. Diese rufen Angst hervor. Doch durch sie werden Ängste auch entladen und freigesetzt, was uns ein erfolgreicheres Wirken ermöglicht. Durch den Kontakt mit schrecklichen, oftmals archaischen Ängsten – Angst vor der Einsamkeit, vor dem Verlust unseres Selbst, vor unserer Aggression und Zerstörungswut und vor der Aggression anderer – können wir auch den Kontakt mit unserer Kraftquelle wiedergewinnen, die unter diesen Ur-Ängsten lebt.

»Der Schatten besteht zu 80% aus Gold«, schrieb *Max Zeller*. Die Wunde selbst beinhaltet das Material, das Heilung und Neuorientierung bringen kann. Träume mit traumatischen Botschaften, immer wiederkehrenden Themen und unerfreulichen Charakteren und Begebenheiten enthüllen für gewöhnlich Einschlüsse in deiner Psyche, wo viel kreative Energie gefangen ist, die der Umwandlung bedarf. Es hat schon einen Wert, wenn wir nur ganz einfach unsere Fähigkeit verstärken, uns solcher Träume zu erinnern und sie wieder zu erleben; noch wertvoller ist es, wenn wir sie zu interpretieren lernen und die daraus gewonnenen Einsichten im Alltagsleben anwenden. Solche Träume sind vielleicht die einzigen Schlüssel für die Freisetzung und Integration des unterdrückten Materials, welches uns in Mustern festhält, die uns schwächen und uns die Erfahrung fröhlicher Lebendigkeit verwehren.

Eine Veränderung tritt ein, wenn wir uns selbst erlauben zu sein, wo wir sind, und zu erfahren, was in uns geschieht. »Du überwindest niemals irgend etwas durch Widerstand«, schrieb der Gestalttherapeut *Fritz Perls*; »du kannst nur dann etwas überwinden, wenn du tief hineingehst. Wenn du tiefer in das eindringst, was du bist, dann tritt die Veränderung automatisch ein«.[21]

Auch *Jack Downing*, der Autor von »Dreams and Nightmares, betont, daß Veränderung und Selbsterfüllung eintreten, wenn wir das ursprüngliche, kindliche Selbst, das unsere Träume oftmals enthüllen, annehmen, statt es in Verteidigung unseres Ich-Ideals oder unserer spirituellen Ziele abzulehnen.

»Kann ich für dieses frühe Selbst weder Liebe noch Mitleid, Akzeptanz oder Verständnis aufbringen, dann verurteile ich mich selbst zur . . . Einsamkeit«, schrieb Downing. Träume, so sagt er uns, können uns dabei helfen, unser kleines Selbst, unsere Fehler und Grenzen anzunehmen. Durch Mitgefühl für uns selbst beschleunigen wir den Verwandlungsprozeß, der es uns ermöglicht, uns zu entwickeln und viel mehr zu werden, als wir aufgrund unserer Fehler jemals angenommen hätten.

Doch die Traumarbeit besteht nicht nur in der Begegnung mit unserem kleinen Selbst oder unserem Schatten. Träume reflektieren auch neue Entwicklungen, die in unserem Wachleben stattfinden oder sich ankündigen. Jahrelang träumen wir von einem kräftigen Mann, der uns verfolgt und mit einem Messer bedroht – weil wir unseren eigenen Zorn fürchten; schließlich, nachdem wir uns wiederholt mit unserem Therapeuten auseinandersetzten und mit unserer Aggression vertrauter wurden, träumen wir davon, diesem Mann gegenüberzutreten und uns mit ihm anzufreunden. Unsere Träume bestätigen die Entwicklung, die wir erleben, und versichern uns, daß wirklich ein Fortschritt zu verzeichnen ist; sie offenbaren auch die Wandlungen, die innerlich stattfinden und sich bald äußerlich manifestieren werden. Wenn wir von der Geburt eines Kindes träumen oder vom Beginn eines neuen Unternehmens oder von der Lösung eines Problems, das uns jahrelang beunruhigt hat – all das sind Vorankündigungen von Veränderungen, die wir im äußeren Leben erfahren werden. Diese geben uns Vertrauen, Hoffnung und den Glauben an unsere inneren Fähigkeiten.

Gelegentlich werden wir mit transpersonalen Träumen belohnt, bei denen wir sofort erkennen, daß sie von tiefen, archetypischen Bewußtseinsebenen emporgestiegen sind (dies geschieht insbesondere dann, wenn wir uns mit unserem Schatten-Selbst auseinandersetzen). Wir träumen von einem Mann oder einer Frau, der oder die alt und weise ist und verspricht, uns zu beschützen; oder wir träumen von einem stillen verzauberten Wald, der uns eine Zuflucht vor unseren Sorgen bietet. Wir träumen von Jesus, der unser Kind-Selbst umarmt, oder wir haben einen Märchentraum, in dem wir zauberhaften Wesen begegnen und uns des Ursprungs der Freude und des Entzükkens bewußt werden, die vorher unzugänglich für uns waren. Manchmal bleiben uns nur Bruchstücke, ohne große Emotionen, in Erinnerung; nach dem Erwachen vergessen wir sie schnell. Aber transpersonale und archetypische Träume können eine so tiefe Wirkung auf uns haben, daß sie unser Wachbewußtsein tage- oder monatelang durchdringen. Verwandlung beginnt mit geändertem Bewußtsein. Unser ganzes Gefühl für uns selbst und für die Welt, in der wir leben, kann infolge eines Traumes, der uns führt, verwandelt werden.

Doch auch gewöhnliche Träume können eine bedeutsame Führung bieten. Wir träumen, beinahe zu ersticken, während wir durch den engen Tunnel am Fuße eines Hügels kriechen – wir erwachen in panischer Angst und wissen, daß wir auf irgendeiner Ebene gerade durch unsere vergifteten Lungen gereist sind und nun keine Wahl mehr haben: Wir müssen das Rauchen aufgeben. Wir träumen von unserer Mutter, die uns drängt, ihr vom Sommer-Camp aus einen Brief zu senden, und wir erwachen und fühlen den Drang, ihr zu schreiben – einen liebevollen Brief, den sie genau einen Tag vor ihrem unvorhergesehenen Tod erhält. Wir träumen von jemandem, der etwas zu einem Gedicht sagt, das wir geschrieben haben – wir wachen auf und schreiben ganz spontan das erste Gedicht seit Jahren.

Oder wir stellen uns eine Frau in mittleren Jahren vor, mit einer Skorpion-Venus im 12. Haus und einer Mars/Neptun-Konjunktion in der Jungfrau. Vor Jahren, am Abend vor ihrem Hochzeitstag, sah sie zögernd ihrer ersten sexuellen Erfahrung entgegen, weil Sexualität sie nur wenig interessierte. In dieser Nacht träumte sie von Jesus, der sie umarmte und ihr sagte, sie müsse sich über den sexuellen Bereich ihres Lebens keine Sorgen machen, weil dieser nicht wichtig für sie sein würde. Tatsächlich hatte ihr spirituelles Leben immer Vorrang, und Sexualität war weder in ihrer Ehe noch in ihren nachfolgenden Beziehungen ein bedeutender Faktor.

Traumarbeit ist ohne Zweifel von persönlichem Wert. Sie hat auch einen beträchtlichen kollektiven oder politischen Nutzen. Viele der Konflikte zwischen Menschen sowie die Kriege zwischen den Nationen resultieren aus einem Mangel an persönlicher Integration und aus der Neigung, die verleugneten Seiten unseres Wesens auf andere zu projizieren und sie außen zu bekämpfen, statt uns mit unseren inneren Dämonen – den verkleideten Helfern – zu einigen. Wenn wir uns auf die zutiefst persönlichen Inhalte der Traumarbeit einlassen, leisten wir einen sozialen und politischen Beitrag. Die Auseinandersetzung mit unserem abgelehnten Selbst, dessen Annahme und Integration mit dem Schatten, der in unseren Träumen erscheint; die schmerzhafte Infragestellung unserer vermeintlichen Großartigkeit und unserer Ideale zugunsten einer Aussöhnung mit unserer Menschlichkeit; das Größerwerden des Selbst durch die Bereitschaft, das Selbst-*Bild* zu verkleinern; das Lernen von Bescheidenheit in der Begegnung mit unserem ursprünglichen, kindlichen, entstellten, verletzten, zerstörerischen Selbst – all das sind politische Handlungen. In uns selbst beginnen wir das zu erreichen, was Paare, Familien, Gruppen und Nationen im Konflikt nicht vollbringen können. Dann werden wir wahre Helfer der Menschheit lediglich durch das, was wir *sind*, ohne immer etwas zu *tun*.

Wie man sich an Träume erinnert

Bis vor drei Jahren waren es etwa acht oder zehn Träume pro Jahr, an die ich mich erinnerte und die ich aufzeichnete. Bald nachdem ich begonnen hatte, eine Therapeutin zu konsultieren, die der Traumarbeit einen gewissen Wert beimaß, erinnerte ich mich einiger Träume pro Woche. Nun kann ich mir nach jeder Nacht drei oder vier Träume wieder ins Gedächtnis rufen. Wie kam es zu dieser Veränderung? Natürlich wirkte sicher zunächst die Möglichkeit, meine Träume einem interessierten Zuhörer zu erzählen, unterstützend auf mein Erinnerungsvermögen. Auch die Entdeckung der immensen Kraft, die im Mitteilen meiner Träume und im beginnenden Verständnis für sie lag, half mir weiter. Zusätzliche Hilfen waren das Lesen von Büchern über Traumarbeit und die Verwendung eines Arbeitsformulares zur Aufzeichnung der Träume. Doch das Wichtigste von allem war die Entwicklung einer klaren Absicht und die konzentrierte Hingabe an den Prozeß der Traumarbeit.

Meine Absicht und Hingabe wurden durch die Entdeckung angespornt, daß sich das Wesen der Träume veränderte, seit ich ihnen bewußte Aufmerksamkeit widmete. Immer weniger Träume waren bruchstückhaft, widersinnig, nicht zu entschlüsseln; immer mehr Träume traten als zusammenhängende Geschichten in Erscheinung; sie waren klar, emotional geladen, einsichtsvoll, erleuchtend und oftmals voll kreativer Inspiration.

Was habe ich während der letzten Jahre über das Erinnern von Träumen gelernt? Es unterstützt die Traumerinnerung, wenn man einen Stift und ein Traumtagebuch neben dem Bett liegen läßt und eine Lampe oder einen Leucht-Stift (den es in vielen Schreibwarenläden gibt) in Reichweite hat. Bevor ich schlafen gehe, schreibe ich in mein Tagebuch das Datum und die Nummer meines nächsten Traumes und nehme mir dann fest vor, mich am Morgen meiner Träume zu erinnern und sie aufzuzeichnen. Manchmal bitte ich um Träume, die bestimmte Probleme in meinem Leben erhellen oder eine Frage beantworten sollen. Dieser Vorgang der »Traum-Ausbrütung« kann zu bedeutsamen Resultaten führen, insbesondere wenn es einige Nächte hindurch wiederholt wird.

Ich stelle meinen Wecker eine Viertelstunde vor der Zeit, zu der ich tatsächlich aufstehen und meinen Tag beginnen muß. Wenn am Morgen der Wecker klingelt (ich stelle ihn immer so ein, daß er sein Signal alle paar Minuten wiederholt, um mir die Zeit zu geben, Traumbilder am Rande meines Bewußtseins abzuspulen), wende ich mich sofort nach innen, um die auftauchenden Traumbilder festzuhalten. An diesem Punkt gibt es zwei Möglichkeiten. Die erste ist, liegenzubleiben und die Bilder oder Fragmente meines Traumes durchzuspielen, so daß sich der ganze Traum daraus entwickelt. Wenn ich meine Schlafposition beibehalte, erleichtert das den Vorgang. Die zweite Möglichkeit ist das Aufschreiben von Schlüsselwörtern oder -sätzen, wie sie durch meine Erinnerung ziehen, in mein Traumtagebuch. Damit habe ich eine Aufzeichnung der Hauptpunkte des Traumes, die ich dann später mit Details ausfülle. Während ich mir meinen Traum ins Gedächtnis rufe oder im Halbschlaf im Bett liege, schwirren mir zahlreiche Gedanken durch den Kopf; diese sind oft für dessen Bedeutung relevant. Deshalb schreibe ich diese Assoziationen genauso auf wie meine Gefühle beim Aufwachen. (Manche Menschen ziehen es vor, auf Band zu sprechen, statt ihre Träume niederzuschreiben).

Später erinnere ich mich häufig weiterer Einzelheiten und gewinne Einsicht in die Bedeutung des Traumes, während ich ihn noch einmal niederschreibe oder einem anderen Menschen erzähle. Die Verwendung eines Traumformulars für Träume, die einem besonders wichtig erscheinen, ist hilfreich. Wiederholte Erfahrung im Erinnern von Träumen hat mich befähigt, diese nach verschiedenen Bewußtseinsebenen und unterschiedlichen emotionalen Belastungen zu unterscheiden. Es ist unvermeidlich, daß ich manchen Träumen mehr Beachtung schenke als anderen.

Wenn ich aufwache, verspüre ich oft einen Widerstand gegen das Erinnern und Aufzeichnen meiner Träume. Schlafe ich nicht alleine, dann kann mich die liebevolle oder störende Gegenwart des anderen ablenken. Manchmal fühle ich mich auch zu müde, um die Augen zu öffnen und nach meinem Tagebuch zu greifen, oder ich spüre eine unangenehme Reaktion auf einen Traum und möchte ihn aus meinem Bewußtsein entfernen. Ein solcher Widerstand ist ganz normal, weil Träume oftmals Dinge enthüllen, die Angst hervorrufen und das Ego oder das Wachbewußtsein bedrohen. Je größer die Trennung zwischen unserem bewußten Denken und der Dynamik unseres Unterbewußtseins ist, desto eher werden wir unsere Träume verdrängen.

Ein anderer Widerstand tritt auf, wenn wir uns um faszinierende, sich wiederholende oder außergewöhnliche Träume bemühen und uns dann über bruchstückhafte, unzusammenhängende oder banale Szenen ärgern. In solchen Zeiten neigen wir dazu, diese Träume kurzerhand abzutun und nicht ernst zu nehmen. Doch auch diese Bruchstücke können bedeutungsvoll sein: Das Widersinnige darin kann Widersprüche und Verwandlungen enthüllen, mit denen wir gerade zu tun haben; die gewöhnlichsten Träume können unser gegenwärtiges Muster erklären. Solange wir unsere fragmentarischen, unzusammenhängenden und alltäglichen Träume nicht achten, werden wir wahrscheinlich nicht mit vollständigen, zusammenhängenden, klaren, inspirierenden oder transpersonalen Träumen belohnt.

Vielleicht erinnern wir uns auch deshalb nicht unserer Träume, weil unser Leben uns gerade besonders viel abverlangt und wir uns völlig auf die Außenwelt konzentrieren müssen. Für die meisten Menschen ist die Traumerinnerung eine zyklische Erfahrung – Perioden, in denen es leichtfällt, sich zu erinnern, wechseln mit Perioden, in denen die Aufmerksamkeit auf äußere Tätigkeiten konzentriert ist und die Erinnerung schwerfällt. Es kann sehr störend für uns sein, wenn wir in Zeiten intensiver Konzentration auf unsere Aufgaben auch noch an unseren Träumen arbeiten. Für die Integration gewonnener Einsichten kann es hilfreich sein, von Zeit zu Zeit keine Traumarbeit zu betreiben. Wenn wir keinen Zugang zu unseren Träumen haben, kann vielleicht freie Assoziation die Gründe dafür enthüllen: »Ich kann mich an meine Träume nicht erinnern, weil . . .« Vielleicht sind wir noch nicht in der Lage, dem ins Auge zu sehen, was unsere Träume uns sagen, oder wir sind noch nicht zu den Taten bereit, zu denen unsere Träume uns ermutigen.

Tips zur Traumarbeit und Traumdeutung

1. *Die Erfahrung des Traumes ist wichtig.*
   Spiele deinen Traum einige Male durch. Erzähle ihn laut; teile ihn mit anderen. Erinnere dich an jedes Detail. Je tiefer deine Traumerfahrung ist, desto weiter öffnest du das Tor zwischen dem Bewußten und dem Unbewußten.

2. *Suche den emotionalen Schwerpunkt deines Traumes.*
   Was ist der lebendigste Teil des Traumes? Wo treten die meisten Gefühle auf? Welche Bilder quälen und verfolgen dich am meisten? In Träumen repräsentieren Handlungen oft Gefühle; die körperliche Bewegung kommt der Gemütsbewegung gleich. Wenn du den Traum laut erzählst, werden Gefühle und Assoziationen frei, zu denen du auf andere Weise keinen Zugang hättest.

3. *Assoziiere frei über die Symbole und Charaktere deines Traumes. Entdecke deine persönliche Symbolik.*
   Obwohl einige Traumsymbole eine allgemeine Bedeutung haben können, sind die meisten Bedeutungen deiner Traumcharaktere und -objekte wahrscheinlich persönlicher Art. Frühere Erfahrungen und Einstellungen, Erlebnisse des vorhergegangenen Tages, vorausgeahnte Erfahrungen etc. – all das kann für deinen Traum relevant sein. Frage dich selbst: Was ist das Wesentliche, der Kernpunkt des Symbols oder Charakters? Wenn du von einer Person aus deinem Leben träumst, nimm nicht sofort an, daß der Traum von dieser Person handelt. Frage dich: Welche Eigenschaften bringe ich mit dieser Person in Verbindung? Wenn du zum Beispiel einen Traumcharakter als »verschlagen, manipulierend und nicht vertrauenswürdig« beschreibst, was enthüllt der Traum dann über dein gegenwärtiges Verhalten?

4. *Identifiziere dich mit allem, was in deinem Traum vorkommt.*

Du selbst bist jeder Teil deines Traumes. Charaktere trennen sich von deinem Traum-Ich oder treten in Opposition zu ihm (dein Traum-Ich ist der Charakter, mit dem du dich im Traum identifizierst), doch sind auch dies Teile von dir – vielleicht jene, die du verleugnest und nach außen projizierst. Du kannst auch eine Seite deiner Erfahrung in zwei oder mehrere Symbole aufspalten. Zum Beispiel können deine zwiespältigen Gefühle gegenüber deinem liebevollen, aber beherrschenden Ehemann im Traum durch Beziehungen zu einem freundlichen und einem herrschsüchtigen Mann widergespiegelt werden – die auch die freundlichen, aber beherrschenden Teile in dir selbst repräsentieren.

5. *Denke darüber nach, was dein Traum-Ich dir über dein Bild von dir selbst, über deine Einstellungen und Verhaltensweisen sagt.*
Wie aktiv oder passiv ist dein Traum-Ich? Wie zuversichtlich, fähig oder kraftvoll? Wie unsicher, ängstlich oder machtlos? Bis zu welchem Ausmaß fühlt er/sie sich als Opfer? Bis zu welchem Ausmaß trifft er/sie weise Entscheidungen? Welches Alter scheint er/sie zu haben? (Ein jüngeres Selbst reflektiert vielleicht das Selbst, das du warst, als das Problem deines Traum-Ichs erstmals auftrat.) Nimmt dein Traum-Ich die Haltung eines Beobachters ein? Ist es am Handlungsverlauf nur als Randfigur beteiligt oder spielt es eine Hauptrolle? Was ist sein/ihr grundlegendes Problem? Was trägt er/sie zur Lösung oder Nicht-Lösung bei? In welchem Ausmaß arbeitet dein Traum-Ich allein, im Gegensatz zu oder unterstützt von anderen Charakteren? Welchen Veränderungen unterzieht er/sie sich? Worin ähnelt dein Traum-Ich deinem Wach-Selbst?

6. *Denke darüber nach, was dein Traum dir über deine emotionalen Konflikte erzählt.*
Du selbst schaffst die Hindernisse und Probleme in deinen Träumen. Dein Gewissen bestraft dich vielleicht für ver-

meintlich unakzeptable Gefühle, Einstellungen und Verhaltensweisen, indem es Leiden oder Strafen schafft. Deine Konflikte zwischen Ich und Es (der Kampf mit Wünschen und Trieben), Ich und Über-Ich (der Kampf mit dem Gewissen) sowie Ich und Welt (der Kampf mit äußeren Hindernissen) werden durch den Handlungsverlauf deines Traumes nach außen dargestellt. Teile deines Wesens, die du ablehnst, können in deinem Traum als Widersacher auftauchen, die dein Traum-Ich bedrohen.

7. *Achte auf deine Gefühle, wenn dir in deinem Traum Assoziationen kommen, und beginne, ihn zu interpretieren. Das Ziel ist ein »Aha-Erlebnis«.*
   Nur du allein kennst die Bedeutung deines Traumes. Wenn dir eine bestimmte Assoziation oder Bedeutung gut und richtig vorkommt, vertraue auf dein Gefühl. Mit der Zeit wirst du ein feineres inneres Resonanzvermögen haben, das es dir ermöglicht, die Bedeutung eines Traumes für dich zu erkennen.

8. *Ein Traum ist multi-dimeniosnal; er hat viele Bedeutungen. Bei der Trauminterpretation solltest du dich nicht vorschnell festlegen. Bleib offen und aufgeschlossen.*
   Glaube nicht, daß die Bedeutung eines Traumes schon ausgeschöpft ist, wenn du eine oder zwei Assoziationen entdeckt hast oder wenn du ihn im Zusammenhang mit einem einzelnen Ereignis deines Lebens interpretieren konntest. Träume arbeiten mit Verdichtung; ein einzelnes Wort oder Bild kann von vielfältiger Bedeutung sein. Wortspiele sind sehr alltäglich.

   Stelle dir zum Beispiel einmal vor, du träumst von einer Frau, die im Kunstunterricht noch immer ihren Ton knetet, während eine Freundin in derselben Klasse bereits ihre Skulptur vollendet. Diese Träumerin ist einsam und braucht Gesellschaft; sie flieht vor der Einsamkeit in ihre Kunststudien, die sich auf das Werk von Paul »Klee« konzentrieren; sie hatte auch einmal mit einem Mann zu tun, der »Clay« hieß. Als Folge dieses Traumes wurde ihr bewußt, daß sie in ihrer Freundin eine Konkurrenz sah und – vorher nicht erkannte – Wettbewerbsgefühle hatte, deren Wurzeln im Verhältnis zu ihrer Mutter (einer professionellen Künstlerin) liegen. (Diese Frau hat Venus im 12. Haus im Steinbock mit einem Quadrat zu Saturn in der Waage).

Betrachten wir ein Traumfragment von Karen, über die im nächsten Kapitel noch gesprochen wird. Karen hatte einen Traum, in dem eine Frau sie mit einem Laib frischen Brotes beschenkte und ihr sagte: »Nur jene, die bereit sind zu heiraten, dürfen von diesem Brot essen.« Karen – als das Traum-Ich – antwortete: »Ich kann kein Brot essen. Ich habe eine Hefe-Allergie.« So ein kurzer Traum kann im allgemeinen zahllose Assoziationen und Bedeutungen enthüllen.

9. *Gib deinem Traum einen Titel.*
Nachdem du deinen Traum wiedererlebt und mit seiner Deutung begonnen hast, gib ihm einen Titel, der für dich seinen Kernpunkt zum Ausdruck bringt. Ein Name für deinen Traum wird dir helfen, deine verschiedenen Assoziationen zu ordnen und dessen essentielle Bedeutung zu entdecken.

10. *Sieh deinen Traum als eine Stufe in deinem Transformationsprozeß.*
Laut *Ernest Rossi* spiegeln Träume jene Phase wider, die wir in unserem derzeitigen Verwandlungs-Prozeß gerade durchlaufen. Oftmals können Träume wie folgt dargestellt werden:
    - Sie stellen Wachstumshindernisse dar.
    - Sie weisen auf das Auftauchen einer neuen Energie hin.
    - Sie enthüllen den Konflikt zwischen dem Alten und dem Neuen.
    - Sie betonen und bestätigen die Integration zwischen alt und neu, die wir erfahren. Ich entdecke in diesem Vorgang auch eine Verbindung zum progressiven Mond-

Zyklus und zu den Zyklen der anderen Planeten im Verhältnis zu ihrer Plazierung im Geburtshoroskop: Die Konjunktion als Neugeburt, im ersten Quadrat der Handlungskonflikt, in der Opposition die Bewußtseinserweiterung und im letzten Quadrat der Kampf um die bewußte Integration.

Träume enthüllen unsere Versuche, im Hinblick auf die Polaritäten des Lebens unser Gleichgewicht zu finden. Wie formen wir ein Selbst, das sowohl unser wahres Selbst als auch unsere Persönlichkeit achtet? Wie befriedigen wir unser Bedürfnis nach Unabhängigkeit *und* nach Abhängigkeit, nach Freiheit *und* nach Sicherheit, nach Selbstbehauptung beziehungsweise Individualität *und* Verbundenheit mit anderen sowie das Bedürfnis, wir selbst zu sein und etwas zu tun beziehungsweise etwas zu werden? Träume berichten über den Prozeß des Wechsels zwischen diesen Polaritäten, während wir versuchen, sie zu integrieren. Träume zeigen auch den Ablösungsprozeß von unseren Eltern sowie von deren Werten, Einstellungen und Verhaltensweisen, die wir uns einverleibt haben. Zorn und sogar Haß sind notwendige Bestandteile des Trennungsprozesses. Aggressionen und Furcht in unseren Träumen können sowohl die Trennungsangst von den alten, elternbezogenen Sicherheitsquellen reflektieren als auch die Zerstörung des Alten anzeigen, die notwendigerweise eintreten muß, damit wir unser wahres Selbst annehmen und entwickeln können.

Wenn du eine Zeitlang deine Träume erinnert und aufgezeichnet hast, wirst du bei deinem Traum-Ich, den Traum-Charakteren und der Traumhandlung eine Entwicklung erkennen. Probleme aus früheren Träumen werden so lange wiederkehren, bis sie sich selbst lösen; neue heilende Bilder oder Charaktere werden auftreten, ein Gleichgewicht wird erreicht werden, und dann wird ein anderes Problem ins Zentrum der Handlung rükken. Je mehr du deine Träume beachtest und mit ihnen arbeitest, desto klarer werden sie deinen Verwandlungsprozeß widerspiegeln und dir Einsichten und Führung bieten, die in deinem Alltagsleben von Nutzen für dich sind.

Oft sind Traumsymbole von persönlicher Bedeutung, die auf unseren Erfahrungen der Vergangenheit beruht; viele Symbole haben aber auch eine allgemeine Bedeutung. Wenn wir mit der allgemeinen, universalen Bedeutung der Träume vertraut werden, kann uns das zu Beginn bei der Interpretation unserer Traumsprache helfen.

Unser Körper beispielsweise wird häufig durch Häuser, Fahrzeuge, Maschinen und Tiere symbolisiert. Die Räume eines Hauses repräsentieren für gewöhnlich Seiten unseres Wesens – das Dachgeschoß unseren Verstand oder unsere Gesinnung; der Keller unser »Es« oder die ursprünglichen Energien; die Küche unsere instinktiven Gefühle und unser Bedürfnis nach Nahrung. Fenster symbolisieren unsere Offenheit und unsere Empfänglichkeit der Außenwelt gegenüber; Türen sind Durchgänge zwischen verschiedenen Seiten unseres Wesens; Wände sind unsere persönlichen Grenzen und die psychischen Hindernisse, die uns sowohl schützen als auch einschränken.

Tiere symbolisieren für gewöhnlich unsere höheren und niedrigeren Triebe. Vögel beziehen sich häufig auf die Seele, Phantasie oder Geist; Fische stehen mit unserer spirituellen Natur, unserer Hingabefähigkeit und unserem Potential für die Wiedergeburt in Verbindung. Katzen können sich im Traum auf die weiblichen Genitalien (»Muschi«) oder auf Neigungen zu »katzenhafter Falschheit« und Klatschereien beziehen; Pfauen, ein anderes weibliches Symbol, repräsentieren oft Schönheit, Eitelkeit und das Gefühl unbegrenzter Möglichkeiten, auf das die vielen Farben im Pfauenschwanz schließen lassen.

Schlangen werden für gewöhnlich mit dem Phallus assoziiert, können sich aber auch auf das Erwachen der ursprünglichen Kundalini-Energie oder auf die Eigenschaft der Hinterlist beziehen; Wölfe stehen für raubgierige, verzehrende Triebe, entstanden durch frühe Traumata, die zu einem wilden und zerstörerischen Ausdruck neigen. Löwen wiederum können edle Eigenschaften wie Stärke, Mut und Kraft repräsentieren – aber auch ungezähmte, gierige, aggressive Instinkte; das Auftauchen eines Löwen (engl. »lion«) im Traum kann (im Englischen) auch ein Wortspiel für Lügen (engl. »lying«) sein. Ein Bär (engl. »bear«) kann sich (bei englischsprachigen Träumern) auch auf die Entblößung (engl. »baring«) von Körper oder Seele beziehen sowie auf die männliche Zeugungskraft oder auf das Bedürfnis nach einem Winterschlaf. Ein Stier (engl. »bull«) kann auf »bullshit« (Slangausdruck für »Unsinn« oder »blödes Zeug«, wörtlich: »Bullen-Scheiße«) oder auf »bullheaded« (Starrköpfigkeit, Eigensinn) hindeuten sowie auf rohe Gewalt und brutale Macht.

Nagetiere und Insekten, die im Traum auftauchen, weisen oft auf Wesensteile hin, die wir als schmutzig, häßlich oder beunruhigend ansehen. Wenn unser Gewissen von Schuldgefühlen oder Scham im Hinblick auf Sexualität, Wut oder niedrige Beweggründe gequält wird, von denen unsere Beziehungen gefärbt sind, dann träumen wir vielleicht von Wanzen und Ratten, die an uns nagen, uns stechen oder auf andere Weise plagen. Einmal träumte eine Studentin meiner Traumgruppe von einer Hornisse, die sie zu stechen versuchte. Nachdem sie aufgefordert worden war, darüber nachzudenken, was die Hornisse bedeutete, fehlte sie kurz darauf im Kurs. Diese Frau war nicht bereit, ihre eigenen »stechenden« Eigenschaften anzuerkennen oder zu lernen, wie sie ihren Zorn wirksam ausdrücken könnte. Ich rief sie an, um herauszufinden, ob sie ferngeblieben war, weil sie sich durch die Arbeit an dem Hornissen-Traum bedroht gefühlt hatte. Sie verneinte und sagte, sie hätte die Grippe: »Es hat nichts mit der Hornisse zu tun, es war nur ›the bug‹ (amerikanischer Slangausdruck für ›Bazille‹, der aber eigentlich ›Insekt‹ oder ›Wanze‹ bedeutet.)«

Manchmal erscheinen Körperteile im Traum und symbolisieren Seiten unseres Wesens. Arme können sich darauf beziehen, daß wir die Hand nach jemandem ausstrecken, unsere Kraft erleben oder Waffen tragen beziehungsweise als Soldat dienen (engl. »bearing arms«); Beine und Füße symbolisieren unser Gefühl der Stütze, des Halts in der Welt sowie unsere Erdung und Beweglichkeit. Augen (und optische Gläser) können spirituelle und geistige Wahrnehmungen oder Allwissenheit symbolisieren sowie die Linsen, durch die wir die Realität sehen. Zähne stehen oftmals für Aggression, unseren Drang, ein Hindernis zu bewältigen – uns »durchzubeißen«; fallen Zähne aus oder werden sie gezogen, kann das Angst vor Impotenz oder Kastration zeigen.

Männliche Sexualsymbole schließen üblicherweise ein: Gewehre, Pfähle, Schwerter, Schlangen, Ratten, Bananen, Nasen, Federhalter, Zähne, Kugeln und Schlüssel. Als weibliche Sexualsymbole sind allgemein bekannt: Geldbörsen, Taschen, Höhlen, Ringe, Seen, Boote, Pfirsiche, Blumen, alle Arten von Behältern, Gehäuse, Gewölbe, Gärten, Tore, Backofen, Austern, Schiffe und Brunnen. Manchmal enthüllen Wortspiele sexuelle Bedeutungen, die auf andere Weise nicht bemerkt würden. Zum Beispiel erzählte eine Frau in meiner Traumgruppe einen Traum über Ausländer und Postzustellung. In diesem Zusammenhang erwähnte sie, daß einer ihrer Freunde kürzlich in sein Heimatland Indien zurückgekehrt war. Ihr Traum endete mit ihrer Enttäuschung darüber, keinen Brief erhalten zu haben, und sie sagte zur Gruppe: »Ich verstehe das nicht. Warum sollte ich so aus der Fassung sein, weil keine ›Post‹ in meiner ›Schachtel‹ ist?« (»Mail« – Post – ist im Englischen lautgleich mit »male« – Mann –; »box« [Behälter, Schachtel etc.] ist ein weibliches Sexualsymbol.) »M-a-l-e?« fragten wir sie; in deiner »B-o-x?«

Wenn im Traum sexuelle Erlebnisse zwischen uns oder unserem Traum-Ich und einer anderen Person stattfinden, kann das auf sexuelles Interesse an dieser Person oder einfach auf den Wunsch nach mehr Nähe schließen lassen. Solche Träume können auch von symbolischer Natur sein; wir können Eigenschaften, die wir mit dieser Person assoziieren, verinnerlichen oder in uns aufnehmen oder uns mit ihnen auf psychische statt auf physische Weise vereinigen.

Bilder aus der Natur enthüllen ebenfalls Botschaften hinsichtlich innerer Erfahrungen. Kosmische Träume können auftreten, wenn sich unsere Sicht der Realität verändert. Erdbeben verkünden das Abbröckeln alter Grundlagen; Flutwellen das Aufkommen unkontrollierbarer, überwältigender Gefühle (für gewöhnlich Furcht oder Zorn), welche unser Bewußtsein bedrohen. Erd-Symbole beziehen sich für gewöhnlich auf den Körper, auf Erdung, praktische Realität und das Mutterprinzip. Wasser-Symbole stehen ebenfalls mit dem Mutterprinzip in Verbindung; sie repräsentieren den Emotionalkörper, die unbewußte, lebenspendende Quelle und das Verlangen, in den Mutterschoß zurückzukehren. Wasser kann auch auf das Ur-Chaos, auf verborgene Geheimnisse und den Prozeß der Reinigung hinweisen. Manchmal zeigen Wasserträume auch einfach nur den Drang zum Urinieren an. Feuer-Symbole erinnern eher an die ursprüngliche Energie von Zorn, Verlangen und Sexualität sowie an die verwandelnden Einflüsse kreativer und spiritueller Kräfte.

Was hat es mit Landschaften auf sich? Das Erklimmen eines Berges bezieht sich offensichtlich auf das Verfolgen weltlicher und spiritueller Bestrebungen; der Abstieg oder der Fall in ein Tal läßt auf das Hinabsteigen zu einem »niedrigen« Teil unseres Wesens oder auf die Rückkehr in den Mutterschoß schließen. Der Ozean ist natürlich die Gebärmutter, die Mutter, das Unbewußte; Wälder symbolisieren ebenfalls unbewußte und spirituelle Bereiche sowie Schwellen-Erlebnisse, Zurückgezogenheit und die weibliche Schamgegend. Eine Insel läßt auf Einsamkeit schließen, aber auch auf einen sicheren Zufluchtsort vor den chaotischen Wassern; eine Wüste kann ebenfalls auf emotionale Isolation sowie auf Unfruchtbarkeit und geistige Leere, die Erfahrung der Verlassenheit und des Getrenntseins von Gott hinweisen. Doch in der biblischen Symbolik war die Wüste ein Ort, wo Gott sich häufig offenbarte. Wenn wir unsere Träume deuten, dürfen wir nicht zu schnell die offensichtlichsten, allgemeinen Interpretationen anwenden. Wenn du einmal in der Wüste gelebt hast, wird das Symbol der Wüste für dich eine andere Bedeutung haben als für jemanden, der »Wüste« mit der Notlage der Israeliten assoziiert.

Genauso können auch andere Natursymbole wie Bäume, Steine und die Sonne sowohl eine persönliche als auch eine allgemeine Bedeutung haben. Bäume graben ihre Wurzeln tief in die Erde ein, während sie ihre Krone zum Himmel strecken. Als Symbol der Erneuerung erinnern sie an die Einheit von Körper und Geist, Selbst und Natur. Von phallischer Erscheinung und dennoch wie Brüste am Körper von Mutter Erde gewachsen, integrieren Bäume die männlichen und weiblichen Eigenschaften. Steine sind eine andere Ausdrucksform von Mutter Erde; sie repräsentieren jene Teile unseres Wesens, die kalt, hart, fest und dauerhaft sind oder eine stille, konzentrierte Kraft haben. Die Sonne, ein Symbol für Erneuerung, kann auf unsere Beziehung zu Gott, dem Vater, hinweisen sowie auf die warme, lebensspendende Herzensenergie oder auf unsere feurige Leidenschaft. Astrologisch gesehen symbolisiert die Sonne auch Erleuchtung oder das Licht des Bewußtseins.

Manchmal repäsentieren die Charaktere unseres Traumes nicht sich selbst, sondern stellen Archetypen oder allgemeine psychische Repräsentanten unserer inneren Realität dar. Der alte weise Mann, die weise Frau, der Held, der Bösewicht, die Prinzessin, die Verführerin, die schreckliche Mutter, der schreckliche Vater, Anima, Animus und der Gauner sind allgemein bekannte Archetypen, die in Träumen auftauchen. Auch sehr signifikant sind der Archetypus des Kindes und die damit verwandten Symbole des Samens und des Eies, welche auf neue Entwicklungen innerhalb der Psyche hinweisen. Erscheint uns ein Kind im Traum, so kann es das Bewußtsein neuer Möglichkeit in uns selbst anzeigen oder die Regression eines Teiles von uns, der auf ein frühes Trauma fixiert ist. Die Geburt eines Kindes oder eines Tieres bezieht sich ebenfalls auf die Geburt einer neuen Seite unseres Wesens und ist oftmals ein Impuls zu kreativem Ausdruck.

Auch Mutterbilder (Erde, Wasser, Kühe, Milch, Hügel, Nester) und Vaterbilder (Autoritäten wie Polizisten, Gott, Regierungsbeamte, Könige) können sich auf den Mutter- oder Vater-Archetypus – auf den Ausdruck des Mutter- oder Vaterprinzips – in unserem gegenwärtigen Leben beziehen oder auf unsere wirklichen Eltern und die Angelegenheiten, die wir mit ihnen noch zu klären haben. Szenen aus unserer frühen Kindheit tragen die Reste früher, nonverbaler Erfahrungen in sich, die uns auch heute noch beeinflussen. Ich träumte zum Beispiel einmal, daß ich zum Himmel aufblickte, auf Regen hoffte und statt der Wolken zwei riesige Gesäßbacken am Himmel sah, die Kot auf mich herabfallen ließen. Solche Träume können auftreten, wenn wir uns durch eine Realitätssicht hindurcharbeiten, die ihren Ursprung in den frühen emotionalen und körperlichen Erfahrungen hat, deren wir uns nicht mehr bewußt sind.

Der Tod eines Traum-Charakters kann tatsächlich einen Todeswunsch gegenüber einer bestimmten Person repräsentieren oder der Versuch sein, mit Tod und Verlust aus Vergangenheit oder Gegenwart fertig zu werden. Oftmals weisen Todesträume darauf hin, daß die Eigenschaften oder Erfahrungen, die wir mit dem sterbenden Traum-Charakter assoziieren, vergehen; wir können am Ende einer Lebensphase stehen, ein altes Selbst abwerfen und uns auf das Neue vorbereiten.

Häufige Traumthemen und ihre symbolische Bedeutung

Die folgenden Themen tauchen oft in Träumen auf:

1. *Wir machen eine Reise, sind beladen mit Gepäck* – wir erleben unsere Lebensreise als schwierig, weil wir die Lasten der Vergangenheit noch mit uns herumschleppen.

2. *Wir versäumen einen Zug oder ein Flugzeug, oder wir kommen zu einem wichtigen Ereignis zu spät* – wir fühlen uns hinsichtlich der vor uns liegenden Aufgaben schlecht vorbereitet oder noch nicht ausreichend entwickelt; wir fürchten uns vor dem Ereignis oder der Reise und wünschen heimlich, wir könnten es beziehungsweise sie vermeiden oder versäumen; bezogen auf die Sexualität fürchten wir, daß wir nicht oder zu spät »kommen«.

3. *Fallträume* – wir fürchten, die Kontrolle über unser Bewußtsein oder unsere Erdung in der Realität zu verlieren; es

ist auch eine Regressionserfahrung: Wir gehen rückwärts beziehungsweise zurück.

4. *Flugträume* – Das Loslösen unseres Geistes von seinen irdischen Fesseln; der dringende Wunsch zu entkommen oder uns weiterzuentwickeln.

5. *Die Überlegung, welche Kleider wir tragen sollten / das Wechseln der Kleider / unangemessen gekleidet sein* – Unsicherheit hinsichtlich unserer Persönlichkeit; wie wir gerne von der Welt gesehen werden möchten.

6. *Ein Gefühl der Unzulänglichkeit hinsichtlich des öffentlichen Auftretens in einem Konzert, Schauspiel etc.* – Unsicherheit in bezug auf die Rolle, die wir spielen müssen; das Gefühl, nicht genügend vorbereitet zu sein; die Angst vor öffentlicher Demütigung.

7. *Im Traum einen Film sehen* – wir beobachten uns selbst, wie wir eine Rolle im Drehbuch unseres Lebens spielen. Für gewöhnlich ist das eine Rolle, die schablonenhaft oder melodramatisch ist und nicht unser wahres Selbst ausdrückt.

8. *Wir sind nackt, ohne Kleidung, bloßgestellt* – das Verlangen, sich physisch oder emotional zur Schau zu stellen; Scham und Verletzlichkeit hinsichtlich der Selbstdarstellung oder Exhibitionismus.

9. *Angst vor Prüfungen, mangelnde Vorbereitung auf diese, das Nichtbestehen eines Examens* – wir fühlen uns vom Leben geprüft; wir fürchten, einer vor uns liegenden Aufgabe nicht auf angemessene Weise gerecht zu werden.

10. *Eine Flutwelle, Überschwemmung und Furcht vor dem Ertrinken* – Wir fürchten, uns selbst oder unser Bewußtsein zu verlieren oder überwältigt zu werden von chaotischen Gefühlen und Kräften; manchmal ist es auch eine Warnung vor einer Erkältung oder einer Krankheit, die auftreten kann, wenn Gefühle nicht gelebt werden.

11. *Blind sein, nicht sehen können, schlechte Sicht* – wir sind nicht bereit, bestimmten Seiten unseres Lebens bewußt gegenüberzutreten, weil sie uns bedrohlich erscheinen; Angst vor Licht oder Dunkelheit.

12. *Von einem Eindringling oder einem Verbrecher verfolgt, angegriffen, vergewaltigt oder ausgeraubt zu werden* – für gewöhnlich die Projektion eines verleugneten Teiles in uns, der uns bedroht und versucht, unsere Aufmerksamkeit zu gewinnen; vielleicht auch eine Warnung vor einer Person in unserem Leben, die für unser Wohlbefinden gefährlich sein kann.

13. *Ein Schaden an unserem Haus, Auto etc. (z. B. nicht funktionierende Bremsen, tropfende Wasserhähne)* – wir fühlen uns hinsichtlich unserer Triebkontrolle oder unserer emotionalen Fähigkeiten mangelhaft; wir bedürfen einer psychischen »Reparatur«.

14. *Für ein Verbrechen angeklagt werden, das man nicht begangen hat* – das Bedürfnis, sich selbst zu bestrafen; für unsere Schuld im Hinblick auf Aggression, Sünden etc. büßen.

Viele andere Traumgeschichten und Symbole werden leichter verständlich, wenn wir erst einmal mit unseren alltäglichen Traumthemen und Bildern vertraut sind. Brücken enthüllen im Traum Übergänge und Verbindungen zwischen Polaritäten – wir und die anderen, Geist und Körper, Himmel und Erde. Leitern oder Treppen sind ein Hinweis für einen Aufstieg im Denken oder in unserer Seele oder deuten auf zukünftige Entwicklungen hin. Sie können aber auch auf das Hinabsteigen zu unseren körperlichen bzw. ursprünglichen Energien oder in die Vergangenheit hinweisen. Schlüssel repräsentieren vielleicht Fähigkeiten, die wir haben und die uns neue Gelegenheiten eröffnen können.

Wie offensichtlich der Symbolismus solcher Bilder auch erscheinen mag – wir müssen uns daran erinnern, daß unsere persönlichen Assoziationen mehr Bedeutung haben können als die üblichen oder allgemeinen Assoziationen. Durftest du in der Nacht des Schul-Abschlußballes nicht ausgehen, weil du den Autoschlüssel von deinen Eltern genommen hattest? Hat dein Mann dir gerade die Schlüssel zu dem Haus zurückgebracht, in dem ihr 15 Jahre lang gemeinsam gewohnt habt? Verschwanden deine Tochter und ihr Freund in ihrem Zimmer und schlossen die Tür ab, als du letzte Nacht zu Bett gingst? Hattest du den Verdacht, er könnte seinen »Schlüssel« in ihr »Schloß« stecken, während du allein schlafen mußtest? Jede dieser Erfahrungen enthüllt eine tiefe emotionale Belastung, die mit dem Bild des Schlüssels in Verbindung steht.

Zum Schluß möchten wir noch den Farben in unseren Träumen Aufmerksamkeit schenken. So repräsentiert für gewöhnlich:

Schwarz: Tod, Trauer, Leere;
Blau: Spiritualität, heitere Gelassenheit, Traurigkeit;
Grün: das Neue, Fruchtbarkeit, Fülle, Erneuerung, Mißgunst, Geld, Wohlstand;
Rot: Verlangen, Wut, Energie, Vitalität.

Wenn du ein Buch über die Psychologie der Farben liest, kannst du mehr über deren Symbolik lernen. Aber du wirst größeren Nutzen daraus ziehen, wenn du deine eigenen persönlichen Assoziationen zu den Farben ergründest, die in deinen Träumen aufscheinen. Der Schlüssel zur Trauminterpretation liegt in deiner Hand, nicht in einem Lexikon für Symbole.

Der Traum-Fragebogen

Der Traum-Fragebogen auf den folgenden Seiten ist ein nützliches Werkzeug zur Traumarbeit für Anfänger (und Fortgeschrittene). Du kannst ihn kopieren und laufend benutzen. Sobald du in deiner Traumarbeit eine gewisse Leichtigkeit entwickelt hast, möchtest du vielleicht auf das Arbeitsblatt verzichten und deinen eigenen intuitiven Eingebungen folgen. Sich eine neue Fertigkeit anzueignen bedarf am Anfang der bewußten Aufmerksamkeit für die Einzelheiten und die Technik; sobald wir diese Kenntnise in uns aufgenommen und integriert haben, können wir sie vergessen und unsere eigenen Ansätze und Methoden entwickeln.

Der Traum-Fragebogen

Erste Reaktion

Was fühlte ich unmittelbar beim Aufwachen?

Der emotionale Schwerpunkt des Traumes:

Spontane Assoziationen:

Der Traum

Zeit, Ort und Assoziationen:

- Schlüsselsymbole oder -bilder und Assoziationen zu diesen:
- Schlüsselcharaktere und Assoziationen zu diesen:
- Schlüsselwörter, Wortspiele und Assoziationen zu diesen:

– Gefühle, die im Traum gegenwärtig waren:

– Was widerstrebte mir?

– Heilende bzw. helfende Kräfte:

– Archetypen:

Der Kontext

Was ereignete sich am Vortag, bzw. vor dem Einschlafen:

Für den folgenden Tag zu erwartende Angelegenheiten:

Assoziationen zu anderen Träumen und Erfahrungen:

Wann hast du dich ähnlich gefühlt?

Spiegelt der Traum deine Lebenssituation wieder?

Der Traum

Mache eine oder mehrere der folgenden Übungen:

1. Beschreibe dich als Figur oder Symbol: »Ich bin . . .«
2. Führe mit einem der Charaktere oder Symbole einen Dialog.
3. Erzähle deinen Traum nochmals von einem anderen Gesichtspunkt aus.
4. Schreibe den Traum an der linken Seite eines Blattes nochmals nieder und lasse die rechte Hälfte für Assoziationen frei.

Analyse

Beschreibe das Traum-Ich von folgenden Gesichtspunkten aus:

- Ist es an der Handlung beteiligt oder nicht?

- aktiv/passiv:

- Verhaltensweisen und Handlungen:

- Einstellungen/Überzeugungen:

- Das scheinbare Alter des Traum-Ichs / das emotionale Alter:

Beschreibe das Problem bzw. den Konflikt:

Beschreibe die Lösung bzw. das Fehlen einer Lösung:

Beschreibe Ungereimtheiten / Verwandlungen / neue Entwicklungen:

Was fehlt in dem Traum?

Welche Fragen bleiben unbeantwortet?

Was sind die Botschaften des Traumes?

Warum brauchst du diesen Traum gerade jetzt?

Was will der Traum von dir?

Für welche Handlungsweisen entscheidest du dich?

Die Erweiterung des Traumes

Mache eine oder mehrere der folgenden Übungen:

1. Was geschah vorher und nachher? Erweitere den Traum und setze ihn fort.
2. Schreibe den Traum neu und schaffe eine entwicklungsfähigere Version. (Was würde das von den Traum-Charakteren fordern?)
3. Spiele den Traum mit einer oder mehreren Personen durch. Mache daraus ein Psychodrama.
4. Bringe den Traum auf kreative Weise zum Ausdruck – in Form einer Collage, einer Zeichnung, einer Malerei, eines Gedichtes, einer Geschichte, eines Tanzes etc.

Arbeitsblatt zum Traum-Fragebogen

Erste Reaktion

Was fühlte ich unmittelbar beim Aufwachen?

Freude; ein Gefühl heiliger Scheu im Hinblick auf die Aufgabe der Wasser-Spenderin; Verbindung zu tiefen Bereichen.

Der emotionale Schwerpunkt des Traumes:

Als mir gesagt wird, daß ich die Wasser-Spenderin sein soll.

Spontane Assoziationen:

Der Mangel an Wasser in meinem Horoskop; ein Gefühl der Einsamkeit und Verlassenheit; keine Freunde in der Stadt, viele berufliche Verpflichtungen.

Der Traum

Zeit, Ort und Assoziationen:

Welt der Phantasie und Archetypen; See in einem Sommer-Camp; Tahoe-See (aus einem Traum-Workshop); Negev-Wüste.

– Schlüsselsymbole oder -bilder und Assoziationen zu diesen:

1. Der See – bei der ersten Niederschrift hatte ich »lack« (Mangel) anstatt »lake« (See) geschrieben – liegt im Zentrum des Staates; ist klar, ruhig, aufnahmefähig, heilig; der See in der Sandspiel-Therapie; sicher eingeschlossen, anders als das Meer.
2. Das Wasser (der Spender des Wassers): – Gefühle, Unbewußtes, Taufe, Belebung, Geist oder Nahrung, Läuterung, Reinigung, Erneuerung.
3. Der Becher: Etwas enthalten, behalten, empfangen, weiblich; »My cup is full« (wörtlich: »mein Becher ist voll«, Redewendung: »mein Glück oder Elend ist vollkommen«); »ist dein Becher halb voll oder halb leer?«
4. Am Rande der Gemeinschaft; abseits stehen, zu weit draußen; von der Quelle entfernt sein; verbindungslos; mein Aszendent

im galaktischen Zentrum (der transitierende Neptun in dessen Nähe).

– Schlüsselcharaktere und Assoziationen zu diesen:

1. Ich selbst: der Lage nicht gewachsen, ohne Wasser, alleine, weit weg, auf Reisen; versuche von anderen etwas zu bekommen; fühle mich geehrt, zögere aber, diese Rolle anzunehmen und zu verkörpern; kein Vertrauen zu dem, was ich zu geben habe
2. Der Bote: gesichtslos; vermittelnd; pflichtgetreu; versucht zu helfen.
3. Der Wasserspender: Gott? jeder, der uns nährt; die Mutter; das weibliche Prinzip; der spirituelle Ursprung; der Therapeut.

– Schlüsselwörter, Wortspiele und Assoziationen zu diesen:

1. See/Mangel (»lake«/»lack«): ausgetrocknet; man muß den inneren Mangel ganz tief durchleben, um an den See der inneren Quelle zu kommen; Radix-Sonne in Konjunktion mit Venus; Einsamkeit; Mangel an Ruhe bzw. Zufriedenheit; nostalgische Gefühle für die Gemeinschaft im Sommer-Camp, als ich noch ein Kind war; spiritueller Gesang um den See; gemeinsame Traum-Arbeit am See Tahoe.

– Gefühle, die im Traum gegenwärtig waren:

Hilflosigkeit, Bedürftigkeit; das Verlangen nach Befriedigung der Bedürfnisse; Vorahnung einer Reise; Angst davor bzw. Enttäuschung darüber, die Wasser-Spenderin sein zu müssen; ein Gefühl der Ehrfurcht und Auszeichnung.

– Was widerstrebte mir?

Wüste, kein Wasser; zuerst auch Widerstand gegenüber dem Boten.

– Heilende beziehungsweise helfende Kräfte:

Der Bote, der mich achtet und führt; Wasser-Spender; See.

– Archetypen:

See, Wasser, Wasser-Spender.

Der Kontext

Was ereignete sich am Vortag bzw. vor dem Einschlafen?

Freunde verließen die Stadt, um Urlaub am See zu verbringen. Sie wollten in der Nachbarschaft von Musikern kreative Sand-Spiele machen.

Für den folgenden Tag zu erwartende Angelegenheiten:

Klienten, Traumgruppe.

Assoziationen zu anderen Träumen und Erfahrungen:

Frühere Träume mit einem See; im Boot: Suche nach einer Bucht; Gegenwart des Weiblichen; Träume über die Suche nach einem Sommer-Camp; Arbeitsgruppe für Traumarbeit am Tahoe-See, Gemeinschaftsleben und geistige Vereinigung.

Wann hast du dich ähnlich gefühlt?

Wenn ich Energie abgeben, andere inspirieren muß; wenn ich mich zurückziehen möchte oder erholungsbedürftig bin; wenn ich andere stärken kann.

Spiegelt der Traum deine Lebenssituation wider?

Wenn mein »äußerer See« austrocknet, geschieht dasselbe mit meinem »inneren See« – es ist schwierig, etwas zu geben.

Der Traum

Mache eine oder mehrere der folgenden Übungen:

1. Beschreibe dich als Figur oder Symbol: »Ich bin ...«
2. Führe mit einem der Charaktere oder Symbole einen Dialog.
3. Erzähle deinen Traum nochmals von einem anderen Gesichtspunkt aus.

4. *Schreibe den Traum an der linken Seite eines Blattes nochmals nieder und lasse die rechte Hälfte für Assoziationen frei.*

Übung 1: Ich bin ein Symbol – der See.

Ich bin der See, von dem der Wasser-Spender denen Wasser gibt, die »aufgefüllt« werden müssen. Ich bin im Zentrum des Landes, doch ich bin ruhig, eingedämmt und von der mütterlichen Erde umgeben. Auf meinem Grund bin ich der Sand der Erde, fest und dauerhaft. Mein weiches, blaues Wasser, von sanften Wellen gekräuselt, reicht bis in meine ruhigen Tiefen hinab. Ich fließe, bin veränderlich; meine Wasser erneuern sich selbst, indem sie verdunsten und dann als Regen wiederkehren. Kleine Fische spielen in mir, wachsen und gedeihen; ich erhalte das Leben, das sich von mir nährt. Ich erhalte jene, die in meinem Wasser schwimmen und aus mir trinken, so wie auch ich erhalten werde. Obwohl ich das Wasser bin, das Leben erhält, werde ich wiederum von größeren Wassern gespeist, aus einer größeren Quelle, deren Teil ich bin und aus der ich Nahrung empfange und weitergebe.

Übung 2: Dialog.

Bote: Sei gegrüßt, Reisender. Ich bin ein Bote des heiligen Sees und bringe dir Nachricht über deine heilige Aufgabe. Was führte dich auf deine Reise ins Zentrum?
Ich: Ich bin hocherfreut, dir auf meinem Weg zum See zu begegnen. Wie du sehen kannst, ist mein Becher leer. Die Wasser des Sees reichen nicht bis in mein Land. Ich muß meinen Becher füllen, bevor ich zu meinem Volk zurückkehre. Ich suche die Wasser-Spenderin, damit ich von den Wassern, die sie mir gibt, genährt und erfüllt werde.
Bote: Du bist am rechten Ort, denn so, wie ich dich gefunden habe, die ich suchte, wirst du sie finden, die du suchst. Ich komme, um dir eine ehrenvolle heilige Aufgabe zu übertragen. Du bist die neue Wasser-Spenderin.

Ich: Ich – die Wasser-Spenderin? Aber mein eigener Becher ist leer. Ich bin durstig; ich möchte am Leben erhalten und genährt werden. Was kann ich anderen geben? Ich will nicht zum heiligen See reisen, wenn dann von mir erwartet wird, aus meinem leeren Becher etwas abzugeben, statt daß er gefüllt wird. Ich suche die Wasser-Spenderin – ich selbst kann keines geben. Ich würde lieber in mein verwüstetes Land zurückkehren, das vor Durst verschmachtet, als so eine unmögliche Aufgabe zu übernehmen.
Bote: Du darfst nicht umkehren, wo du schon so lange unterwegs bist. Dein Land ist verwüstet; die Wasser des Sees haben dich nicht erreicht, weil ihr euer Heim so weit von der Gemeinschaft entfernt gebaut habt. Ihr lebt zu weit entfernt von der allgemeinen Quelle, dem heiligen See, wo alle erfüllt werden. Wie unser Sonnensystem sich immer weiter vom Zentrum unserer Galaxie wegbewegte, so habt auch ihr euch immer weiter ausgedehnt und dabei den Kontakt mit dem zentralen Impuls des Sees verloren, als euch die Reise weiter und weiter von seinem Ursprung wegführte.
Ich: Und deshalb kehre ich zum See zurück – um etwas zu empfangen und nicht um Wasser zu verteilen, das ich nicht habe.
Bote: Du warst so lange weg, daß du dich nicht erinnerst. Als Wasser-Spenderin wirst du ins Wasser eintauchen. Geben und Nehmen sind keine getrennten Handlungen, wenn man in der heiligen Quelle versinkt. Als Wasser-Spenderin lebst und atmest du im Wasser, das du spendest. Kannst du ein größeres Geschenk empfangen, ein größeres Versprechen erhalten, als ewig gefüllte Becher?
Hab keine Angst davor. Du mußt nicht aus deinem leeren Becher etwas geben, sondern der See wird an dich und durch dich Wasser spenden. Wirst du ihm die Ehre erweisen, die dich so auszeichnet?

Analyse

Beschreibe das Traum-Ich von folgenden Gesichtspunkten aus:

– ist es an der Handlung beteiligt oder nicht?

beteiligt, im Mittelpunkt.

– aktiv / passiv:

Aktiv, machte sich auf die Suche.

– Verhaltensweise und Handlungen:
Versucht, Bedürfnisse zu erfüllen.

– Einstellungen / Überzeugungen:

Ein anderer hat das, was ich brauche; ich muß meinen Becher füllen, bevor ich die Becher der anderen füllen kann.

– Das scheinbare Alter des Traum-Ichs / das emotionale Alter:

junge Erwachsene.

Beschreibe das Problem bzw. den Konflikt:

Ich bin in Not und suche jemanden, der meine Bedürfnisse erfüllt. Doch man sagt mir, daß ich diese Rolle selbst übernehmen muß. Die Art und Weise, wie ich Bedürfnisse zu befriedigen versuche, wurde vereitelt, doch wird mir eine andere Vorgehensweise angeboten. Wird sie Erfüllung bringen?

Beschreibe die Lösung bzw. das Fehlen einer Lösung:

Es wurde mir eine Aufgabe übertragen, die zu einer Lösung führen kann – oder auch nicht. Wird mein Becher dadurch gefüllt werden, daß ich die Wasser-Spenderin bin?

Beschreibe Ungereimtheiten / Verwandlungen / neue Entwicklungen:

Ich erhalte etwas anderes als das, wonach ich strebe. Auf meiner Reise halte ich jemanden an. Ich trete mit einem Boten in Verbindung, nicht mit der Wasser-Spenderin selbst. Es gibt keine andere Wasser-Spenderin als mich.

Was fehlt in dem Traum?

Die Wasser-Spenderin selbst. Die Ankunft am See.

Welche Fragen bleiben unbeantwortet?

Wie kam es, daß mein Becher leer wurde? Warum ist bei mir zu Hause eine Wüste? Wer ist der Bote? Was geschah mit der ersten Wasser-Spenderin? Warum lebe ich so weit draußen? Warum soll ich die Wasser-Spenderin sein? Was geschieht, wenn ich den See erreiche? Füllt sich mein Becher, indem ich die Becher der anderen fülle?

Was sind die Botschaften des Traumes

Indem ich mich entschließe, etwas zu geben, kann ich mehr erhalten, als wenn ich danach strebe, etwas zu bekommen. Doch zuerst brauche ich die Verbindung mit dem See der spirituellen bzw. emotionalen Nahrung.

Warum brauchst du diesen Traum gerade jetzt?

Damit ich überlegen kann, ob das Geben bzw. Arbeiten mich vielleicht nicht erschöpft, sondern erfüllt; vielleicht kann ich in den vor mir liegenden Aufgaben Erfüllung finden.

Was will der Traum von dir?

Ich soll meine Rolle als Gebende annehmen und den Kontakt mit der größeren Quelle (dem See) herstellen, damit mir von ihm gegeben wird; ich soll mehr Gemeinsamkeiten schaffen.

Für welche Handlungsweisen entscheidest du dich?

Ich will mich besser auf meinen inneren Ursprung einstimmen, im Unterricht und in Beratungsgesprächen offener sein und nach mehr heilsamen Kontakten und Gemeinschaftssinn streben.

Die Erweiterung des Traumes

Mache eine oder mehrere der folgenden Übungen:

1. Was geschah vorher und nachher? Erweitere den Traum und setze ihn fort.
2. Schreibe den Traum neu und schaffe eine entwicklungsfähigere Version. (Was würde das von den Traum-Charakteren fordern?)
3. Spiele den Traum mit einer oder mehreren Personen durch. Mache daraus ein Psychodrama.
4. Bringe den Traum auf kreative Weise zum Ausdruck – in Form einer Collage, einer Zeichnung, einer Malerei, eines Gedichtes, einer Geschichte, eines Tanzes etc.

Übung 4: Prosa

(Eine Reise in den Mangel, vor der Rückkehr zum See. Mehr als ein Jahr später geschrieben, als ein Saturn-Transit im 12. Haus im Quadrat zur Venus/Saturn-Konjunktion in meinem 9. Haus stand. Gleichzeitig fiel der Neumond auf meinen Radix-Mars im Schützen im 12. Haus.)

Wüste, wo ist dein Wasser?

Wüste, wo ist dein Wasser? Aus welcher Kaktusblüte kann ich deinen Wein schlürfen? Doch du, meine kahle, unfruchtbare Heimat, hast mich genährt mit deinem heißen Herzen und bestreust mich mit den Sandkörnern der heulenden Sturmwinde. Wie könnte ich dich aufgeben – deine verlassenen Einöden, deine einsamen Dünen, die mich verschmachtend und voller Sehnsucht zurücklassen? Wie verzweifelt ich jedes einzelne sonnenverbrannte Wassertröpfchen sammle, das du mir sparsam zumißt; wie schmerzlich ich die Vergangenheit in jeder Aushöhlung aufdecke und wiedererlebe, während ich auf der Suche nach deiner geheimen Nahrung bin.

Du, mein wildes Land, weit weg vom See, weit weg von der Wasser-Mutter – was bist du für eine Erd-Mutter, so unfruchtbar, mit einem freudlosen Gesicht und deinem unfruchtbaren Körper, so dünn und hart? Hat niemand dich gehalten, dich beruhigt, dich mit warmen, nassen Armen von diesen brennend heißen Feuerranken weggezogen, die deine Seele brandmarken? Kennst du nur verheißungsvolle Luftspiegelungen, die uns verlocken und zum Narren halten? Wie kannst du, die nichts erhalten hat, jene nähren, die dich bedrängen, die bei den so vertrauten Steinen Feuchtigkeit suchen?

Sie wenden sich immer wieder an dich, die Pilger wie ich, die nach Ländern fern der Heimat streben – Pilger, die nur das lieben, was sich ihnen entzieht, was sie verbrennt, was ihren Hunger mit Durst straft und ihren Durst mit sonnendurchglühten Visionen zukünftiger Mutterschöße oder Oasen der Vergangenheit, die sie niemals erhalten haben. Sie wenden sich an dich, statt zu riskieren, daß sie in den Wassern untergehen, statt das Löschen des Feuers zu riskieren, statt die sanfte, beruhigende Umarmung der ungewohnten Arme deiner Schwester, des Sees, zu riskieren.

Bevor du den Fragebogen mit deinem eigenen Traum ausprobierst, möchtest du vielleicht in einem Beispiel sehen, wie man ihn anwendet. Deshalb findet sich im folgenden meine Arbeit mit dem *Wasser-Spender-Traum*. Dies ist ein ausgeprägt archetypischer Traum; der Fragebogen kann aber natürlich auch für alle anderen Träume verwendet werden. (Ich bekenne mich der Haupt-Traum-Sünde schuldig, besonders von außergewöhnlichen Träumen angezogen zu werden. Aber ich gestehe hier, und nur hier, daß die meisten meiner Träume ganz gewöhnlich sind. Viele von ihnen sind bruchstückhaft – und einige werde ich wahrscheinlich nie verstehen.) Auch unzusammenhängende und kleinste Traumfragmente können eingetragen, analysiert, interpretiert und auf kreative Weise ausgedrückt werden und Assoziationen hervorrufen. Oft enthüllen sie eine Fülle unterschiedlicher Bedeutungen.

Der Wasser-Spender-Traum

(Der transitierende Saturn stand im 12. Haus im Sextil zur Sonne im 9. Haus; durch den Jupiter-Transit in den Fischen entstand mit dem transitierenden Uranus im Schützen im 12. Haus und dem Radix-Merkur in der Jungfrau im 9. Haus ein T-Quadrat. Die laufende Venus bildete ein Sextil zu Mars im Schützen im 12. Haus; der Neptun stand im Quadrat zur Radix-Sonne).

> *Das Land, in dem ich lebe, ist trocken und verwandelt sich in eine Wüste. Weil ich kein Wasser finden kann, um meinen Becher zu füllen, entschließe ich mich, die lange Reise zum See im Zentrum meines Landes zu machen. Ich möchte mir von dem dortigen Wasser-Spender Wasser besorgen. Auf der Reise halte ich einen Boten an, der mir eine Nachricht überbringt. Während des nächsten Jahres, so wird mir gesagt, werde ich die Wasser-Spenderin sein; ich muß mich nun beim See im Landesinneren melden. Meine erste Reaktion ist Angst und Zögern – ich habe kein Wasser zu geben. Ich sage*

dem Boten, daß ich lieber in mein ausgetrocknetes Land am anderen Ende der Welt zurückkehren würde als die Wasser-Spenderin zu sein. Der Bote weist darauf hin, daß ich mich schon zu weit von zu Hause entfernt hätte, um jetzt wieder umzukehren, und daß meine Heimat zu weit weg, am Ende der Welt und für den See unerreichbar, sei – so weit vom Zentrum entfernt, wie unser Sonnensystem von unserem galaktischen Zentrum entfernt ist.

Kurz nach dem Traum von der Wasser-Spenderin träumte ich Der *Teich füllt sich mit Wasser.* Dieser Traum enthüllte deutlich, daß ich dabei war, eine Wasser-Spenderin zu werden, und daß das Geben nur eine geringe Anstrengung meinerseits erforderte – ich mußte nur einen Kanal erschaffen, durch den das Wasser fließen konnte, und die Bereitschaft aufbringen, ins Wasser einzutauchen.

Zu meiner Radix-Venus stand der transitierende Uranus in meinem 12. Haus im Quadrat und Jupiter in den Fischen in Opposition. Ein Saturn-Transit im 12. Haus bildete ein Sextil zu meiner Radix-Sonne, während Neptun stationär im Quadrat zu dieser stand.

Der Teich füllt sich mit Wasser

Ich hebe einen Teich zum Baden aus. Er ist flach, aber man kann darin schwimmen, und das Wasser sieht still und wohltuend aus. Ich bin überrascht, daß ich nur einige Zentimeter graben mußte, damit sich ein großes Areal zum Schwimmen, einige Fuß tief, mit Wasser füllt. Ich schwimme eine Weile, stelle am Teich ein Schild auf und gehe dann zum Haus zurück, in dem ich wohne (wobei ich nur einen Schuh trage).
Später, am selben Tag, erzähle ich anderen von dem Teich; am frühen Abend kehre ich mit einigen Freunden dorthin zurück. Nun ist der Teich beinahe ausgetrocknet – er besteht nur noch aus drei oder vier sehr seichten Wasserflächen, die

schnell verdunsten. Aber als ich in den ersten der flachen Teiche hineingehe, füllt er sich sofort wieder, fließt mit den anderen Wassern zusammen und bildet mit ihnen eine Einheit, wobei eine große Fläche zum Schwimmen entsteht. Meine Freunde sind beeindruckt darüber, daß dieser Teich sich mit Wasser füllt, sobald man hineingeht; sie sagen, ich solle auf das Schild schreiben, daß ich das geschaffen und erfunden hätte. Ich lehne es ab, mir den Teich als Verdienst anrechnen zu lassen, und erzähle ihnen, daß ich ursprünglich nur ein paar Zentimeter tief graben mußte, worauf der Teich sich von allein füllte.

Kosmische Träume

In »The Night Sky: The Science and Anthropology of the Stars and Planets« sowie in anderen Büchern schildert *Richard Grossinger* einige seiner inspirierenden planetarischen Träume.

Grossinger hat Uranus in den Zwillingen im 12. Haus in Opposition zu Venus im Schützen; beide Planeten sind Teil eines T-Quadrats zu Jupiter in der Jungfrau. Zu Beginn des Jahres 1981, als die Jupiter/Saturn-Konjunktion in der Nähe seines Radix-Neptuns stationär wurde, hatte Grossinger folgenden Traum:

Ich kehre in das Dorf in Vermont zurück, wo ich einst lebte, und gehe nachts den Fluß entlang. Ich erkenne, daß ich mich im Sonnensystem befinde und halte nach den Planeten Ausschau. Ich sehe den Jupitermond Ganymed, strahlend, riesig und kunstvoll graviert. Er sitzt in einem Vorgarten. Ich beginne nach Jupiter selbst zu suchen. Ich vermute ihn über der großen Glocke im Zentrum der Stadt. Der Wald ist so dicht, daß ich nicht hindurchgehen kann. Ich bin sehr vorsichtig, denn schon durch einen falschen Schritt kann ich stolpern und in die Weite Jupiters hineinfallen.

Während ich den Hügel hinaufsteige, drehe ich mich um und sehe einen winzigen Mond, der in einem Gebüsch vor einem Haus schnell herumwirbelt, und ich denke: »Wie niedlich, das ist der 15. Mond.« Ich erkenne, daß Dutzende dieser feurigen wirbelnden Monde in den Büschen der Umgebung versteckt sein könnten. Ich fühle mich den Hügel hinaufgezogen, wo ich plötzlich durch die völlige Schwärze einen riesigen, glänzenden Lichtstreifen sehe, der so überwältigend ist, daß er mich buchstäblich zurückzwingt. Ich sehe die Gruppen der Planeten und erkenne, daß ich nichts anderes tun kann als hineinzufallen.
Es ist zu spät. Plötzlich sagt mir eine Stimme, daß ich von Schwerkraft keine Ahnung hätte. »Das sind nicht die wirklichen Planeten«, sagt sie, »es sind nur bemalte Kugeln.« Ich verstehe, daß sie von den tatsächlichen Planeten im Raum spricht; sie sagt, daß diese nur bemalte Kugeln, Repliken oder reine Symbole der inneren Planeten sind. Es gibt eine andere Schwerkraft, eine innere Schwerkraft, welche das wirkliche Herz der Substanz ist. Ich habe ein Gefühl des Ganzseins und der Größe, als ob all das, was im ganzen Leben nicht in Verbindung gebracht oder erkannt werden kann, für diesen einen Augenblick in einem einzelnen Selbst zusammengefügt wäre.

Wenn kosmische oder transpersonale Träume auftreten, haben sie oftmals eine lange anhaltende Wirkung auf unser Bewußtsein. Wir sind verwandelt, als ob wir einem Gott in uns begegnet wären. Die Botschaft, die solche und andere Träume enthüllen, sind heilige Wahrheiten, die uns keiner nehmen kann, weil sie innere Wahrheiten sind, unser Kanal zu unserem inneren Ursprung, der Pfad zu unserer Seele.

Viele Dichter haben über die magische Natur der Traumwelt geschrieben und über ihre Fähigkeit, unsere Wünsche zu erfüllen oder zu vereiteln. In »The Shadowy Waters« schreibt *W. B. Yeats*:

. . . Alles wäre gut,
könnten wir uns nur den Träumen hingeben
und in ihre Welt gelangen, die für die Sinne
ein Schatten ist, und nicht elend verweilen
zwischen den körperhaften Dingen.
Denn es sind die Träume,
die uns in die fließende, wandelbare Welt
emporheben,
nach der das Herz sich sehnt.

Doch weil wir körperliche Wesen sind, die auf der irdischen Ebene leben, können wir nicht erwarten, nur in unserer Traumwelt Erfüllung zu finden; tatsächlich besteht der größte Wert unserer Träume darin, unser Wachleben zu bereichern, unangenehme Gefühle freizusetzen, inspirierende Gefühle hervorzurufen und hinsichtlich unserer Einstellungen, Verhaltensweisen, Probleme, Verletzlichkeiten, Talente, Verdienste und Wachstumsprozesse Einsicht und Erleuchtung zu bringen.

Träume sind gut – aber Erwachen ist besser,
wenn man am Morgen erwacht.
Wenn man um Mitternacht erwacht,
ist es besser, von der Morgendämmerung zu
träumen.

Emily Dickinson

VI. Die Traumerfahrung: Fallstudien zum 12. Haus

Während der letzten Jahre habe ich wöchentlich Traumgruppen geleitet, in denen Studenten ihre Träume erzählen, erforschen, deuten und auf kreative Weise zum Ausdruck bringen. In diesem Jahr hat jeder Teilnehmer einen oder mehrere Planeten im 12. Haus. Sechs der Studenten haben sich bereit erklärt, ihre Träume und gegenwärtigen Probleme offenzulegen, um den Wert der Traumarbeit und die Beziehung zwischen Träumen und dem 12. Haus zu veranschaulichen.

Karen: Saturn im Steinbock und Jupiter im Wassermann (beides im 12. Haus)

Karen, Mitte Zwanzig und Kunststudentin, lebt zusammen mit ihrem Freund, einem Lehrer ihrer Schule, der oftmals sehr in seine Arbeit vertieft ist. Da sie sowohl durch die Schule als auch durch die praktische Ausbildung stark in Anspruch genommen ist, hat auch sie wenig Zeit für die Beziehung, ihre Kreativität und spirituelle Beschäftigungen, die sie schätzt. Vor einigen Jahren war Karen Anhängerin eines bekannten Gurus. Viele ihrer Träume spiegelten ihre Sehnsucht nach einem Guru oder spirituellen Führer wider und zeigten die Konflikte auf, die sie infolge der Übergabe ihrer Macht an Männer (oftmals Vater-Figuren) erlebte, welche sie idealisierte.

Karens 12. Haus weist eine Konjunktion zwischen Saturn (Ende Steinbock) und Jupiter (Anfang Wassermann) auf. Jupiter regiert ihr 10. und 11. Haus; Saturn ist der Herrscher ihres 12. Hauses.

Gemeinsam bringen diese Planeten ihr Verlangen nach einer

Das Horoskop von Karen

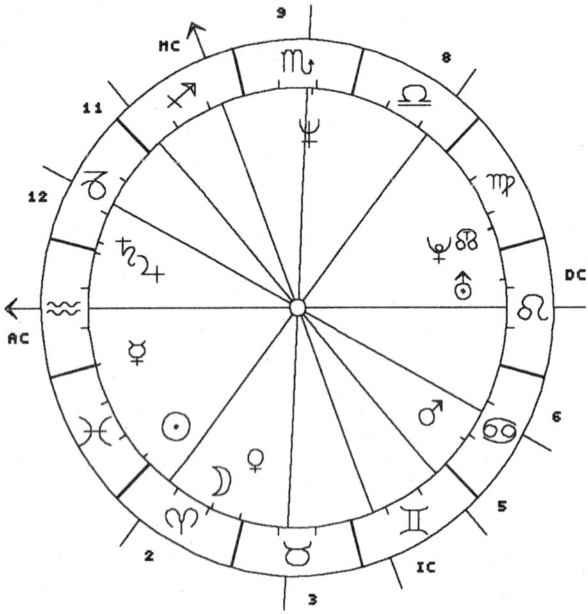

sozialen und spirituellen Tranformation durch Gruppenerfahrung zum Ausdruck. Weil die Energien des 12. Hauses oftmals nach außen projiziert werden und weil diese Konjunktion im Sextil zu ihrer Sonne in den Fischen im 1. Haus steht, sucht Karen wahrscheinlich einen spirituellen Helden, der eine neue soziale Ordnung verkörpert. Beide Planeten stehen des weiteren in einem Quincunx zu Pluto im 7. Haus, im Halbsextil zu Merkur und im Quadrat zu ihrer Venus im Widder im 2. Haus. Venus wird in ihrem Leben durch ihre künstlerische Arbeit und ihre Liebe zu ästhetischen Gegenständen wie Kristalle repräsentiert, die für sie eine transzendentale Bedeutung haben.

In vielen Träumen verarbeitet Karen ihre Erfahrungen aus dem Leben in der Kommune des Gurus. In einem Traum treten Mitglieder der Gemeinschaft auf ihre Zeichnungen und beschmutzen sie. Dieser Traum wirft für sie die Frage auf, ob sie sich eine Umgebung oder ein Gemeinschaft schaffen kann, die ihre persönliche Ausdrucksform unterstützt. Während der Traumgruppe erzählte sie folgenden Traum:

Ich bin in der Kommune, in der Nähe eines großen Gebäudes. Der Guru spricht vom Dach aus. Ich gehe nach draußen zu den Tausenden von Menschen, um ihm zuzuhören. Zuerst regnet es leicht, dann beginnt es zu gießen. Weil jeder ihn hören will, bleiben wir im Regen stehen. Doch dann legt ein väterlicher, älterer Mann seinen Arm um mich und führt mich in das Haus, aus dem Regen weg.

In der Diskussion über diesen Traum drückte Karen ihre Bedenken gegen den Guru aus – die Macht, die er anwendet, seine Willkür, sein Mangel an Verantwortung den Gefühlen und Bedürfnissen seiner Anhänger gegenüber. Sie sprach auch über ihre Schuldgefühle, weil sie ihn verlassen hatte: Diese mögen ihre Wurzel in den Schuldgefühlen haben, die sie bei der Trennung von ihren Eltern (besonders von ihrem Vater) empfunden hat, als sie ihrer eigenen Kraft zu vertrauen und Ausdruck zu verleihen begann. Der Steinbock im 12. Haus läßt auf Karens Neigung schließen, sich selbst um einer idealisierten Autoritätsperson willen Entbehrungen aufzuerlegen. Sie deutet auch auf die Suche nach einer Vaterfigur hin. In diesem Traum ist der väterliche Mann eine Alternative zum Guru, jedoch ohne das Charisma, den falschen Glanz und die Macht, die jener bietet.

Ein anderer Traum bringt ihre Autoritätsprobleme zum Ausdruck, die sie in ihren Universitätskursen erlebte:

Mein Bruder und ich steigen durch den Wald auf einen Berg hinauf. Wir sind auf dem Weg zu einem Kommunikations-

Workshop. Ich trage Sandalen, die fürs Bergsteigen ungeeignet sind. Als wir ankommen, fühle ich mich über den Lehrstoff erhaben und höre nicht zu. Ich stehe auf und lege meine Kristalle auf das schwarze Brett – es sind große Kristalle, die ich im Halbkreis anordne.
Während der Pause sagt mir der Leiter, daß meine Energie jener der Kristalle ähnele. Zuerst fasse ich das als Kompliment auf, doch dann erkenne ich, daß er Kristalle nicht mag und daß er mich beleidigt. Ich scherze mit ihm.
Später bemerke ich, daß er meine Kristalle heruntergenommen hat und als seine eigenen verkauft. Als ich meine Kristalle zurückverlange, will er sie mir nicht geben. Ich bin so wütend, daß ich ihm (und seiner Frau, die er mir schickt, um mit mir zu reden) ins Gesicht spucke. Daraufhin gibt er sie mir bis auf die beiden wertvollsten zurück. Als ich ihm diese beschreibe und sie zurückfordere, zeigt er auf zwei große, zerbrochene Kristalle, die am Fußboden liegen, welche aber nicht die meinen sind. Dann bringt er mir welche, die er im Filter des Schwimmbeckens gefunden hat. Ich bestehe darauf, daß auch dies nicht meine Kristalle sind und daß ich die meinen zurückhaben will. Er gibt sie mir nicht wieder.
Anschließend bin ich bei meiner Großmutter, wo ich die Toilette und das Waschbecken mit der Toilettenbürste reinige, wobei ich eine Schmutzschicht nach der anderen entferne.

Hier kämpft Karen mit Problemen hinsichtlich ihrer Macht, die sie anderen überläßt und dann einklagt. Dieser Traum fand statt, nachdem sie im Unterricht die Arbeit eines Mitstudenten sehr hart beurteilt hatte. Karen genoß es zuerst, ihre Meinung gesagt zu haben, war jedoch dann bestürzt über die negative Reaktion der Klasse. In ihrem Traum war die einzige Methode, die sie kannte, um ihre Macht geltend zu machen, dem Leiter ins Gesicht zu spucken. Doch bildlich gesprochen kam die Spucke wieder zu ihr zurück – sie bekam nicht nur die Kristalle nicht zurück, sondern mußte auch gleich darauf den Schmutz im Badezimmer ihrer Großmutter entfernen. Dieser Traum wirft die Frage auf, wem Karen ihre persönlichen Reichtümer bzw. Talente anvertraut (der Verlust der Kristalle repräsentiert das Quadrat zur Venus im 2. Haus) und wie sie vorgeht, um die Macht ihrer Saturn/Pluto-Konjunktion im 12. Haus einzufordern, ohne sich in die potentielle »Bösartigkeit« der Merkur/Pluto-Opposition zu flüchten.

Debby: Saturn/Pluto-Konjunktion im Löwen im 12. Haus

Debby ist eine schwer arbeitende Berufstätige, die bei sich zu Hause ihr eigenes Anzeigen-Geschäft führt; sie unterhält auf beruflicher und sportlicher Basis Freundschaften zu Männern, schreckt aber vor romantischen und sexuellen Verbindungen zurück. Sie ist zwar heterosexuell veranlagt, weiß aber, daß sie aus Angst vor physischer Intimität mit Männern deren Nähe meidet. Als jüngstes Kind und einzige Tochter in einer Familie mit drei Söhnen wurde sie von ihrem Vater intensiv trainiert und unterrichtet, um sich sowohl im Sport als auch in ihren Studien auszuzeichnen. Als ihr Vater an Krebs starb, war Debby erst fünfzehn.

Sie fühlte sich am Boden zerstört und war unfähig, ihr Interesse wieder Jungen zuzuwenden. Sie idealisiert noch immer ihren Vater.

Debby hat im 12. Haus eine Saturn/Pluto-Konjunktion im Quadrat zu einer Mars/Jupiter-Konjunktion im Skorpion und ein Sextil zu einer Sonne/Neptun-Konjunktion in der Waage (letzteres an der Grenze vom 2. zum 3. Haus). Ihr Mond befindet sich im Steinbock im 6. Haus; er steht im Sextil zur Venus im Skorpion. Der transitierende Pluto nähert sich ihrem Radix-Mars und löste so ihr Mars/Saturn-Quadrat aus, als sie die folgenden Träume hatte:

1. *Ich befinde mich außerhalb eines großen Baseball-Feldes in einem von Mauern umgebenen Gebäude, das kein Dach, aber eine verschlossene Eingangstür hat. Zwei meiner*

Das Horoskop von Debby

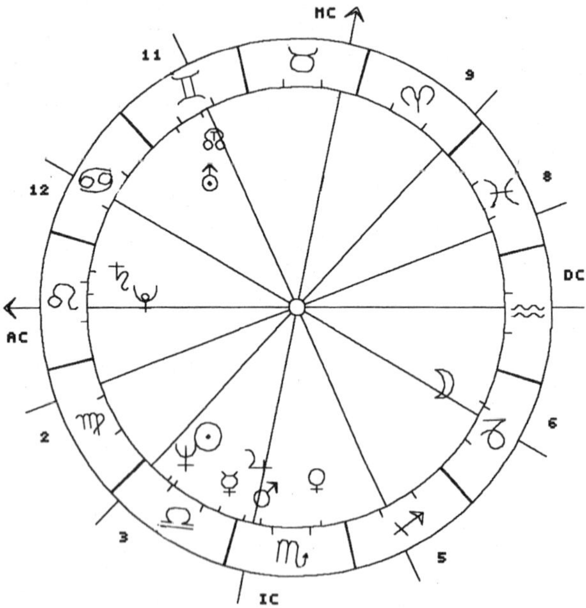

Freunde sprechen durch die Tür mit mir und planen, mir herauszuhelfen. Sie holen einen Schlüssel und sperren die Tür auf, so daß ich weggehen kann. Nachdem sie mich verlassen haben, gehe ich hinaus auf den Platz. Dort fühle ich mich aber so zur Schau gestellt, daß ich in das Gebäude zurückkehre, und zwar nicht durch die Tür, sondern indem ich über die Mauern klettere, die niedrig scheinen. Dann laufen ein paar randalierende junge Männer auf den Platz, sehen mich und machen obszöne Bemerkungen. Einer kommt direkt auf die Mauer zu und schickt sich an, darüberzuklettern. Ich habe Angst, daß er mich sexuell bedrohen wird.

2. *Jim, einer meiner Freunde, besucht mich. Er ist müde und schläft auf der Couch ein. Weil meine Zimmergenossin Andrea und ihr Freund gleich nach Hause kommen werden, schlage ich vor, nach oben in mein Schlafzimmer zu gehen. Doch da kommen Andrea und Tom zurück. Jim steht auf und öffnet die Tür zu einem Wandschrank, wobei eine geheime Treppe zum Vorschein kommt. Er möchte gerne wissen, ob am Fuße der Treppe ein Raum ist. Ich klettere die dunkle Treppe hinunter, die nun zu einer Strickleiter wird; nach einigen Sprossen endet die Leiter, und ich trete ins Leere. Ich halte mich mit den Händen fest, aus Angst, in die Dunkelheit unter mir zu fallen. Ich weiß, daß Jim oben an der Treppe steht und herunterreichen kann, um mich hochzuziehen, doch ich rufe Tom zu Hilfe, in der Hoffnung, daß er mich rettet.*

3. *Ich bin in der High-School. Heute wählen wir unsere Partner für den Leichenwagen, das Vehikel, in dem wir nach dem Tod reisen werden. Während dieser Reise werden wir sowohl physisch als auch spirituell mit unserem Partner eng verbunden sein. Unser Lehrer sagt uns, daß wir nicht einen unserer derzeitigen Freunde wählen dürfen, sondern jemanden aussuchen müssen, mit dem wir bislang in diesem Leben nicht in Beziehung standen. Ich möchte mit Sam zusammensein, einem sehr beliebten Jungen, der noch niemals mit mir gesprochen hat. Eine sehr intelligente, aber unbeliebte Frau bittet Sam, ihr Partner zu sein; er lehnt ab und wählt mich. Ich bin begeistert.*

4. *Ich bin am Strand. Hohe Wellen schlagen gegen die Kaimauer. Bei mir ist ein sonnengebräunter Mann mit langem, grauem Haar, der muskulös und stark ist. Ich sage, daß die Wellen nicht sehr groß sind, doch dann schlägt eine riesige Woge gegen die Kaimauer, und ich erkenne, daß sie größer sind, als ich dachte. Wir beide müssen zu der Mauer gelangen, und es bleibt uns nur, durch die Wellen zu schwimmen, die gegen die Mauer schlagen. Der Mann sagt mir, ich solle*

keine Angst haben, denn er sei ein guter Schwimmer; ich solle mich von ihm an seine Brust drücken lassen, während er einen Arm um mich legt und schwimmt. Einer meiner Arme ist fest zwischen unseren Körpern, der andere ist frei. Ich habe ein Gefühl des Vertrauens und der Sicherheit, und ich weiß, daß er mich vor den Wellen beschützen kann.

Im ersten Traum dieser Serie hat Debby Angst davor, ihre »Mauern« niederzureißen und sich den Männern auszusetzen, die ihr sexuell bedrohlich erscheinen. Sie fühlt sich sicherer, wenn sie das Tor ihrer weiblichen Sexualität verschließt; sie kann jedoch die männlichen Eindringlinge nicht fernhalten – ihre inneren männlichen Energien klettern über die Mauern und bedrohen sie. Im zweiten Traum zieht sie den sexuellen Kontakt mit einem Freund in Erwägung (der, wie ihre Sexualität, schläft). Doch die Aussicht, ihn in ihr Schlafzimmer einzuladen, erweckt in ihr die Furcht vor dem Abstieg in ihre eigenen dunklen bodenlosen Ängste. Als sie versucht, sich von diesen Ängsten zu lösen, ruft sie nach dem Freund ihrer Zimmergenossin, der als Liebhaber für sie nicht in Frage kommt. Diese Träume drükken ganz klar ihre Angst vor sexuellen Beziehungen aus, die von der Saturn/Pluto-Konjunktion im 12. Haus mit dem Quadrat zur Mars/Jupiter-Konjunktion im Skorpion repräsentiert wird.

Der dritte Traum ist besonders aufschlußreich, wenn wir uns vergegenwärtigen, daß der zweite Name von Debbys Vater Samuel war und daß er während seiner Schulzeit Sam genannt wurde. Dieser Traum erhebt die Frage: Ist Debby auf den Geist ihres Vaters fixiert? Kann sie sich eine wirkliche Verbindung mit einem Mann nur im Tode gestatten? Debby kann das intelligente, unbeliebte Mädchen in dem Traum sein, doch ist sie auch die von Sam Erwählte. Dieser Traum stellt die Tiefe ihrer psychischen und sexuellen Beziehung zu ihrem Vater dar.

Im vierten Traum verwandelt sich die Szene. Debbys Vertrauen zu den Männern nimmt zu; sie kann physischen Kontakt zulassen, wenn auch nur als Schutzschild gegen die wilden Gewässer ihres Unbewußten. Der Mann hat graue Haare, ist älter, stark, kraftvoll und fürsorglich. Zur Zeit des Traumes hat Debby keinen Liebhaber, doch sie und ihr Freund Jim massieren sich gegenseitig, und sie entwickelt Vertrauen ihm gegenüber. Langsam arbeitet sie sich durch einige der Barrieren, die sie gegen Intimität errichtet hat.

Ein charakteristisches Merkmal aller vier Träume ist, daß sie Situationen darstellen, in denen Debby von anderen (Männern) erwartet, daß sie die Hand nach ihr ausstrecken beziehungsweise sie retten. Weil sie sich der Kraft der Saturn/Pluto- Konjunktion im Quadrat zu Mars/Jupiter nicht stellen kann, erlebt sie diese außerhalb ihrer selbst als bedrohliche oder auch beschützende Männer. Wenn Debby beginnt, den Tod ihres Vaters zu bewältigen und sich ihrer panischen Angst vor Intimität zu stellen, wird sie sich ihrer emotionalen beziehungsweise sexuellen Energie und Macht bewußt werden, die sie zuvor in die harte Arbeit für ihr Geschäft gelenkt hat.

Christian: Neptun im Skorpion im 12. Haus

Christian ist ein junger Südamerikaner, der in Boston Philosophie studiert und sich gleichzeitig durch den Besuch von New-Age-Workshops neue spirituelle Horizonte eröffnen will.

Christian ist Schütze; seine Sonne/Merkur-Konjunktion im 1. Haus ist an einer T-Quadrat-Figur beteiligt. Christian hat Neptun im Skorpion im 12. Haus mit einem Sextil zu Venus und Mars (beide im Steinbock im 3. und 2. Haus) sowie einem Sextil zur Uranus/Pluto-Konjunktion im 11. Haus. Uranus und Pluto stehen auch in Opposition zu seinem Mond in den Fischen, dem Herrscher seines 9. Hauses.

Während Christian an der Traumgruppe teilnimmt, ringt er mit seiner Unzufriedenheit in bezug auf sein Studium, das ihm hinsichtlich seines spirituellen Strebens als unwichtig erscheint. Das Gespenst der »gesellschaftlichen Relevanz« bedroht ihn.

Das Horoskop von Christian

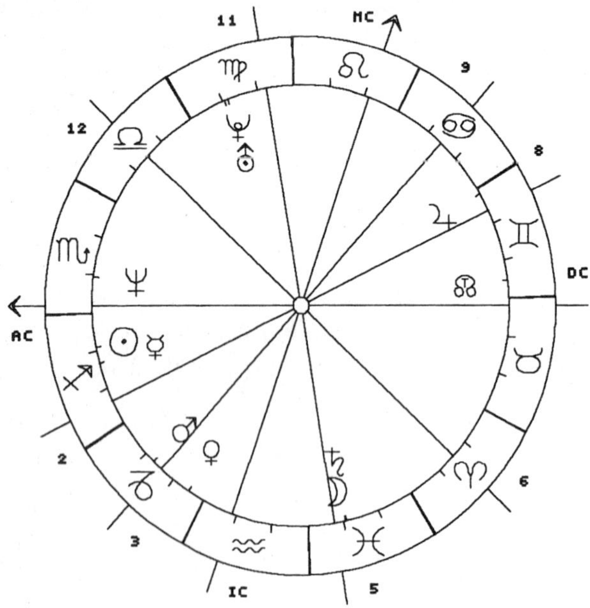

Aufgrund der Macht von Kultur und Establishment in seinem Heimatland, aufgrund seiner Wahrnehmungen in bezug auf die Erfolgsvoraussetzungen in der amerikanischen Gesellschaft und aufgrund der Wertvorstellungen, die er von seinem Vater übernommen hat, ist der College-Abschluß wichtig für ihn. Doch weil er in seinem persönlichen Streben Erfüllung findet und sich im Hinblick auf die Gesellschaft und ihre Erziehungseinrichtungen machtlos fühlt, denkt Christian über einen Austritt aus der Schule nach. Während der Traumgruppe erzählt er folgende Träume:

1. Ich gehe mit Freunden am Verwaltungsgebäude der Bosto-

ner Universität vorbei. Meine Freunde werfen Tennisbälle gegen die sehr hohen Fenster des Gebäudes, um diese zu zerbrechen. Weil ich fürchte, jemanden zu verletzen, und Angst habe, erwischt zu werden, werfe ich keine Bälle. Statt dessen gehe ich zurück, um zu sehen, ob uns jemand aus dem Gebäude beobachtet. Als Folge davon gerate ich ins Gesichtsfeld der Leute im Haus; ich höre, wie sie mich als »jungen Mann mit langem schwarzem Haar« beschreiben und mich offensichtlich für die zerbrochenen Fensterscheiben verantwortlich machen.

2. *Ich beobachte einen schwarzen Ritter mit vier anderen Rittern. Einer von ihnen ist der Vater eines jungen Ritters, der bald weggehen wird. Die Gruppe war in die Stadt gekommen, nachdem sie alle an einem ehrenvollen und riskanten Unternehmen oder einer Schlacht teilgenommen hatten. Einige der Ritter sprechen mit dem Vater und loben seinen Sohn für seine besonderen Eigenschaften. Der Vater stimmt dem nicht zu und besteht darauf, daß sein Sohn weder gut noch edel sei, daß er nur das tun wolle, wozu er Lust habe; er erklärt schließlich: »Er ist nicht mein Sohn.« Die anderen Ritter versuchen, ihn von den Tugenden seines Sohnes zu überzeugen.*

3. *Don Quichotte versucht, ein altes Pferd zu zähmen. Schließlich unterwirft sich das Pferd und fällt ins Heu nieder. Eine Menschenmenge sieht zu und lacht. Es scheint, daß Don Quichotte und das Pferd eine Show für die Zuschauer abziehen. Don Quichotte versucht nicht wirklich, das Pferd zu zähmen; dieses täuscht mit seinen Bewegungen vor, daß es gezähmt wird.*

Diese Träume spiegeln Christians Dilemma wider. Dieses besteht zwischen edlen neptunischen Idealen, seinem Gefühl, eine gesellschaftliche Rolle spielen zu müssen, seinen Problemen im Umgang mit seiner Wut (und wilderer Triebe) auf Kosten seines zivilisierten und ritterlichen Wesens und seiner Erfahrung mit dem Angepaßtsein. Gleichzeitig weigert er sich, seinen freien Geist zähmen zu lassen. Christians spirituelles Streben kann von der eigensinnigen Rebellion gegen die Gesellschaft motiviert sein, die sich durch seine Uranus/Pluto-Konjunktion im 11. Haus sowie durch den Ruf seiner neptunischen Seele und die Sehnsucht seiner Venus nach der Verbundenheit mit verwandten Seelen ausdrückt. Er wird auch von den spanischen Idealen des ritterlich-männlichen Verhaltens beeinflußt, die zu den Idealen im Widerspruch stehen, nach denen der innere Ritter des amerikanischen New Age strebt.

Ein Teil von Christian wünscht sich die Achtung seines Vaters und der Gesellschaft. Doch die Verfolgung der Steinbock-Werte läßt seine Seele verhungern, statt sie zu nähren. Die äußere Welt scheint von seiner vitalen Schützen-Seele, dem Pferd, ein Opfer zu verlangen; Christian weigert sich aber, dieses Opfer zu bringen. In dem Traum mit dem Verwaltungsgebäude scheint der einzige Weg, Kraft auszudrücken, in der Reaktion zu liegen – in einer destruktiven Aggression gegen die Quelle der Macht. Christian ist unfähig zur äußeren Rebellion, er bringt seine Freunde dazu, seine Aggression für ihn zum Ausdruck zu bringen. Doch dadurch wird er erst recht zum Opfer. In der Diskussion über seinen Traum forschte die Gruppe nach Alternativen zur destruktiven Machtausübung und Aufopferung. Wie könnte Christian einige seiner Ideale durch und innerhalb seines Studiums erfüllen? Könnte er unabhängige Studien betreiben und aus seinen Workshop-Erfahrungen Anerkennung gewinnen? Eine andere wichtige Frage erhob sich durch das Erzählen dieser Träume. In welchem Maße fühlt sich Christian von der Idee angezogen, ein Opfer zu sein, das seine Ideale gegen einen mächtigen Feind verteidigt? In welchem Maße ist er verpflichtet, diese Ideen aus seinem 12. Haus hervorzubringen und sie innerhalb der Einrichtungen und Strukturen der Gesellschaft zu leben?

Diese Träume traten auf, kurz nachdem Christians progressiver Neumond auf dem ersten Grad im Steinbock angesprochen wurde.[22] Laut *Dane Rudhyar* lautet das Sabische Symbol für diesen Grad: »Ein Indianerhäuptling fordert Vollmacht vom versammelten Stamm.« *Rudhyars* Interpretation bezieht sich auf »das religiöse Ideal, das sich als reine Macht materialisiert oder kristallisiert – der Macht, die Gemeinschaft anzuführen, ihr Wohl zu sichern . . .«[23] Dieses Symbol wird wahrscheinlich während des am Neumond-Punkt beginnenden neuen lunaren Zyklus den Integrationsprozeß von Christians Neptun im 12. Haus leiten.

Ann: Sonne/Merkur-Konjunktion im Wassermann, Mond/Venus-Konjunktion in den Fischen (alles im 12. Haus)

Ann ist Ende Zwanzig, Elektronik-Ingenieurin, Pilotin, begeisterte Läuferin, heimliche Poetin und ein aktives Mitglied der feministisch-spirituellen Bewegung. Als eine von drei Töchtern eines oftmals arbeitslosen Maschinenschlossers, der für Frau und Kinder nichts übrig hatte, verbrachte sie ihre frühen Jahre mit der Arbeit in Haus und Hof, reparierte Autos und schrieb heimlich Gedichte über die Natur. Sie hatte niemals das Gefühl, Kind sein zu dürfen oder das Recht zu haben, schöne Kleider zu tragen oder überhaupt als ein Individuum zu existieren.

In panischer Angst vor ihrem Vater, der die Mutter physisch und die Töchter verbal mißhandelte, versucht Ann ihre negative Konditionierung in bezug auf Männer zu überwinden und endlich zu heiraten. Vor kurzem ging die Beziehung zu einem Mann, mit dem sie zusammenlebte, auf schmerzliche Weise zu Ende. Dieser Mann »hängte seine Fahne nach dem Wind«, wies sie häufig zurück und war im Hinblick auf Verpflichtungen unzuverlässig.

Anns Sonne/Merkur-Konjunktion im Wassermann im 12. Haus steht in Opposition zu ihrem Uranus, und die Mond/Venus-Konjunktion des 12. Hauses steht in Opposition zu Pluto und bildet ein Trigon zu Neptun.

Das Horoskop von Ann

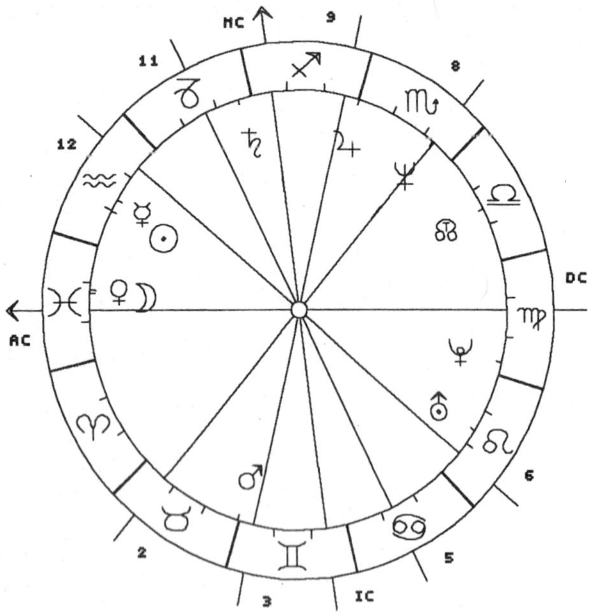

Kurz nachdem ihr Freund sie verlassen hatte, träumte Ann, daß sie gefährlichen Männern durch das Fliegen entkommen könnte:

Mein Vater und ich gehen über ein großes Feld mit Blumen und Gemüsen, als wir einen betrunkenen Mann treffen und die schäbige Hütte sehen, in der er lebt. Er fordert uns auf, von seinen Pflanzen wegzubleiben. Später, als wir wieder spazierengehen, taucht er unerwartet auf und belästigt mich. Dann schreit er mich an: »Ätsch, du brauchst deinen Vater, mein kleines Mädchen«, und ich schreie. Mein Vater und ich gehen weg.

Auf dem Heimweg sehen wir ein seltsames Flugzeug. Es ist lang, mit großen Flügeln, und ein junger Pilot sitzt im Cockpit. Am Heck macht sich ein Mann zum Fallschirmabsprung bereit. Mein Vater sagt mir, was für ein Flugzeug das ist. Als es landet, steigt der Pilot aus und hilft dem Fallschirmspringer. Mein Vater geht dann nach Hause, aber ich bleibe.
Dann taucht der Mann wieder auf, verspottet mich und packt mich. »Faß bloß meinen Garten nicht an«, sagt er. Ich laufe, so schnell ich kann, durch ein Feld mit hohem Gras, und er verfolgt mich. Als er näher kommt, erhebe ich mich vom Boden und fliege über die Erde in einer horizontalen Haltung. Ich fliege tatsächlich! Ich bewege die Beine, um vorwärtszukommen. Später laufe ich eine Straße hinunter, die von Obstbäumen gesäumt ist, welche einander berühren. Ich sehe den Mann wieder, der einen schmutzigen Weg hinunterläuft, weg von mir, in die entgegengesetzte Richtung. Ich beobachte ihn, um sicherzugehen, daß er mir nicht folgt.

In diesem Traum spaltet sich das Bild des Männlichen in zwei Teile: der Vater beziehungsweise Kamerad (Sonne/Merkur-Konjunktion im Wassermann) und der unberechenbare, sie belästigende Mann (Uranus/Pluto). Die Art, wie der Schurke um den Schutz seiner Pflanzen und seines Garten besorgt ist (Mond und Venus in den Fischen), kann das Bedürfnis der nicht integrierten männlichen Kraft symbolisieren, welches seine weibliche Natur oder Sensitivität vor der Preisgabe schützen will. Vielleicht hat Anns Vater das getan, indem er auf aggressive Weise auf alles Weibliche außerhalb von ihm selbst einschlug; und vielleicht macht Ann das, indem sie ihren ihr teuren Mond/Venus-Garten für die Poesie und die feministische Spiritualität offenhält.

Als Ann diesen Traum hatte, beklagte sie nicht nur das Ende einer Beziehung, sondern fühlte sich auch durch die Verantwortung für die Familie belastet; ihr Vater, der eine sich laufend verschlechternde Krankheit hat, ist nun unfähig zu gehen. Wenn sie gefragt wird, ob sie ihren Vater braucht, sagt sie:

»Nein, mein Vater braucht jetzt mich.« Doch sie bekannte auch, daß sie in bezug auf ihre Fähigkeit zu heiraten ein schlechtes Gefühl hat und daß sie gegen ihr Bedürfnis nach einem Mann ankämpft. Ihre Sehnsucht kann sich auch auf halbvergessene Spaziergänge mit ihrem Vater während ihrer Kindheit beziehen.

Ann war begeistert von dem anregenden Erlebnis des Fliegens in ihrem Traum und von ihrer Fähigkeit, vom Boden abzuheben, um dem bedrohlichen Mann zu entfliehen. Was bedeutet das Fliegen für sie? »Bewußt sein«, sagt sie, »mein Denkvermögen einsetzen, die Situation verstehen, Positives und Negatives abwägen, sich darüber erheben.«

Ihre Sonne/Merkur-Konjunktion im Wassermann offenbart sich nicht nur in ihren Träumen, sondern auch in einem Gedicht, das sie danach schrieb. Auch hier zeigt sich ihr Mond/Venus-Bewußtsein als eine weibliche spirituelle Kraft:

Ich schaue hinab von meinem himmelhohen Sitz,
drehe und winde mich durch jede Wolke hindurch
und sehe die Welt aus einer anderen Dimension . . .

Der Abflug wird eine schnelle Flucht.
Ich lasse Verwirrung und Sorgen zurück
und konzentriere mich auf die
Herausforderung, die vor mir liegt.
Mit jedem Höhenmeter dehnen sich meine
Flügel weiter aus;
neue Augen werfen einen Blick
durch Smog und Verzweiflung.
Diese gleitende Schale fällt von mir ab
und enthüllt die zarte Schwäche des
darunterliegenden Bauches.
Kalter beißender Wind kommt auf
und schlägt in mein Gesicht
und erinnert mich daran, daß ich alleine bin.

Wie die Krone eines Prinzen
wird mir Macht verliehen, durch Mutter Natur,
deren Tochter die Luft ist.
Sie streckt ihre Hand aus und ich ergreife sie.
Oh, welch eine wundersame und magische Zeit –
wie bei einem scheuen Kind füllen sich
meine Augen mit Tränen.
Ich verehre sie auf liebevolle Weise,
während mein Flugzeug in die Kurve geht und einen
Looping macht.
Verlaß mich nie! Diese fließende Phantasien . . .
Der luftige Zauber, der Atem des Lebens . . .

Dreihundertsechzig Grad hat der Horizont,
der Brennpunkt der Unendlichkeit bin ich.

Ein anderer Traum, den Ann der Traumgruppe mitteilte, fand in der Nacht nach einer Halloween-Totenfeier statt. Bei dieser Feier ging es auch darum, der eigenen Angst vor dem Tode gegenüberzutreten (was durch den Tod der Sonne symbolisiert wird), sich von negativen Gefühlen zu reinigen und sich der spirituellen Energien bewußt zu werden.

Ich gehe spazieren und überquere eine Straße, an der sich folgendes Schild befindet: »Eintritt in Dick- und Dünndarm.« Ich weiß, daß ich in mir selbst bin. Ich treffe einen Mann, der auf ein blendendweißes Licht am Himmel zeigt und sagt, daß jene, die in das Licht schauen, dunkle Schutzbrillen tragen müssen.
Dann beobachte ich Leute auf einer Bühne. Ein Freund setzt dunkle Gläser auf, und ein schwarz gekleideter Magier schaltet das Licht an. Als eine Frau aus dieser Gruppe ohne Brille ins Licht schaut, sagt man ihr, sie solle dunkle Gläser aufsetzen; sie beachtet das nicht, ihr wird schwindlig, und sie bricht zusammen. Ich wache auf mit den Zeilen eines Liedes: »Gehe durch dieses Land, gehe durch dieses öde Land.«

Der Dünndarm und der Dickdarm dieses Traumes spiegeln Anns Absorption beziehungsweise Assimilation ihres Halloween-Erlebnisses und das Loslassen von »emotionalen Abfallprodukten« wider. Der Kontrast zwischen den Kräften des Lichtes und der Dunkelheit (Mond/Venus in den Fischen im 12. Haus in Opposition zu Pluto, dem Herrscher des 8. Hauses) wird durch den schwarz gekleideten Magier und die Macht des Lichtes zum Ausdruck gebracht. Eine Interpretation für diesen Traum ist, daß er auf Furcht vor dem Erhabenen hinweist, auf die Furcht davor, sich den höheren Energien zu öffnen, weil das unweigerlich die dunklen Energien freisetzt, die das Licht blokkiert haben; der Traum drückt auch die ehrfurchtgebietende Macht des Geistes aus, welche uns das Gefühl der Vernichtung des Egos und des körperlichen Selbst geben kann.

Kam es in unserer Kindheit zu Mißhandlungen oder Entbehrungen, so kann das Sich-Öffnen für liebevolle, positive Energien eine noch schrecklichere Erfahrung sein als das Beibehalten der alten Muster. Was wir als unser Selbst ansehen, wird bedroht; unsere Bindungen lösen sich auf, und wir fürchten einen inneren Zusammenbruch. Wir sind hin- und hergerissen zwischen der tiefen, unbefriedigenden Sehnsucht nach größerer Erfüllung und der panischen Angst vor dem Verlust unseres Selbst, die beim Loslassen von Angst, Wut und Schmerz der Vergangenheit durch eine solche Öffnung beschleunigt wird. Dieses Sich-Öffnen kann durch spirituelle oder kreative Erlebnisse eintreten und indem wir uns selbst erlauben, Liebe zu fühlen und zu empfangen und uns in der herzlichen Verbundenheit einer Gemeinschaft zu entspannen.

Für Ann ist, wie für viele von uns, die Angst vor dem Licht nicht nur die Angst vor dem Geistigen, sondern auch die Angst davor, sich der Liebe bewußt zu werden. Zur Zeit des Traumes ging sie dem Kontakt mit einem früheren Partner aus dem Weg, weil sie Angst hatte, Liebe und die Sehnsucht nach Nähe zu erfahren. Mit ihrer Mond/Venus-Opposition zu Pluto und mit einer Mutter, die sich aus Angst vor den Schlägen ihres Vaters unterwarf, hatte Ann kein Rollenvorbild für eine Frau, die auch in Gegenwart von Männern Macht und Stärke behält. Für eine intime Beziehung empfänglich zu sein bedeutet, sich dem Licht der Liebe zu öffnen (sowie dem Verlangen und den emotionalen Bedürfnissen) und sich in bezug auf einen »gefährlichen Mann« überwältigt und geschwächt zu fühlen.

Bald nach diesem Traum, als Ann sich in einer schwierigen Arbeitssituation machtlos fühlte und außerdem mit Ängsten und Sehnsüchten im Hinblick auf eine Beziehung kämpfte, hatte sie einen kompensierenden Traum. Jahrelang galt Anns Bewunderung Ann Lucille Ball, von der sie sagt: »Sie ist spontan, komisch, phantasievoll und der Liebling von Millionen. Sie ist erfolgreich; sie hat ihr Leben fest in der Hand. Und sie läßt sich nicht von ihrem Mann herumschubsen. Wenn er das versucht, führt sie ihre Pläne hinter seinem Rücken aus, so daß sie auf jeden Fall das tun kann, was sie will.« Für Ann bringt Lucille die Integration der Weiblichkeit und Sensibilität ihrer Mond/Venus-Konjunktion in den Fischen zum Ausdruck sowie den Erfindungsreichtum und die Unabhängigkeit ihrer Sonne/Merkur-Konjunktion im Wassermann mit der Opposition zu Uranus (der in Konjunktion mit Lucille Balls Radix-Sonne steht!). In ihrem Traum machte ein Freund Fotos von Lucille, mit Ann im Hintergrund; anschließend versicherte Lucille Ann, daß sie während des nächsten Jahres heiraten würde. Ann fand diesen Traum beruhigend und ermutigend, nicht nur, weil er eine Heirat vorhersagte, sondern auch, weil er für sie die Identifikation mit Lucille Ball neu belebte. Diese stellt für Ann ein konstruktives Rollenvorbild dar für ihren Versuch, eine unabhängige, integrierte Persönlichkeit zu werden, die sich selbst bejaht und behauptet.

Jennifer: Jupiter und absteigender Mondknoten im Skorpion im 12. Haus

Jennifer ist eine vierzig Jahre alte Frau und promovierte Romanistin. Vor einigen Jahren, als ihre Mutter starb und Jennifer eine

Das Horoskop von Jennifer

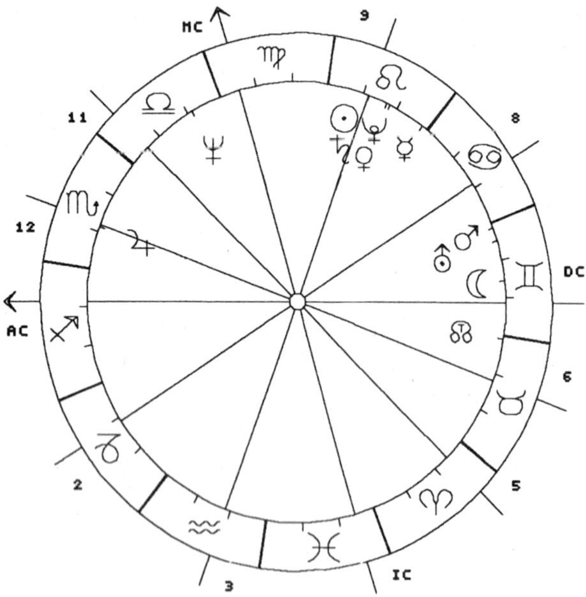

Erbschaft machte, verließ sie die Hochschule und widmete sich ihrer persönlichen Entwicklung. Seither erlebt sie eine »spirituelle Revolution«, während der ihre Ansichten über sich selbst und die Realität sich dramatisch verändern. Während dieser Zeit war sie mit verschiedenen Männern zusammen, kämpfte mit Problemen im Hinblick auf Vertrauen (in Verbindung mit ihrem neuen finanziellen Status) und begegnete der Feindseligkeit von Männern, die ihre spirituellen Überzeugungen ablehnten.

Obwohl Jennifer bei freiwilligen beruflichen Tests sehr gute Bewertungen erhielt, setzte sie ihre Karriere nicht fort. Sie scheint sich über sich selbst nicht im klaren zu sein – sie verfügt über einen Doktorgrad, Vermögen und freie Zeit, doch sie hat beide Eltern verloren. Jetzt entwickelt sie ein neues Identitätsgefühl und fürchtet sich vor dem Eintritt in ein neues Arbeitsgebiet.

Jennifer hat Jupiter und den absteigenden Mondknoten im Skorpion im 12. Haus. Jupiter steht im Quadrat zur Sonne an der Spitze des 9. Hauses, die Sonne befindet sich in Konjunktion mit Saturn, Pluto und Venus (diese stehen noch im 8. Haus).

Die Träume, die sie in der Gruppe erzählt, spiegeln ihren gegenwärtigen Transformationsprozeß wider, besonders im Hinblick auf die Probleme ihres Selbstbildes und des Vertrauens in eine neue Realität, welche ihre Beziehung zu spirituellen Kräften achtet.

> *Ich stehe an der Kasse eines Pflanzengeschäftes. Eine Dame, die den Verkäufer kennt, bezahlt einen Artikel und gibt dem Mann ein Stück schwedischen Efeus als Geschenk. Danach gibt ihm jemand anderes einen Wurm, der dem Efeustengel ähnelt; er ist hellgrün und mit einer blassen roten Linie.*
> *Dann sitzen der Angestellte und ich an einem weißen zierlichen Gartentisch; der Ableger und der Wurm liegen auf dem Tisch. Während wir sprechen, verwandelt sich der Wurm zu verschiedenen amöbenartigen Formen. Wir beobachten ihn fasziniert und erheitert. Schließlich verwandelt er sich in ein kleines Krustentier, einen Nautilus; er dreht sich auf den Rücken, wie ein Hund oder eine Katze, als wolle er uns auffordern, ihm den Bauch zu kraulen. Wir finden dieses Geschöpf sehr niedlich und wollen es zu uns nehmen oder uns darum kümmern.*
> *Meine Freundin Marianne erscheint. Wir sind beide in einer Musikgruppe, die sich auf eine Tournee vorbereitet. Als sie das Lebewesen sieht, sagt sie, daß wir es nicht zurücklassen*

dürfen; sie besteht darauf, daß wir unsere Reise verschieben, um ihm die Fürsorge angedeihen zu lassen, die es braucht. Wir überlegen, was wir tun werden.

In der Traumgruppe erlebt Jennifer tiefe Traurigkeit, als sie sich mit dem Wurm identifiziert. In der Rolle des Wurms beschreibt sie sich als klein, innerlich weich, tief unter der Erde gefangen und mit dem Gefühl der Fremdheit, als käme sie aus einer anderen Welt. Weinend hieß sie ihr kleines, verletzliches Selbst willkommen und verzichtete auf die selbstsichere Persönlichkeit ihrer Löwen-Sonne- und ihres Schütze-Aszendenten. Als sie sich selbst erlaubte, der Wurm zu sein und von einer aufgeschlossenen Zuhörerschaft angenommen zu werden, fühlte sie, wie sie sich in einen Nautilus verwandelte. Dann bewegte sie sich evolutionär weiter, nahm die Gestalt höherer Tiere an und wurde schließlich ein Mensch. Dieser Traum spiegelt den unterbewußten Wachstumsprozeß von Jennifers Jupiter im Skorpion im 12. Haus wider, der, im Quadrat zu ihrem Stellium im Löwen, eine Erweiterung des Selbst anstrebt. Doch kann es zu dieser Erweiterung erst dann kommen, wenn sie sich mit ihrem abgelehnten skorpionischen Wurm-Selbst auseinandergesetzt hat.

Einige Wochen später – unmittelbar bevor sich eine bedeutsame, romantische Beziehung mit einem gleichgesinnten Mann entwickelte, der ihr Glaubenssystem teilt – hatte Jennifer den folgenden Traum:

Ich bin Shirley MacLaine und habe einen Ehemann; wir essen gemeinsam mit einem anderen Paar zu Abend. Ich fühle mich mit diesem Paar verbunden, weil wir an die Idee des New Age glauben und uns für diese einsetzen. Weil jedoch mein Mann noch immer etwas skeptisch ist, fordert mich der befreundete Mann auf, ihn zu beeinflussen. Er sagt: »Sonntagmorgen«, und ich antworte mit: »Oh, Sonntagmorgen«, wobei ich eine Grimasse schneide, lächle, winke und die Herausforderung annehme. Als Shirley MacLaine bin ich

teuflisch, komisch und viel verwegener als in meinem Alltagsleben.
Am Sonntagmorgen fahren mein Mann und ich entlang einem zerbrochenen, rostigen Metallzaun einen Hügel hinauf. Wir erklettern die Felsen und sehen die Sonne über dem schäumenden Meer aufgehen. Die Szene ist friedlich und schön. Plötzlich erhebt sich über den Felsen eine riesige Woge, die über unsere Köpfe herabstürzt und uns fürchterlich erschreckt. Die Größe und Kraft der Welle ist derart furchteinflößend, daß mein Mann sofort zum Gläubigen wird, überzeugt von der Realität spiritueller Kräfte, die größer sind als wir. Obwohl ich raffiniert und geschickt bin, hatte ich zu diesem Geschehen nichts beigetragen, die Woge kam ganz unerwartet mit unleugbarer Kraft und überzeugte uns beide.

Im Gespräch über diesen Traum erkannte Jennifer den skeptischen Teil ihres Wesens, der nur allmählich in der Lage war, ein neues Realitätsempfinden anzunehmen. Sie ergötzte sich auch an der Verspieltheit dessen, was sie als Shirley MacLaine identifizierte und das ganz klar ihren 12.-Haus-Jupiter im Quadrat zu dem Löwe-Stellium widerspiegelte. Als sie die Rolle der Flutwelle aus dem Traum darstellte, atmete Jennifer tief und sprach von ihr als große, ehrfurchtgebietende Naturkraft. Im Zusammenhang mit der Flutwelle fühlte sie sich ruhig, zentriert und groß genug, um dem Schatten ihres Menschen- beziehungsweise Wurm/Nautilus-Selbst zu begegnen und es in sich zu tragen. Einige Monate später bemerkte sie: »Ich denke an den Traum – besonders an die Welle – und atme auf die gleiche Weise, wenn ich gestreßt bin, Kraft brauche oder in mich gehen muß.« Beim letzten Treffen mit der Traumgruppe, einer kreativen Traumzeremonie, erschien sie als Shirley MacLaine und brachte völlig ungezwungen diese Facette ihres Wesens zum Ausdruck. Sie verriet uns auch, daß sie den Mann heiraten wollte, den sie nach dem Traum kennengelernt hatte.

Laura: Sonne und Venus in der Jungfrau und Neptun in der Waage im 12. Haus

Laura ist Mitte Vierzig, geschieden und Mutter. Sie zog kürzlich mit ihrem jüngsten Sohn von einem Ende der Vereinigten Staaten zum anderen, um mit ihrem Geliebten, einem sensiblen Psychotherapeuten, zusammenzuleben. Sie war im holistischen Gesundheitswesen tätig, hat sich jedoch jetzt für eine gewisse Zeit von der Arbeit freigemacht. Sie will mit ihrem Partner zusammensein, ihre Kenntnisse über ganzheitliche Massage verbessern, ihrer bildhauerischen Begabung nachgehen und die inneren Konflikte bewältigen, die ihr während eines Großteils ihres Lebens Schwierigkeiten bereitet haben. Als Kind erlebte Laura beträchtliche emotionale und physische Mißhandlungen; sie leidet sehr unter ihren Defiziten. Weil der Vater den Ausdruck von Liebe oder Glück nicht ertragen konnte und ihre Mutter von ihren eigenen emotionalen Problemen gequält wurde und nicht auf ihre Tochter eingehen konnte, lernte Laura, auch ihre positivsten Eigenschaften abzuwerten. Derzeit versucht sie, das verletzte Kind in sich zu heilen.

Laura hat drei Planeten im 12. Haus. Sonne und Venus in der Jungfrau stehen in Opposition zu ihrem Fische-Mond im 6. Haus und im Quadrat zu ihrer Mars/Uranus-Konjunktion im 8. Haus, dem Brennpunkt ihres T-Quadrates. Sowohl die Sonne in der Jungfrau als auch Neptun in der Waage stehen im Quadrat zu Saturn in den Zwillingen im 9. Haus. Laura hat acht Quadrate und Oppositionen zu ihren Planeten im 12. Haus, jedoch keine Sextile oder Trigone.

Weil sie seit ihrer Kindheit viele immer wiederkehrende Träume hat, beschloß Laura, sich auf diese zu konzentrieren. Einer von diesen trat zum ersten Mal auf, als sie zehn Jahre und in einen Jungen verliebt war (nachdem Laura geschieden war und ihr Muster der Selbst-Aufopferung abgelegt hat, verschwand dieser Traum):

Das Horoskop von Laura

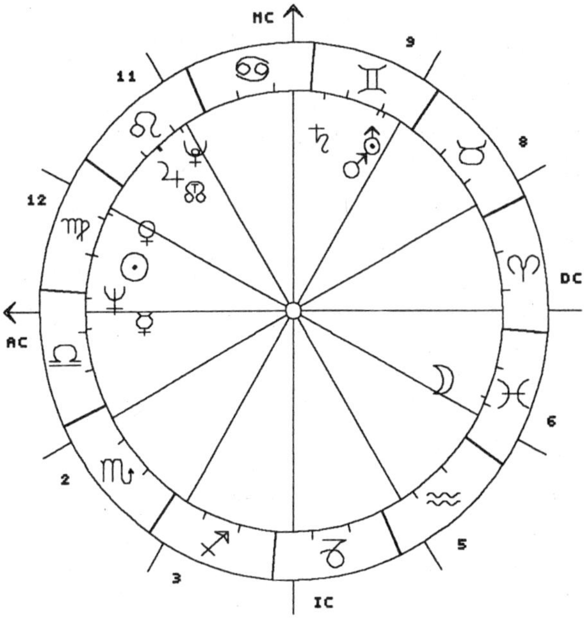

Ich gehe mit meinem Vater, um einen Jungen, den ich sehr gern habe, und dessen Vater zu treffen. Wir fahren zu viert im Auto; wir kommen durch eine große Menschenmenge, und mein Vater beschließt, anzuhalten und herauszufinden, was los ist. Ich bin überrascht, daß er stehenbleibt, denn bei der Versammlung scheint es sich um eine religiöse Zeremonie zu handeln, und er hat keinerlei religiöse Neigungen. Als wir aus dem Auto steigen, sehen wir drei schwarze Berge. Auf den Berggipfeln führen Priester Opferungen durch, in denen sie ihre Opfer die Berge hinunterwerfen. Mein Vater beschließt, an der Zeremonie teilzunehmen und mich zu opfern. Ich

fühle mich verraten und bin in Panik. Ich wache mit Entsetzen auf, als der Priester mich hochhebt, um mich den Berg hinunterzuwerfen.

Dieser Traum bringt klar die Problematik der Quadrate zwischen Sonne und Neptun im 12. und Saturn im 9. sowie Mars und Uranus im 8. Haus zum Ausdruck. Er ruft Erinnerungen an die Sage von Iphigenie wach, in der Agamemnon seine Tochter Iphigenie den Göttern opferte, und stellt die Qual und den Verrat dar, die das Aufwachsen in einer Familie mit sich bringt, in der die Persönlichkeit und die religiösen Ansichten des Vaters das wahre Selbst der Tochter nicht unterstützen oder akzeptieren können. Infolgedessen glaubt die Tochter, daß sie sich opfern muß, um die Verbindung zu ihrem Vater oder zu einem Mann, den sie liebt, zu erhalten.

Glücklicherweise hat Laura durch Psychotherapie und spirituelle Entwicklung diese Muster durchgearbeitet. Eine andere Traumserie, die ebenfalls in ihrer Kindheit begann, spiegelt die Entdeckung ihres inneren Lichtes wider. Der erste Traum trat wiederholt auf, als sie noch ein Kind war:

Ich gehe in einem Garten spazieren, bei dem es sich um ein Hecken-Labyrinth handelt, und suche verzweifelt etwas, das sich im Mittelpunkt des Gartens befindet. Doch ich kann weder das Gesuchte noch den Weg zum Zentrum finden. Ich wache auf in einem Zustand unerträglicher Sehnsucht nach etwas, das außerhalb meiner Reichweite ist.

Jahre später, als sie verheiratet ist und kleine Kinder hat und gerade beginnt, sich ihres wahren Selbst bewußt zu werden, erlebte sie eine bemerkenswerte Veränderung in ihren Träumen. Ein Pluto-Transit und Merkur in Progression standen in Konjunktion zu ihrem Neptun, als sie folgenden Traum hatte:

Ich befinde mich jetzt im Zentrum des Gartens. Meine Sicht wird durch Nebel behindert, der alles undeutlich macht.

Doch durch den Nebel nehme ich verschwommen eine Geburtsszene wahr. Ich bin nahe dabei, kann sie aber nicht klar erkennen oder noch näher kommen.

Diese Träume spiegeln die Sehnsucht nach Liebe und Akzeptanz wider, die Laura erlebt haben muß, sowie die Sehnsucht nach der Wiedergewinnung ihres inneren Selbst, das mit ihrer angeborenen spirituellen Fähigkeit verbunden ist. Ihre Venus im 12. Haus in ziemlich genauer Opposition zum Mond in den Fischen reflektiert diese unerfüllte Sehnsucht, die durch die Suche im Garten verkörpert wird. Auch Sonne und Neptun im Quadrat zu Saturn im 9. Haus lassen auf die Schwierigkeiten schließen, die sie bei ihrer Suche erfährt.

In den frühen 80er Jahren, als Jupiter und Saturn in Konjunktion zu ihrer Sonne und ihrem Neptun standen, wandte sich Laura von der traditionellen Religion ab und widmete sich ihrer spirituellen Bewußtwerdung; bei der Geburt ihres jüngsten Kindes hatte sie eine außerkörperliche Erfahrung, und sie trennte sich von ihrem Mann. Zu dieser Zeit hatte sie folgenden Traum, der sich seither in späteren Träumen und Meditationen noch entwickelt hat:

Ich bin mit meinem Sohn Tim in der Mitte des Gartens. Als wir in den Zen-Tempel gehen, der sich dort befindet, sehen wir an der Wand ein großes Christusbild, dessen Gesicht einen ekstatischen Ausdruck aufweist, so als ob Licht hindurchscheinen würde. Ich sage zu meinem Sohn: »Das ist ein Ecce-Homo-Bild« (Darstellung des dornengekrönten Christus; Anm. d. Herausgebers), obwohl ich weiß, daß das nicht stimmt, denn als »Ecce Homo« ist Christus im Leiden dargestellt, blutend, von Dornen gepeinigt. Ich zeige wieder auf das Bild und sage: »Tim, das Wichtige ist, das Licht zu sehen.« Ich erwache mit einem ekstatischen Gefühl, in Licht gebadet, in völligem Frieden.

In einem neueren Traum gab Buddha im Zen-Tempel ihr ein

Zeichen, einzutreten, sagte: »Was sitzt du da draußen herum? Komm doch herein ins Licht!« In beiden Träumen kommt Laura mit ihrem spirituellen Ursprung in Kontakt und beginnt sich selbst zu heilen. Es bleibt jedoch die Aufgabe, ihre Spiritualität ins tägliche Leben zu integrieren, damit sie nicht einmal wieder die ungeliebte, bloßgestellte, leidende Tochter ist, die nichts anderes verdient, als von ihrem Vater verraten zu werden, und dann wieder die Frau, die auf ihre spirituelle Quelle eingestimmt, von Licht umgeben und fähig ist, andere zu lieben und zu heilen.

VII. Eine Traumreise durch das 12. Haus

Die meiste Zeit meines Lebens habe ich in meinem 12. Haus gelebt. Und dies, obwohl ich nur einen Planeten im 12. Haus – nämlich Mars im Schützen – habe, der meinen Nadir regiert, wo mein Widder-Mond zu Hause ist (Horoskop auf Seite 300). Transite der äußeren Planeten durch mein 12. Haus haben mich für dessen psychologische und spirituelle Bedeutungen sensibilisiert. Als eifrige Tagebuchschreiberin habe ich nicht nur die Erfahrungen meines bewußten Selbst, sondern auch die Traumreisen meines unbewußten Selbst aufgezeichnet.

Die meisten Träume, die ich während der letzten zwölf Jahre aufgeschrieben habe, spiegeln die Probleme meines 12. Hauses direkt wider. Bestimmte Themen wiederholen sich; alle haben eine Beziehung zu Mars und dem Quadrat zu Jupiter im Wassermann im 2. Haus, dem Halbquadrat zu Neptun und dem Sextil zur Sonne in der Waage im 9. Haus. Meine häufigsten Traumhandlungen sind:

1. Ich versäume einen Flug, weil ich zu lange brauche, um zu packen, und weil ich zu viel Gepäck bei mir habe.
2. Ich reise in ein fremdes Land und habe Schwierigkeiten, die richtigen Züge und Busse zu finden. Ich suche einen geheimen, mystischen See und den mir vertrauten Wald, der ihn umgibt.
3. Ich stehe am Strand einer fremden Insel und sehe eine Flutwelle herankommen. Ich überlege, ob ich weglaufen oder meinen Körper mit Luftmatratzen und anderen weichen Dingen zudecken und schützen soll.
4. Ich komme zur Schule und stelle fest, daß ich für Kurse in Autoreparatur, Technik und Sport eingetragen bin statt für kreatives Schreiben und Poesie, was ich gewählt hatte.

Das Horoskop von Tracy Marks

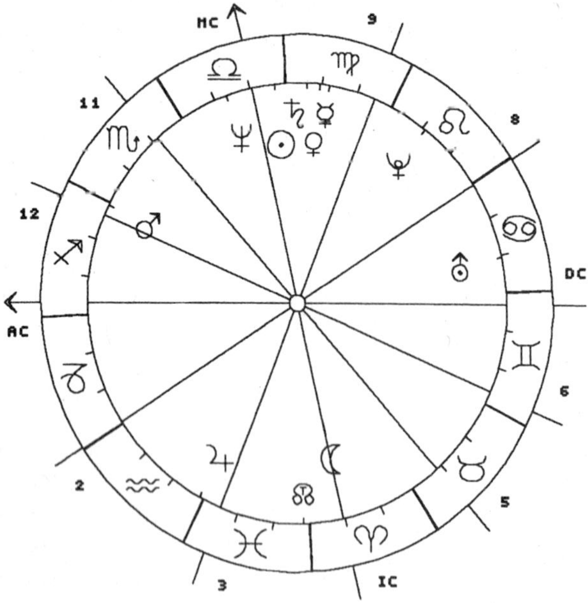

Was enthüllen meine Träume über Mars und seine Aspekte sowie über die Transite durch mein 12. Haus? Viele Träume spiegeln mein Mars/Jupiter-Quadrat wider, indem sie nicht nur die Plazierung meines Jupiter im 2. Haus einbeziehen, sondern auch seine Herrschaft über meinen Aszendenten, letzteres hat Probleme zum Inhalt, die meine Beziehung zum Körper und zur Außenwelt betreffen. Wiederholt träumte ich von physischen, emotionalen und finanziellen Verlusten, von Aggression, von der Liebe zu Besitztümern und von ausreichenden oder fehlenden Mitteln. Ich habe vom Verlust und dem Wiederannehmen meines Körpers geträumt und von dem inneren Männlichen, welches zurückgewiesen oder projiziert wurde und mein weibliches Selbst überwältigt oder beschützt hat. Schließlich sind noch meine Hingabe an ein Leben des inneren Wachstums und das Problem, mich darzustellen oder zu verstecken, häufige Themen.

Die letzten zwölf Jahre hindurch habe ich meinen Fortschritt in diesen Bereichen erlebt, wie er sich widerspiegelt in der Entwicklung jedes einzelnen Themas sowie in meiner wachsenden Fähigkeit zu träumen und mich der Träume zu erinnern, die meinen abgelehnten Schatten darstellen. Wann immer ein unerfreulicher Schattentraum ins Bewußtsein durchbricht – es folgen ihm Träume, in denen es um einen Neuanfang, eine Lösung beziehungsweise einen Entschluß oder um Erfolg geht, was sich schließlich als neue und lohnende Wachstumserfahrung in meinem äußeren Leben manifestiert. Ein traumatisches Traumerlebnis oder ein Alptraum kennzeichnet oft das Loslassen eines psychologischen Musters aus der Vergangenheit, welches mich blockierte. Manchmal wiederholt sich ein Traum über ein Thema in Variationen so lange, bis ich den Problemen, die er symbolisiert, entgegentrete und mich mit ihnen aussöhne. In diesem Kapitel stelle ich Träume und Traum-Interpretationen vor, welche die Dynamik meines 12. Hauses erkennen lassen. Dies geschieht aus mehreren Gründen:

1. Als ein Beispiel für eine tiefgründige Entscheidung der Probleme des 12. Hauses.
2. Um dir zu helfen, schneller den Zugang zu deinen Problemen zu finden und dir über deinen Integrationsprozeß klarzuwerden. Dieser kann meinem ähneln, aber auch ganz anders sein.
3. Um dich zu ermutigen, das Erinnern, Aufzeichnen und Deuten deiner Träume zu lernen, damit du die Schätze entdeckst, die in deinem 12. Haus verborgen sind.

Viele meiner Träume – und höchstwahrscheinlich auch deiner – sind unangenehm. Aber entgegen der allgemeinen Erwartung erlauben uns die meisten angsterregenden Träume das Wiederannehmen und Integrieren unseres abgelehnten Selbst. Wenn wir einen beunruhigenden Traum verstehen, verwandelt sich für gewöhnlich die Energie, die der Traum enthüllt. Wir können auch über das Entstehen von etwas Neuem, von Wachstum, Führung und Transzendenz träumen, wenn wir fähig werden, diese neue Einstellung und Verhaltensweise in unserem Leben zum Ausdruck zu bringen.

Es folgen einige meiner wichtigsten Träume, die meine erfolgreichen und erfolglosen Versuche darstellen, mich den Problemen des 12. Hauses zu stellen und sie zu lösen.

Der inneren Führung vertrauen

Der Ring-Traum

Ich reise mit dem Schiff von Amerika nach Europa. Eines Tages, als ich mich über die Reeling beuge und zum Wasser hinunterblicke, rutscht mir mein geliebter Amethyst-Ring vom Finger und verschwindet im Ozean. Als ich den Kapitän bitte, das Schiff anzuhalten, damit ich meinen Ring wiederfinden kann, lacht er mich aus. Der Ring liegt jetzt am Meeresgrund, sagt er mir, und wir wüßten nicht einmal die Stelle, wo er ins Wasser fiel. Er rät mir zu akzeptieren, daß der Ring verloren ist und ich ihn niemals wiederfinden werde.

Doch weigere ich mich, ihm zu glauben. Als ich in Europa ankomme, nehme ich das nächste Schiff zurück in die Staaten; dort versuche ich ein Boot und einen Sporttaucher anzuheuern, um meinen Ring wiederzubekommen. Jeder lacht mich aus, weil ich mich an einer derart unmöglichen Aufgabe versuche. Ich kann nicht einmal genau beschreiben, wo mein Ring hinfiel; inzwischen könnte er beinahe überall in der riesigen Weite des Ozeans sein.

Schließlich gebe ich es auf, nach Hilfe zu suchen, und miete selbst ein kleines Boot. Tagelang rudere ich hinaus aufs Meer, bis ich intuitiv weiß, daß ich in der Nähe meines Ringes bin. Dann tauche ich und hebe meinen Ring vom Meeresgrund auf. Ungeachtet dessen, was alle sagten, wußte ich, daß ich meinen Ring wiederfinden würde; ich war dazu fähig, weil ich auf meine innere Führung vertraute und ihr folgte.

Der Ring-Traum, einer der ersten Träume, die ich aufschrieb, ereignete sich 1975, als der aufsteigende Mondknoten im Transit mit meinem Mars in Konjunktion trat. Den Amethyst-Ring trage ich wirklich; meine Mutter hatte ihn für mich in Italien, in der Toskana, gekauft, wo ich als Kind ein Déjà-vu-Erlebnis hatte. Der Ring war für mich immer ein Symbol für meine Verbindung mit meinem tiefsten Selbst, für die innere Erfahrung des »Nach-Hause-Kommens« und für mein spirituelles Ziel.

Für mich war der *Ring-Traum* eine Botschaft, der inneren Führung zu vertrauen. Ich war gerade aus meiner ersten Lehrerstelle entlassen worden und hoffte, mit freien Tätigkeiten meinen Lebensunterhalt verdienen zu können, indem ich ein Buch schrieb, Astrologie und kreatives Schreiben unterrichtete und astrologische Beratungen durchführte. Keiner, der mich kannte, glaubte daran, daß ich dazu in der Lage wäre. Doch ich war entschlossen, dem Ruf meiner Inspiration zu folgen. Während des einen Jahres, das ich an einer öffentlichen Schule unterrichtete, hatte ich beinahe meine Verbindung zu meiner Seele verloren; nun war ich dabei, sie wiederzugewinnen.

Erst nach einigen Jahren wurde ich mir einer anderen Botschaft bewußt, welche im *Ring-Traum* verborgen lag. Eine Botschaft, die eher ein Problem beschrieb als eine Lösung zeigte. In diesem Traum stehen mein Innenleben und die Reaktionen der Außenwelt im Widerspruch zueinander. Wie es mein Quadrat zwischen Mars im Schützen im 12. Haus und Jupiter, dem Herrscher meines Aszendenten, andeutet, lachte die Außenwelt über mein inneres Streben; ihm zu folgen bedeutete, dies ganz allein zu tun, ohne jede Unterstützung oder Anleitung. Dieser Traum beinhaltet die tiefverwurzelte Annahme, daß das Einstehen für meine innere Führung mich mit der Außenwelt in Konflikt bringen beziehungsweise bedeuten würde, mich von der Welt abzuwenden und alle Unterstützung von innen zu beziehen. In meiner Erfahrung waren das Innere und das Äußere voneinander getrennt, statt harmonisch zusammenzugehen.

Das Buch der Zukunft

In *Das Buch der Zukunft,* einem meiner tiefsten philosophischen Träume, kommt das Thema Innen gegen Außen auf eine andere Weise zum Ausdruck. Hier ist die Frage: Bis zu welchem Ausmaß soll ich der Führung, die ich erhalte, vertrauen und ihr folgen, wenn diese Gefolgschaft im Hinblick auf mein äußeres Leben schädliche Auswirkungen haben kann? Diesen Traum hatte ich mehr als zehn Jahre später, als ein Saturn-Transit in meinem 12. Haus ein Sextil zu meiner Sonne bildete, ein Uranus-Transit im 12. Haus zu Merkur im Quadrat stand und einige innere Planeten Aspekte zu meinem Mars bildeten.

> *Ich beobachte einen Mann, der in einer riesigen Kartei einen Buchtitel sucht; dann werde ich dieser Mann. Meine Firma wird am Montag ausländische Botschafter empfangen. Ich kann das gesuchte Buch nicht finden, entdecke aber ein Buch mit der gleichen Nummer, jedoch einem anderen Titel. Dieses Buch heißt: »Wie verhindern wir eine Nuklear-Katastrophe«; es bietet Themen der Anti-Atomkraft-Bewegung: den Umgang mit Abfallprodukten, den Handel mit Atommüll, den Bau neuer, sicherer und leistungsfähigerer Kraftwerke. Angezogen von dem Titel, blättere ich das Buch neugierig durch und entdecke Verweise auf Erkenntnisse, die aus der nuklearen Krise des Jahres 2020 gewonnen wurden. Mein Interesse nimmt zu. Ich überlege, ob das ein Science-fiction-Buch ist. Ich lese weiter. Das Buch bezieht sich immer wieder auf die Geschichte des frühen 21. Jahrhunderts und konzentriert sich auf die Lektionen, die die Menschheit während dieses Zeitraums gelernt hat, besonders im Hinblick auf die Anti-*

Atomkraft-Themen. Das Material ist profund. Ich überprüfe das Datum des Copyrights. Es liegt in den Jahren um 2020. Ich fühle instinktiv, daß dieses Buch tatsächlich eine Mitteilung aus der Zukunft ist, aber ich traue meinem Instinkt nicht völlig und fürchte, daß die Leute mich für verrückt halten werden, wenn ich ihnen meine Überzeugung mitteile.

Eine Woche später gebe ich meinem Chef einige aussagekräftigen Zeilen aus dem Buch wieder, ohne die Quelle zu nennen. Er ist beeindruckt, setzt aber die Bedeutung des Materials herab, indem er sagt: »Ich habe oft daran gedacht, Schreibpapier zu entwerfen, bei dem Zitate das Innere des Blattes umrahmen.« Gleich darauf läßt er mich – unter Verwendung einiger Zitate aus dem Buch – Briefpapier für die Firma entwerfen. Die von mir gewählten Zeilen sind zu lang; sie erfordern links und rechts je zwei Reihen. Doch weil sie so wichtig sind, möchte ich sie alle auf dem Briefblatt unterbringen.

In der Zwischenzeit studiere ich das Buch und weiß nicht, was ich tun soll. Ich bin sicher, eine wichtige politische Information entdeckt zu haben, bin jedoch nicht restlos überzeugt, daß dies wirklich eine Weisung aus der Zukunft ist. Ein anderes Problem ist, daß die Gesellschaft, für die ich schon mein ganzes Leben lang arbeite, nicht nur unpolitisch ist – sie arbeitet auch auf eine Weise, die im Widerspruch zu den Inhalten des Buches steht. Wenn ich weiterhin die Einsichten äußere, die aus diesem Buch stammen, werde ich mit der Firmenpolitik in Konflikt kommen – ich könnte meine Stellung verlieren. Das ist ein großes Risiko, weil es keine anderen Jobs gibt, für die ich mich geeignet fühle, und weil ich auch gar nicht weiß, ob in dem Buch die Wahrheit steht. Andererseits kann ich mit meinem neugewonnen Wissen nicht einfach in dieser Stellung weiterarbeiten. Dieses Buch beinhaltet eine wichtige Anleitung für mich selbst und vielleicht für die ganze Menschheit. Ich fühle die Verantwortung, seinen Lehren gemäß zu leben und sie auch anderen mitzuteilen.

Als ich diesen Traum hatte, besuchte ich einen Kurs für Traumarbeit nach C. G. Jung und der Senoi-Methode. Ich hatte gerade für mein Studium das erste Jahr klinischer Sozialarbeit absolviert; jetzt wurde von mir erwartet, mein inneres Streben hintenanzustellen und meine Aufmerksamkeit »politischen« Angelegenheiten zu widmen. Ich war an einer weiteren Ausbildung in Psychotherapie interessiert, mußte aber feststellen, daß die Kurse größtenteils politische Themen behandelten; außerdem erforderte es der Anpassungsprozeß an das Prüfungsprogramm, daß ich viele Seiten meines Wesens verbarg und es lernte, mich auf effektive Weise mit einem Institutsablauf auseinanderzusetzen, von dem ich nichts hielt.

Nachdem ich zuvor beruflich jahrelang meiner inneren Führung gefolgt und nicht imstande gewesen war, einen angemessenen Lebensunterhalt zu verdienen, hatte ich beschlossen, die Anpassung an die äußere Welt zu lernen. Doch für diese Anpassung zahlte ich einen hohen Preis. Ich verlor nicht nur zunehmend den Kontakt mit meiner inneren Weisheit, sondern auch das Vertrauen in sie, da ich in einer Umgebung wirkte, wo sie nicht geschätzt wurde. Gleichzeitig zweifelte ich an der Nützlichkeit vieler Anleitungen und Richtlinien, die ich in meinen Büchern und Workshops gegeben hatte, weil sie mir selbst bei der Lösung meiner mich immer noch quälenden Lebensprobleme nicht geholfen hatten.

Das Buch der Zukunft ist ein multidimensionaler Traum, der mit vielen meiner Lebensbereiche in Beziehung steht. Zu jener Zeit entdeckte ich auch, daß der Ursprung meines Konfliktes zwischen innen und außen in der Entfremdung von meinem äußeren Vehikel – meinem Körper – lag, und ich erhielt Führung und Träume bezüglich der Möglichkeiten, diesen wieder anzunehmen, die ich jedoch nicht immer zu befolgen imstande war. Ich wußte nicht, wie ich genug Zeit und Energie für Übungen und die Pflege des Körpers aufbringen sollte, da ich ganztags arbeitete, die Schule besuchte und mit einer Krankheit kämpfte, die mich behinderte; zudem fürchtete ich, daß eine völlige Hingabe an das physische Leben den Ausdruck meines intellektuellen, spirituellen und emotionalen Selbst sowie mein etwas körperfernes, jedoch vertrautes Identitätsgefühl stören würde.

Träume von Gewalt

Die Entfremdung, die ich im Hinblick auf mein physisches Dasein und die Außenwelt erfahren habe, mag ihren Ursprung in frühen physischen Traumata haben, welche dazu führten, daß ich mich vom körperlichen Leben und der physischen Welt abwandte und dem geistigen Leben widmete. Einige dieser traumatischen Erfahrungen finden ihre Widerspiegelung in Verletzungs- und Vergewaltigungsträumen. Jetzt, wo ich die Wut, die Selbstbehauptung, die physische Energie und Sexualität meines Mars anerkenne und lerne, sie auf konstruktive Weise auszudrücken, kommen mir Träume zum Bewußtsein, in denen ich verletzt werde, gefolgt von Träumen über zunehmende physische Fähigkeiten, Selbstvertrauen und sexuelle Befriedigung.

Feuer im Dschungel

Ich lebe mit meinem Stamm in einer kleinen Lichtung des Dschungels, umgeben von sechs Dschungel-Flächen voll von wilden Tieren. Aufgrund der Gefahr wagen wir uns nur auf die erste Fläche zum Spielen. Am Rande der Lichtung hält sich ein großer, wilder, schwarzer Mann auf, der uns vor den Geschöpfen des Dschungels schützt; Dunkelheit ist in seinem Blut, und er hat seinen Stamm verlassen, um erlöst zu werden. Er ist ein roher Wilder, doch tief im Inneren besitzt er eine geheime Macht. Im Zentrum der Lichtung befindet sich ein Feuer, das uns wärmt und nährt.
Wir stehen vor dem Problem, daß das Feuer erstirbt; es ist schon fast ausgegangen. Zwei Leute, ein Mann und eine Frau, werden benötigt, die alle sechs Gebiete des Dschungels durchqueren müssen, um mehr Feuer zurückzubringen. We-

gen der wilden Tiere ist es eine sehr gefährliche Reise. Der Mann wird der schwarze Beschützer sein, doch auch eine Frau muß ausgewählt werden. Es muß jemand sein, die sein Gegenstück ist – hell, wo er dunkel ist, voll von Geist, wo er Tier ist, sanft, wo er wild ist.

Ich bin die ausgewählte Frau und werde mich einem sechswöchtigen Initiations-Ritus unterziehen müssen. Der schwarze Mann sagt mir, daß ich in meiner jetzigen Verfassung schwerlich das erste Gebiet des Dschungels überstehen dürfte und noch viel weniger alle sechs. Ich beginne ein Training, das mir die zum Überleben notwendige Kraft verschafft. Ich muß meine Aggression und Wut erfahren, um die Reise machen zu können, ohne vernichtet zu werden. Dann vergewaltigt er mich, immer wieder, sechs Wochen lang jeden Tag und jede Nacht, bis ich bereit bin für die Reise.

Zu dieser Zeit befanden sich Sonne, Merkur, Venus und Uranus im Transit in Konjunktion mit meinem Radix-Mars im 12. Haus; der progressive Mars im 12. Haus stand im Quadrat zum Radix-Saturn. Der absteigende Mondknoten, Merkur, Jupiter und Uranus im Transit standen ebenfalls in meinem 12. Haus.

Feuer im Dschungel stellte für mich auf lebendige Weise die Verbindung zwischen den geistigen und animalischen Facetten meines Wesens dar (die sich auch in der Plazierung meines Mondes und des MC in der Halbsumme von Mars/Pluto und des MC in der Halbsumme von Sonne/Neptun widerspiegeln). Des weiteren beleuchtet der Traum die Beziehung zwischen meinem spirituellen beziehungsweise kreativen Ausdruck und meinem physisch und emotionalen Schmerz beziehungsweise meiner körperlichen Mißhandlung. In erster Linie enthüllte er für mich ein Muster des Benutztwerdens und manchmal der unbewußten Herausforderung; der Traum zeigte mir, wie verletzende Erlebnisse mir dienen können, meine Wut wahrzunehmen und meine Kraft wiederzugewinnen. Als ich mir dieses Musters bewußt wurde, konnte ich mich fragen: Wo liegen in meiner Vergangenheit die Ursprünge dieser Muster? Stehen mir auch weniger zerstörerische Methoden zur Stärkung meines Selbst zur Verfügung? Muß die Entdeckung meiner spirituellen Kraft mit der Zerstörung meines physischen Seins einhergehen? Die richtigen Fragen zu stellen ist immer der erste Schritt zur Entdeckung der richtigen Antworten.

Doch es gibt auch noch eine andere Art und Weise, diesen Traum zu betrachten: indem man die verletzende Erfahrung nicht als Schwäche, sondern als Zeichen für Wachstum ansieht. Damit der menschliche Geist sich auf der physischen Ebene manifestieren kann, muß er von der irdischen Realität durchdrungen werden. Damit das reine, unschuldige Mädchen reif und erwachsen werden kann, muß es sich seiner Sexualität bewußt werden und bereit sein, vom Mann durchdrungen zu werden. Damit die mit ihrer Weiblichkeit identifizierte Frau ihre androgyne Kraft entdecken kann, muß sie die Kraft des Männlichen in sich aufnehmen. Dies ist eine notwendige Voraussetzung für die Integration und den Ausdruck sowohl der weiblichen als auch der männlichen Energien.

Aber muß diese Erfahrung eine Vergewaltigung sein? Muß eine Frau von der behaglichen, vertrauten Welt der mütterlichen Liebe getrennt und wie Persephone von Pluto in die Unterwelt entführt werden und gegen ihren Willen die Macht ihres Sexualtriebes erfahren? Dies muß nicht der Fall sein, wenn sie den nächsten Schritt ihrer Entwicklung zu wählen imstande ist, wenn sie sich entschließt, ihre Unschuld aufzugeben, sich entschließt, eine neue Dimension der irdischen, instinktbezogenen Realität anzunehmen und bereit ist, das bisherige Selbst loszulassen.

Einen Großteil unseres Lebens verbringen wir in einem verschlossenen Raum und hören ein Klopfen an der Tür. Es ist das Klopfen unseres zukünftigen Selbst, das nach Aufmerksamkeit strebt und in unsere gegenwärtige Realität hereingebeten werden will. Doch weil wir nicht auf diese Wachstumsgeräusche hören, weil wir uns fürchten und in unserer Angst die alten Stimmen noch lauter drehen statt uns dem Neuen zu öffnen, reagieren wir nicht. Das Klopfen wird lauter; dann springt plötzlich die Tür auf, und ein Eindringling in einem schwarzen Umhang hebt uns hoch und trägt uns in seinen dunklen Raum. Der Umhang ist nicht wirklich schwarz und der Raum auch nicht dunkel, aber unsere Ängste lassen uns die Situation so erleben. Wir sind überzeugt davon, daß sich unter dem Umhang ein Monster befindet, das uns vernichten wird – und nicht ein hilfreicher Geist, der gekommen ist, um uns in diese neuen Entwicklungsbereiche zu bringen, die freiwillig zu betreten wir uns geweigert haben.

In »Dornröschen« verfluchte die zur Tauffeier nicht eingeladene Fee das neugeborene Kind; wäre sie eingeladen worden, hätte sie wertvolle Geschenke mitgebracht. So ist es auch mit den Energien, die wir nicht willkommen heißen: Jene planetarischen Götter, denen wir nicht unsere Achtung erweisen, werden uns verfluchen, vergewaltigen, verletzen, bedrohen, verfolgen und uns gegen unseren Willen auf die nächste Entwicklungsstufe zwingen, auch wenn wir schreien und uns mit Händen und Füßen dagegen wehren. Was wäre, wenn wir realistische Ängste von unrealistischen unterscheiden und die Phantome aufzulösen imstande wären, die uns unnötigerweise erschrecken? Vielleicht brauchen wir das Trauma von Verletzung und Vergewaltigung gar nicht; vielleicht ist es für uns von Nutzen, wenn wir auf die aufsteigenden Stimmen hören, unsere Ängste beruhigen und unserem Entwicklungsprozeß vertrauen.

Träume von Macht und Ohnmacht

Mars symbolisiert die Fähigkeit, »Ich kann« und »Ich will« zu sagen; Jupiter und Schütze spiegeln unsere Weltanschauung wider. Im 2. Haus geht es um persönliche und materielle Reichtümer – es ist das »Ich-habe«-Haus des Tierkreises. Das Quadrat zwischen meinem Schütze-Mars und Jupiter im zweiten Haus weist darauf hin, daß ich im tiefsten Inneren überzeugt bin, meine physische Energie nicht konstruktiv anwenden zu können und keine angemessenen Einkünfte zu erhalten. Diese

Überzeugung hat ihre Wurzeln in frühen Erfahrungen. Wenn ich ein Zeugnis nach Hause brachte, da elf gute oder sehr gute Zensuren in den akademischen Fächern und eine schlechte Zensur in Leibeserziehung aufwies, dann mag das zwar mein Vertrauen in meinen Intellekt gestärkt haben, doch gab es mir auch die Überzeugung, daß ich körperlich unkoordiniert und unfähig war.

Das Softball-Spiel

Ich träumte *Das Softball-Spiel* (in den USA eine Art Baseball; Anm. d. Herausgebers), als Venus im Transit eine Konjunktion mit meinem Mars bildete, der transitierende Uranus im 12. Haus im Quadrat zu Saturn stand und Saturn im Transit im 12. Haus ein Quadrat zu Merkur bildete. Der absteigende Mondknoten stand in Konjunktion zu Neptun und bildete ein Halbquadrat zu Mars. In dieser Zeit hatte ich vorübergehend meine täglichen Tanz- und Turnübungen eingestellt und war ganz vom Klavierspielen in Anspruch genommen.

> *Ich habe mich aufgestellt, um den Softballwurf zu üben. Jedesmal, wenn ich den Ball werfe, fliegt er senkrecht in die Luft und fällt dann auf den Boden. Ich bin unfähig, ihn die erforderlichen zehn Yard weit zu werfen, um den Fitneß-Test zu bestehen. Als ich den Ball schlagen muß, fliegt dieser nur bis zum Werfer, worauf ich sofort aus dem Spiel bin. Das nächste Mal, als ich mit Schlagen an der Reihe bin, fordere ich den Werfer mit einem Intelligenz-Test heraus, statt zu versuchen, den Ball zu treffen. Als ich dem Mädchen neben mir meine Frage nenne – »zähle die Halbtöne der Tonart H-Moll auf« –, sagt sie, die Frage sei zu leicht und daß ich dem Schlagen nicht durch ein Frage-und-Antwort-Spiel entgehen könne. Ich beschließe, das Team zu verlassen, statt an dem Spiel teilzunehmen.*

Glücklicherweise kommt nicht in allen meinen Träumen ein Gefühl der Ohnmacht zum Ausdruck; auch spiegeln nicht alle eine Spaltung zwischen dem Innen und Außen wider. Wenn ich diese Probleme überwinden konnte, schlug sich diese Entwicklung auch in meinen Träumen nieder. Eines dieser Male war, als ich nach einer Zwischenprüfung an die Universität zurückkehrte. Ich war nicht sicher, ob ich wegen der zunehmenden Arbeitsbelastung noch freie Zeit für mich und meine Freunde haben würde. Jupiter stand im Sextil zu meinem Mars und Uranus im 12. Haus im Quadrat zu meinem Merkur, als ich *Der Sprung des Vertrauens* träumte.

> *Ich versuche einen Zug zu erreichen und trage einen großen Koffer bei mir. Eine Freundin hält einen Sitzplatz für mich frei. Ich erreiche den Bahnhof erst, als der Zug abfährt; die Passagierwaggons sind bereits durchgefahren, und jetzt rollen die Gepäckwagen vorbei. Der Zug beschleunigt seine Geschwindigkeit. Ich kann ihn nur noch erreichen, wenn ich dem Gepäckwagen hinterherlaufe und auf die Stufen springe. Mit meiner Tasche in der Hand renne ich los, springe und lande mit knapper Not auf dem Tritt des Gepäckwagens. Der Wagen hat außen eine feste Wand mit Stufen, die zu einer oben liegenden Öffnung führen. Ich klettere die Stufen hoch und springe in den Wagen.*
>
> *Drei Leute sitzen im Inneren – in jeder Ecke einer. Die vierte Ecke ist leer und ich nehme Platz. Ich sitze erleichtert da, ruhe mich aus, zufrieden mit meinem Platz, und erlebe die offene Weite des Himmels und das flutende Sonnenlicht. Ich bin auch stolz darauf, daß ich den Zug erwischt habe; daß ich fähig war, dem Zug hinterherzulaufen und auf den Tritt zu springen, ohne zu fallen und mir die Beine zu brechen. Ich würde gerne bei meiner Freundin sitzen, bin aber auch zufrieden mit meinem Platz.*
>
> *Bald hält der Zug. Durch eine Türöffnung, die am anderen*

Ende des Gepäckwagens erscheint, tritt meine Freundin und begrüßt mich. Ich freue mich über ihren Besuch und bin überrascht darüber, daß zwischen dem Gepäckwagen und den Personenwaggons eine direkte Verbindung besteht. Meine Freundin sagt mir, daß ich jederzeit zu ihr kommen und den Platz einnehmen kann, den sie für mich freigehalten hat.

Hier erlebe ich meine körperliche Fähigkeit zu laufen und in einer potentiell gefährlichen Situation durch einen Sprung etwas zu erreichen. Mein erfolgreicher Schütze-Sprung auf einen fahrenden Zug brachte ein Gefühl des Stolzes, genußreiche Muße und die Freiheit, mich für eine Gesellschaft zu entscheiden, die mir etwas bedeutet. Bald nach diesem Traum gab ich mein Appartment auf und mietete zusammen mit einer Freundin ein Haus. Während dieses Semesters bewältigte ich einen anspruchsvollen Arbeitsplan, während ich mich in meiner Freizeit emotional und sozial regenerierte.

Der innere Mann

Der Sprung des Vertrauens resultierte aus einer Traumserie, welche meine zunehmende Entwicklung des Männlichen im Sinne von körperlichen Fähigkeiten widerspiegelt. Viele Jahre lang war dieser innere Mann in mir eingesperrt. Er hat mich aus dem Unterbewußtsein geführt, aber auch mein Selbstbild und die unbewußten Weiblichkeitsideale bedroht, die ich als Kind gelernt hatte. Körperliche Aktivität, Selbstbehauptung und der Ausdruck von Wut waren in meiner Familie Tabus. Mir wurde gesagt, daß nur Jungen wütend würden. Ich schämte mich meines schrecklichen Geheimnisses, innerlich eigentlich ein Junge zu sein. Das Ausmaß dieser Angst wurde mir erst bewußt, als ich beim Ansehen des Filmes »Tootsie« einen derart starken Angstanfall hatte, daß ich das Kino verlassen mußte; ich hatte panische Angst vor der Entdeckung, daß Dustin Hoffman im Film als Frau verkleidet und in Wirklichkeit ein Mann war.

Einer meiner ersten notierten Träume, *Das Spiegelbild,* enthüllt den Schrecken, den ich bei der Begegnung mit meiner inneren Männlichkeit erlebte, und zeigt die Angst, daß dieser verleugnete Teil meines Wesens zu gesellschaftlicher Ablehnung führen würde. Dieser Traum trat auf, als der transitierende Mars auf meinem Aszendenten stand. Damals hatte ich gerade eine erfolglose Operation wegen Endometriose erlebt, woraufhin mein Arzt mir die Einnahme von Danazol empfahl; ein männliches Hormon, welches männliche (körperliche) Eigenschaften zurückdrängt.

Das Spiegelbild

Da ein Mann, zu dem ich mich hingezogen fühle, mich zum Abendessen ausführen will, ziehe ich ein feminines Spitzenkleid an. Wir treffen uns mit einem älteren Paar in dessen Haus; als ich mit ihnen bekannt gemacht werde, bringen mich ihre exklusive Kleidung und ihr vornehmes Benehmen in Verlegenheit. Als wir ankommen, kocht die Frau gerade ein anspruchsvolles Menü. Ich frage, ob ich helfen kann und mache ungeschickt ein ganz einfaches Dessert, das offensichtlich nicht paßt. Keiner sagt etwas, als ich es serviere.

Als wir nach dem Essen auszugehen beschließen, schlage ich den Film »Small Change« (Kleine Veränderung) vor. Alle schauen mich mißbilligend an; die Männer entscheiden stattdessen, eine Bar oder einen Klub in einem gefährlichen Stadtteil zu besuchen. Auf dem Weg dorthin geht der Mann, mit dem ich verabredet war, vor mir und unterhält sich mit dem Paar; ich fühle mich ignoriert. Im Klub bittet er eine andere Frau zu uns an den Tisch, flirtet mit ihr und fordert sie dann zum Tanz auf. Ich sage dem älteren Mann, daß ich über diese schlechte Behandlung verärgert bin. Er zeigt daraufhin auf mein Kleid und sagt: »Schau dich doch einmal an! Was erwartest du eigentlich?« Als seine Frau lacht, sage ich den beiden meine Meinung und fahre im Taxi nach Hause.

Zu Hause schaue ich in den Spiegel und entdecke mit Entsetzen, daß ich die behaarte Brust eines Mannes habe. Das dicke schwarze Haar auf meiner Brust scheint durch die zarte Spitze.

Der Automechaniker-Traum

In den 70er und frühen 80er Jahren träumte ich oft, daß ich für High-School-Kurse eingetragen worden war, die normalerweise von Männern besucht wurden. In den meisten dieser Träume bin ich wütend darüber, von den mich interessierenden Kursen für Kreatives ausgeschlossen und solchen Kursen zugeteilt zu sein, die mein Identitätsgefühl untergraben. Als ich den *Automechaniker-Traum* hatte, stand der progressive Mars im Quadrat zu meinem Saturn und der progressive Mond in Opposition zu meinem Mars. Außerdem gab es ein Quadrat zwischen dem transitierenden Neptun im 12. Haus und Venus.

Am ersten Schultag fahre ich am Biscayne Boulevard in die falsche Richtung und komme zu spät – zu spät, um einen der besten Plätze der Klasse zu bekommen oder um in der Nähe jener Jungen zu sitzen, die mich interessieren. Da die Sitzordnung am ersten Tag festgelegt wird, fühle ich mich sogleich einsam. Als ich dann meinen Stundenplan erhalte, entdecke ich, daß ich für die Werkstatt und zur Autoreparatur eingetragen bin statt für Mythologie und kreatives Schreiben. Ich bin so bestürzt, daß ich den ganzen Tag im Büro des Rektors verbringe und versuche, die Kurse zu bekommen, die ich möchte. Aufgrund meines Vornamens hatte die Schule irrtümlich angenommen, daß ich männlichen Geschlechts sei. Ich sage dem Rektor immer wieder: »Ich bin ein Mädchen, kein Junge.«

Als ich mich mit meiner »männlichen Energie« wohler fühlte, veränderte sich diese Traumserie und hörte dann ganz auf. In meinem letzten diesbezüglichen Traum wurde ich zu einer biologischen Exkursion eingeteilt. Eine Gruppe attraktiver junger Männer und ich mußten über Tage hinweg an einem tropischen Strand die Paarungsgewohnheiten der Hummer studieren! Es muß wohl nicht eigens erwähnt werden, daß ich nun nichts mehr dagegen hatte, das kreative Schreiben zu versäumen.

Die Kraft des Jungen

Im Jahr 1983, als das Thema »männliche Energie« in meinen Träumen sich veränderte, starb mein Vater. Ich war sechs Wochen lang krank und ohne jede Energie. Im Zentrum meines Seins war ein Loch – so groß, daß es mich aufzusaugen drohte. Während ich mich von der Krankheit erholte und Aquarelle von »Kosmischen Eiern« malte, träumte ich *Die Kraft des Jungen*. Die transitierende Venus (die sich in der Halbsumme des transitierenden Pluto und Neptun befand) stand in Konjunktion mit meinem Radix-Mars. Der transitierende Jupiter hatte mein 12. Haus durchlaufen und stand nun in Konjunktion mit meinem Aszendenten. Ich war zu der Zeit mit einem Mann zusammen, der den Archetypus des jungenhaft freien Geistes verkörperte; der Traum hat aber weniger mit ihm als mit der Geburt meines »inneren Mannes« zu tun.

> *Ich habe zwei Liebhaber. Der erste geht und läßt mich allein mit dem zweiten, der offenbar »Vava« heißt – zumindest ist es das einzige Wort, das er sagen kann. Er kommt von einem anderen Planeten und hat den Körper eines Kindes. Vava fühlt sich in seinem irdischen Körper nicht wohl und ist überdies auch nicht fähig, eine Erektion aufrechtzuerhalten. Ich muß ihm helfen, mit seinem männlichen Körper zurechtzukommen; ich bin wie eine Mutter zu ihm. Ich habe Vava gern, bin aber ärgerlich darüber, daß mein richtiger Geliebter mich verlassen hat und Vava ein Junge ist und kein Mann. Ich erfahre, daß die Kraft des Jungen verstärkt werden muß und daß*

mein wahrer Geliebter erst dann zu mir zurückkehren wird, wenn Vava seine Männlichkeit entdeckt und zum Ausdruck gebracht hat.

Der Teufelskreis

Normalerweise erscheint eine abgelehnte Seite unseres Wesens im Traum in einer verzerrten, fremdartigen Gestalt – oftmals als Eindringling oder Gegenspieler. Wenn wir eine solche Seite wahrzunehmen und zu integrieren beginnen, gleiten wir oftmals für kurze Zeit wieder in die alten Muster zurück. Das war bei mir der Fall, als ich 1986 sechs Monate lang täglich Tanz- und Turnübungen gemacht hatte, die ich dann wieder aufgab, um in den neptunischen Bereichen des Klavierspiels und der Mythologie zu treiben. Als die transitierende Venus auf meinem Mars stand und sowohl von Uranus als auch Saturn Quadrate zu Planeten meines 9. Hauses bestanden, träumte ich *Der Teufelskreis.* Zu der Zeit war ich ein Jahr ohne Partner gewesen und hatte zeitweilig kaum ein Empfinden zu meinem Körper. Je mehr ich wieder in meinem Körper lebte, desto stärker war mein sexuelles und emotionales Verlangen, das ich nicht immer befriedigen konnte.

Auf meinem Heimweg durch die Straßen der Stadt belästigt mich ein furchterregender, schäbig aussehender Mann mit langem schwarzem Haar. Wenn ich um ein Ecke biege, taucht er unvermittelt auf. An einer Stelle greift er nach mir; ich reiße mich los, doch er gibt mir zu verstehen: »Du entkommst mir nicht.« Schließlich jagt ihn ein freundlicher alter Mann weg, der mir dann sagt: »Deine eigene, nicht anerkannte Schatten-Energie verfolgt dich. Es ist deine nicht eingestandene Sehnsucht nach deinem Vater.«
Dann bin ich in einer Gruppe von Freunden und Verwandten. Wir sind Gefangene und sitzen um ein großes Feuer herum. Der Teufel hat die Aufsicht. Er sagt zu meinem Bru-

der: »Ich bin versucht, dich gehen zu lassen, weil ich weiß, daß ich dich nicht verlieren werde.« Er sagt mir, daß ich 1400 Meilen zu gehen habe, bevor mein gegenwärtiges Problem gelöst sein wird.

Wir haben schreckliche Angst, aber meine Freundin Ilana und ich machen Witze über unsere Situation. Ilana sagt, daß sie sich an alles erinnern will, was geschieht, damit wir später den Leuten davon erzählen können. Ich erzähle ihr und den anderen, daß sie nur einen Teil der Geschichte kennen. »Bevor der Teufel uns hierherbrachte«, sage ich, »geschah etwas Furchtbares mit mir. Ich ging auf einer Betonstraße aus der Stadt hinaus, und ein Mann hat mich verfolgt.«

Während wir hilflos und ängstlich dort sitzen, der Macht des Teufels unterworfen, erkenne ich plötzlich, daß ich die Schutzgeister anrufen kann. Ich singe: »Heilende Führer, kommt zu mir«, und Ilana singt mit mir. Während wir singen, nimmt unsere Angst ab, und ich fühle mich von heilender Energie durchflutet. Daraufhin verändert der Teufel seine Form; er dematerialisiert sich und verwandelt sich in eine dunkle, hexenähnliche Mutter und verschwindet dann völlig.

Für diesen Traum gibt es viele Interpreationen, angefangen vom Ödipus-Komplex gegenüber meinem Vater, der auf mich sowohl verführerisch als auch ablehnend wirkte. Die Konflikte, die ich als Heranwachsende im Verhältnis zu meinem Vater erlebte, lösten in mir beträchtliche Schuldgefühle und Ängste hinsichtlich meiner Wünsche und meiner Sexualität aus.

Eine andere Interpretation dieses Traumes steht mit meiner Mutter in Verbindung, die 1400 Meilen von mir entfernt wohnt und die ich bald besuchen sollte. Weil sie in der Zeit meines Heranwachsens ernsthaft krank war und ich zu der Überzeugung gebracht wurde, daß meine Selbstbehauptung, Aggression und natürliche Spontaneität sie töten könnten, behielt ich meine Wut und meinen Groll für mich und brachte niemals meine Gefühle zum Ausdruck. Natürlich verändern sich intensive Gefühle, die lange Zeit unterdrückt werden; sie bekommen schließlich einen destruktiven Ausdruck. Nach monatelangen Übungen im Tanzen und Turnen konnte ich bei meinem nächsten Besuch diese verschütteten Gefühle nicht länger verdrängen. Zum ersten Mal brachen der Groll und der Haß, die unsere familiären Beziehungen vergiftet hatten, aus mir hervor.

Wie wir aus der Entwicklungspsychologie wissen, lernen kleine Kinder ihre Aggressionen umzuwandeln und zu kanalisieren, wenn sie »gut genug« bemuttert werden. Wenn die Eltern den Ausdruck von Gefühlen erlauben und ihren Kindern öfter liebevoll und mit Akzeptanz als ablehnend gegenüberstehen, verinnerlichen die Kinder diese Liebe und Akzeptanz und entwickeln die inneren Hilfsmittel, um mit ihren aggressiven Gefühlen umzugehen und sie zu dämpfen. Gibt es eine derart liebevolle Akzeptanz des kindlichen Selbst nicht oder sind die Eltern zu einer konstruktiven Reaktion auf die Wut ihres Kindes nicht fähig, kann das Kind nicht mit seiner Wut fertig werden, und es trennt sie vom Bewußtsein ab. Dadurch verliert es eine Quelle vitaler Energie und fühlt sich oftmals macht- und kraftlos, als wäre es von inneren und äußeren Dämonen verfolgt.

Bis die notwendige Umwandlung der Aggression stattfindet, nimmt das Kind – und später der Erwachsene – die Menschen in Begriffen von schwarz und weiß oder gut und böse wahr – die gute Mutter, die uns hegt und pflegt und auf uns eingeht, und die böse Mutter, die uns ablehnt. Das innere Bild der guten Mutter muß fest genug sein, damit es als tragfähige Basis für ein größeres Bild der Mutter (und der menschlichen Beziehungen) dienen kann, das das Bild der bösen Mutter beziehungsweise den Zwiespalt mit einschließt.

Die aggressive männliche Kraft in *Der Teufelskreis* wirkt zwar fremdartig und bedrohlich; die Anrufung der heilenden Geister weist jedoch darauf hin, daß ein Umwandlungsprozeß stattfindet. Als die heilenden Kräfte der inneren Unterstützung mächtiger werden, verschwindet der Teufel; schließlich beginnen die neuen integrierten männlichen Kräfte der Vitalität und Selbstbehauptung sich im Leben aktiv auszudrücken.

Aggressions-Träume

Nicht integrierte Aggression drückt sich unbewußt und indirekt aus. Mit dem Quadrat zwischen Mars im Schützen und Jupiter trat in meinem Leben immer ein Sinn für Humor und ein übermütiger, verspielter Geist zutage, der oftmals ein harmloses Ventil für aggressive Energie darstellt. Dennoch hat mein spielerisches beziehungsweise neckendes Verhalten andere manchmal verletzt, und gelegentlich kam diese Verletzung im Bumerang-Effekt auf mich zurück. Die ungezähmte, nicht integrierte Mars-Energie kam auch unbeherrscht und ohne Überprüfung an der Realität zum Ausdruck, was zu Fehlurteilen und unvernünftiger Risikofreudigkeit führte. *Die Meerjungfrau und der Hai* ist ein köstlicher Traum, der diese Probleme ausdrückt. Er trat vor vielen Jahren auf, als Mars und Uranus im Transit auf dem Radix-Mars standen und Neptun im 12. Haus ein Quadrat zum Radix-Saturn bildete.

Die Meerjungfrau und der Hai

Ich bin eine Meerjungfrau und lebe mit anderen Meeresbewohnern in einem abgegrenzten, geschützten Wasserareal nahe der Küste, wo wir jeden Tag spielen. Manchmal wagen wir uns in wildere Gewässer jenseits unseres geschützten Heimes. Die einzigen Gefahren bestehen darin, daß wir uns zu weit in die wilden Gewässer hinauswagen und zu erschöpft für den Rückweg sind, und in den Haien, denen wir alle paar Jahre begegnen.

Eines Tages lasse ich einen böswilligen Fisch überall herumerzählen, daß er in den wilden Gewässern, die wir aus Abenteuerlust aufsuchen, einen Hai gesehen hätte. Keiner wagt es, unsere Zufluchtsstätte zu verlassen. Ich jedoch, wohl wissend, daß die Gefahr nicht echt ist, zeige meine Kühnheit. Freudig und sorglos gleite ich in die wilden Gewässer, fühle großes Vergnügen und bin stolz auf meine Unbekümmertheit und auf den Eindruck, den ich auf all die Meereswesen mache, die nicht den Mut haben, sich mir anzuschließen. Ich bin so sehr in meinem eigenen Vergnügen gefangen, daß ich nicht um mich schaue. Dann entdecke ich plötzlich, daß ich in das sich öffnende Maul eines riesigen Haies hineinschwimme.

Hier ist meine spielerische Aggression offensichtlich. In anderen Träumen offenbart sich Aggression auf erschreckendere Weise. *Agent der Zerstörung* ist ein Alptraum, den ich hatte, nachdem ein enger Freund ans andere Ende der Vereinigten Staaten zog; zu der Zeit konnte ich die Gefühle des Verletztseins, der Wut und der Verlassenheit nicht zugeben oder zum Ausdruck bringen. Dieser Traum trat auf, als die Sonne in Opposition zu meinem Jupiter stand und es dadurch zu einem T-Quadrat zu Mars kam. Der transitierende Mars stand in Konjunktion zu Pluto.

Agent der Zerstörung

Ich wurde gefangengenommen und zu einem Kriegsagenten gemacht. Ich werde mit anderen Gefangenen in einen Bus getrieben; wir dürfen nur ein paar Habseligkeiten mit uns nehmen. Bücher sind verboten. Weil ich ein Buch bei mir habe, verstecke ich es hinten in meiner Hose. Die Frau neben mir sieht das und gesteht mir, daß sie auch ein Buch bei sich hat; sie schlägt vor, daß wir uns später unsere Bücher leihen.
Von den autorisierten Personen wird uns gesagt, daß wir mit einem Tier infiltriert werden sollen, das sich in unserem Rükkenmark entwickeln und unseren ganzen Körper beherrschen wird. Wir selbst werden Immunität entwickeln und überleben, aber jeder, der mit uns in Kontakt kommt, wird erkranken und sterben. Im Grunde werden wir als Waffen der biologischen Kriegführung eingesetzt. Während der nächsten Wochen werden wir ausgewählte Familien infizieren, bevor wir zu unseren nächsten Opfern weiterziehen.
Nach einer gewissen Zeit hat der tierische Virus seine Wir-

kung gezeigt. Kaum einer unserer Leute ist noch am Leben. Wir werden von unserer Mission befreit. Ich möchte nun zu einem normalen Leben zurückkehren und wieder liebevolle Beziehungen eingehen, doch der tierische Virus beherrscht nun mein Nervensystem. Die einzigen Menschen, denen ich nah zu sein riskieren kann, sind jene, die von demselben Virus durchdrungen sind. Doch von ihnen gibt es nur wenige; sie schämen sich, wie ich, ihre geheime Zerstörungskraft zu offenbaren, und sie sind weit über das Gebiet verstreut, das einst unser Land war.

Dieser Traum hat mich tief verstört. Doch sein Auftauchen weist auf meine jetzt entwickelte Fähigkeit hin, mit den verborgenen Aggressionen, die ich jahrelang in mir getragen habe, und mit den Hindernissen für Intimität umzugehen, die ich geschaffen hatte, weil ich fürchtete, jene zu zerstören, die ich liebte.

Kaum ging die Traumserie zum Thema »Männlichkeit« zu Ende, begann eine neue: Träume von Nazi-Deutschland und dem Holocaust sowie von Gewehren. (Als Kind hatte ich einige Sommer in einem Mädchen-Camp verbracht, wo es auch einen Schießstand gab. Mein Familienname »Marks« brachte mir die Bezeichnung »marksman« – Meisterschütze – ein, denn ich war im Schießen ausgezeichnet. Ich zielte sorgfältig und bedächtig. Im Schießen fand mein Quadrat zwischen Mars im Schützen und Jupiter Gelegenheit, seine exzellente Zielfähigkeit zu demonstrieren und seine Aggressionen in ein gesellschaftlich anerkanntes Betätigungsfeld zu lenken.)

Doch im richtigen Leben wußte ich noch nicht, wie ich mit meiner aggressiven Energie angemessen umgehen und worauf ich sie richten sollte. Ich hatte zuviel Angst vor diesem destruktiven Potential und zuwenig Erfahrung in seiner konstruktiven Ausrichtung. Träume über Schußwaffen begannen, als ich mit einem engen Freund zusammenzog, dessen 12.-Haus-Mars im Krebs in Konjunktion zu meinem Uranus stand und ein Quadrat zu meiner Sonne und meinem Mond bildete. Nach wenigen Monaten war ich wütend über sein passiv-aggressives Verhalten – er ließ den Brenner eingeschaltet und die Türen unversperrt und bedrohte damit die Sicherheit unseres Heims. Doch zunächst war ich unfähig, meine Wut auszudrücken. Ich hatte den Traum *An der Front*, als Saturn in Konjunktion zu meinem Mars und Uranus im 12. Haus im Quadrat zu Merkur stand.

An der Front

Ich befinde mich mit einer Gruppe von Frauen im vorderen Teil eines Raumes. Weil ich weggewesen war, habe ich ein Treffen über unsere derzeitigen Aktivitäten versäumt. Nun erfahre ich, daß Krieg ist und wir Männer erschießen. Ich weiß nicht einmal, wer der Feind ist oder wie man die Gewehre, die uns zur Verfügung stehen, lädt und mit ihnen schießt.
Dann bin ich nahe der Front, und die Schießerei beginnt. Ich bemerke, daß diejenigen, die sich vor mir befinden, in einer Machtposition sind. Sie tragen gepflegte Kleidung und werden offensichtlich für ihre Bereitschaft, großer Gefahr ins Auge zu sehen, belohnt. Jene in den hinteren Reihen sind schäbig gekleidet, haben wenig Macht und sind nur in geringem Maße gefährdet.
Plötzlich werde ich gewahr, daß ich nicht hiersein möchte. Ich möchte es nicht riskieren, zu töten oder getötet zu werden. Ich sehe auch keinen Grund, gegen Männer Krieg zu führen. Der Lohn in Form von Macht und Reichtum ist seinen Preis nicht wert. Ich drehe mich um und schlage mich zu den hinteren Reihen durch.

Ein Jahr später bin ich bereit zu »schießen«, doch muß ich noch mehr darüber lernen, was zu tun ist, damit das »Gewehr« wirksam arbeitet. Jeden Tag behaupte ich mich nun, doch nicht immer auf angemessene Weise. Häufig explodiere ich in Wutanfällen, die meinen Zielen nicht entsprechen und oftmals reaktiv und defensiv sind. Als Saturn im Quadrat zu Merkur,

Uranus im Quadrat zu Saturn und Mond im Quadrat zu Mars stand, hatte ich den Traum *Schießunterricht.*

Schießunterricht

Ich bin im Schießunterricht und werde in der Schießkunst ausgebildet. Ich kam jedoch zu spät zum Unterricht, und die erste Übung war gerade abgeschlossen. Ich beginne mit Übung zwei, lerne Übung drei und versuche dann zu schießen, doch mein Gewehr funktioniert nicht und geht nach hinten los.

Weil ich Übung eins versäumt hatte, bleibe ich noch, als die nächste Klasse kommt, doch nun gibt es mehr Studenten als Gewehre, und ich versäume wiederum die erste Übung. Als ich um Hilfe bitte, behandeln die anderen Mädchen mich wie ein kleines Kind, weil ich nicht einmal die erste Übung kenne. Ich bin wütend über ihre Arroganz, und es reizt mich, mein Gewehr auf sie zu richten, sobald ich gelernt habe, es zu benutzen.

Angst vor Zärtlichkeit

Während des Jahres, in dem ich mich zu behaupten und meine Wut zum Ausdruck zu bringen lernte, öffnete ich mich auch für tiefere Ebenen der Liebe und Zärtlichkeit in allen meinen Beziehungen. Weil weder mein Mitbewohner noch ich selbst zu dieser Zeit eine Liebesbeziehung hatten, erfüllten wir uns gegenseitig viele Bedürfnisse nach Nähe und Verbundenheit. So war es unvermeidlich, daß die Zärtlichkeit und Fürsorge, die wir füreinander empfanden, auf komplizierte Weise mit Wut und Sexualität verwoben wurden. Da wir beschlossen hatten, keine Liebesbeziehung einzugehen, konstruierten wir oftmals Probleme als Mittel, um unsere sexuellen Bedürfnisse unter Kontrolle zu halten und eine größere Distanz aufrechtzuerhalten.

Der Traum *Angst vor Zärtlichkeit* trat schon am Anfang unseres Zusammenwohnens auf; er kündigte die Wut an, die wir bald erfahren würden. (Venus stand in Opposition zu meinem Mars, Saturn im Trigon zu Mond und Uranus im Quadrat zu Venus.) In unserem Komposit-Horoskop befand sich der transitierende Jupiter in Konjunktion zu unserem Mars im 12. Haus.

Jake und ich streicheln uns sanft und zärtlich. Ich fühle mich in liebendem Verlangen dahinschmelzen. Beide überlegen wir, ob wir unseren Gefühlen nachgeben und aktiver ins Sexuelle gehen sollten. Da klingelt es an der Türe, und unerwartete Gäste kommen uns besuchen.
Plötzlich bin ich eine Indianerin, und eine Gruppe liebenswürdiger, freundlicher Indianer eines anderen Stammes besuchen uns. Sie, die »Krähenfüße«, werden zur Zeit von einem aggressiven und gewalttätigen Stamm verfolgt, der sich »Schwarze Pfote« nennt und geschworen hat, sie zu stellen und zu ermorden. Wir heißen unsere Gäste, die wir sehr gerne haben, willkommen und sprechen darüber, ob wir ihnen erlauben sollen, bei uns zu bleiben. Wir haben Angst, daß ihre Anwesenheit die gefährlichen »Schwarzpfoten« zu uns herlocken wird.

Ich gab damals gerade das Rauchen auf. Diese Gewohnheit hatte es mir ermöglicht, mit meiner übermäßig starken aufgestauten Energie fertig zu werden und eine Kompensation für unzulängliche Erdung geboten. Ohne diesen Sicherheitsmechanismus äußerten sich meine aggressiven und sexuellen Energien wild und zügellos. Konnte ich darauf vertrauen, mit ihnen fertig zu werden, ohne zu explodieren und die Menschen um mich herum übermäßig zu befremden? Der Traum *Fähig, dem Feuer zu trotzen,* zwei Tage nach *Angst vor Zärtlichkeit* aufgezeichnet, gab mir den Glauben an meine wachsende Fähigkeit, meine mir zunehmend bewußte Mars-Energie zu beherrschen und zu kanalisieren. In dieser Zeit stand der progressive Mars auf 26 Grad im Schützen, kurz vor dem Aszendenten.

Fähig, dem Feuer zu trotzen

Ich lebe in einem Holzhaus und habe einen Nachbarn, mit dem ich im Streit liege. Wutentbrannt über mich trägt dieser große brennende Pfähle in mein Haus, um es in Brand zu setzen. Offensichtlich hat er beschlossen, ein großes Spektakel für die reichen Landbesitzer der Stadt zu inszenieren, die bereits eintreffen und das Ergebnis beobachten.
Mich überkommt Panik bei der Aussicht, daß mein Haus und meine Besitztümer verbrennen. Das Haus ist versichert, aber die Versicherung kann mich nicht für den Verlust meiner Bücher und angefangenen Manuskripte entschädigen. Ich kann den Nachbarn nicht aufhalten und beobachte, wie er Feuer legt. Entlang des Daches erscheinen Flammen – und erlöschen sofort wieder; das Haus wird nicht brennen. Es scheint, als wäre es aus einer feuerfesten Substanz. Noch einmal flammt das Feuer an der Außenseite leicht auf, bevor die Flamme endgültig verlöscht. Weder durch Feuer noch durch Rauch entstand irgendein Schaden innerhalb oder außerhalb des Hauses.
Die reichen Landbesitzer und ich sehen es mit Erstaunen. Bevor sie wegfahren, beglückwünschen sie mich zu meinem Haus und fragen, ob ich es verkaufen will; sie machen mir ein sehr hohes Angebot. Wie es scheint, ist sein Wert infolge der Feuer- und Rauchbeständigkeit beträchtlich gestiegen.

In einem anderen Traum aus derselben Woche erlebe ich das Ende eines eskalierenden inneren Musters mit. Viele Jahre hatte ich eine Art melodramatisches Leben geführt; die exzessive innere Energie des im 12. Haus verborgenen Schütze-Mars im Quadrat zu Jupiter, in einem Körper, dem es an einer tragfähigen Verbindung zum Irdischen fehlte, hätte sich stufenweise weiter verstärken und übermäßig intensive Emotionen erzeugen können. Als ich jetzt lernte, mit dieser Energie umzugehen und sie durch neue Erkenntnisse zu verwandeln, die ich in therapeutischen und persönlichen Beziehungen sowie durch physische Aktivität gewonnen hatte, war ich nicht mehr den vielen Ängsten der Vergangenheit ausgeliefert. Oftmals ist es der Traum im Traum oder ein Film im Traum, der unsere neuen Einstellungen und Verhaltensweisen offenbart, die wir annehmen, wenn wir das Drehbuch der Vergangenheit erkennen.

Eine Flugzeug-Kollision

Ich befinde mich in einem Flugzeug. Wir fliegen bei schlechtem Wetter. An Bord wird ein Film gezeigt, der von einem Flug handelt und mit der Panik der Passagiere endet, als das Flugzeug abstürzt. Während des Zusehens geraten auch die Passagiere in meiner Maschine in Panik, obwohl gar kein Absturz droht. Ich weiß, daß wir in Sicherheit sind, und bleibe ruhig. Doch bin ich wütend wegen der Verantwortungslosigkeit der Fluggesellschaft, die diesen Film während des Fluges zeigt und so viel Angst hervorruft; außerdem fühle ich mich dafür verantwortlich, die anderen Passagiere zu beruhigen.

Meine Träume spiegeln wider, daß ich meine Wut immer besser erfahren und zum Ausdruck bringen kann. Auch verstummt allmählich die Angst vor Vernichtung, die ich in der Begegnung mit meiner aggressiven Energie kennengelernt habe.

Jenseits des Körpers: Träume von Weite und Ausdehnung

Warum sollte ich in meinem Körper leben, wenn ich, unbelastet von dessen Bedürfnissen und seiner rastlosen Energie, mich ins Geistige erheben kann? Ein Schütze-Mars, im Sextil zur Sonne im 9. Haus, mit einem Halbquadrat zu Neptun und einem Quadrat zu Jupiter, sehnt sich nach den höchsten Erfahrungen. Die meiste Zeit meines Lebens habe ich die Sage des Ikarus gelebt; ich war mit meinen Schwingen hoch über die Erde emporgestiegen und von der Sonne verbrannt worden. Von Visionen entflammt, erlitt ich die brennenden Empfindungen innerer Blutungen in meinem Körper (ich litt an chronischer Endometriose) und inhalierte den Rauch, der von den Feuern ekstatischer Erlebnisse aufstieg. Noch immer rufen mich die Höhen und belohnen mich. Doch allmählich lerne ich auch die Erde zu lieben und anzunehmen sowie das irdische Vehikel, in dem ich lebe.

Träume von Weite und Ausdehnung treten manchmal als Erleuchtungen, manchmal als Warnungen auf. Als ich zu einem Schütze-Flug der Expansion abhob, zu einer Zeit, als ich ein längeres Schriftstück über begabte Kinder und vernachlässigte Dimensionen meines Lebens verfaßte, träumte ich *Geh nicht weiter.* Uranus stand im Quadrat zu meiner Venus (die mein fünftes Haus regiert), Merkur stand in Konjunktion mit Mars und Saturn im Trigon zum Mond.

Geh nicht weiter

Ich befinde mich in einem kleinen Raum, der einer Zelle ähnelt und ein großes Fenster hat. Jede Nacht verlasse ich den Raum durch dieses Fenster und trete eine Reise an, indem ich meinen Körper so weit strecke, wie ich kann, und versuche, das Ende der mir bekannten Welt zu erreichen. Eines Nachts erreiche ich schließlich eine lichte Stelle in einem Wald, in dessen Mitte sich viele Baumstümpfe und gefällte Bäume befinden sowie eine Tafel mit der Aufschrift: »Vorsicht. Kein Durchgang. Nicht weitergehen.« Ich habe Angst und fühle mich trotzdem wie Kolumbus, mit dem brennenden Verlangen, weiterzugehen und zu entdecken, welches Land vor mir liegt. Aber ich fürchte auch, wie die Mannschaft des Kolumbus, daß ich über den Rand hinabfallen könnten wenn ich fortschreite.

Plötzlich bemerke ich, daß ich einige Minuten lang meinen Atem angehalten habe und daß hier, am Ende der Welt, die

Luft zu wenig Sauerstoff zum Atmen enthält. Wenn ich wieder atmen möchte, muß ich in mein Zimmer zurückkehren. Zurück in meinem Zimmer entdecke ich, daß ich volle fünf Tage weggewesen bin und meine Katzen nicht versorgt habe. Nachbarn haben an meiner Tür Nachrichten hinterlassen, in denen sie sich über das Gejammer der Katzen beschwerten, die ich unwissentlich vernachlässigt habe.

Die Katzen symbolisieren für mich mein animalisches körperliches Selbst mit seinen triebhaften Bedürfnissen, aber auch mein weibliches Selbst. Je mehr ich von meinen geistigen Höhenflügen in Anspruch genommen bin, desto mehr vernachlässige ich die Katzen meiner physischen und emotionalen Bedürfnisse.

Kaleidoskop

Ein früherer Traum, *Kaleidoskop,* trat auf, als sich Uranus im Transit in meinem 12. Haus dem Quadrat zu meinem Radix-Merkur näherte und Mond im Transit in Opposition zu Jupiter stand, wodurch es mit Mars zu einem T-Quadrat kam. Die Sonne war in Konjunktion mit Neptun, während Mars und Venus mit der Radix-Venus in Konjunktion standen.

Ich besuche eine Ausstellung über die Entwicklung der menschlichen Leistungsfähigkeit. Mir wird gesagt, daß ich einen flüchtigen Eindruck des Potentials für Bewußtseinserweiterung in mir und anderen erhalten werde. Die Ausstellung umfaßt zehn Stufen, eine verblüffender als die andere. Ich habe gerade Stufe 8 gesehen, ein riesiges Aquarium mit verschiedenen Fischen in ungewöhnlichen Farben. Eine halbe Stunde vor Schließung erfahre ich, daß ich nur kurz einen Blick auf die zwei höchsten Stufen werfen kann. Dies geschieht nicht nur wegen des Zeitmangels, sondern auch, weil der direkte Anblick so wirkt, als ob wir in die Sonne oder in das Antlitz Gottes schauten – wir könnten verbrennen, wenn wir uns der Intensität des zukünftigen Bewußtseins öffnen, weil diese unsere derzeitigen Möglichkeiten weit überfordert. Stufe 9 besteht in der Teilnahme an einer surrealistischen Erfahrung, in welcher ich über leuchtenden Bergen schwebe, deren Laubwerk vor Feuchtigkeit glänzt.

Ich gehe zu Stufe 10 hinauf. Als ich die Treppe hochsteige, höre ich Kinderlachen. Man sagt mir, daß dieser noch unvollendete Teil der Ausstellung keine klare Vision des menschlichen Potentials zuläßt und daß nur jene Erwachsenen Zugang erhalten, die das Bewußtsein eines Kindes beurteilen können. Weil ich beinahe so weit bin, es ganz zu erkennen, wird es mir bald enthüllt werden. Jetzt ist mir nur gestattet, vom oberen Ende der Treppe aus einen Blick auf das Projekt zu werfen – Dutzende von Kindern arbeiten und bauen an einem riesigen Kaleidoskop, das den Raum ausfüllt und mit ihrer Zukunft verbunden ist.

Als ich die Ausstellung verlasse, entdecke ich, daß ich mich in einem Auto auf dem Anhänger eines Autotransporters befinde. Alle anderen Wagen fahren von dem Anhänger am Fuße des Ausstellungsgebäudes hinunter. Mir wird gesagt, daß ich in meinem Wagen auf dem Anhänger bleiben solle und bald weiter transportiert würde.

Dieser transzendente Traum brachte viele Assoziationen ans Licht. In der High-School hatte ich ein literarisches Magazin herausgegeben, dessen Titel »Kaleidoskop« war und das einmal einen Preis gewann. Am Tag vor dem Traum hatte ich ein wunderbares Erlebnis mit einem Kaleidoskop. Der Traum löste auch mein Interesse an begabten Kindern aus. Eine Woche später hörte ich von einem Programm für begabte Kinder, das sich »Kaleidoskop« nannte und bei dem ich mich als Lehrer bewarb.

Begegnung mit dem Schatten

Der Traum *Daphne* (auf Seite 332) sollte mich noch stärker beeindrucken als der transzendente Traum *Kaleidoskop*. Doch bevor ich *Daphne* erleben konnte, mußte ich meinem Schatten-Selbst in seiner damaligen Form begegnen. Zunächst hatte ich einen häßlichen, inzestuösen Schattentraum über meinen Bruder. Dann erschien mir mein Schatten nicht mehr als aggressiver Mann, sondern als Frau, die Eigenschaften verkörperte, welche meinen Schütze-Idealen verhaßt waren – Eigenschaften, die die dunklen, unerlösten Seiten meines von Schütze beherrschten 12. Hauses zum Ausdruck brachten.

Wenn wir uns mit einem Ideal oder Selbstbild identifizieren, schaffen wir eine Schattenkonstellation, die das Gegenteil davon zum Inhalt hat und unser Identitätsgefühl bedroht. Die Identifikation mit Carolyn in dem Traum *Kein Ausgang* war mir widerwärtig; doch in ihr begegnete ich dem schweigsamen, großmütigen, dicken, plumpen, verschreckten, hilflosen und »kindischen« Kind in mir, gegen das ich mich mein ganzes Leben lang zur Wehr gesetzt habe. Die Begegnung mit ihm war beunruhigender, als dem inneren Dämon gegenüberzutreten; zugleich wirken sie aber auch befreiend.

Die Nacht vor *Daphne* träumte ich *Kein Ausgang*. Jupiter stand im Quadrat zu Mars, Uranus war stationär in einem Quadrat zu Venus, Saturn (gerade ins 12. Haus eingetreten) war stationär in einem Trigon zum Mond, der Mond stand in Opposition zum Mars und der transitierende Mars in Konjunktion mit meinem Aszendenten.

Kein Ausgang: Atomkrieg mit meinem Schatten

Ich weiß, daß ein Atomkrieg kurz vor dem Ausbruch ist, doch niemand glaubt mir. Nur Carolyn, die wie Baby Huey aussieht und fett, schweigsam und hilflos ist, glaubt auch an die bevorstehende Katastrophe. Ich beschließe, in einer großen unterirdischen Wäscherei Zuflucht zu suchen, wo ich mich gegen die Strahlung schütze, indem ich mich mit mehreren Stoffschichten bedecke. Alle anderen hasten draußen umher, nur Carolyn versteckt sich mit mir, wobei sie sich ängstlich duckt und unzusammenhängendes Zeug plappert. Ich erkenne mit Schrecken, daß ich, falls eine Atombombe geworfen und jeder auf der Erdoberfläche getötet wird, für den Rest meines Lebens mit Carolyn, die ich unerträglich finde, hier gefangen sein werde. Dann erlebe ich einen blendenden Lichtblitz, als die Bombe fällt, und ich bedecke meine Augen, um dem gleißenden Licht zu entfliehen.

Das Annehmen des Körpers: Zunehmende Fähigkeiten

In der Nacht nach *Kein Ausgang* hatte ich zwei Träume. Der erste, *Verlust der Unschuld*, basierte auf einem wirklichen Erlebnis, als ich 13 war. Meine Eltern hatten mich für einen Abend bei den Kindern reicher Freunde gelassen – die waren schlecht erzogene vierzehnjährige Mädchen, die heimlich Jungen zu einer Bier-und-Sex-Party eingeladen hatten. Ich war entsetzt über ihr Benehmen und machte mich aus dem Staube. Der zweite Traum war *Daphne.*

Daphne

Ich lebe in Deutschland, im Schwarzwald, und bin fünf Jahre alt. Mein bester Freund ist ein junger Baum, der Daphne heißt. Daphne ist eine Nymphe und gleichzeitig ein Baumgeist mit langem, wallendem Haar; sie ist jung, geschmeidig, verspielt und unschuldig, und sie tanzt.

Daphne tanzt in völliger Freiheit und Wonne; ihre Freude an ihrem Dasein und an der Natur ist grenzenlos. Sie spricht die Sprache der Blätter und Knospen, des Regens, der Sonne, des

Himmels und des Windes. Jeden Tag, wenn ich den Wald aufsuche, lädt sie mich ein, in ihr Bewußtsein einzutreten. Wenn ich das tue, erlebe ich das Gefühl, das sie hat, wenn der Wind in ihren Blättern raschelt, der Regen auf ihre Zweige niederprasselt, die Sonne ihre Rinde durchwärmt und ihr Laub sich verfärbt. Daphne, die die Sinnlichkeit ihrer Baumnatur in vollen Zügen genießt, ermöglicht es mir, die Welt durch ihre Augen zu sehen. Sie erscheint rein und unberührt, aber zugleich erdhaft, ungezähmt und lebendig.

Meine Familie wird bald aus dem Schwarzwald nach Amerika ziehen, wo ich zur Schule gehen muß, um Lesen und Schreiben zu lernen. Ich kann es nicht ertragen, Daphne zu verlassen. Doch mir wird gesagt, ich könne sie in ein menschliches Wesen verwandeln, zum Beispiel in ein kleines Mädchen, und sie mitnehmen. Ich bin nicht sicher, ob ich Daphne über diese Transformation in Kenntnis setzen soll. Wenn ich es ihr sage, versteht sie es nicht, weil sie nichts aufnehmen kann, was ihrem Baum-Bewußtsein fremd ist. Für sie ist ein Wechsel ihres Daseins eine Veränderung im Streicheln des Windes, des Regens oder der Sonne oder der Wechsel der Jahreszeiten. Wenn ich beschließe, ihr nichts zu sagen, dann ist dies der Versuch, sie vor dem Wissen zu bewahren, daß sie dann kein Baum mehr sein wird, der mit Sonne, Wind und Regen so verbunden ist, wie sie es kannte und liebte. Statt dessen wird sie als Kind Lesen und Schreiben lernen und in der menschlichen Welt mit anderen Kindern nach Art der Erwachsenen leben.

Dann befinde ich mich draußen, in den Bäumen hinter dem Haus meiner Eltern in North-Carolina. Ich lese ein Buch über Daphne, den Baum-Geist, und entdecke das nächste Kapitel ihrer Geschichte. Ich nehme den starken, endlosen, quälenden Schmerz wahr, den sie bei der Entdeckung empfindet, daß ihr Baum-Körper nicht mehr da ist und sie eine menschliche Gestalt hat, die sich fremd anfühlt, und als ihr bewußt wird, daß sie sich nicht mehr über ihre natürliche, freie, unschuldige und sinnliche Baum-Natur freuen kann. Ich sehe

sie ausgestreckt am Waldboden liegen, aus tiefstem Herzen weinend in dem Gefühl, alles verloren zu haben, was sie kannte und schätzte: die Schönheit, Wonne, Freude und Unschuld ihrer magischen Welt.
Ich erkenne auch ihr aufdämmerndes Bewußtsein und ihren Zorn darüber, daß ich, ihre liebste Freundin, sie betrogen habe. Ich hatte sie gezwungen, ihren Baum-Körper aufzugeben, das Selbst zu verlieren, das ihr lieb und wert war. Als ich ihre Geschichte lese, quält mich ihr Schmerz und ihre Sehnsucht nach all dem, was sie verloren hat.

Daphne war ein magischer Traum, der mein Wachleben noch nach Monaten durchdrang. Ich erwachte mit der Erfahrung von Daphnes Bewußtsein als Baum und als Mensch, die mir gegenwärtig blieben. Sogar heute, fast zwei Jahre später, kann ich in mir mit meinem Daphne-Geist in seiner ganzen Reinheit und sinnlichen Freude Kontakt aufnehmen.

Dieser Traum führte zu einem Wiedererwachen meiner Kreativität. Ich schrieb mehr als hundert Daphne-Gedichte (viele Haiku-Dichtungen – Gedichte mit drei Zeilen von fünf, sieben und wieder fünf Silben); ich malte Bilder von Daphne, verfaßte ein Daphne-Lied und bearbeitete es für das Klavier, studierte Baum-Geister und Bäume. Einige Monate später begann ich zu tanzen, wie Daphne es tat. Ich verfaßte auch ein Schriftstück – eine psychotherapeutische Studie über die Daphne-Sage, die, wie ich entdeckte, mit meinem Traum in engem Zusammenhang stand.

Der Sage nach war Daphne eine Waldnymphe, die sich Artemis und deren Idealen von Freiheit und Reinheit geweiht hatte. Als Apollo sich in sie verliebte, sie verfolgte und zu vergewaltigen drohte, wandte sie sich an ihren Vater, den Flußgott, der sie rettete, indem er sie in einen Lorbeerbaum verwandelte. Weil Daphne sich mit ihrem freien Geist identifiziert und ihre Mars-Energie verleugnet hat, wurde sie von ihrem Schatten in Gestalt Apollos verfolgt. Doch statt ihn anzunehmen, gab sie ihre menschliche Gestalt auf und wurde zu einem unbeweglichen

Baum – eine Erfahrung äußerer Starre bei innerer Lebendigkeit und eine symbiotische Rückkehr ins Einssein mit Mutter Natur.

Die Daphne des Traumes ist als Baum-Geist voller Lebensfreude. Da die Gestalt des Baumes die einzige ist, die sie kennt oder erinnert, identifiziert sie ihr eigentliches Wesen mit ihrer Form. In ihrer Realität ist sie ein Baum – nicht ein Geist im Körper eines Baumes oder ein Geist, der bald in einem menschlichen Körper leben wird. Ihr Dilemma ruft tiefgründige Fragen über die Beziehung zwischen Geist und Körper sowie zwischen Leben und Form hervor. Wenn Daphne es zulassen kann, daß ihre geistige Identität auch ihren menschlichen Körper umfaßt und sie sich durch ihn erweitert, kann sie sie selbst bleiben und ihre reine, sinnliche Freude in einer neuen Form zum Ausdruck bringen. Doch als der Traum endet, erleidet sie tiefe Qual – sie erlebt Betrug, beklagt den Verlust der symbiotischen Seligkeit als Baum-Geist und ist wütend, weil sie einen fremden menschlichen Körper besitzt.

Eine der besonders transformierenden Auswirkungen des Daphne-Traumes war der zu dieser Zeit stattfindende Frühlingsanfang, den ich mit dem Daphne-Bewußtsein wahrnahm. Das Aufspringen der Knospen an den Bäumen besaß für mich eine überwältigende Schönheit; es war für mich ein sinnliches, orgiastisches Fest. Ich freute mich über Daphnes Fruchtbarkeit, schwelgte im Aufbrechen jeder einzelnen Knospe, in einem Farbenrausch, im üppigen Grün der wachsenden Blätter auf ihren ausgestreckten Zweigen. Einen Monat lang oder länger *war* ich Daphne, der Baum-Geist – ganz sinnlich und lebendig, jedoch rein und unschuldig, in einem menschlichen Körper. Einige Monate danach nahm ich diesen Körper noch weiter in Besitz und entdeckte meine Freude am Tanzen.

Tracy Marks

DIALOG MIT DAPHNE

Wer hat mich in diesen Mantel
aus menschlicher Haut gehüllt?
Ich bin Daphne, ein Baum.

Dieses Fleisch paßt mir nicht,
dieses Kleidungsstück ist mißglückt.
Gebt mir meine Rinde zurück.

Dieses Leben, dieser Kummer,
diese Sehnsucht –
fängt jetzt ein neues Leben an?

Wann war ich Daphne?
Als der Regen meine Glieder streichelte –
meine Blätter, meine Rinde, nicht Haut.

Sonnenlicht, wärme meine Glieder;
leichte Brise, streichle mich;
Regen, laß mich silbrig glänzend zurück.

Daphne, weißt du noch – Regen,
der silbrig auf deine Rinde niederprasselte?
Erinnere dich.

Daphne, hast du deine Arme
im Sommerwind gewiegt,
als du ein kleiner Schößling warst?

Daphne, hast du im Tanz
deine Rinde und die Zweige deiner
herbstlich karmesinroten Krone bewegt?

Im Herbst warst du so bunt –
das Blut stieg dir in die Wangen,
tiefrot und golden.

Und blühtest du, Daphne?
Sind im Frühling alle deine Knospen
plötzlich aufgesprungen?

Rinde war ich, nicht Fleisch.
Nur der Wind berührt mich.
Daphne ist mein Name.

Im Frühling erblühe ich,
löse mein Haar und schüttle meine Locken,
die blaßgoldenen Blüten.

Mein Nektar ist süß.
Mit zitterndem Verlangen
öffne ich meine Blütenblätter.

Ich kokettiere und werfe mich hin und her,
schüttle den blassen Lockenkranz meiner Blüten,
fiebrig erregt vom Frühling.

Daphne, du zitterst vor Verlangen.
Deine Blütenblätter
beben vor Sehnsucht.

Daphne, dein Strahlen
zieht mich an.
Du läßt alle Honigbienen schwirren.

Wie tanzt ein Baum, Daphne?
Wie schwenkt ein Baum seine Arme,
wie schüttelt er seine Wurzeln?

Mein Tanz ist der Tanz der Zeit,
sagt Daphne. Mein Tanz –
meine Entwicklung.

Die Vernichtung der Flugmaschinen

Mein Volk und ich versuchen eine Entscheidung darüber zu treffen, ob wir unsere Flugmaschinen abschaffen sollen. Die Ranghöheren von uns benutzen die Flugmaschinen und stellen fest, daß sie gefährlich und unberechenbar sind. Nach dem Abflug wissen wir nicht, wie lange wir in der Luft bleiben oder welche Pannen während des Fluges auftreten werden. Deshalb lassen wir die Maschinen ins Meer stürzen.
Bei unserer Rückkehr zu den Yews, unseren Herrschern, müssen wir erkennen, daß sie mit ihren einwandfreien Flugmaschinen jetzt größere Macht haben als wir. Die Yews können ihre Flugmaschinen zur Disziplinierung und Bestrafung der Klasse der Leibeigenen einsetzen. Wenn sie tief über die Felder fliegen, auf denen die Sklaven arbeiten, können sie diese so beunruhigen, daß sie ihrem Willen gehorchen. Da wir unser einziges Machtmittel aufgegeben haben, können wir gegen die Mißhandlung der Leibeigenen wenig tun.
Als wir von den Yews zurückkehren, beraten wir über den Verlust unserer vorherigen Machtmittel und über unsere Rolle als Beschützer der Sklaven. Wir wollen eine Sonderkommission, um eine Entscheidung zu fällen, wie wir den Yews gegenüber mehr Macht behalten können.

Dieser Traum ist sehr bedeutungsvoll. Die herrschende Klasse, die Yews (auf englisch »jus« ausgesprochen), läßt an die Macht der »Yous« (etwa: die »Dus«, bei gleicher Aussprache) beziehungsweise der anderen denken. Die Yews mißhandeln und benutzen (»use«, wieder gleiche Aussprache) Menschen, die unter ihnen stehen, um ihre Bedürfnisse zu erfüllen. Die Yews symbolisieren den losgelösten Intellekt, dem es an Mitleid für die empfindsame Mittelklasse (das Gefühl) und die niederen Sklaven (den Körper) fehlt. Ich als das Traum-Ego identifiziere mich mit der mittleren Gruppe und sehe mich als Vermittler zwischen Geist und Körper. Meine Klasse ist bislang noch nicht fähig gewesen, richtig zu fliegen; wir haben auf das ekstatische

Gefühl der Höhenflüge in einem unsicheren Vehikel verzichtet, um nicht uns und andere zu gefährden. Doch unsere Flugmaschinen bewirkten, daß wir fast den Yews gleichgestellt waren und daß deren Haß auf die Sklaven nicht zum Tragen kam. Durch unseren Verzicht auf die unzuverlässigen und gefährlichen Flugmaschinen zeigen wir, daß wir Macht nicht ausüben, sondern auch uns selbst entwickeln wollen.

Das ist eine anschauliche Darstellung der Beziehung zwischen meinem Körper, meinen Gefühlen und meinem Denkvermögen in diesem Lebensabschnitt sowie meiner sich verändernden Beziehung zur Außenwelt. Ich bin nicht länger allein; ich gehöre zu meinen Leuten. Nun bin ich kein überspannter Ikarus mehr, der auf seinen Intellekt vertraut und seinem Körper distanziert und feindselig gegenübersteht; meine Rolle ist die des Beschützers meines Körpers und meiner irdischen Arbeit. Ich verstecke nicht länger meine Kleinheit hinter gefährlichen Höhenflügen; ich entschließe mich, sie anzuerkennen und die wahren Kraftquellen in mir zu suchen. Ich weiß noch nicht, woher ich die Kraft nehmen werde, aber zusammen mit meinen Leuten trete ich in Aktion – ich werde »politisch«, um meine Rolle auf dieser Erde besser zu bewältigen.

Während meiner Ausbildung brachte ich diesen Traum in Form eines Psychodramas zum Ausdruck. Zu Beginn, als einziger Vertreter meiner Gruppe, umringt von Yews, die mir turmhoch überlegen waren, und sich abmühenden Sklaven, die die Erde zu meinen Füßen bearbeiteten, fühlte ich mich hilflos. Meine Versuche, die Yews zu überzeugen, daß sie die Sklaven in Ruhe lassen sollten, trafen auf taube Ohren; sie bezogen mich nur in ihre Quälereien mit ein. Das einzige Machtmittel schien zu sein, sich den Sklaven anzuschließen, meine Leute mit den Leibeigenen zu vereinen, um zu entdecken, welche Macht wir zusammen hätten. Unter beträchtlichem inneren Widerstand erlaubte ich es den Sklaven, sich mir zu nähern; ich fühlte die Hitze ihrer Körper und half ihnen bei der Arbeit. Dabei entdeckte ich mit Staunen Wärme, Sicherheit und Kraft, die in ihnen und in der Erde, auf der sie lebten, existiert. Dies ließ mich erkennen, daß der Weg zu persönlicher Macht durch den Körper bzw. die Erde führt und nicht daran vorbei.

Einige Nächte später träumte ich *Das Buch der Zukunft.* Am nächsten Tag schuf ich, die in den 20 zurückliegenden Jahren so gut wie nie getanzt hatte, einen Tanz für Daphne und tanzte, bis ich zu Boden fiel, Daphnes Schmerz und ihren Kummer teilend und überwindend. Damals wie heute feiere ich meine Seele in meinem Körper; ich tanze.

Als dann Saturn in einem Sextil zu meiner Sonne und in der Nähe von Mars stationär wurde und ein Neumond in der Halbsumme von Mars/Jupiter stand, träumte ich *Klettern im Schnee.*

Klettern im Schnee

Ich erklettere in einem leichten Schneesturm einen Berg, nachdem ich an dessen Fuß kampiert habe. Ich habe ein Heim auf der Spitze und eins am Fuße des Berges. Langsam und vorsichtig krieche ich über den nackten Felsen und suche nach einem Halt für Hände und Füße; ich setze den Fuß dorthin, wo zuvor meine Hand war und Vertiefungen in den zusammengeballten Schnee gegraben hat. Plötzlich gibt der Boden unter meinem Fuß nach; ich werde hinabgerissen, falle auf einen unter mir liegenden Felsen, bleibe jedoch unverletzt. Als ich wieder eine Stelle zum Aufsteigen finde, drücke ich meinen Körper fest gegen die Felswand. Der Kontakt mit der festen Oberfläche tröstet mich. Immer wieder greife ich nach oben und ziehe mich hoch. Auf dem Gipfel angekommen, klettere ich auch noch die Seitenwand des dort stehenden Hauses empor, bis ich ein offenes Fenster erreiche. Bevor mich meine Freunde, die am Fenster stehen, herzlich begrüßen und nach innen ziehen können, treffen sich meine Lippen mit denen meines Geliebten zu einem liebevollen Begrüßungskuß.

Klettern im Schnee ist ein Traum über Tiefen und Höhen, über

Körperbewußtsein und darüber, wie man auf den körperlichen Einsatz angewiesen ist, um nach oben zu kommen. Es ist ein Traum über persönliche Hilfsmittel und Fähigkeiten und über die Liebe, die den konstruktiven Einsatz unserer Kräfte belohnt. Ich, die niemals auf Berge geklettert war, sondern über diesen zu »schweben« pflegte, erklomm nun einen Gipfel. Schließlich kam ich nach Hause, zu mir selbst.

Etwas herauslassen und loslassen

Der Pfad der Entwicklung ist schmerzhaft, aber auch freudvoll. Manchmal muß das Selbst das verletzte Herz vollständig freilegen und dem Schrecken der Vernichtung ins Auge sehen. Fünf Jahre zuvor hätte ich einen Traum wie *Klettern im Schnee* nicht haben können – damals träumte ich *Das offene Herz*. Die Spaltung zwischen meinem Körper und meinem Denken konnte erst heilen, nachdem mein Herz sich öffnete und zwischen den beiden getrennt existierenden Teilen meines Selbst und zwischen mir und der Welt einen Durchgang der Liebe und des Mitleids schuf. Herzoperationen, wie sie meine Mutter während der Zeit meines Heranwachsens wiederholt erlebt hatte (einmal war sie bereits klinisch tot und kehrte wieder ins Leben zurück), waren für mich von großer emotionaler Bedeutung. Im Jahr 1981, als Jupiter und Saturn in Konjunktion zu meiner Sonne standen, erinnerte ich mich, wie ich während ihrer Operation zu Gott gebetet hatte und ihm mein Herz versprach, wenn er ihres rettete. Ich erinnerte mich an das Gefühl der Zerrissenheit, das ich dann erfuhr, und an die nachfolgende Flucht vor verwirrenden Gefühlen in meinem Denken.

Jupiter, Sonne und Saturn meiner Mutter, die sich in ihrem 8. Haus befinden, stehen in Konjunktion zu meinem absteigenden Mondknoten. Mein Neptun befindet sich auf ihrem aufsteigenden Mondknoten. Als Jupiter und Saturn zu meiner Sonne in Konjunktion standen, begann ich mein Herz zu erlösen. Durch die Beziehung zu einem spirituellen Lehrer und Psychotherapeuten öffnete ich mich auf eine Weise, wie ich es nie für möglich gehalten hatte. Im darauffolgenden Jahr, als Mars und Uranus in Konjunktion zu meinem Radix-Mars und Neptun im 12. Haus im Quadrat zu meinem Saturn standen, hatte ich den folgenden Traum:

> *Ich entschließe mich zu einer Operation, um die Schmerzen in meinem Herz loszuwerden. Mein Arzt rät mir von einem chirurgischen Eingriff ab, weil ein großes Risiko besteht, dabei zu sterben. Ich nehme aber das Risiko auf mich. Als ich auf dem Operationstisch liege, beginnt er mein Herz herauszuschneiden und bereitet die Transplantation eines neuen Herzens vor. Während der zwölf Minuten, in denen der Austausch stattfindet, kann ich sterben. Auch wenn ich nicht sterbe, werde ich, ohne Herz, einen zwölfminütigen Tod erleiden.*
>
> *Sobald der Chirurg mich aufgeschnitten hat und das alte Herz herausnimmt, fühle ich mich gefährdet und habe schreckliche Angst. In Panik springe ich vom Operationstisch und laufe aus dem Krankenhaus. Mein altes Herz hängt aus meinem offenen Brustkorb. Ich bin nicht mehr bereit, den Tod zu erleiden, der zwischen dem Austausch besteht.*
>
> *Später bin ich bei meinen Eltern zu Hause, die mich kritisieren. Sie sagen mir, daß ich eingesperrt werde, wenn ich weiterhin mit einem aufgeschnittenen Brustkorb herumlaufe. Ihre Kritik verletzt mich noch mehr; ich verstecke mich in meinem Zimmer, wo ich im Radio höre, daß für meine Ergreifung eine Belohnung ausgesetzt ist. Wenn mich jemand fin-*

det, muß er mich ins Krankenhaus zurückfahren, damit die Operation beendet werden kann.

Meine Panik nimmt zu. Ich fühle mich zu verwundbar, um bei meinen Eltern zu bleiben. Ich kann auch nicht durch die Straßen laufen, während mein Herz aus meiner Brust hängt, und mich der Gefahr aussetzen, daß mich irgend jemand erwischt. Ich kann nicht ins Krankenhaus zurückgehen, weil ich nicht bereit bin, zwölf Minuten lang von Maschinen am Leben erhalten zu werden, in völliger Dunkelheit, ohne Herz. Ich fühle mich in einer Falle. Als ich meine panische Angst in den Griff zu bekommen und zu überlegen versuche, was ich tun soll, nehme ich wahr, daß mein Herz nun außerordentlich stark blutet und daß die Säfte des Lebens langsam aus meinem Körper fließen.

Als ich diesen Traum hatte, war ich unfähig, den vertrauensvollen Sprung zu machen, der zur Beendigung meiner »Herzoperation« nötig war – ich traute den »Yews« der äußeren Welt nicht. Schließlich überwand ich mich; der Schütze-Mars im Quadrat zu Jupiter, im Sextil zur Sonne (dem Planeten des Herzens) und im Halbquadrat zu Neptun (dem Planeten des Glaubens) gab mir den nötigen Anstoß; ich beschloß, mich der »Operation« zu unterziehen.

Wie gefährlich es schien, in einer feindlich gesinnten Welt Verletzlichkeit und Herz offen zu zeigen. Wie konnte ich es riskieren, mein Herz und meine Bedürfnisse zu offenbaren und Liebe zum Ausdruck zu bringen? Wie konnte ich die Schrecken des Todes überwinden, ohne ein Herz, das mich unterstützte? Um den Austausch riskieren zu können, mußte ich – in meinen allerverletzlichsten Augenblicken – den Herzen der anderen Vertrauen schenken. Während der fünf auf diesen Traum folgenden Jahre entwickelte ich mit Hilfe von Therapie, Freundschaft und liebevollen, intimen Beziehungen dieses Vertrauen.

Nun, da sowohl Uranus und Saturn im Transit als auch Mars in der Progression meinen Aszendenten überqueren, beginne ich von neuem. Ich träume vom Tod geliebter Menschen, von

Abschied und vom Beginn neuer, unbekannter Unternehmungen. Einige Träume sind schmerzlich, andere heiter. Als Saturn im Quadrat zu Venus und der Mond in Opposition zu Mars stand, träumte ich *Ausgestreckte Arme.* Ein neuer Zyklus begann, ein neuerliches Loslassen, eine neue Ausdehnung, eine neue Schütze-Reise.

Ausgestreckte Arme

Ich packe für eine Reise und lege meine Kleider in den Koffer. Zwei Pullover passen nicht hinein, die Ärmel sind ganz ungewöhnlich lang. Plötzlich erkenne ich, daß es die übermäßig langen Arme eines großen, schlaksigen Mannes sind. Dieser klettert in meinen Koffer, läßt den Reißverschluß halb offen und streckt seine Arme durch diese Öffnung. Er sagt: »Aus früheren Erfahrungen in deinem Koffer weiß ich, daß es sehr unangenehm ist, in ihm eingesperrt zu sein. Diesmal brauche ich einfach Platz, um mich zu dehnen und zu strecken, während ich im Gepäckraum bin. Ich muß meine Arme ausstrekken können.«

Sich von der Vergangenheit zu lösen ist nicht möglich, bevor nicht Samen der Entwicklung gepflanzt werden und Wurzeln zu schlagen beginnen. Wie können wir den Boden loslassen, auf dem wir stehen? Das Beben einer neuen Bewegung muß in der Erde gefühlt werden; das Baby muß im Bauch strampeln. Vielleicht ist sich unser Bewußtsein der bevorstehenden Geburt gar nicht gewahr. Eine Zeitlang mögen wir verwirrt, lustlos, unfähig, erfolglos sein. Ein Teil von uns schläft, leiht seine Energie dem Unterbewußtsein, damit es das neugeborene Selbst nähren kann.

Wir müssen vertrauen. Am meisten müssen wir darauf vertrauen, daß unser gegenwärtiges Selbst durch uns hindurchgeht, an die Oberfläche kommt, und daß wir es verlieren, wenn wir den Sprung in das sich neu bildende Selbst machen. Das alte Selbst fürchtet sich vor diesem Sprung; aus seiner Perspektive ist die Übertragung des Bewußtseins in das neue Selbst der Tod. Es wird jede verfügbare Waffe benutzen, um diese Todeserfahrung zu vermeiden und an der bekannten Realität festzuhalten. Wie wichtig ist es da, auf die Zeichen des neuen Selbst in der Gebärmutter zu achten, es zu nähren und seine Entwicklung zu feiern. Wenn wir loslassen und uns aus den Bindungen der Vergangenheit befreien, wird die Zeit kommen, wo wir zu diesem neuen Selbst werden.

Das Ausschlüpfen aus dem Ei

Vor einigen Jahren gab ich mich auf einem Hausboot in Sausalito der aktiven Imagination hin – ich unternahm eine Reise in meine Gebärmutter, bis zum Ursprung meiner dort sitzenden Schmerzen und an die Quelle meines kreativen Geistes. Ich fand dort ein großes Ei und trat in dessen Bewußtsein ein. Kürzlich durchlebte ich diese Sitzung in einem Traum noch einmal. In *Das Ausschlüpfen aus dem Ei* erzähle ich den Studenten in einem Vortragsraum über meine Erfahrungen als kleiner Vogel, der aus seiner Schale ausbricht.

> *Ich bin ein kleiner, noch ungeborener Vogel, der jedoch schon zu groß ist für die Eischale, die ihn umgibt. Tatsächlich fühle ich mich durch den Druck, der auf mir lastet, beengt und erstickt, gefangen in einem Hindernis, das mich einst gewärmt und beschützt hat. Es ist an der Zeit, geboren zu werden, auszubrechen, in die Welt zu treten. Doch ich kann mich nicht strecken oder dehnen oder die nötige Energie anwenden, um die Schale zu zerbrechen. Ich habe zu viel Angst vor dem Schmerz des Aufbrechens und vor dem Zersplittern der Schale.*
>
> *Meine Führerin ermutigt mich freundlich, tief durchzuatmen und zu fühlen, wie mein Körper gegen die Schale stößt. Langsam ziehe ich mein Bewußtsein in den Körper zurück und er-*

lebe seine Wärme und zunehmende Kraft. Ich strecke mich. Ich werde größer. Ich strecke mich noch einmal. Dann, als das Sonnenlicht hinter einer Wolke hervorkommt, durch die Fenster des Hausbootes strahlt und den Raum mit goldenem Licht erfüllt, schaffe ich den Durchbruch ins Leben und öffne meine Augen.

Meine Reaktion auf die Welt ist reines Entzücken. Ich lache ein goldenes, sonnendurchleuchtetes Lachen. Ich schüttle meine Arme und Beine und blicke scheu in die mich umgebende neue Welt. Ich fühle mich so lebendig.

»Wo ist der Schmerz?« fragt meine Führerin. Ich schaue sie erstaunt an. »Da ist kein Schmerz«, sage ich. Ich lache wieder, während ich jetzt die Angst verstehe, die mich gehemmt hat. »Ich dachte, ich wäre die Schale.«

Vom Standpunkt der Schale aus ist der Ausbruch aus alten Mustern tatsächlich ein Tod, die Vernichtung des alten Selbst. Vom Standpunkt des kleinen Vogels aus ist es die Geburt in ein zauberhaftes neues Universum.

Im 12. Haus durchleben wir innerlich unsere Vergangenheit, immer und immer wieder; wir spielen uns selbst die alten Dramen vor, studieren die alten Drehbücher ein. Doch dort wird auch das Neue geboren; wir werden befruchtet, entwikkeln neue Körper, durchleben die Schwangerschaft, reifen in der dunklen Sicherheit unseres Unterwasser-Heiligtums. Dann, wenn Planeten aus unserem 12. Haus emporsteigen und unseren Aszendenten überqueren, springen wir aus unserer Schale heraus und heißen das neue Leben willkommen.

Ich habe den inneren Reichtum meines 12. Hauses erfahren. Mein Schatten-Selbst, mein abgelehntes Wesen, der dunkle Schmerz und die Wut unverheilter alter Wunden – sie alle enthüllten hier ihre verborgenen Schätze. Jedes Erbeben des 12. Hauses ist neues Leben, das darauf wartet, geboren zu werden. Jede Begegnung mit einer verdrängten Energie ist zu Beginn eine Bedrohung des alten Selbst, das sie in Frage stellt. Sie wird zuerst in die Dunkelheit unserer Angst gehüllt; die verzerrten Formen, die sie annimmt, sind die Gestalten unserer Angst.

Doch wenn wir den neuen Geburten in uns vertrauen, wenn wir uns mit dem Atem des neuen Lebens füllen, löst sich die Angst auf. Wir öffnen uns dem Licht des Bewußtseins und der Liebe und werden von ihm geheilt. Wir fühlen uns, kennen uns und nehmen uns an – unser wahres Selbst – und nicht nur die Vorstellungen über uns, die Halt gaben, während unser wahres Selbst im Verborgenen lebte und auf seine Geburt wartete.

Ich habe den Reichtum des 12. Hauses erfahren und erlebe ihn noch immer. Das kannst auch du.

Anmerkungen

1 Liz Greene und Howard Sasportas: »Entfaltung der Persönlichkeit«, Kapitel 1, Hugendubel Verlag, München 1987.
2 C. G. Jung: »Psychologische Studien«, Gesammelte Werke, Bd. 1, Walter Verlag, Olten.
3 Strephon Williams: »The Practice of Personal Transformation«, Journey Press, Berkely California 1985, S. 60.
4 Ausführliche Informationen über den Mond im Horoskop finden sich in den ersten drei Kapiteln des Buches: »Astrologie der Selbst-Entdeckung« von Tracy Marks, Verlag Hier & Jetzt, Hamburg 1989.
5 Strephon Williams: »The Practice of Personal Transformation«, S. 55.
6 Näheres zum Neptun findet sich in Kapitel 6 der: »Astrologie der Selbst-Entdeckung«, von Tracy Marks (siehe Anm. 4).
7 Strephon Williams: »The Practice of Personal Transformation«, S. 120.
8 Weitergehende Informationen finden sich bei Rollo May: »Liebe und Wille«, Edition Humanistische Psychologie, 1988.
9 Siehe Kapitel 8. »Pluto: Von der Dunkelheit ins Licht«, aus »Astrologie der Selbst-Entdeckung«.
10 Siehe Kapitel 4: »Die Mondknoten: unser Lebensziel«, aus: »Astrologie der Selbst-Entdeckung«.
11 Siehe hier insbesondere die Kapitel über Pluto und Neptun in: »Astrologie der Selbst-Entdeckung«
12 Strephon Williams: »The Practice of Personal Transformation«, S. 56.
13 Erich Neumann: »Amor und Psyche«, Walter Verlag, Olten.
14 Strephon Williams: »The Practice of Personal Transformation«, S. 55.
15 Liz Greene und Howard Sasportas: »Entfaltung der Persönlichkeit« (siehe Anm. 1)
16 Stephen M. Johnson: »Charakter-Transformation«, Transform Verlag, Oldenburg 1990; S. 103.

Weitere Informationen: Bandler »Refraiming – ein ökologischer Ansatz in der Psychotherapie«, Junfermann Verlag 1984.

17 Vergleiche Alexander Lowen: »Bio-Energetik«, Rowohlt Verlag, Reinbek bei Hamburg 1988, und Lowen: »Angst vor dem Leben«, Goldmann Verlag München, 1989.
Eine ausgezeichnete Zusammenfassung von Lowens Werk findet sich in Stephen M. Johnson: »Charakter-Transformation«, Transform Verlag, Oldenburg 1990.

18 Henrik Ibsen: »Peer Gynt«, Reclam Verlag.

19 Neben dem vorliegenden Buch von Tracy Marks sind bisher erschienen: »Astrologie der Selbst-Entdeckung« und »Schwierige Aspekte – Herausforderungen und Chancen«, alle erschienen im Verlag Hier & Jetzt. 1993 erschien ihr viertes Buch: »Die Kunst der Horoskop-Synthese«.

20 Liz Greene: »Schicksal und Astrologie«, Hugendubel Verlag, München 1985.

21 Frederik Perls: »Gestalt-Therapie in Aktion«, Verlag Klett Cotta.

22 Ausführliche Informationen zum progressiven Mond finden sich in Dane Rudhyar: »Der Sonne/Mond-Zyklus«, Edition Astrodata, Zürich 1988.

23 Dane Rudhyar: »Astrologischer Tierkreis und Bewußtsein«, Hugendubel Verlag, München 1984.